Taschenbuch Baden-Württemberg

Taschenbuch Baden-Württemberg

Gesetze – Daten – Analysen

Neuausgabe 1989

Herausgegeben von der
Landeszentrale für politische Bildung
Baden-Württemberg
in Verbindung mit dem
Statistischen Landesamt Baden-Württemberg

Redaktion: Hans-Georg Wehling

Verlag W. Kohlhammer Stuttgart

CIP-Kurztitelaufnahme der Deutschen Bibliothek

Taschenbuch Baden-Württemberg: Gesetze – Daten – Analysen /
hrsg. von d. Landeszentrale für polit. Bildung Baden-Württemberg
in Verbindung mit d. Statist. Landesamt Baden-Württemberg.
Red.: Hans-Georg Wehling. – Neuausg. –
Stuttgart: Kohlhammer, 1989
ISBN 3-17-010375-X

NE: Wehling, Hans-Georg [Red.]; Landeszentrale für politische
Bildung ⟨Stuttgart⟩

Anschrift des Herausgebers:
Landeszentrale für politische Bildung
Baden-Württemberg
Stafflenbergstraße 38
7000 Stuttgart 1

Neuausgabe 1989

Stuttgart Berlin Köln
in Verbindung mit der
Landeszentrale für politische Bildung
Baden-Württemberg
Verlagsort: Stuttgart
Gesamtherstellung:
W. Kohlhammer Druckerei GmbH + Co. Stuttgart
Printed in Germany

Inhaltsverzeichnis

Geleitwort

Mit der Landeskunde Baden-Württembergs beschäftigen sich, wenn auch aus unterschiedlichem Blickwinkel und mit unterschiedlichen Intentionen, Landeszentrale für politische Bildung und Statistisches Landesamt gleichermaßen. Als die Landeszentrale daranging, ein Taschenbuch Baden-Württemberg zu konzipieren, lag es somit nahe, sich der Mitarbeit des Statistischen Landesamtes zu versichern.

Das Taschenbuch Baden-Württemberg ist für einen breiten Interessentenkreis gedacht. Es bietet Analysen zur Landes- und Kommunalpolitik, Gesetzestexte und vor allem auch umfangreiche Daten über unser Land, seine Kreise und Gemeinden. Damit soll dieses Taschenbuch über den konkreten Anlaß – die Kommunalwahlen des Jahres 1989 – hinaus als nützliches Nachschlagewerk all denen dienen, die sich politisch beteiligen oder auch nur besser informieren wollen.

Siegfried Schiele
Direktor der Landeszentrale
für politische Bildung
Baden-Württemberg

Prof. Dr. Max Wingen
Präsident des Statistischen
Landesamtes
Baden-Württemberg

Einführung

Als sehr erfolgreich hat sich das „Taschenbuch Baden-Württemberg" erwiesen, so daß eine *Neuauflage* längst fällig war. Es erschien erstmals Anfang 1984, aus Anlaß der bevorstehenden Landtags- und Kommunalwahlen in jenem Jahr. Vorausgegangen waren ihm die beiden Taschenbücher „Kommunalpolitik in Baden-Württemberg" (1979) und „Landespolitik und Landtagswahlen in Baden-Württemberg" (1980). Die Konzentration zu einem einzigen Taschenbuch war nicht nur ein Gebot der Haushaltslage, sie ermöglichte ein *Kompendium,* in dem der Leser nahezu *alles Wissenswerte* über Baden-Württemberg *gebündelt* findet – und das in einer handlichen Form, die es erlaubt, das Taschenbuch in der Handtasche, der Jacke oder im Handschuhfach des Autos unterzubringen.

Gesetze, Daten, Analysen: Das „Taschenbuch Baden-Württemberg" enthält *Gesetzestexte* von zentraler Bedeutung, und zwar ungekürzt: die Landesverfassung, die Gemeindeordnung, die Landkreisordnung. Ferner 22 *Strukturdaten* über das ganze Land, die vier Regierungsbezirke, die Stadt- und Landkreise und sämtliche Gemeinden; die Daten reichen von der Einwohnerzahl über Angaben zur Wirtschaftsstruktur und Finanzkraft bis hin zu den Ergebnissen der letzten Landtags- und Kommunalwahlen. Ergänzt werden diese Strukturdaten durch *Karten* und *Schaubilder,* die unter anderem Religionszugehörigkeit, Bevölkerungsdichte und Bevölkerungsbewegungen verdeutlichen. Hinzu kommen *Übersichten* über die Verwaltungsgliederung des Landes und eine Liste sämtlicher Kabinette von der Gründung des Südweststaates 1952 bis heute.

Die *Analysen* wollen einen ersten, problemorientierten Einblick in die Verfassung und Verfassungswirklichkeit, bezogen auf die Volksvertretungen Landtag, Gemeinderat und Kreistag geben. Eine kritische Würdigung des *Landtags* von Baden-Württemberg versucht *Herbert Schneider.* Neben der Vermittlung der unumgänglichen institutionellen Kenntnisse geht es auch darum, einen Einblick in den Alltag der Landtagsarbeit und die Probleme eines Landesparlamentes im Rahmen des politischen Systems der Bundesrepublik zu geben.

Die Besonderheiten der *Gemeindeordnung* von Baden-Württemberg im Vergleich mit den Gemeindeordnungen anderer Bundesländer werden von *Hans-Georg Wehling* herausgearbeitet. Besonderes Gewicht wird dabei auf die Frage gelegt, welche Folgen die institutionellen Regelungen der Gemeindeordnung von Baden-Württemberg für den tatsächlichen Ablauf von Kommunalpolitik haben. Die – auch in der Wissenschaft – wenig beachtete Arbeit der *Kreistage* beschreibt und analysiert *Karl Heinz Neser.*

Mit dem *Wahlvorgang* als solchem beschäftigen sich die Beiträge von *Siegfried Schiele* und *Hans-Joachim Mann.* Um Wahlen als Partizipationschance sinnvoll nutzen zu können, muß man sich zunächst einmal über Bedeutung und Reichweite des Entscheidungsaktes im klaren sein. Zum anderen aber ist es auch notwendig, den komplizierten Weg von der individuellen Stimmabgabe bis hin zur Sitzverteilung zu überschauen. Das trifft schon auf das *Landtagswahlsystem* zu. Mehr noch aber auf das *kommunale Wahlsystem,* das in Baden-Württemberg den Wählern mehr Mitwirkungsmöglichkeiten einräumt als in den meisten anderen Bundesländern. Dafür aber ist es auch besonders kompliziert, so daß eine ausführliche Erklärung not tut.

Eine Analyse der *Ergebnisse der Landtags- und Kommunalwahlen* seit Bestehen unseres Bundeslandes legen *Eberhard Gawatz* und *Roland Petri* vor.

Eine entscheidende Rolle in der Politik im allgemeinen wie in den Beziehungen der politischen Ebenen Bund – Länder – Gemeinden zueinander spielt das Geld. Sich im Bereich der öffentlichen Finanzbeziehungen auszukennen, ist für jeden unabdingbar, der Politik verstehen oder gar sich politisch beteiligen will. Dieser Durchblick wird jedoch nicht leichtgemacht, die Regelungen der *Finanzverfassung* der Bundesrepublik Deutschland sind kompliziert. Das hängt mit einem ausgeprägten und in sich stark verflochtenen föderalistischen System zusammen, ist aber auch der Preis für eine Regelung, die besonders gerecht und funktionstüchtig sein will. *Herbert Weinacht* hat es unternommen, dieses komplizierte System dem Leser so durchsichtig wie nur irgend möglich zu machen.

Anlaß für diese völlig überarbeitete Neuauflage des „Taschenbuches Baden-Württemberg" sind die Kommunalwahlen am 22. Oktober 1989. Der Gebrauchswert dieses Nachschlagewerkes soll natürlich darüber hinaus und unabhängig davon gegeben sein.

Stuttgart, den 23. Januar 1989 Hans-Georg Wehling

HERBERT SCHNEIDER

Der Landtag von Baden-Württemberg

Aufgaben – Leistung – Reformprobleme

Eine kritische Würdigung

Normales Parlament oder „Großer Gemeinderat"?

Die Bürger Baden-Württembergs haben am 20. 3. 1988 einen neuen Landtag gewählt. Da in ihrem Land eine *parlamentarische* Demokratie besteht, entscheiden sie mit der Wahl der Abgeordneten auch indirekt über Führung und Richtung der zu bildenden Landesregierung.

Bedeutet dies, daß das Landesparlament nur ein die Loyalität mobilisierender und der Legitimation dienender „ehrwürdiger Teil" des Verfassungslebens im deutschen Südwesten ist? Wissenschaft und Publizistik scheinen sich jedoch bei aller vorhandenen Skepsis ihm gegenüber in einem einig zu sein: Landesregierung und Landtag stellen „wirksame Teile" des politischen Systems Baden-Württembergs dar.[1] Allerdings gehen die Meinungen darüber auseinander, *wie wirksam* dieses Landesparlament ist: Die einen gestehen ihm den Rang eines ganz normalen Parlaments zu, die anderen bezeichnen es etwas abschätzig als „Großen Gemeinderat".

Bevor in diesem Beitrag eine eigene Gewichtung erfolgen soll, wollen wir versuchen, seine Aufgaben, sein Verhältnis zur Regierung und seine Zusammensetzung etwas näher kennenzulernen. Dabei handelt es sich nicht um den Versuch einer Analyse des politischen Systems Baden-Württembergs,[2] sondern nur um eine Darstellung des Landtags als des Kernstückes der in diesem Lande verfassungsrechtlich begründeten parlamentarischen Demokratie.

Der Landtag in der parlamentarischen Demokratie

Stellung, Arbeit und Zusammensetzung unseres Landtags können nicht isoliert, d. h. nur im Rahmen des Bundeslandes Baden-Württemberg, betrachtet werden. Der Landtag ist Bestandteil eines in die Föderation Bundesrepublik eingebetteten parlamentarischen Systems, das sich aus dem Bundestag und elf Landtagen (in den Stadtstaaten Bürgerschaft oder Abgeordnetenhaus genannt) zusammensetzt.[3] Dazu muß man wissen, daß das Grundgesetz (GG) in seinem Art. 28 den Ländern eine verfassungsgemäße Ordnung vorschreibt, die den *Grundsätzen des republikanischen, demokratischen und sozialen Rechtsstaats* zu entsprechen hat; in ihnen müssen *aus allgemeinen, unmittelbaren, freien, gleichen und geheimen Wahlen hervorgegangene Volksvertretungen* bestehen.

Diese Homogenitätsverpflichtung erlaubt aber Abweichungen vom parlamentarischen System des Bundes, so daß es grundgesetzlich zulässig wäre, wenn alle, mehrere oder auch einzelne Bundesländer – Reformvorschläge aufgreifend – etwa nach dem bekannten Schweizer Beispiel eine vom Parlament verhältnismäßig unabhängige Allparteienregierung einrichten und damit dem Grundsatz der Gewaltentrennung folgen würden.

Doch hierzu besteht gegenwärtig kein Bedürfnis. Alle Bundesländer halten an dem von ihnen gewählten System der parlamentarischen Demokratie fest, das sie, teils bereits vor der Entstehung des GG, teils erst in Anlehnung an dieses, eingeführt haben. Dazu gehört auch Baden-Württemberg, obwohl bei der Beratung der Verfassung unseres Bundeslandes im Jahre 1952 die CDU-Fraktion eine Anregung *Theodor Eschenburgs* aufgegriffen und einen vom Volk unmittelbar gewählten Staatspräsidenten als Chef der Regierung vorgeschlagen hatte.[4] Diese auf eine strengere Gewaltentrennung hinauslaufende Initiative fand aber damals nicht die Zustimmung der anderen Fraktionen, die – wohl auch aus Rücksicht auf die anderen Bundesländer – ein parlamentarisches System bevorzugt haben.

Das *Kennzeichen* des in Bund und Ländern gleichermaßen anzutreffenden parlamentarischen Systems besteht darin, daß die Regierung aus dem Parlament hervorgeht und sich diesem gegenüber zu verantworten hat. Doch dieser allgemeine Grundsatz erlaubt *verfassungsrechtliche Varianten,* je nachdem, ob man von einem Über-, Nebenordnungs- oder Gleichgewichtsverhältnis des Parlaments gegenüber der Regierung ausgeht. Demgemäß unterscheidet das Verfassungsrecht zwischen

a) Versammlungsregierung,
b) Parlamentsregierung,
c) „echter" parlamentarischer Regierung,
d) „diszipliniertem" (abgeschwächtem) Parlamentarismus.

Genauso wie die Verfassungen Nordrhein-Westfalens und Hamburgs sieht auch die Baden-Württembergs eine „echte" parlamentarische Regierung vor; als Gegengewicht gegen das *Mißtrauensvotum* des Landtags besitzt in einem solchen System die Regierung die *Befugnis zur Parlamentsauflösung.* Die damit sichergestellte *Interorgankontrolle* ist aber in der Praxis noch nicht wirksam geworden, d. h., die Regierung machte vom Auflösungsrecht bisher nicht Gebrauch. Dies deutet darauf hin, daß die verschiedenen verfassungsrechtlichen Varianten im politischen Leben der Länder keine allzu große Bedeutung erlangt haben. Es wirkt sich offensichtlich homogenisierend aus, daß sich sowohl in allen Länderparlamenten ein einigermaßen *vergleichbares Parteienfeld* durchsetzen konnte als auch alle *Landesregierungen* aufgrund der Veränderungen im bundesdeutschen Föderalismus einen *Machtzuwachs* erfahren haben.

Es bleibt allerdings zu fragen, ob die in Baden-Württemberg im Vergleich zu den Ländern nördlich des Mains stärker ausgebauten *unmittelbaren Partizipationsrechte der Bürger* auf die Dauer gesehen wirksam werden und wie deren Wahrnehmung die Stellung des Landtags berühren wird.

Parlamentsfunktionen und ihre Bedeutung für den Landtag

Als Parlamentsfunktionen können die Kontrollfunktion, die Gesetzgebungsfunktion, die Debattenfunktion, die Artikulations- und Repräsentationsfunktion und schließlich die Wahl- und Auslesefunktion gelten.

Kontrollfunktion: Vertrauen und Kontrolle stehen in der parlamentarischen Demokratie eng nebeneinander. Zwar bedarf in dieser die Regierung des *Vertrauens* des Parlaments, gleichzeitig ist sie aber für die Recht-, Pflicht- und Zweckmäßigkeit ihres Handelns dessen *Kontrolle* unterworfen. Diese Kontrolle kann auf verschiedenen Ebenen ansetzen: Bei der *Richtlinienkontrolle* geht es um die Grundsätze der Regierungspolitik. Als deren Mittel eignet sich vor allem die zu Debatten führende „Große Anfrage", mit der die Regierung bei Themen wie Medienpolitik, Umweltschutz oder Familienförderung zur Stellungnahme und Rechtfertigung gezwungen werden kann. Die *Richtungskontrolle* wiederum überprüft, ob Einzelmaßnahmen der Regierung mit den von ihr verkündeten Grundsätzen in Einklang zu bringen sind. Dabei kann sich die jeweilige Opposition ein Vergnügen daraus machen, Widersprüche im Regierungshandeln – etwa in der Schulpolitik – aufzudecken. Mit dem Begriff *Leistungskontrolle* soll die Kritik am Geschehenen erfaßt werden, die sich sowohl auf Normverletzungen als auch auf Ermessensentscheidungen bezieht. Ihre Mittel sind die „Kleine Anfrage" und der „Abgeordnetenantrag", deren sich Angehörige aller Fraktionen im baden-württembergischen Landtag in einem überaus großen Umfang bedienen (1984–88: Kleine Anfrage = 1494/Abgeordnetenantrag = 2501). Der Abgeordnetenantrag ist aber auch ein Instrument der *verwaltungsbegleitenden Kontrolle,* die Einfluß auf das laufende Verwaltungsgeschehen zu nehmen versucht und damit die Distanz zur Administration vermindert. Das parlamentarische Kontrollinstrumentarium wäre unvollständig dargestellt, wenn nicht auch noch der Untersuchungsausschuß genannt würde. Da er in seiner Zusammensetzung die parlamentarischen Kräfteverhältnisse widerspiegelt, kann er nach den in Baden-Württemberg gesammelten Erfahrungen nur so lange seinem Auftrag wirksam nachkommen, als er unterhalb der Schwelle der Richtlinienkontrolle bleibt, d. h. nicht die Regierung selbst ins Visier nimmt.

Gesetzgebungsfunktion: Da ein Landesgesetz ohne die formale Zustimmung des Landtags nicht zustande kommen kann, ist die Regierung für diesen Teil ihrer politischen Führungsaufgabe auf die parlamentarische Mitwirkung angewiesen. Der *Umfang* dieser Gesetzgebungsaufgabe richtet sich zunächst nach den vorgegebenen verfassungsrechtlichen Vorkehrungen. Sofern das GG nicht Gegenteiliges vorsieht, wird eine Gesetzgebungskompetenz der Länder vermutet. Doch der dafür maßgebende Art. 30 GG büßte durch die Weiterentwicklung von Verfassungsrecht und Verfassungspraxis an Bedeutung ein. Vor allem wurde in der Zeit der „Großen Koalition" in Bonn zwischen 1966 und 1969 durch zahlreiche Grundgesetzänderungen die *Gesetzgebungskompetenz der Länder beträchtlich eingeengt.* Auch hat der Bund mehr und mehr Gegenstände der konkurrierenden Gesetzgebung an sich gezogen, um mit der Hochschulrahmengesetzgebung sogar in die kulturpolitische Domäne der Länder einzubrechen, die bis dahin als Kern ihrer Staatlichkeit galt.

Dessenungeachtet ist die gesetzgeberische Aktivität des Landes noch immer überraschend groß. Von 1956 bis 1960 hat der Landtag 93 Gesetze verabschiedet, nach den erwähnten Grundgesetzänderungen waren es zwischen 1972 und 1976 sogar 126. Diese verhältnismäßig große Zahl ist vermutlich darauf zurückzuführen, daß in dem zuletzt genannten Zeitraum die zu behandelnde *Kreis- und Gemeindereform* eine erhebliche gesetzgeberische Aktivität notwendig machte. Auch forderte die *Bildungsreform* eine größere Anzahl gesetzgeberischer Akte, wie z.B. Lehrerbildungsgesetz, Fachhochschulgesetz, Jugendbildungsgesetz. Zwischen 1984 und 1988 ist aber die Zahl der verabschiedeten Gesetze auf 70 zurückgegangen.

Der noch immer beträchtliche Umfang der Landesgesetzgebung sollte aber nicht über ihre *veränderte Qualität* hinwegtäuschen. Lehrerbildungsgesetz oder Kreisreformgesetz waren noch Ausdruck selbständigen gesetzgeberischen Handelns. Dessen begrenzter Zuständigkeitsbereich – kulturelle Materien, Kommunalrecht,

Polizei- und Ordnungsrecht, Baupolizeirecht, Landesorganisation – ist aber durch größere Gestaltungsgesetze in den letzten Jahren weitgehend ausgeschöpft worden.

Debattenfunktion: Die durch eine Regierungserklärung oder Große Anfrage ausgelöste Debatte ist der Ort, wo Regierung und Opposition – für alle hör- und sichtbar – ihre Klingen miteinander kreuzen, wo aufgezeigt, angeklagt und verteidigt wird. Hier ringen die Fraktionen um die Gunst des Wählers. Das ist in Stuttgart genauso wie in Bonn, wenn auch der Landtag weitaus größere Schwierigkeiten als das Bundesparlament hat, eben diesen Wähler zu erreichen. Zwar berichten auch in Baden-Württemberg Fernsehen, Rundfunk und Presse über die Landtagsdebatten, doch finden diese in der breiteren Öffentlichkeit im allgemeinen nur ein geringes Echo. Wen interessiert schon eine Aussprache über die Energiepolitik, wenn in Bonn bereits des langen und breiten darüber geredet worden ist? Wer nimmt an den Beratungen des Landtags noch lebhaften Anteil, wenn sich diese in technischen Details über den Numerus clausus oder über die Luftverschmutzung verlieren? Das bedeutet jedoch nicht, daß der Bürger bei Landtagsdebatten gänzlich abschaltet. Gehen diese auf ihn bewegende Fragen ein, so können sie mit seiner Anteilnahme rechnen. Als der Landtag die kommunale Gebietsreform debattierte, hatte er Aug und Ohr der Öffentlichkeit.

Artikulations- und Repräsentationsfunktion: Wie jedes Parlament ist auch der Landtag der *Adressat unterschiedlichster Interessen,* vom Agrarbereich angefangen bis hin zur Wasserversorgung. Dabei sind es zunächst einmal die *Verbände,* neuerdings auch die aus dem Boden schießenden *Bürgerinitiativen,* die latente (unausgesprochene) Interessen artikulieren und damit zu manifesten werden lassen.[5] Es sollte jedoch nicht übersehen werden, daß es vielfach *die Abgeordneten selbst* sind, die als Gemeindebürger, Berufsausübende oder Erziehungsberechtigte Interessen wahrnehmen und in Form von Anträgen oder Anfragen in den Entscheidungsprozeß einbringen.

Dem Ziel der Interessenfindung dient es auch, wenn Abgeordnete über *Vor-Ort-Aktionen* oder Informationsbesuche in eine intensive Kommunikation mit ihren Wählern eintreten. Diese Bemühungen mögen ein wirkungsvolles Mittel der Selbstdarstellung sein; sie tragen aber auch dazu bei, den repräsentativen Anspruch des Landtags zu rechtfertigen. Als Parlament sollte dieser glaubhaft machen können, daß er in der Lage ist, die Interessenvielfalt der Bevölkerung in sich aufzunehmen, zu artikulieren und zu einer gemeinwohlorientierten Politik zu verarbeiten.

Die Wahl- und Auslesefunktion: Da Baden-Württemberg eine parlamentarische Demokratie ist, d. h. seine Regierung aus dem Parlament hervorgeht, muß dessen Wahl- und Auslesefunktion eine besondere Bedeutung zukommen. Der Landtag entscheidet formal darüber, wer Ministerpräsident wird und wann die Zeit für dessen Ablösung gekommen ist. Im Unterschied zum GG sieht jedoch die Landesverfassung das Prinzip einer *doppelten Wahl* vor, was bedeutet, daß nicht nur der Ministerpräsident vom Landtag gewählt wird, sondern auch das von ihm gebildete Kabinett der parlamentarischen Zustimmung bedarf. Mit Bonn gibt es aber insofern eine Übereinstimmung, als der Mißtrauensantrag gegen die amtierende Regierung in Form der unmittelbaren Bestellung einer neuen gekleidet werden muß *(Konstruktives Mißtrauensvotum).*

Der Landtag ist jedoch nicht ganz frei bei der Wahl des Ministerpräsidenten. Landtagswahlen sind heute weitgehend zu *Personenplebisziten* geworden, die über die Person des Ministerpräsidenten eine Vorentscheidung treffen. Man erinnere sich an die Landtagswahlen 1976: hie *Filbinger,* hie *Eppler* lauteten damals die Parolen. Dieses plebiszitäre Element bindet die Fraktionen. Etwas anders ist es, wenn der Ministerpräsident während der Legislaturperiode ausgewechselt wird: dann schlägt die große Stunde für die Mehrheitsfraktion, die über die Person des neuen Kandidaten zu entscheiden hat. Zuletzt erlebte dies eine am Geschehen überaus interessierte Öffentlichkeit 1978, als die CDU-Fraktion einen Nachfolger für *Hans Karl Filbinger* zu suchen und dabei eine Wahl zwischen *Manfred Rommel* und *Lothar Späth* zu treffen hatte.

Landesparlamente stehen in dem Ruf von „Ministerschulen". Dieser Ruf wird durch empirische Untersuchungen bestätigt, die zu dem Ergebnis kamen, daß sich in Nordrhein-Westfalen 83%, in Hamburg immer noch 61% der Landesminister im Landtag qualifizierten.[6] Baden-Württemberg nimmt hier mit 50% einen „mittleren" Platz ein, d. h., die *Landtagszugehörigkeit ist ein wichtiges Selektions- und Qualifikationskriterium für ein Regierungsamt* in den Bundesländern. In ihm dienen sich Abgeordnete hoch, werden Arbeitskreis- und Ausschußvorsitzende, bis ihnen Presse und Kollegen „Ministerqualität" bescheinigen. Hier können sie die für einen Minister notwendigen Eigenschaften erwerben und entfalten: Sach- und Personenkenntnis, Überzeugungskraft, Integrationsfähigkeit, Sinn für das noch Machbare und eine Prise politischer Phantasie. Was ihnen dann vielleicht noch fehlt, ist die Fähigkeit, ein Ministerium in den Griff zu bekommen. Ob sie diese Kompetenz jemals erlangen werden, kann sich aber erst in der Praxis erweisen.

Nicht jeder „Ministrable" erhält aber Gelegenheit, sich einer solchen Erfahrungsprobe zu unterziehen. Es kommt immer wieder vor, daß Ministerpräsidenten „Außenseiter" zur Blutauffrischung herbeiholen und damit die Hoffnung manches langgedienten, sich für seine Partei abrackernden Abgeordneten auf ein Ministeramt zunichte machen. Die Öffentlichkeit hatte sich schon daran gewöhnt, daß Regierungschefs kleiner Bundesländer auf Talentsuche außerhalb der Landesgrenzen gehen und dort Minister anwerben. Sie war dennoch überrascht, im 1978 gebildeten Kabinett *Späth* unter zehn Ministern nur fünf MdL zu entdecken. Die Einrichtung von politischen Staatssekretärsposten für jedes Ministerium ist daher damals in der Publizistik auch als ein Versuch gewertet worden, sich in ihren Ansprüchen übergangen fühlende Abgeordnete bei der Vergabe von politischen Führungspositionen noch zu berücksichtigen und sie damit in die Regierungsdisziplin zu nehmen.

Die starke Stellung der Regierung

Zwei Fragen stellen sich dem Leser der Überschrift: Einmal, was ist mit Regierung gemeint; zum anderen, wem gegenüber hat diese eine starke Stellung.

In der parlamentarischen Demokratie ist die Regierung ein vom Vertrauen des Parlaments abhängiges eigenständiges Organ, dem in einem Bundesland wie Baden-Württemberg u.a. folgende *Kompetenzen* zustehen: Gesetzesinitiativrecht, Organisationsgewalt in der Verwaltung sowie Entscheidungsbefugnis über die Stimmabgabe im Bundesrat. Das alles ist ihr als Kollegialorgan übertragen, d.h., Ministerpräsident und Minister entscheiden als Gleichberechtigte. Doch hat die Landesverfassung nicht nur das *Kollegialprinzip,* sondern auch das *Ressortprinzip* stärker als im Vergleich zum Bund ausgestaltet, was sich u.a. darin zeigt, daß *jeder Ressortminister der parlamentarischen Verantwortung unterliegt.* Von diesen beiden Seiten her erscheint daher die dem Ministerpräsidenten zustehende *Richtlinienkompetenz* eingeschränkt.

Dennoch ist in der Verfassungswirklichkeit eine über das Verfassungsrecht hinausreichende, weitgehend personenunabhängige *Stärkung der Stellung des Ministerpräsidenten* erfolgt, so daß dieser in den Augen vieler als die führende Kraft in der Landespolitik gilt. Dieser Zuwachs an Macht und Prestige kann u.a. auf folgende *Gründe* zurückgeführt werden: Landtagswahlen stellen auch Plebiszite, also Entscheidungen über Personen dar, bei denen sich in der Regel zwei Kandidaten um das Amt des Ministerpräsidenten bewerben. Der aus diesem Kontest hervorgegangene Sieger ist mit einer ganz anderen Legitimation ausgestattet als seine Ministerkollegen, die allenfalls bei den Wahlen als Mitglieder des alten Kabinetts oder als Angehörige einer „Mannschaft" stärker ins Rampenlicht gerückt sind. Hinzu kommt, daß der vom Landtag formal zum Ministerpräsidenten bestellte siegreiche Kandidat im allgemeinen über einen starken Rückhalt in seiner eigenen Partei verfügt.

Die Hausherren der Villa Reitzenstein (Sitz des Staatsministeriums) haben es überdies auch verstanden, das *Staatsministerium zu einem Führungsinstrument auszubauen.* Dieses bereitet die Kabinettssitzungen sorgfältig vor und erlaubt dem Regierungschef, die geschäftsordnungsmäßigen Möglichkeiten eines Vorsitzenden des Ministerrats voll auszuschöpfen. Dabei kommt ihm ein beträchtlicher Informationsvorsprung gegenüber den Fachministerien zustatten. So hat sich das Staatsministerium zu einer Koordinationszentrale, vor allem für den tagespolitischen Bereich, entwickelt.

Die Regierung – oder sollten wir besser vom Ministerpräsidenten sprechen? – hat eine starke Stellung gegenüber dem Landtag erlangt. Die Landesverfassung ging noch von einem Gleichgewichtsverhältnis zwischen beiden aus, ohne jedoch Verschiebungen auszuschließen.[7] Wie in anderen Bundesländern haben diese zu einer politischen Gewichtszunahme der Regierung geführt. Diese besitzt ein *Quasi-Gesetzesinitiativ-Monopol,* sie ordnet und leitet eine immer umfangreicher werdende Verwaltung und wirkt über den Bundesrat an der Bundespolitik mit. Die beiden zuerst genannten Punkte treffen auch auf die Verhältnisse in anderen parlamentarischen Systemen zu: Der moderne Leistungsstaat erfordert Präsenz, Initiative und Führung der Regierung.

Hinzu kommt eine enge *Verflechtung zwischen Regierung und Landtag.* So sind im gegenwärtigen Landtag 20 von 66 Mitgliedern der CDU-Fraktion als Minister und politische Staatssekretäre in die Regierungsverantwortung eingebunden. Daran kann man Kritik üben. Oppositionsfraktionen und Presseorgane bedienen sich aber hierbei häufig genug falscher Argumente. So sieht man in dieser Verflechtung einen Verstoß gegen die Gewaltenteilung. Dabei berücksichtigen die „Ankläger" aber nicht, daß die Landesverfassung einem parlamentarischen System mit einer engen Gewaltenverbindung gegenüber einem gewaltenteilenden Präsidialsystem den Vorzug gegeben hat. In den Mittelpunkt der Kritik könnte aber etwas anderes rücken: Leidet nicht die *Eigenständigkeit der Regierungsfraktion* und die *Kontrollfähigkeit* des Landtags unter der verhältnismäßig großen Anzahl von Regierungsmitgliedern? Als Radikalkur wird eine Trennung von Amt und Mandat angeregt. Offensichtlich kennt man hierzulande nicht genug die damit in den hanseatischen Stadtstaaten gesammelten Erfahrungen: Die dortigen Senatsmitglieder sind in eine übergroße Abhängigkeit von ihrer Partei geraten. M. E. sollte daher als eine Abhilfe überlegt werden, ob nicht die Zahl der *politischen Staatssekretäre* wieder auf ein vernünftiges Maß zurückzuführen ist. Es bleibt nicht recht einzusehen, warum verhältnismäßig kleine Landesministerien neben dem Minister und beamteten Amtschef noch einen politischen Staatssekretär benötigen.

Zu diesen mehr oder weniger allgemeinen Ursachen für das starke

Gewicht der Regierung kommen noch die *besonderen Bedingungen des deutschen Föderalismus* hinzu, der nicht die Landtage, sondern nur die Landesregierungen über den von ihnen beschickten Bundesrat an der Bundespolitik beteiligt. Mit der Abgabe von Länderzuständigkeiten an den Bund haben dessen Kompetenzen eine Erweiterung erfahren, d. h., die Abnahme der Landtagsbefugnisse ging einher mit einem Bedeutungszuwachs der Landesregierungen. Dieser ist aber auch damit zu erklären, daß die Regierungen als Träger der Zusammenarbeit in einem eng gewordenen *Kooperationsföderalismus* fungieren, der sowohl in den verschiedenen Fachministerkonferenzen als auch in den umstrittenen Gemeinschaftsaufgaben zum Ausdruck kommt. Diese der parlamentarischen Kontrolle schwer zugängliche Politikverflechtung schwächt nicht nur die Stellung der Landtage, sondern stellt auch das für den Verfassungsstaat kennzeichnende Prinzip einer verantwortlichen Regierung in Frage, d. h., daß diese einem anderen, dem Parlament, für ihr Verhalten verantwortlich ist.

Regierungsfraktion und Opposition: Die Beziehungen Landesregierung – Landtag

Diese Beziehungen könnten auf das von der englischen Konkurrenzdemokratie abgeleitete Modell gebracht werden: Regierung + Mehrheitsfraktion versus Opposition. Die *Aufgabe der Mehrheitsfraktion* besteht dann vor allem darin, die Regierung tatkräftig zu unterstützen, was so weit gehen kann, daß sie sich mit der Rolle eines Erfüllungsgehilfen begnügt. Der verfassungsrechtlich herausgehobenen *Opposition* fällt innerhalb eines solchen Modells die öffentlich ausgeübte allgemeine Richtlinienkontrolle zu.

Doch dieses Modell entspricht weder den Notwendigkeiten noch der Praxis eines deutschen Bundeslandes. Dessen vor allem auf die Verwaltung ausgerichtete Aufgabenstruktur bringt es mit sich, daß der Landtag als Ganzes – also auch unter Einschluß der Regierungsfraktionen – eine größere Unabhängigkeit gegenüber der Regierung erlangen kann. Ohne die von ihnen kreierte und getragene Regierung in Gefahr zu bringen, beteiligen sich Abgeordnete und Fraktion(en) der Mehrheit an der Leistungskontrolle, d. h., anstelle der denkbaren Unterordnung tritt ein mehr oder weniger freundschaftliches Neben- und Miteinander zur Regierung. Dieser Spielraum ist vom vormaligen Fraktionsvorsitzenden *Späth* zwischen 1972 und 1978 intensiv genutzt und zu einer „Stuttgarter Doppelstrategie" ausgeweitet worden, d. h., die CDU-Fraktion sah ihre Aufgabe nicht nur darin, die Regierung zu unterstützen und kritisch zu begleiten, sondern auch gelegentlich eine öffentliche Richtlinienkontrolle auszuüben. Diese Strategie versucht sein Nachfolger *Erwin Teufel* fortzuführen – dafür kennzeichnend war die Auseinandersetzung um den von Ministerpräsident Späth favorisierten „Wasserpfennig" –, wenn er auch deren Grenzen in dem Informationsvorsprung der Regierung und in einem zwischen dieser und der Mehrheitsfraktion nicht immer unterscheiden könnenden Wählerwillen erkennen muß.

Die Erwartungshaltung der Wählerschaft – vielleicht auch ihr eigenes Selbstverständnis – hindern die Regierungsfraktion daran, in die Rolle einer permanenten Richtlinienopposition zu schlüpfen. Diese muß sie den an der Regierung nicht beteiligten parlamentarischen Kräften überlassen. Da die *Opposition* in Baden-Württemberg verfassungsrechtlich nicht vorgesehen ist, können diese Kräfte ihre Rolle selbst bestimmen. Die SPD hat dies in den vergangenen Jahren etwas anders getan als die FDP-Fraktion – beide stehen zwar zusammen in der Opposition, ohne jedoch gemeinsam eine solche im Landtag zu bilden. Bereits in einer am Machterhalt interessierten Regierungskoalition ist es für mehrere Fraktionen nicht leicht zusammenzuarbeiten; um so schwieriger erscheint dies, wenn sie eine gemeinsame Oppositionsstrategie zu entwickeln hätten. Sollen sie auf eine *alternative Konfrontationsopposition* setzen, sich nur für eine *Bereichsopposition* erwärmen oder von vornherein die *Mitregierung* suchen? In der 1988 zu Ende gegangenen Legislaturperiode erweckte die FDP-Fraktion den Eindruck, daß sie weniger als die SPD an einer konfliktorientierten Alternativopposition und mehr an einer sich vor allem auf die Themen Rechtsstaat und Schule bezogenen Bereichsopposition interessiert war. Die „Grünen" hatten sich hingegen einer Alternativopposition verschrieben, ohne aber – wie ihre Kollegen in anderen Landtagen – der Versuchung zu erliegen, das Parlament als Tribüne für eine Fundamentalopposition zu mißbrauchen.

Opposition setzt einen gewissen Entscheidungsspielraum auf seiten der Regierung voraus. Die von Ulrich Lang geführte SPD-Fraktion hätte daher die Arbeitsplatzsicherung, den Umweltschutz und die Finanzpolitik nicht zu den Themen ihrer Alternativopposition erheben können, wenn für diese die Landesregierung nicht so oder so entscheiden könnte. Bei dieser Strategie ging es ihr weniger darum, die Regierung zu korrigieren, als vielmehr die Öffentlichkeit auf ihre Seite zu ziehen und damit langfristig einen Regierungswechsel vorzubereiten. Eine solche Alternativopposition braucht jedoch kooperative Elemente auf anderen Gebieten und Ebenen nicht auszuschließen. Um einen gewissen Einfluß auf das Regierungs- und Verwaltungshandeln – auch im Interesse ihrer Wähler und Mitglieder – zu behalten, wird die Opposition versuchen, ihre Alternativstrategie mit kooperativen Elementen zu verbinden. Dieser Neigung kommt im Landtag ein fachlich ausdifferenziertes *Ausschußwesen* entgegen, das sich bei der gegebenen Aufgabenverteilung zwischen Bund und Ländern vor allem mit der Leistungskontrolle beschäftigt, d. h., es ist auf Kooperation angelegt.

Im parlamentarischen Kräftespiel: Fraktionen und Ausschüsse

Ein allein aus 125 Eigenbrötlern zusammengesetztes Parlament wäre auf die Dauer gesehen nicht in der Lage, die ihm gestellten Aufgaben zu erfüllen; es benötigt ein gewisses Maß an Arbeitsteilung und Zusammenarbeit. Das berücksichtigt die Geschäftsordnung des Landtags, die sowohl Ausschüsse als auch Fraktionen vorsieht. Während *Fraktionen richtungsgebunden* sind – in ihnen schließen sich Abgeordnete gleicher oder ähnlicher Parteiorientierung zusammen –, beziehen sich die *Ausschüsse auf Ressorts* – so das Kultusministerium – oder auf *Aufgabenfelder* – so das Petitionswesen.[8] Der Landtag besitzt genauso wie der Bundestag ein ausdifferenziertes Ausschußwesen, nur mit dem beträchtlichen Unterschied zu diesem, daß die Mehrzahl seiner Ausschüsse *nicht mehr primär mit der Gesetzesvorbereitung,* sondern mit der *Leistungs- und verwaltungsbegleitenden Kontrolle* befaßt ist. Können z. B. der Kulturpolitische Ausschuß oder auch der Haushaltsausschuß noch zu den gesetzesvorbereitenden Ausschüssen gezählt werden, so ist der Petitionsausschuß eindeutig der Verwaltungskontrolle zuzurechnen.

Der *Petitionsausschuß* fristete bis vor wenigen Jahren noch ein „kümmerliches Dasein auf dem parlamentarischen Hinterhof", weitgehend damit beschäftigt, den Beschwerden von gerichtserfahrenen Gefängnisinsassen nachzugehen. Doch heutzutage machen mehr und mehr Bürger von ihrem zu den Grundrechten gehörenden Petitionsrecht Gebrauch, indem sie als einzelne oder in Gemeinschaft mit anderen Bitten und Beschwerden an den Petitionsausschuß des Landtags richten. So betrug die Zahl der Petitionen in der letzten Legislaturperiode 10079. Der in diesem Vorgang sichtbar werdende Vertrauensschwund gegenüber der Verwaltung paart sich mit einem Vertrauensvorschuß für das Parlament. Doch konnte das „Notrufrecht" des Bürgers an seinen Landtag dadurch unterlaufen werden, daß durch die Einschaltung des Dienstweges die Petition auf dem Schreibtisch gerade jenes Beamten landete, gegen dessen Verhalten sie gerichtet war. Die Bemühungen der Parlamentsreform galten daher in besonderer Weise dem Petitionswesen, d. h., das Parlament wollte sich die Möglichkeit einer ausreichend eigenen Sachaufklärung verschaffen. Zunächst dachte man in Stuttgart daran, dem Mainzer Beispiel zu folgen und einen „Bürgerbeauftragten", auch *Ombudsmann* genannt, als Hilfsorgan des Petitionsausschusses zu berufen. Da jedoch von vielen Abgeordneten eine Umkehrung dieses Verhältnisses befürchtet wurde, nahm der Landtag von diesem Gedanken wieder Abstand. Nachdem der Landtag sich zunächst noch mit einer Zusicherung der Regierung zufriedengegeben hatte, ihm zur Bearbeitung von Petitionen Aktenzugang zu gewähren, entschloß er sich nach einer verfassungsrechtlichen Verankerung des Petitionsausschusses doch noch zu einer *gesetzlichen Regelung der Aktenvorlage, des Auskunfts- und Zutrittsrechts und des Anhörungsrechts* für diesen. Auch mit Hilfe eines solchen Instrumentariums wird der Petitionsausschuß nicht allen in ihn gesetzten Erwartungen entsprechen können. Die damit erreichte Verbesserung seiner Arbeitsbedingungen dürfte ihn aber in die Lage versetzen, schneller und wirksamer, als es vordem möglich war, den Beschwerden und Anregungen der Bürger nachzugehen.

Die Mitglieder des Petitionsausschusses werden von den Fraktionen entsprechend den parlamentarischen Kräfteverhältnissen bestimmt. Da das gleiche Verfahren auch für die anderen Ausschüsse angewandt wird, ist der *Fraktionsstatus* begehrt. Er allein sichert eine wirkungsvolle Beteiligung an der parlamentarischen Arbeit. Um diese aber übersichtlich und berechenbar zu halten, legen die Geschäftsordnungen der Landtage eine Mindestzahl von Abgeordneten fest. Diese beträgt in Baden-Württemberg acht, so daß für die 1988 gewählten sieben FDP-Abgeordneten der Fraktionsstatus problematisch geworden ist. 1980 gab es einen ähnlichen Vorgang. Damals erhielten die sechs Vertreter der Grünen den parlamentarischen Status einer „Gruppe" zugebilligt. Da die Mitglieder einer Fraktion in der Regel der gleichen Partei angehören, könnte daraus der Schluß gezogen werden, diese sei die Vertretung der Partei im Parlament. Eine solche Auffassung ist jedoch rechtlich gesehen kaum haltbar; außerdem verträgt sie sich nicht mit dem Selbstverständnis der Abgeordneten. Obwohl die Landesverbände der Parteien im allgemeinen mit den Landtagsfraktionen personell eng verbunden sind, pochen diese doch auf ein gewisses Maß an Eigenständigkeit gegenüber Entscheidungen von Parteigremien. Das gilt nicht nur für die Fraktionen der sogenannten „bürgerlichen" Parteien, sondern auch für die aus historischen Gründen stärker um ein geschlossenes Auftreten von Parteiorganisation und Fraktion bemühte SPD: Deren Landtagsfraktion setzte sich 1968 über ein anderslautendes Votum des Landesparteitages hinweg und beschloß, die 1966 mit der CDU eingegangene Regierungskoalition fortzusetzen.

Die Sozialstruktur des Landtags und das Bild des Abgeordneten

Ausschüsse und Fraktionen stellen Hilfsorgane des Landesparlaments dar; seine „sozialen Bausteine" sind aber nach wie vor die einzelnen Abgeordneten, deren der baden-württembergische Landtag 125 zählt (im Vergleich hierzu: Bayern = 204, Saarland = 50). Darunter finden sich Landwirte und Lehrer, Altgediente und Neulinge, Berufs- und Teilzeitabgeordnete. Doch haben wir Mühe, unter ihnen den Abgeordneten zu entdecken.

Daran ändert auch die gemeinsame *rechtliche Stellung* nicht allzuviel (Landesverfassung Art. 27, 3: „Die Abgeordneten sind Vertreter des ganzen Volkes. Sie sind nicht an Aufträge und Weisungen gebunden und nur ihrem Gewissen unterworfen"). Zu unterschiedlich ist ihre Sozialisation und ihre Ausbildung, zu verschiedenartig ihr Aufgabenkreis und ihr Alltag. Abgeordnete sind keine Beamten mit einem eng umschriebenen Pflichtenkreis. Keine Stechuhr kontrolliert ihre Arbeitszeit; d.h., es bleibt ihrem Ehrgeiz oder Rollenverständnis überlassen, was sie aus dem ihnen anvertrauten Mandat machen. Dem einen ist keine Aufgabe zuviel, vielleicht will er höher hinaus, der andere gibt sich damit zufrieden, die Belange „seines" Wahlkreises zu vertreten. Die Wissenschaft hat deshalb einige Mühe, das Typische des Abgeordneten herauszuarbeiten oder die für ihn vorherrschende Rolle zu ermitteln. Als Hilfe bietet sich eine *Typologisierung* an, wie sie *Gerhard Loewenberg* für den Bundestag vorgenommen hat.[9] Dabei unterscheidet er zwischen *Berufspolitikern, Interessenvertretern, Angehörigen des öffentlichen Dienstes* und ihren Beruf noch ausübenden *Teilzeitparlamentariern.*

Bei einer Übertragung dieser Kriterien auf den Landtag stellen wir fest, daß im Vergleich zum Bundestag (und anderen Landtagen) der Anteil von Berufspolitikern und Interessenvertretern mit jeweils etwa 10% geringer ist. Ein unverhältnismäßig großer Anteil der Abgeordneten ist jedoch dem öffentlichen Dienst zuzurechnen (59%), und noch immer stellen ihren Beruf ausübende Selbständige und Freiberufler rd. 15%. Eine andere Typologisierung ergibt sich, wenn wir die Abgeordneten nach ihrem *Selbstverständnis* befragen. Es ist anzunehmen, daß sie sich nur zu einem geringen Prozentsatz als Experten sehen. Der größere Teil dürfte sich als „Wahlkreisabgeordneter" betrachten, der eine „Scharnierfunktion" zwischen Wählern, Parteien, Verbänden und Verwaltung auszuüben hat. Sie tragen damit wesentlich zu einer Kommunikation zwischen Wählern und Parlament bei. Nicht jeder von ihnen braucht aber ein Volksbote alten Schlags zu sein. „Der Bere", *Tiberius Fundel* aus dem Lautertal, entsprach diesem Bild. Wo andere clever erscheinen, war er listig und schlau. Mit dem Rückgang der bodenständigen bäuerlichen Bevölkerung ist aber dieser aus einer natur- und menschennahen Erfahrung lebende Abgeordnetentyp rar geworden.

Ob traditioneller Volksbote oder moderner Wahlkreisabgeordneter, die Tätigkeit eines MdL (Mitglied des Landtags) entspricht nicht immer ganz dem, was *Theodor Eschenburg* einmal zu den lohnenden Aufgaben eines Parlamentariers gezählt hat: Rechts- und Verwaltungskonstruktionen zu durchdenken, praktische Staatstätigkeit zu erfassen, um sie wirksam kontrollieren zu können, an der politischen Ausrichtung der Staatsführung mitwirken.[10] Der Landtagsabgeordnete muß sich vielfach mit weniger begnügen. Aufgrund der beschränkten Länderzuständigkeiten und der Erwartungen seiner Wähler bestimmt er kaum über Richtungen, sondern korrigiert und kontrolliert vor allem deren Auswirkungen. Für einen lebendigen Parlamentarismus erscheint dies und seine Kommunikationsfähigkeit aber ebenso wichtig wie das Aufzeigen von Richtungen in Debatten und die Gestaltung von Problemfeldern.

Wie man Abgeordneter wird

Wer Abgeordneter werden will, braucht weder ein Reifezeugnis noch einen Befähigungsnachweis vorzuweisen. Das Abgeordnetenmandat ist in unserem von Laufbahnvorschriften bestimmten Lande noch eine der wenigen frei zugänglichen Tätigkeitsbereiche. Allein die Wahl entscheidet über den Einzug in den Landtag! Doch diese stellt nur die letzte Etappe auf einer langen Wegstrecke dar, die irgendwo einmal begonnen hat, in einer Jugendgruppe, einem Verein oder einem Gemeinderat. Der Weg in den Landtag führt aber immer durch eine der *Parteien,* weil diese – auch auf Landesebene – die Kandidatennominierung monopolisiert haben. Im Gegensatz zu den USA erlauben es bei uns die Wahlgesetze dem Bürger nicht, unmittelbar an der Kandidatenaufstellung mitzuwirken. Diese ist den Parteien vorbehalten, und man muß in der Regel selbst ein Mitglied derselben sein, um im Kandidatenwettbewerb eine Chance zu erhalten.

Mit dem Wandel der „bürgerlichen Parteien" von mitgliederschwachen Honoratiorenvereinigungen in mitgliederstarke Organisationen haben sich auch die *Selektionskriterien* für Parlamentswahlen verändert. Vor nicht allzulanger Zeit galten noch berufliches Ansehen und gesellschaftliche Stellung als erfolgversprechend; sie reichen aber heute nicht mehr aus, wenn zu ihnen nicht noch etwas weiteres hinzukommt: Parteiverwurzelung, etwas, was bei der SPD schon seit jeher mehr gefragt war.

Die *Karrieremuster* von Landtagsabgeordneten sind zwar noch wenig untersucht, doch scheinen sie mit denen von Bundestagsabgeordneten in einem übereinzustimmen: Um überhaupt aufgestellt zu werden, muß sich der Kandidat im Kreis- oder Ortsverband seiner Partei, aber auch als kommunaler Mandatsträger, hervorgetan haben. Die Erringung eines Mandats verstärkt wiederum Position und Einfluß in der eigenen Partei. Diese von *Dieter Herzog* beschriebene Karrierisierung (im Sinne von Parteikarriere) der Abgeordnetentätigkeit weicht vermutlich von Partei zu Partei und von Land zu Land etwas voneinander ab.[11]

Da in Baden-Württemberg keine Landeslisten bestehen, muß hierzulande der Kandidat vor allem einen *Rückhalt in der eigenen Wahlkreisorganisation* besitzen. Verliert er diesen, so ist seine erneute Kandidatur in Frage gestellt. Im Vorfeld der Landtagswahlen 1988 mußten dies einige Abgeordnete schmerzlich erfahren. Bundesweit bekannt geworden sind in diesem Zusammenhang die Ereignisse im sog. „Bananen-Wahlkreis" Münsingen/Hechingen, wo der langjährige Abgeordnete unter merkwürdigen Umständen verdrängt worden ist. Um einen Rückhalt in der eigenen Partei zu gewinnen und diesen auch zu erhalten, braucht daher der Abgeordnete viel, sehr viel Zeit: Es wird von ihm erwartet, daß er „präsent" ist, sich überall sehen läßt. Zahlreiche Parteigremien verlangen sein Erscheinen: Versammlungen müssen abgehalten oder mit Ansprachen beehrt werden. Dies alles verträgt sich schlecht mit dem Zeitdeputat eines Teilzeitabgeordneten. Die Karrierisierung fördert deshalb die *Professionalisierung* der Abgeordneten, worunter zu verstehen ist, daß diese ihr Mandat und die damit verbundenen politischen Aufgaben *hauptamtlich* ausüben.

Ein Problem der Parlamentsreform: Teilzeit- oder Vollzeitabgeordnete?[12, 13]

Teilzeitabgeordnete versuchen Mandat und Beruf miteinander zu verbinden. Im Unterschied zum Bundestag war in den Landtagen ihr Anteil vor dem sogenannten Diätenurteil des Bundesverfassungsgerichts noch immer beachtlich. Eine Mitteilung des badenwürttembergischen Landtags bezifferte ihn auf: Bayern 56%, Hamburg 84%, Hessen 50%, Rheinland-Pfalz 66%, Schleswig-Holstein 52%. Bei den Flächenstaaten stand Baden-Württemberg mit 80% an der Spitze, was wohl darauf zurückzuführen war, daß sich der Stuttgarter Landtag nicht dem Beispiel anderer Landtage angeschlossen und die strenge *Inkompatibilität* (Unvereinbarkeit von Amt und Mandat bei öffentlich Bediensteten) eingeführt hatte. So kam es, daß ihm weiterhin aktive Landräte, Bürgermeister und Lehrer angehörten.[14] Das *Diätenurteil* des Bundesverfassungsgerichts vom 5. 11. 1975 schien aber dieser Situation insofern ein Ende zu bereiten, als es feststellte, daß aus der im Art. 48 Abs. 3 GG geforderten Entschädigung eine Alimentation für eine hauptberufliche Inanspruchnahme geworden sei. Diese sei deshalb derart zu bemessen, daß der Abgeordnete – unabhängig von anderen Einnahmen – davon seiner Stellung entsprechend leben könne.

Dieses Urteil bestätigte gerade dies, was die Landtage bisher abgestritten hatten: die Professionalisierung des Mandats. Sie glaubten aus ihm daher den Zwang zur Anpassung der Diäten an das Bundesparlament herauslesen zu müssen. Vorreiter dieser Entwicklung war der bayerische Landtag, der bereits am 13. 7. 1977 eine Aufstokkung seiner Diäten auf 6750 DM beschlossen hatte. Wahrscheinlich wäre seinem Beispiel auch der Stuttgarter Landtag gefolgt, wenn sich nicht einige seiner Abgeordneten – von der Landespresse unterstützt – dagegen gewandt hätten. An deren Spitze stellte sich *Lothar Späth,* dem es gelang, seine Fraktion von den – wie er meinte – Vorteilen einer Teilzeitlösung – geringere Kosten, größere Effizienz, stärkere Volksverbundenheit – zu überzeugen. Die SPD-Abgeordneten waren geteilter Meinung. Es ist dabei zu berücksichtigen, daß Arbeiter und Angestellte im Unterschied zu Selbständigen schwerlich neben einem Mandat noch ihrem Beruf nachgehen können. Auch erinnerte ihr Fraktionsvorsitzender daran, daß die Opposition zur Erfüllung ihrer Aufgaben ständig präsent sein müsse und deshalb auf eine größere Anzahl von Vollzeitabgeordneten angewiesen sei. Nach einigem Hin und Her einigten sich schließlich beide Fraktionen auf eine „Mischregelung", die im am 30. 8. 1978 beschlossenen und seitdem mehrfach abgeänderten (zuletzt am 8. 9. 1988) Diätengesetz u.a. folgendes vorsieht:

1. Die Diäten werden so bemessen – 5842 DM (1988) zu versteuernde Grundvergütung –, daß zwar der Abgeordnete davon leben kann, ohne ihm jedoch den Anreiz zu einer beruflichen Betätigung zu nehmen.
2. An der „weichen" Inkompatibilität wird festgehalten, d. h., Landräte, Bürgermeister, Lehrer können weiterhin dem Landesparlament angehören. Dem Diätenurteil Rechnung tragend, müssen sie sich jedoch – unter Berücksichtigung ihrer beruflichen Inanspruchnahme – mit 30 bis 60% ihrer Dienstbezüge zufriedengeben.

Die FDP stimmte diesen Regelungen nicht zu. Ihr Fraktionsvorsitzender begründete dies vor allem damit, daß sie im Interesse der parlamentarischen Kontrollaufgabe eine strengere Inkompatibilität sowie den sich vor allem um sein Mandat kümmernden (Vollzeit-) Abgeordneten für notwendig halte.

Der Versuch des baden-württembergischen Landtags, eine Neuordnung der finanziellen und rechtlichen Stellung seiner Mitglieder mit einer Straffung der Parlamentsarbeit zu verbinden, ist noch nicht abgeschlossen. Über seine Zukunftsaussichten sind auch die Experten verschiedener Ansicht. Der 1988 aus seinem Amte ausgeschiedene Landtagsdirektor *Böhringer* meinte, daß der Weg zum Berufsparlament auch für den Stuttgarter Landtag nicht mehr aufzuhalten sei. Sein Nachfolger *Rößlein* sieht dies jedoch anders. Selbst wenn sich die bestehende Mischregelung als dauerhaft erweisen sollte, wäre sie aufgrund der gegebenen Ausgangsbedingungen nicht ohne weiteres übertragbar auf die Landtage anderer Flächenstaaten. Sie könnte aber diese in ihrem wenig gerechtfertigten Drange hemmen, sich noch mehr als bisher in der Höhe ihrer Diäten und auch im Umfang ihrer Arbeit am Bundestag auszurichten; insofern bietet der baden-württembergische Landtag eine Alternative an, die die angeblich zwangsläufige Umwandlung der Landtage in Berufsparlamente in Frage stellt.

Volksnähe und Kontrollfähigkeit ist wichtigste Aufgabe

Die starke Stellung der Regierung gegenüber dem Landtag ist mehr als deutlich geworden. Mit dieser Erkenntnis wird aber die eingangs gestellte Frage nach der Wirksamkeit des Landtags noch nicht ausreichend beantwortet. Auf sie wieder zurückkommend, hat man sich als erstes zu vergewissern, von wem sie aufgeworfen sein könnte. Stellt sie ein durch den Landtagswahlkampf neugierig gewordener Bürger? Ergibt sie sich aus einer Analyse des politischen Systems Baden-Württembergs? Oder kommt sie aus dem Horizont des Bundes? Von diesen drei Standorten ausgehend, wollen wir versuchen, Antworten auf die Frage nach der Wirksamkeit zu finden.

Der *Bürger* erfährt im allgemeinen Landespolitik – einschließlich des Organs Landtag – anders als die Bundes- oder Kommunalpolitik. Er weiß, im Bund fallen die für ihn wichtigen Richtungsentscheidungen; er sieht, wie die Gemeinde seine Umwelt gestaltet. Zwischen beiden eingezwängt, hat es die Landespolitik schwer, sowohl ihre Existenzberechtigung als auch ihre Wirksamkeit nachzuweisen. Dies könnte aber u.a. dadurch geschehen, daß der Bürger auf sie als dritte Partizipationsebene hingewiesen wird. Über die von ihm gewählten Abgeordneten bietet sich ihm eine Möglichkeit an, auf die in der Zuständigkeit des Landes verbliebenen Materien wie Schule, Gemeindeverfassung, Behördenorganisation oder Denkmalschutz mittelbar Einfluß auszuüben. Der von ihm bestellte Landtag ist aber auch das Wahl- und Ausleseorgan für die Landesregierung, die wiederum über den Bundesrat an bundespolitischen Entscheidungen beteiligt wird. Von Ausnahmen abgesehen, hat er es aber schwer, den Landtag mit der „Großen Politik" in Verbindung zu bringen. Nicht allzu schwierig ist es aber für ihn, sich seinen Landtagsabgeordneten als „Nothelfer" vorzustellen, der sich für die zügige Bearbeitung von Rentenanträgen ebenso einsetzt wie für zweckgebundene Zuschüsse an seine Gemeinde.

Im politischen System Baden-Württembergs hat sich wie in jeder anderen parlamentarischen Demokratie eine Art von *Arbeitsteilung* herausgebildet: Sie ist jedoch nicht nur in einem klaren Gegensatz zwischen der Regierung und Regierungsfraktion auf der einen und der Opposition auf der anderen Seite, sondern auch in einem diesen entschärfenden Bemühen aller parlamentarischen Kräfte zu suchen, auf das Handeln der jeweiligen Regierung initiierend, korrigierend und auch kontrollierend einzuwirken.[15] Den Einwirkungsmöglichkeiten des Landtags sind jedoch Grenzen gesetzt: Er kann den Informationsvorsprung der Verwaltung kaum aufholen; außerdem ist er von der Mitwirkung an Bundesratsangelegenheiten ausgeschlossen. Zwar könnte er diese, mehr als das bisher üblich war, im Plenum debattieren, doch ist es ihm rechtlich verwehrt, die Regierung an seine Beschlüsse zu binden.

Dies und die umfangreiche Zusammenarbeit der Regierungen von Bund und Ländern beeinträchtigen die Kontrollfunktion des Landtags, was deshalb bedauerlich erscheint, weil ihn seine im Vergleich zum Bundestag größere Volksnähe für diese Aufgabe besonders qualifiziert.

Die Qualität *Volksnähe* ist bereits die halbe Antwort auf die Frage nach der Bedeutung und Wirksamkeit der Länderparlamente *im politischen Gesamtsystem Bundesrepublik.* Innerhalb desselben tragen sie offensichtlich dazu bei, die in jedem großflächigen Gemeinwesen vorhandene Distanz zwischen Wählern und Volksvertretung zu verringern und damit die repräsentative Demokratie lebensfähig zu erhalten. Mit Hilfe dieser Volksnähe können aber auch die Landtage den Bundestag bei seiner Kontrollaufgabe entlasten und ergänzen. Man stelle sich einmal vor, das Bundesparlament müßte die gesamte staatliche Verwaltung von Flensburg bis Garmisch kontrollieren. Es ist anzunehmen, daß dann Mängel in der Verwaltung noch schwerer aufzudecken und zu beheben wären, als dies bereits heute der Fall ist.

Volksnähe und Kontrollfähigkeit können besondere Qualitätsmerkmale der Landtage sein, auch des baden-württembergischen. Wenn dies so stimmt, sollten diese nicht der Versuchung erliegen, sich in allem und in jedem mit dem Bundestag zu messen. Die von ihnen in Angriff genommene Parlamentsreform hätte vielmehr die Abgeordneten zu befähigen, diese Qualitäten noch wirksamer als bisher zu entfalten und auch einzusetzen. Doch beide Qualitäten setzen ein mit Autorität (und Macht) ausgestattetes Landesparlament voraus; negativ ausgedrückt: Ein machtloser Landtag genießt weder das Vertrauen der Bevölkerung noch den Respekt der Bürokratie. Deshalb genügt es nicht, wenn sich der Landtag mit den Insignien eines Parlaments schmückt. Will er weiterhin zu den „effektiven" Teilen des Verfassungslebens zählen, muß er darauf bedacht sein, über einen ausreichenden Entscheidungsspielraum zu verfügen. Die Zukunft des Landesparlaments (wie überhaupt des Länderparlamentarismus) hängt daher nicht nur von der Qualität seiner Abgeordneten und den eigenen Reformanstrengungen, sondern auch von der Weiterentwicklung unseres bundesstaatlichen Systems innerhalb des Rahmens der Europäischen Gemeinschaft ab.[16]

Anmerkungen:

1 Den Unterschied zwischen den „ehrwürdigen" und den „wirksamen" Teilen der Verfassung hat Walter Bagehot in seinem bereits 1867 erschienenen Werk „The English Constitution" herausgearbeitet. Eine deutsche Neuübersetzung kam unter dem Titel „Die englische Verfassung", Neuwied 1971, heraus.

2 Dies ist an anderer Stelle bereits geschehen: Alfred Katz: Baden-Württembergs Regierungssystem nach 25 Jahren, in: Der Bürger im Staat, 1/1977, S. V–XIV.

3 Dazu meine Monographie: Länderparlamentarismus in der Bundesrepublik, Opladen 1979.

4 Uwe Dietrich Adam: Die CDU in der Verfassungsgebenden Landesversammlung und im Landtag, in Paul-Ludwig Weihnacht (Hrsg.): Die CDU in Baden-Württemberg und ihre Geschichte, Stuttgart 1978, S. 260.

5 Herbert Schneider (Hrsg.): Verbände in Baden-Württemberg, Stuttgart 1987.

6 Rolf-Peter Lange: Strukturwandlungen der westdeutschen Landesregierungen 1946–1973, Diss. Berlin 1976.

7 Dazu auch: Paul Feuchte: Die verfassungsrechtliche Entwicklung im Land Baden-Württemberg 1971 bis 1978, in: Jahrbuch des öffentlichen Rechts der Gegenwart, Bd. 27, S. 168–237.

8 Mit dem Ausschußwesen in den deutschen Länderparlamenten hat sich ausführlicher befaßt: Manfred Friedrich: Zur Kritik und Reform der Ausschußarbeit in den Landesparlamenten, in: Zeitschrift für Parlamentsfragen, 1971, S. 70–98.

9 Gerhard Loewenberg: Parlamentarismus im politischen System der Bundesrepublik, Tübingen 1969, S. 139ff.

10 Theodor Eschenburg: Staat und Gesellschaft in Deutschland, München 1965, S. 519.

11 Dieter Herzog: Partei- und Parlamentskarrieren im Spiegel der Zahlen für die Bundesrepublik Deutschland, in: Zeitschrift für Parlamentsfragen, 1976, S. 29.

12 Zum Problem der Landtagsreform im allgemeinen: Anton Böhringer: Parlamentsreform in Baden-Württemberg, in: Der Bürger im Staat, 2/1976, S. 122 bis 130.

13 Zum Problem der Teil- und Vollzeitparlamentarier im besonderen: Herbert Schneider: Teil- oder Vollzeitabgeordnete in den Landtagen? Ist das „Stuttgarter Modell" verallgemeinerungsfähig? in: Zeitschrift für Parlamentsfragen, 1978, S. 456–470.

14 Eine auch auf Baden-Württemberg bezogene Untersuchung über das parlamentarische Verhalten von in der öffentlichen Verwaltung tätigen Abgeordneten hat Klaus Schrode vorgelegt. Klaus Schrode: Beamtenabgeordnete in Landtagen der Bundesrepublik Deutschland, Heidelberg 1977.

15 Roland Hahn: Macht und Ohnmacht des Landtags von Baden-Württemberg. Die Rolle des Landtags von Baden-Württemberg im politischen Prozeß 1972–1981, Kehl–Straßburg–Arlington 1987.

In dem von ihm untersuchten Zeitraum stellt zwar Hahn ein Nachlassen der Gesetzgebungs- und Debattenfunktion des Stuttgarter Landtags fest, gleichzeitig verbucht er jedoch auf dessen Habenseite eine immer wirksamer werdende Verwaltungskontrolle.

16 *Rudolf Hrbek/Uwe Thaysen (Hrsg.): Die Deutschen Bundesländer und die Europäischen Gemeinschaften, Baden-Baden 1986.*

HANS-GEORG WEHLING

Kommunalpolitik in Baden-Württemberg

Bürgermeister, Gemeinderat und die Rechte des Bürgers nach der Gemeindeordnung und im politischen Alltag

Worin unterscheiden sich die Gemeindeordnungen der Bundesländer?

Die Kompetenz zur Ausgestaltung der Gemeindeordnungen überläßt das Grundgesetz (GG) dem jeweiligen *Landesgesetzgeber.* Art. 28 Abs. 2 GG schreibt lediglich vor, *daß* die Länder den Gemeinden kommunale Selbstverwaltung zu gewähren haben (institutionelle Garantie). Das *Wie* bleibt demgegenüber offen – abgesehen vom Erfordernis einer demokratischen Volksvertretung (Art. 28 Abs. 1). Diese Gestaltungsfreiheit ist von den einzelnen Bundesländern unterschiedlich wahrgenommen worden: gemäß den jeweiligen heimischen Traditionen oder gemäß den Vorstellungen der jeweiligen Besatzungsmacht nach 1945. An die *Traditionen,* die in ihrem Gebiet vorgefunden wurden, haben die Gemeindeordnungen von Bayern, Baden-Württemberg, Hessen und – zumindest teilweise – Rheinland-Pfalz und das Saarland angeknüpft. Durch die (britische) *Besatzungsmacht* bestimmt wurden die Gemeindeordnungen von Niedersachsen und Nordrhein-Westfalen: Bis zum heutigen Tag gilt dort das britische System trotz entgegenstehender preußischer Tradition. Was einmal besteht, läßt sich zumeist schwer wieder ändern. Schleswig-Holstein jedoch wandte sich 1952 vom britischen System ab und kehrte zur preußischen Magistratsverfassung in den Städten und zur Bürgermeisterverfassung in den Landgemeinden zurück.

In der Praxis hat dieses Selbstgestaltungsrecht der Länder dazu geführt, daß sich die kommunalen Verfassungstypen in der Bundesrepublik *nach Ländern* unterscheiden, nicht aber (oder so gut wie nicht) *nach Gemeindetypen oder Gemeindegrößenklassen.* So gelten – um ein besonders krasses Beispiel herauszugreifen – für eine Stadt wie München (1,27 Mio Einwohner), die größer als das Saarland ist (1,04 Mio Einwohner), dieselben institutionellen Regelungen wie für einen bayerischen Marktflecken, der über weniger Einwohner verfügt, als die Stadt München Bedienstete hat.

Schauen wir uns Bundesland für Bundesland die Regelungen der „inneren Gemeindeverfassung", also den institutionellen Kern der Gemeindeordnungen, an und stellen uns dabei folgende Fragen:

1. Wie sind die Spitzenpositionen besetzt: Ist ein und dieselbe Person zugleich Vorsitzender des Gemeinderates und Leiter der Verwaltung (Gemeindevorstand), oder sind diese Funktionen auch personell getrennt („einköpfig" oder „zweiköpfig")?
2. Auf wieviel Jahre wird der Gemeinderat gewählt?
3. Welchen Namen führt der Gemeindevorstand?
4. Wie wird der Gemeindevorstand gewählt (von den Gemeindebürgern oder vom Gemeinderat)?
5. Auf wieviel Jahre wird der Gemeindevorstand gewählt?
6. Ist er vorzeitig abwählbar?
7. Führt der Gemeindevorstand den Vorsitz im Gemeinderat und seinen Ausschüssen?
8. Welche Elemente direkter Demokratie enthalten die Gemeindeordnungen der einzelnen Bundesländer?

Dabei lassen wir die Stadtstaaten Berlin, Hamburg und Bremen außer Betracht, denn hier fallen Land und Kommune zusammen (wobei im Falle Bremens die Regelung verwickelter ist, da hier neben Bremen auch die Stadt Bremerhaven zum Stadtstaat gehört).

Die Antworten auf die gestellten Fragen sind in der Übersicht (S. 40) festgehalten.

Vier Typen kommunaler Verfassungen

Im Hinblick auf die zentralen Elemente der „inneren Gemeindeverfassung" pflegt man die Gemeindeordnungen in der Bundesrepublik zu vier Typen zu ordnen (wobei wir außer acht lassen wollen, ob die Bezeichnungen in jedem Fall glücklich gewählt sind):

1. Magistratsverfassung

Zweiköpfig, d. h., der Gemeinderat wählt seinen Vorsitzenden aus seiner Mitte für die Dauer seiner Amtszeit. An der Spitze der Verwaltung steht ein Magistrat als kollegiale Kommunalregierung, deren Vorsitzender der Bürgermeister als Primus inter pares ist. Der Gemeindevorstand wird vom Gemeinderat gewählt. – Die Magistratsverfassung gilt in Hessen und in den Städten Schleswig-Holsteins.

2. Bürgermeisterverfassung

Einköpfig, d. h., der Bürgermeister ist zugleich Vorsitzender des Gemeinderats und seiner Ausschüsse (im Saarland allerdings ohne Stimmrecht) sowie Leiter der Verwaltung. Er wird vom Gemeinderat gewählt. – Die Bürgermeisterverfassung gilt in Rheinland-Pfalz, im Saarland und in den kleineren Gemeinden Schleswig-Holsteins.

3. Norddeutsche Ratsverfassung

Zweiköpfig, der Vorsitzende des Gemeinderats führt den Titel Bürgermeister, der Stadtvorstand heißt Gemeindedirektor bzw. Stadtdirektor (woraus sich in der Bevölkerung Mißverständnisse und daraus z.T. folgend Reibereien zwischen beiden Amtsinhabern in

Gemeindeordnungen im Überblick

Land	Verfassungstyp	Gemeinderat	Gemeindevorstand					Elemente direkter Demokratie
		Wahlperiode i. J.	Name	Wahlmodus	Amtszeit i. J.	Abwählbar?	G.-R.- und Ausschußvorsitz?	
Baden-Württemberg	Süddeutsche Ratsverfassung – einköpfig	5	(Ober-)Bürgermeister	Volkswahl	8	nein	ja	Herbeiführung von Bürgerversammlungen, Bürgerantrag auf Befassung des Gemeinderats, Bürgerbegehren zwecks Bürgerentscheid, Bürgerentscheid
Bayern	Süddeutsche Ratsverfassung – einköpfig	6	1. Bürgermeister bzw. Oberbürgermeister	Volkswahl	6	nein	ja	Herbeiführung von Bürgerversammlungen (Bürgerantrag)
Hessen	Magistratsverfassung – zweiköpfig	4	Magistrat mit (Ober-)Bürgermeister	Wahl durch Gemeinderat	6	mit 2/3-Mehrheit	nein	Bürgerbegehren auf Befassung des Gemeinderats
Niedersachsen	Norddeutsche Ratsverfassung – zweiköpfig	5	Gemeindedirektor bzw. (Ober-)Stadtdirektor	Wahl durch Gemeinderat	6 oder 12	mit 3/4-Mehrheit	nein	Bürgerantrag auf Befassung des Gemeinderats
Nordrhein-Westfalen	Norddeutsche Ratsverfassung – zweiköpfig	5	Gemeindedirektor bzw. (Ober-)Stadtdirektor	Wahl durch Gemeinderat	8	mit 2/3-Mehrheit	nein	nein
Rheinland-Pfalz	Bürgermeisterverfassung – einköpfig	5	(Ober-)Bürgermeister	Wahl durch Gemeinderat	10	mit 2/3-Mehrheit	ja	Bürgerinitiative auf Befassung des Gemeinderats
Saarland	Bürgermeisterverfassung – einköpfig	5	(Ober-)Bürgermeister	Wahl durch Gemeinderat	10	mit 2/3-Mehrheit	ja, ohne Stimmrecht	Bürgerantrag auf Befassung des Gemeinderats
Schleswig-Holstein	Magistratsverfassung (in Städten)/Bürgermeisterverfassung (in Landgemeinden) – zweiköpfig/einköpfig	4	Magistrat mit (Ober-)Bürgermeister Bürgermeister	Wahl durch Gemeinderat	6–12	mit 2/3-Mehrheit	nein	nein

der Verfassungswirklichkeit ergeben). Der Gemeindevorstand wird vom Rat gewählt. – Die Norddeutsche Ratsverfassung gilt in Niedersachsen und Nordrhein-Westfalen.

4. Süddeutsche Ratsverfassung

Einköpfig, der Bürgermeister als Vorsitzender des Gemeinderates und Leiter der Verwaltung wird von den Gemeindebürgern gewählt. – Die Süddeutsche Ratsverfassung gilt in Baden-Württemberg und Bayern (vgl. Schaubild Grundtypen der Kommunalverfassung).

Baden-Württemberg: „Ratsverfassung mit Bürgermeistersuprematie"

Der Gemeinderat als die Volksvertretung ist der Gemeindeordnung von Baden-Württemberg nach „das Hauptorgan der Gemeinde" (§ 24 Abs. 1 Satz 1). Ihm kommen *umfassende Zuständigkeiten* zu, was der Grund dafür ist, daß das kommunale Verfassungssystem Baden-Württembergs unter die *Rats*verfassungen eingeordnet wird. Zu beachten ist dabei, daß der Gemeinderat *kein Parlament,* sondern ein *Verwaltungsorgan* ist. Er legt nicht nur Rechtsvorschriften (Satzungen) fest, wählt Führungspersonal und kontrolliert die Verwaltung (wie das die Aufgabe von Parlamenten ist), sondern fällt Einzelfallentscheidungen, weist die Verwaltung an, stellt das gesamte Gemeindepersonal ein (sofern diese Aufgabe nicht, bis zu einer gewissen Gehaltsklasse etwa, dem Bürgermeister *übertragen* wird).

Die Domäne des Bürgermeisters sind demgegenüber „die Geschäfte der laufenden Verwaltung". Hinzu kommen Aufgaben, die dem Bürgermeister von Gesetzes wegen ausdrücklich übertragen worden sind. Zusätzlich kann der Gemeinderat an den Bürgermeister einzelne Aufgaben delegieren.

Diese Dominanz des Gemeinderates nach der Kompetenzverteilung durch die Gemeindeordnung entspricht nicht der kommunalen Verfassungswirklichkeit. Vielmehr ist hier die Stellung des Bürgermeisters so stark, daß es sinnvoll erscheint, im Hinblick auf Baden-

Grundtypen der Kommunalverfassung

(vereinfachte Darstellung)

Quelle: Deutsches Allgemeines Sonntagsblatt, Beilage „Unsere Stadt", S. 14f.

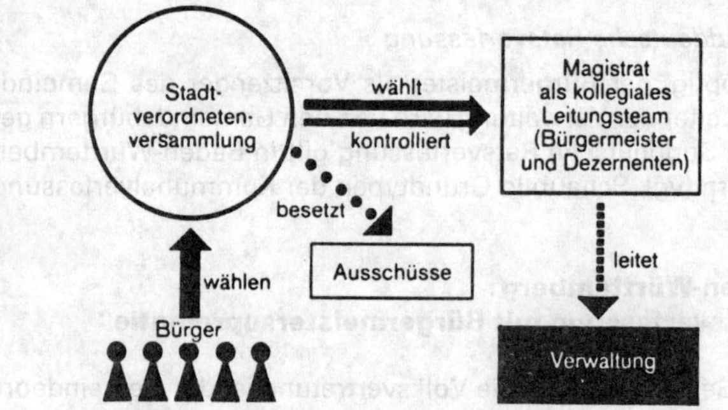

1 **MAGISTRATSVERFASSUNG** (Hessen, Schleswig-Holstein): Die Stadtverordnetenversammlung als Vertretung der Bürgerschaft wählt einen Magistrat, der kollegial die kommunale Verwaltung leitet. Volksvertretung und Verwaltung sind damit deutlich getrennt.

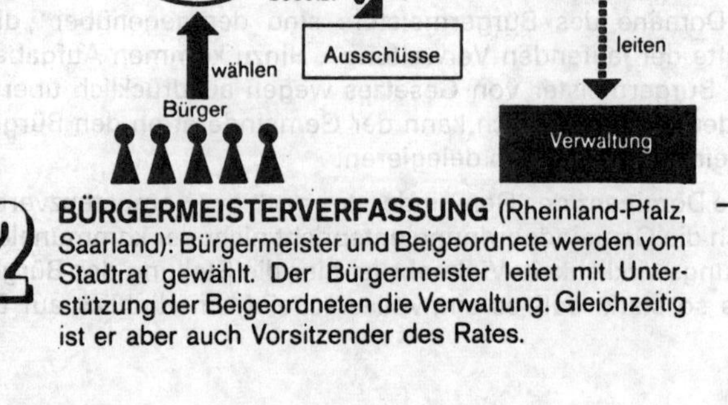

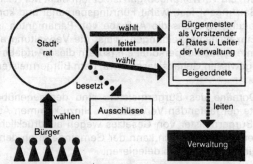

2 **BÜRGERMEISTERVERFASSUNG** (Rheinland-Pfalz, Saarland): Bürgermeister und Beigeordnete werden vom Stadtrat gewählt. Der Bürgermeister leitet mit Unterstützung der Beigeordneten die Verwaltung. Gleichzeitig ist er aber auch Vorsitzender des Rates.

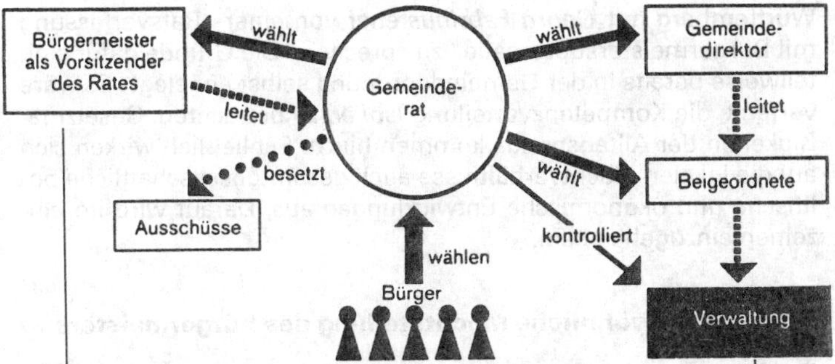

3 DIE NORDDEUTSCHE RATSVERFASSUNG (Niedersachsen, Nordrhein-Westfalen): Der Gemeinderat wählt sowohl einen Bürgermeister als Vorsitzenden des Rates und Repräsentanten der Gemeinde als auch einen Gemeindedirektor als Leiter der Verwaltung. Die Vertretung der Bürgerschaft hat ähnlich wie bei der Magistratsverfassung eine relativ starke Position gegenüber der Verwaltung.

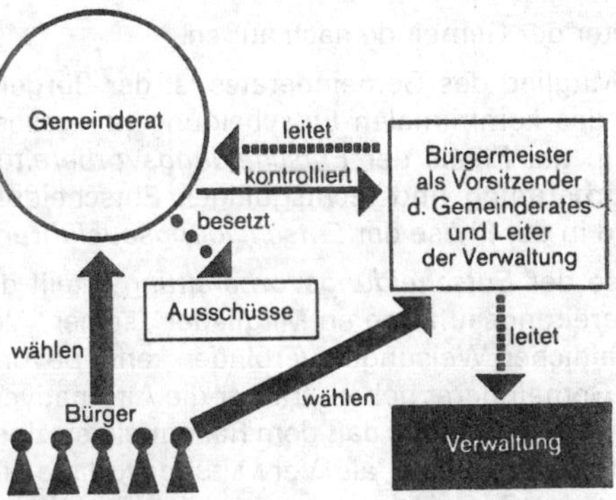

4 DIE SÜDDEUTSCHE RATSVERFASSUNG (Baden-Württemberg, Bayern): Gemeinderat und Bürgermeister werden in diesem Modell von den Bürgern direkt gewählt. Dem Bürgermeister kommt dabei eine starke Schlüsselposition zu: Er führt den Vorsitz im Gemeinderat und leitet gleichzeitig die Verwaltung.

Württemberg mit *Georg Fabritius* eher von einer „Ratsverfassung mit Bürgermeistersuprematie" zu sprechen.[1] Die Gründe dafür sind teilweise bereits in der Gemeindeordnung selbst angelegt: Es wäre verfehlt, die Kompetenzverteilung *isoliert* zu betrachten. Gesetzmäßigkeiten der Alltagspraxis kommen hinzu. Schließlich wirken sich auf die lokalen Machtverhältnisse auch gesamtgesellschaftliche politische und ökonomische Entwicklungen aus. Darauf wird im einzelnen einzugehen sein.

Die außergewöhnliche Machtstellung des Bürgermeisters

Der Bürgermeister in Baden-Württemberg vereinigt in seinem Amt und seiner Person *drei Funktionen,* die in den Bundesländern mit Magistratsverfassung und Norddeutscher Ratsverfassung auf zwei Amtsträger aufgeteilt sind (vgl. § 42 Abs. 1 GemO):

- Er ist stimmberechtigter Vorsitzender des Gemeinderates und aller seiner Ausschüsse.
- Er ist Chef einer monokratisch strukturierten Verwaltung.
- Er ist Vertreter der Gemeinde nach außen.

Als einziges Mitglied des Gemeinderates ist der Bürgermeister in allen Phasen des kommunalen Entscheidungsprozesses entscheidend dabei: in der Phase der *Entscheidungsvorbereitung,* in der Phase der Vorberatung und rechtsgültigen Entscheidung *im Gemeinderat* und in der Phase der *Entscheidungsausführung.*

1. In der Phase der *Entscheidungsvorbereitung* erteilt der Bürgermeister Vorbereitungsaufträge an Mitglieder „seiner" Verwaltung, die er mit inhaltlichen Weisungen verbinden kann. Bevor dann Vorlagen an den Gemeinderat gehen, trifft er die Alternativenauswahl; sie kann so getroffen werden, daß dem Rat nur ein einziger, als optimal bezeichneter Vorschlag als Verwaltungsvorlage unterbreitet wird. Wünscht der Gemeinderat ausdrücklich Entscheidungsalternativen, kann der Verwaltungschef z. B. die Alternativenauswahl so treffen, daß neben dem von ihm bevorzugten Vorschlag nur unrealistische und mit vielen Nachteilen behaftete Alternativen plaziert werden.

Zur Vorbereitung von Gemeinderatsbeschlüssen gehört auch, daß der Bürgermeister kraft seiner Eigenschaft als Vertreter der Gemeinde Verhandlungen mit staatlichen Stellen und privaten Unternehmen führt und zum Abschluß bringt, deren Ergebnisse vom Gemeinderat dann nur noch als Ganzes angenommen oder abgelehnt werden können.

2. In der Phase der *Vorberatung* in den Ausschüssen und der *rechtsgültigen Entscheidung* im Gemeinderat (oder seinen Beschließenden Ausschüssen, § 39 GemO) ist der Bürgermeister vollberechtigter Mit-Berater und Mit-Entscheider wie jedes andere Gemeinderatsmitglied auch.

Hinzu kommt aber noch, daß der Bürgermeister Vorsitzender des Gemeinderates ist mit dem Recht der Sitzungsleitung einschließlich der Möglichkeit, die Tagesordnung aufzustellen. Das gleiche gilt für Beratende wie Beschließende Ausschüsse.

Seit Novellierung der Gemeindeordnung im Jahre 1975 kann jedoch ein „Ältestenrat" gebildet werden, „der den Bürgermeister in Fragen der Tagesordnung und des Ganges der Verhandlungen des Gemeinderates berät" (§ 33a GemO, Sperrung WE). Vorsitzender ist der Bürgermeister selbst. Abgesehen von den geringen rechtlichen Möglichkeiten, die der Ältestenrat besitzt, ist seine Existenz selbst nur eine Möglichkeit; mancher Bürgermeister würde hierin einen Affront gegen seine Person sehen, von daher unterbleibt dann seine Einrichtung. Wer je selbst einmal Sitzungen vorbereitet und geleitet hat, weiß, in welchem Ausmaß die Aufstellung einer Tagesordnung und die Leitung einer Sitzung Manipulationsmöglichkeiten bieten. So plaziert man z. B. gerne wichtige Tagesordnungspunkte an den Schluß, in der Hoffnung, daß die Sitzungsteilnehmer sich bei den vorangegangenen weniger wichtigen Tagesordnungspunkten müde diskutiert haben und sie inzwischen nach Hause (oder zum Bier) drängen. Wer dann einer Frage noch peinlich auf den Grund gehen will, wird nur allzu leicht von seinen Kollegen als Störenfried empfunden, der die ganze Angelegenheit nur aufhält.

Gegen Beschlüsse des Gemeinderates, mit denen er nicht einverstanden ist, kann der Bürgermeister nicht nur aus rechtlichen Bedenken heraus *Widerspruch* einlegen. Er kann es auch, „wenn er der Auffassung ist, daß sie für die Gemeinde nachteilig sind" (§ 43 Abs. 2 GemO). Ein solcher Widerspruch, der nicht aus rechtlichen Bedenken erfolgt, hat allerdings nur aufschiebende Wirkung.

Die Gemeindeordnung von Baden-Württemberg räumt dem Bürgermeister zudem das Recht ein, „anstelle des Gemeinderates" zu entscheiden, und zwar „in dringenden Angelegenheiten . . ., deren Erledigung auch nicht bis zu einer ohne Frist und formlos einberufenen Gemeinderatssitzung aufgeschoben werden kann" (§ 43 Abs. 4 GemO). Zwar muß der Bürgermeister die Gründe dafür und die „Art der Erledigung" den Gemeinderäten „unverzüglich" mitteilen, aber erst hinterher, wenn die Entscheidung rechtskräftig geworden und somit nicht mehr rückgängig zu machen ist.

3. In der Phase der *Entscheidungsausführung* ist der Bürgermeister als Chef der Verwaltung wieder allein zuständig. Da mit zunehmender Kompliziertheit der zu regelnden Materie immer weniger in der formalen Entscheidungsphase vorwegprogrammiert werden kann, bleibt in der Ausführungsphase vielfach ein erheblicher Ermessensspielraum für die Verwaltung und ihren Chef, den Bürgermeister.

Bleibt als Fazit festzuhalten, daß der *Gemeinderat* zwar Hauptverwaltungsorgan der Gemeinde ist, daß er aber nur in der Phase der rechtsgültigen Entscheidung innerhalb des dreiphasigen Entscheidungsprozesses beteiligt ist. Der Bürgermeister hingegen hat an allen drei Phasen bestimmenden Anteil.

Die „höhere Weihe" der Volkswahl

Im Geltungsbereich der Süddeutschen Ratsverfassung, also in Baden-Württemberg und Bayern, wird der Bürgermeister unmittelbar von den Gemeindebürgern gewählt (vgl. § 45 bis 47 der GemO von Baden-Württemberg). Diese Volkswahl des Bürgermeisters ist ein echtes *Plebiszit,* eine Abstimmung über Personen, und wird auch von den Wählern so wahrgenommen. Auch die Wähler, denen die

Parteizugehörigkeit der Kandidaten als Orientierung gilt, handeln in dem Bewußtsein, über das politische Geschick einer Person zu befinden.

Plebiszite aber verleihen dem jeweiligen Amtsinhaber im allgemeinen Verständnis eine höhere Weihe und damit mehr Macht: Der so Gewählte fühlt sich „höher legitimiert" als die einzelnen Mitglieder des Gemeinderats und wird auch so angesehen. Der Bürgermeister kann sich auch darauf berufen, daß er mehr Stimmen als jedes Gemeinderatsmitglied erhalten hat, mehr als die Hälfte der Stimmen, bei Wiederwahl sogar nicht selten „Traummehrheiten", die bis in die neunzig Prozent gehen können. Entsprechend kann er vor dem Gemeinderat auftreten und seinen Durchsetzungsanspruch damit begründen, daß er eben auch aufgrund eines Programms von der Mehrheit gewählt worden ist.

Im Gegensatz zum ratsgewählten Bürgermeister ist der volksgewählte Bürgermeister in Baden-Württemberg und Bayern in seiner politischen Existenz *vom Gemeinderat unabhängig*. Unterstrichen wird diese Unabhängigkeit in Baden-Württemberg noch dadurch, daß seine Amtszeit (8 Jahre) – anders als in Bayern – unabhängig von der des Gemeinderates (5 Jahre) ist. Das bedeutet für den Bürgermeister auch: Unabhängigkeit von den Wahlkampferfordernissen (s)einer Partei.

Der Bürgermeister als Geldbeschaffer

Finanziell leben die Gemeinden zu einem Großteil von den Einnahmen aus der Gewerbesteuer und von den Finanzzuweisungen von Land und Bund.[2]

Die *Gewerbesteuer* fließt in der Regel nicht von alleine, das gilt mehr noch für die zweckgebundenen Finanzzuweisungen von Land und Bund. In beiden Fällen kommt es auf das Gespür, die Kontaktfähigkeit, das Verhandlungsgeschick des Bürgermeisters an. Denn er ist derjenige, der hier rechtlich die Gemeinde vertritt, für sie handelt. Der Bürgermeister ist es also, dem es obliegt, Arbeitsplätze und Gewerbesteuereinnahmen bringende Betriebe zu gewinnen sowie Finanzzuweisungen von Bund und Land einzuhandeln.

In der Vergangenheit waren solche projektgebundenen Finanzzuweisungen knapp, so daß hier die Regel galt: „Wer zuerst kommt, mahlt zuerst". In der Zwischenzeit sind die zur Verfügung stehenden Programme vielfältiger, so daß man fast schon wählen kann. Aber auch das setzt voraus, daß der Bürgermeister das Angebot überschaut. Dazu bedarf es eines umfassenden Informationssystems, was eben auch heißt: eines persönlichen Kontaktgeflechts. Nur so ist es möglich, frühzeitig alle Töpfe aufzuspüren, aus denen Geld für die Gemeinde zu holen ist, was wiederum auch voraussetzt, daß der Bürgermeister rechtzeitig bezuschussungsfähige Pläne präsentieren kann. Dazu braucht man aber neben einer schnell und gut arbeitenden Verwaltung beizeiten Informationen über die Zuschußkriterien.

Das bleibt nicht ohne Folgen für den Gemeinderat. Wie bei internationalen Verträgen besteht nur die Möglichkeit, anzunehmen oder abzulehnen, was bei der chronischen Finanzknappheit der Gemeinden in der Bundesrepublik oft keine echte Wahlmöglichkeit mehr darstellt. Bei den zweckgebundenen Finanzzuweisungen sind die Folgen noch viel weitgehender: Da projektgebundene Zuschüsse nur gegeben werden, wenn die Gemeinde selbst einen Eigenanteil aufbringt, wird durch die Annahme solcher Finanzzuweisungen zugleich der finanzielle Entscheidungsspielraum der Gemeinde und damit des Gemeinderats weiter eingeengt.

Der Bürgermeister als „Profi" und die Bedeutung der Verwaltung

Der Bürgermeister als Verwaltungschef hat den Mitgliedern des Gemeinderates zwei Vorzüge voraus, deren Bedeutung nicht hoch genug eingeschätzt werden kann:

1. Er ist hauptamtlich für die Kommunalpolitik da, er steht also als „Profi" den „Feierabendpolitikern" des Gemeinderates gegenüber.

2. Er verfügt über einen Apparat hauptamtlicher Mitarbeiter, der ihm zuarbeitet oder entsprechend seinen Anweisungen in seinem Namen handelt. Je komplexer ein System, je größer also eine Gemeinde und je komplizierter die Aufgabenfülle und Aufgabenverschränkung wird, desto entscheidender wird die Verfügungsgewalt über den Apparat.

Profi-Dasein und Verfügung über einen Apparat erlauben dem Bürgermeister den vielzitierten Informationsvorsprung gegenüber dem Gemeinderat; doch die Möglichkeiten, die beides dem Bürgermeister an die Hand geben, gehen weit über den Informationsvorsprung hinaus.

Hauptamtlichkeit und die Verfügung über einen Apparat sind Vorteile, die nicht nur für den Bürgermeister gelten. Auch die *Beigeordneten* (in Gemeinden ab 10 000 Einwohnern) sind die Nutznießer. Die Macht des Bürgermeisters und der Beigeordneten samt der ihnen unterstehenden Amtsleiter verdichtet sich für den Gemeinderat zur „Macht der Verwaltung", der gegenüber sich das einzelne Gemeinderatsmitglied oft ziemlich hilflos vorkommt. Diese Verwaltung aber ist *selten ein Monolith,* eine geschlossen dastehende Macht. Die Regel ist, daß zumindest die größeren Fraktionen „ihren" Beigeordneten haben, wie das ja auch die Gemeindeordnung nahelegt (§ 50 Abs. 2): „Sieht die Hauptsatzung mehrere Beigeordnete vor, sollen die Parteien und Wählervereinigungen gemäß ihren Vorschlägen nach dem Verhältnis ihrer Sitze im Gemeinderat berücksichtigt werden."

Diese Beigeordneten sind die Ansprechpartner der Fraktionen, sind jeweils „ihr Mann" in der Verwaltung, an den man sich um Unterstützung wendet und der vorzeitig Informationen herausläßt. Sie sind sichtbarer Ausdruck der All-Parteien-Regierung auf dem Rathaus, der das Gegenüber von Regierung und Opposition zumindest in formaler Hinsicht fremd ist. Dieses System sorgt zugleich dafür, daß die Macht des Bürgermeisters nicht in den Himmel wächst. Sind die Dezernenten der Gemeinde nämlich keine Karrierebeamten, sondern politisch bestellte Beigeordnete, dann wird aus der formal monokratischen Verwaltung – wo letztlich alles auf das Kommando des Bürgermeisters hört – faktisch eine kollegiale Stadtregierung. Und der Bürgermeister und die Beigeordneten kontrollieren sich gegenseitig. Es gibt dann so etwas wie einen machtbegrenzenden Verwaltungspluralismus. Das gilt vornehmlich für die größeren Gemeinden.

Wer wird Bürgermeister?

Machtfülle und Wahlmodus sind von erheblichem Einfluß darauf, wer Bürgermeister wird. Das ist das Ergebnis der Arbeit Grauhans wie auch unserer eigenen empirischen Untersuchungen.[3]

Machtfülle, die sich als Gestaltungsspielraum und verhältnismäßig große Unabhängigkeit darstellt, übt eine erhebliche Anziehungskraft auf starke und eigenwillige Persönlichkeiten aus. Und ihre Chance, tatsächlich auch nominiert und gewählt zu werden, ist groß.

Unter den Bedingungen der Wahl des Verwaltungschefs *durch den Gemeinderat* ist das Amt des Bürgermeisters vielfach die letzte Sprosse einer kommunalpolitischen Karriereleiter innerhalb einer Partei. Die Bevölkerung hingegen wünscht zumeist einen Bürgermeister, der möglichst parteipolitisch unabhängig ist, als Bürgermeister „aller" Bürger „über den Parteien" steht. Er soll in erster Linie ein erfahrener Verwaltungsfachmann sein. Entsprechend sieht der Bürgermeister unter den Bedingungen der *Volkswahl* aus. Zwar ist es heute mit zunehmender Gemeindegröße nahezu unmöglich, ohne die organisatorische und finanzielle Unterstützung einer Partei Bürgermeister zu werden, doch müssen die Parteien dem Unabhängigkeitsverlangen der Bürger Rechnung tragen und nominieren so eher parteipolitische Außenseiter, die am ehesten dem Kriterium des erfahrenen Verwaltungsfachmanns gerecht werden. Allerdings sind hier deutliche Unterschiede zwischen Baden und Württemberg festzustellen: In Württemberg trifft man durchweg auf den („unpolitischen") Fachbürgermeister, in Baden eher noch auf den „politischen" Bürgermeister.

Die Schwäche des Gemeinderates ist die Stärke des Bürgermeisters

Auf den ersten Blick scheint sich der Gemeinderat und insbesondere das einzelne Gemeinderatsmitglied in einer beinahe hoffnungslosen Position gegenüber dem Bürgermeister und der Verwaltung zu befinden.

Generell kann man sagen, daß die Schwäche des Gemeinderates in Baden-Württemberg die Stärke des Bürgermeisters ist und umgekehrt. Das fängt an mit der Funktionenkonzentration in der Hand des Bürgermeisters und geht über dessen Wahlmodus und seine Rolle als Geldbeschaffer bis hin zur Verfügung über einen Verwaltungsapparat und das Profi-Dasein des Bürgermeisters.

Das Dasein als „Feierabendpolitiker" beeinträchtigt nicht nur die Problemverarbeitungskapazität der Gemeinderatsmitglieder. Auch ihre *Kontrolltätigkeit gegenüber der Verwaltung,* die ja eigentlich nicht viel mehr als der verlängerte Arm und die ausführende Hand des Gemeinderates sein soll, wird dadurch empfindlich eingeschränkt. Und das gilt um so mehr, je größer die Gemeinde ist. Denn es besteht ein, wenn auch verständliches, Paradox: Je größer die Gemeinde, desto mehr Aufgaben hat sie zu erfüllen, desto umfangreicher auch die Verwaltung – mit zunehmender Größe jedoch nimmt die Zahl der Gemeinderatsmitglieder, relativ gesehen, ab: In der kleinsten Gemeindegrößenklasse entfällt auf 125 Einwohner ein Gemeinderatsmitglied, in der größten mit mehr als 400000 Einwohnern kommt ein Gemeinderatssitz auf 6666 und mehr Einwohner (vgl. § 25, Abs. 2 GemO). Entsprechend verschlechtert sich das Zahlenverhältnis zwischen Kontrollierenden und Kontrollierten mit zunehmender Ortsgröße trotz Aufgabenzuwachs. So kommen z. B. in der Stadt Hechingen auf 26 Gemeinderäte 50 Verwaltungskräfte (bei insgesamt 220 Gemeindebediensteten), in Reutlingen müssen 40 Gemeinderäte schon rund 400 Verwaltungsangehörige kontrollieren (bei insgesamt 1270 Gemeindebediensteten), in der Landeshauptstadt Stuttgart sind es schließlich 4000 Verwaltungskräfte (bei einer Gesamtzahl von rund 14700 städtischen Bediensteten), die durch die 60 Gemeinderatsmitglieder kontrolliert werden sollen.

Zwar darf nicht übersehen werden, daß sich die Zahl der Kontrolleure durch die Einrichtung von *Bezirksbeiräten* (in Gemeinden über 100000 Einwohnern, vgl. §§ 64 bis 66 GemO) bzw. von *Ortschaftsräten* in räumlich getrennten Ortsteilen (vgl. §§ 67 bis 73 GemO) erhöhen kann. Mag auch sein, daß die Qualifikation der Gemeinderäte mit zunehmender Ortsgröße zunimmt. Das skizzierte Bild vom Kontrollproblem wird dadurch nur zum Teil korrigiert. Leider kommt hinzu, daß die Kontrolle durch die Öffentlichkeit und die Lokalpresse zumeist nur unzureichend erfolgt. Allerdings gibt es – wie dargestellt – durchaus auch eine verwaltungs*interne* Kontrolle.

Der Trumpf in der Hand der Gemeinderäte ist ihre beherrschende Position in der Phase der rechtsgültigen Entscheidung innerhalb des kommunalen Entscheidungsprozesses. Denn auch ein starker Bürgermeister braucht Mehrheiten im Rat. So wird er *Absprachen* mit den Meinungsführern in den Fraktionen treffen, die seinen Vorlagen den Erfolg sichern. Zum Zweck solcher Konsensbildung existieren vielerorts informelle Gremien, in denen sich die wichtigsten Gemeinderatsmitglieder mit dem Bürgermeister beraten und Absprachen treffen.

Ein ungewöhnlich durchlässiges Kommunalwahlsystem

Das baden-württembergische Kommunalwahlsystem zeichnet sich dadurch aus, daß es ungewöhnlich durchlässig ist für die Wünsche und Vorstellungen der Wähler: Sie können nach Belieben Kandidaten von einer Liste auf die andere herüberholen *(panaschieren)* und ihnen jeweils bis zu drei Stimmen geben *(kumulieren).* Von dieser Möglichkeit wird ausgiebig Gebrauch gemacht. Die Auswahl erfolgt ausgesprochen *kandidatenorientiert* und *nicht parteiorientiert.* Gewählt wird vor allem, wen man kennt und wer etwas gilt. Erwartet wird, daß man als Kandidat und Mandatsträger distanziert gegenüber der eigenen Partei auftritt. Enge parteipolitische Ausrichtung, die sich beispielsweise in Parteiämtern niederschlägt, wird demgegenüber vom Wähler nicht honoriert. So konnten *Berthold Löffler* und *Walter Rogg* aufzeigen, daß Parteipolitiker in „feindlichen" Milieus schlechter, populäre parteipolitische Außenseiter wesentlich besser abschnitten als ihre Parteiliste im Durchschnitt.[4]

Den „Listenmachern" von Parteien und Wählervereinigungen sind diese Wählerpräferenzen zumeist bekannt – und sie richten sich danach: Erfolgreiche Listen sind solche, die die speziellen Wählervorlieben bereits *im vorhinein* berücksichtigen. Der Effekt des Wahlsystems wirkt sich also doppelt aus: bei der Wahl selbst und bei der Kandidatenaufstellung zuvor.

Unpolitische Auswahlkriterien haben einen *unpolitischen Gemeinderat* zur Folge (nicht nur, aber vor allem im Sinne von Parteipolitik). Die parteipolitische Loyalität im Gemeinderat ist gering. Das erlaubt es den Bürgermeistern, über die Parteigrenzen hinweg eigene Mehrheiten für ihre Vorhaben zustande zu bringen. Was von zentraler Bedeutung ist, wenn man bedenkt, daß jeder zweite Bürgermeister in Baden-Württemberg parteilos ist und gelegentlich ein Bürgermeister sogar einer Minderheitspartei am Ort angehört. Mit zunehmender *Ortsgröße* nimmt allerdings die Parteipolitik im Rathaus zu, es bestehen aber auch in Großstädten erkennbare Unterschiede zu den entsprechenden Gemeinden in anderen Bundesländern.

Die Zusammensetzung der Gemeinderäte ist dementsprechend

Entsprechend den unpolitischen Selektionskriterien der Wähler, die das kommunale Wahlsystem ziemlich ungehindert durchläßt, sieht die Zusammensetzung der Gemeinderäte in Baden-Württemberg aus. Mit 38% stellten nach den Gemeinderatswahlen von 1984 die *Freien Wähler* die meisten der insgesamt 20038 Mandate, gefolgt von der CDU mit 34%, der SPD mit 18%, den Grünen mit 3% und der FDP mit 1% (zum Vergleich das Landtagswahlergebnis vom 20. 3. 1988: CDU 49,0, SPD 32,0, Grüne 7,9, FDP 5,9, Sonstige 5,2%). Hierbei ist selbstverständlich zu berücksichtigen, daß auf kleine Gemeinden verhältnismäßig mehr Mandate entfallen als auf große, die Freien Wähler jedoch gerade in den kleinen Gemeinden ihre Domäne haben. Zum anderen sind Freie Wähler nicht gleich Freie Wähler, manchmal haben sie recht deutliche parteipolitische Vorlieben, sind gelegentlich auch verkappte Parteilisten. Entscheidend in unserem Argumentationszusammenhang ist jedoch, daß sie auch dann als unpolitische „Rathausparteien" antreten.

Gemeinderäte sind lokale Honoratiorenversammlungen

Nicht nur im Hinblick auf ihr Verhältnis zu den Parteien sind Gemeinderäte in Baden-Württemberg weitgehend Honoratiorenversammlungen (und das um so mehr, je kleiner die Gemeinde ist). Der Anteil der *Selbständigen* ist außergewöhnlich hoch: 32%, wie *Helmut Köser* und *Marion Caspers-Merk* ermittelt haben.[5] 61% sind *Angestellte und Beamte,* darunter 12% Lehrer. 6% immerhin noch sind Arbeiter (die Angaben beziehen sich ausschließlich auf die 89 % Erwerbstätigen; von den 11% *Nichterwerbstätigen* sind 52% Rentner, 42% Hausfrauen und 2% Arbeitslose). Die Hälfte aller von *Köser* und *Caspers-Merk* Befragten verdient im Monat 4000 DM und mehr (ein Drittel sogar 5000 DM und mehr), gut die Hälfte (53 %) verfügt über das eigene Heim hinaus noch über Grundbesitz in der Gemeinde. Stark ist die *lokale Verwurzelung:* Knapp zwei Drittel (63%) wohnen seit mehr als 30 Jahren in der jeweiligen Gemeinde, 56% sind dort sogar aufgewachsen. Und mehr als die Hälfte übt ihren Beruf in der Wohngemeinde aus.

Die lokale Verwurzelung dokumentiert sich auch in der lokalen *Vereinsmitgliedschaft:* Nur 2% der befragten Gemeinderäte sind in keinem Verein, 40% üben sogar Vorstandsfunktionen aus. Der Anteil der Akademiker ist im Vergleich zu Bundes- und Landtag in den Gemeinderäten Baden-Württembergs eher gering: 43% haben lediglich Hauptschulabschluß, 18% Mittlere Reife. Zum lokalen Honoratiorendasein, das einen für den Gemeinderat wählbar macht, gehören also die lokale Verwurzelung, der lokale Arbeitsplatz, der Grundbesitz, das hohe Einkommen, aber nicht unbedingt das Studiertsein.

Gehören Frauen noch immer nicht recht dazu?

Der Anteil der Frauen an den kommunalen Mandaten in Baden-Württemberg beträgt 9,5%, laut Angaben des Innenministeriums. Dabei steigt der Frauenanteil mit der Gemeindegröße an: von 6,6% (Gemeinden bis 5000 Einwohner) bis 21,9% in den mittleren und großen Gemeinden (nach der Wahl 1984). Damit gehören Frauen in der Kommunalpolitik immer noch nicht recht dazu.

Eine solche Behauptung müßte noch genauer überprüft werden an der *Rolle,* die kommunale Mandatsträgerinnen *im Entscheidungsprozeß* spielen. So ist zu vermuten, daß Frauen an informellen Vorabklärungen wenig beteiligt sind: von den „Pinkelpausen des Entscheidungsprozesses" (Niklas Luhmann) sind sie weitgehend ausgeschlossen.

Die Offenheit und Durchlässigkeit des baden-württembergischen Kommunalwahlrechts macht es jedoch möglich, den Frauenanteil an den Gemeinderäten zu erhöhen. Dazu bedarf es vor allen Dingen eines entschlossenen (und geschlossenen) Auftretens, wie die Erfolge von *Frauenlisten* bei den letzten Gemeinderatswahlen gezeigt haben.

Zuviel demonstrierte Einmütigkeit?

Nicht nur bei der Bestellung der Verwaltungsspitzen durch den Gemeinderat gilt das Gesetz der All-Parteien-Koalition. Auch sonst zeichnet die Einmütigkeit den Verlauf der öffentlichen Gemeinderatssitzungen aus. Die meisten Abstimmungen erfolgen einstimmig. Es gibt nur wenige Bereiche der Kommunalpolitik, die auch für den Außenstehenden sichtbar kontrovers sind. Dazu gehören Personalentscheidungen, Festsetzung der Höhe der Gewerbesteuer, Zuschüsse an freie Einrichtungen und Vereine. Ansonsten werden strittige Fragen zumeist vorab geklärt, einvernehmlich geregelt, in informellen Gesprächen, auch in nicht-öffentlichen Sitzungen. Für den Besucher sind deshalb Gemeinderatssitzungen vielfach langweilig. Auch aus der Lokalpresse ist wenig über Streitpunkte zu erfahren, die nicht in der öffentlichen Gemeinderatssitzung aufgetreten sind. Allzu oft ist Lokaljournalismus „Hofberichterstattung", bringt die Lokalzeitung nur das, was die lokalen Honoratioren berichtet sehen wollen.[6]

Natürlich zahlt sich angesichts der eher konfliktfeindlichen Tradition in Deutschland nicht jede offen ausgetragene Kontroverse in Wählerstimmen aus. Aber auch kritische Fragen, ob es denn einen Unterschied ausmache, welche Partei im Rathaus die Mehrheit habe, sind zu hören – und zwar zunehmend. Es ist sicher zu billig, das große Ausmaß demonstrierter Einmütigkeit damit zu rechtfertigen, es gäbe nun einmal keine christlich-demokratischen Bedürfnisanstalten und keine sozialdemokratische Straßenbeleuchtung.

Der Bürger in Baden-Württemberg hat mehr Macht als anderswo

Der Bürger rangiert in der Gemeindeordnung von Baden-Württemberg der Anordnung nach vor Gemeinderat und Bürgermeister. Damit wird zum Ausdruck gebracht, daß die kommunalen Institutionen für den Bürger da sind, sich nur legitimieren können unter Berufung auf ihn, auf seinen Auftrag und auf die Leistungen, die man für ihn erbringt.

Die baden-württembergische Gemeindeordnung geht aber weiter als alle anderen Gemeindeordnungen in der Bundesrepublik, indem sie dem Bürger eine aktive Rolle über die Wahl von Gemeinderat und Bürgermeister hinaus zubilligt.

Nordrhein-Westfalen und Schleswig-Holstein kennen überhaupt keine Elemente direkter Demokratie in ihren Gemeindeordnungen. In Bayern kann immerhin seit 1974 ein Bürgerantrag auf Herbeiführung einer Bürgerversammlung gestellt werden (Art. 18 Abs. 2 der GemO von Bayern), eine Möglichkeit, die seit 1975 auch in Baden-Württemberg gegeben ist (§ 20a GemO). Hessen, Niedersachsen, Rheinland-Pfalz und das Saarland sehen vor, daß die Gemeindebürger dem Gemeinderat einen Verhandlungsgegenstand aufzwingen können. Diese Möglichkeit fand 1975 auch in die Gemeindeordnung von Baden-Württemberg Eingang (§ 20b). Ein solcher Bürgerantrag ist bei uns dann erfolgreich, wenn ihn rund 5% der Gemeindebürger unterzeichnet haben (genau: 30% des Quorum, das für ein Bürgerbegehren nach § 21 Abs. 3 erforderlich ist; dabei gelten Höchstzahlen, die mit zunehmender Ortsgröße prozentual abnehmen). Wie der Gemeinderat diesen Tagesordnungspunkt behandelt, welche Entscheidung er fällt, steht ihm aber selbstverständlich frei.

Anders als in jedem anderen Bundesland können aber die Bürger der Gemeinden Baden-Württembergs an die Stelle des Gemeinderats treten, an seiner Statt eine Angelegenheit endgültig entscheiden (§ 21 Abs. 1 und 2 GemO). Ein solcher Bürgerentscheid kann einmal vom Gemeinderat selbst herbeigeführt werden. Er kann aber auch von einer qualifizierten Minderheit von Bürgern gegen den Willen des Gemeinderats erzwungen werden (Bürgerbegehren, Art. 21 Abs. 3 und 4). Bürgerentscheid und Bürgerbegehren als Elemente direkter Demokratie gibt es in Baden-Württemberg seit Verabschiedung der Gemeindeordnung am 25. 7. 1955.

Die Entscheidungsgegenstände für Bürgerbegehren und Bürgerentscheid sind durch die Gemeindeordnung beschränkt, können aber in gewissem Umfang durch die Hauptsatzung der jeweiligen Gemeinde erweitert werden. Als wichtigster Entscheidungsgegenstand kann gelten:
„die Einrichtung, wesentliche Erweiterung und Aufhebung einer öffentlichen Einrichtung, die der Gesamtheit der Einwohner zu dienen bestimmt ist". (§ 21 Abs. 1 Ziff. 1 GemO)

Darunter fallen somit nicht *einmalige* Unternehmungen (z. B. Ausstellungen), Einrichtungen, die nur für die Einwohner eines *Ortsteils* bestimmt sind (z. B. Kindergärten) sowie *Verwaltungs*einrichtungen (z. B. Rathausneubau).

Insgesamt kann man als problematisch ansehen, daß zwischen dem, was die Gemeindeordnung als „wichtige Gemeindeangelegenheit" ansieht (und worüber Bürgerbegehren und Bürgerentscheid stattfinden können), und dem, was die Bürger für eine wichtige Gemeindeangelegenheit halten, nicht immer Übereinstimmung besteht.

Ein *erfolgreiches Bürgerbegehren* muß von 15% der Bürger unterzeichnet sein. Komplizierter sind die Regelungen für einen erfolgreichen *Bürgerentscheid:* Einmal muß (natürlich) die Mehrheit der Abstimmenden im Sinne des Anliegens votieren, zum anderen muß diese Mehrheit mindestens 30% der Abstimmungs*berechtigten* umfassen. Bürgerentscheide können somit allein schon an einer mangelnden Stimmbeteiligung scheitern – und tun es oft auch. In den zehn Jahren zwischen 1977 und 1986 fanden in Baden-Württemberg insgesamt 45 Bürgerentscheide statt (was angesichts von 1111 Gemeinden nicht gerade viel ist); 12 davon scheiterten schließlich am 30%-Quorum.

Trotz aller kritischen Anmerkungen bleibt abschließend festzuhalten: In kommunalpolitischen Angelegenheiten hat der Bürger in Baden-Württemberg mehr Macht als anderswo:

– Er entscheidet unmittelbar, wer Bürgermeister wird.
– Er hat, mittels Panaschieren und Kumulieren, einen stärkeren Einfluß darauf, wer in den Gemeinderat kommt.
– Er kann, mit Hilfe von Bürgerbegehren und Bürgerentscheid, den Gemeinderat in seiner Entscheidung notfalls „zurückpfeifen".

Damit sind die Voraussetzungen gegeben, daß Kommunalpolitik in Baden-Württemberg bürgernäher sein kann.

Anmerkungen

1 *Hans-Peter Biege, Georg Fabritius, H.-Jörg Siewert, Hans-Georg Wehling: Zwischen Persönlichkeitswahl und Parteientscheidung, Kronberg/Ts., 1978, S. 19.*
2 *Vgl. hierzu den Beitrag Weinacht in diesem Buch. Ferner: Hans Boldt, Kommunale Finanzen im Rahmen der Finanzverfassung der Bundesrepublik, in: Wehling, Kommunalpolitik, Hamburg 1975, S. 131–153.*
3 *Rolf-Richard Grauhan: Politische Verwaltung, Freiburg i. Br. 1970.*
Hans-Georg Wehling, H.-Jörg Siewert: Der Bürgermeister in Baden-Württemberg, Stuttgart, 2. Auflage 1987.
4 *Berthold Löffler, Walter Rogg: Determinanten kommunalen Wahlverhaltens in Baden-Württemberg, dargestellt am Beispiel der Stadt Ravensburg. Diss. Tübingen 1985. Vgl. auch den Beitrag von Berthold Löffler und Walter Rogg: Kommunalwahlen und kommunales Wahlverhalten, in: Theodor Pfizer und*

Hans-Georg Wehling (Hrsg.): Kommunalpolitik in Baden-Württemberg, Stuttgart 1985, S. 98–114.

5. Helmut Köser/Marion Caspers-Merk, Institut für Kommunalpolitik Baden-Württemberg e.V.: Der Gemeinderat. Sozialprofil, Karrieremuster und Selbstbild von kommunalen Mandatsträgern in Baden-Württemberg. Unveröffentlichter Abschlußbericht für die Deutsche Forschungsgemeinschaft, Freiburg i. Br. 1987.
6. Vgl. Horst Haenisch, Klaus Schröter: Zum politischen Potential der Lokalpresse, in: Ralf Zoll, Manipulation der Meinungsbildung, Reihe: Kritik Bd. 4, Opladen 1971.
   Dieser Beitrag ist inzwischen integrierter Bestandteil von: Thomas Ellwein, Ralf Zoll: Wertheim. Politik und Machtstruktur in einer deutschen Stadt, München 1982.

KARL HEINZ NESER

Die Landkreise

Die Kreisreform von 1973

Im kommunalpolitischen Geschehen, aber auch in der Politikwissenschaft,[1] werden die Landkreise noch vielfach übersehen. Dabei nehmen sie eine beachtliche Stellung ein: Sie repräsentieren in Baden-Württemberg immerhin 96,5% der Fläche und 80% der Wohnbevölkerung, wobei es sich – wie im engeren Sinne des Wortes zu verstehen – nicht nur um Landkreise im ländlichen Raum handelt.

Die 35 Landkreise unseres Bundeslandes bestehen seit 1. 1. 1973. An diesem Tag trat die Kreisreform[2] in Kraft, die als Gesetz vom Landtag am 26. 7. 1971 mit großer Mehrheit[3] beschlossen worden war. Es war eines der großen Reformwerke, die in der Zeit der Großen Koalition (1966–1972) unter Ministerpräsident *Hans Filbinger* (CDU) in Angriff genommen wurden; Innenminister war *Walter Krause* (SPD). Durch diese Gebietsreform wurde die Verwaltungsstruktur des Landes grundlegend geändert, denn von den ehemals 63 Landkreisen blieben nur drei (Emmendingen, Göppingen und Heidenheim) unverändert bestehen; aus den 60 aufgelösten wurden 32 neue Kreise gebildet. Die Neubildung war recht kompliziert, da es in keinem Fall mit der bloßen Zusammenlegung von zwei oder mehr Landkreisen getan war. Da Verflechtungsbereiche berücksichtigt wurden, kam es auch zu einem Gebietstausch zwischen Landkreisen; einzelne Gemeinden wurden neu zugeordnet.

Die Kreisreform war ein Koalitionskompromiß, denn das ursprüngliche „Denkmodell" der Landesregierung hatte nur 25 Großkreise vorgesehen; auch sollten vier der neun Stadtkreise ihren Status verlieren und „eingekreist" sowie eine Reihe Unterer Sonderbehörden in die Landratsämter eingegliedert werden. Die Diskussion verlief kontrovers und sehr emotional, denn in den betroffenen Landkreisen und Gemeinden kam es bei der Auflösung von Landkreisen, insbesondere beim Verlust des Landratsamtes und der Umgliederung von Gemeinden, zu erheblicher Unruhe. Die Gegner schlossen sich zu einer „Liga für demokratische Verwaltungsreform" zusammen und strebten sogar gemäß Art. 43 der Landesverfassung die Auflösung des Landtages an; das Ziel wurde allerdings nicht erreicht, denn lediglich 8,6 % der Stimmberechtigten hatten dafür votiert.

Die neuen Landkreise gaben sich landschaftsbezogene Namen oder sind nach dem Sitz des Landratsamtes benannt. Die neun Stadtkreise blieben schließlich erhalten. Als neue Ebene kamen die 12 Regionalverbände hinzu, die planerische Zuständigkeit haben.

Wurden die Ziele der Kreisreform erreicht?

„Das Ziel der Kreisreform war die Anpassung der territorialen Gliederung der Landkreise an die wirtschaftlichen und sozialen Verflechtungen, war ihre Ausrichtung auf die komplizierten, großen und teuren Aufgaben, die eine hohe Verwaltungs- und Investitionskraft erfordern. Es war zweitens das Ziel, mehr Chancengleichheit aller Bürger durch die Schaffung von homogeneren Kreisen zu bekommen, von Landkreisen, die nach Fläche, Einwohnerzahl, Verwaltungs- und Investitionskraft nicht mehr so stark voneinander abweichen wie die alten Landkreise." So der damalige Ministerpräsident *Filbinger* vor dem Landkreistag 1975. Wie sieht die Bilanz aus?

Zum zehnjährigen Bestehen der Landkreise sind von offizieller Seite[4] durchweg lobende Worte gefunden worden. Und die Landkreise selbst blicken voller Stolz auf ihre Bilanzen. Die Landkreise sind in ihrem Bestand gesichert, wenn auch nicht alle Probleme gelöst wurden.

Die Reduzierung der Anzahl der Landkreise hatte eine Erhöhung der durchschnittlichen Einwohnerzahl von 105000 auf über 200000, eine Erhöhung der durchschnittlichen Fläche von 550 qkm auf beinahe 1000 qkm zur Folge, wobei die Unterschiede in Fläche und Einwohnerzahl immer noch beträchtlich sind. Verflechtungsbeziehungen wurden insbesondere im ländlichen Raum berücksichtigt, die Stadt–Umland–Problematik ist mit den Nachbarschaftsverbänden, über deren Auflösung immer wieder diskutiert wird, allerdings noch nicht gelöst.

Mit der Kreis- und Gemeindereform wurde zur Stärkung der kommunalen Selbstverwaltung auch die *Funktionalreform,* d.h. eine Übertragung von Aufgaben von oben nach unten, durchgeführt. Nahezu 1500 Delegationen, von denen insbesondere Gemeinden, Verwaltungsgemeinschaften und Große Kreisstädte profitierten, wurden dabei vorgenommen, so daß für den Bürger kaum Nachteile durch längere Wege entstanden sind; aus diesem Grunde wurden in den ehem. Kreisstädten vielfach Außenstellen eingerichtet (z. B. Kfz-Zulassung).

Mit der Schaffung größerer Verwaltungseinheiten konnte auch die Leistungs- und Verwaltungskraft der Landkreise gestärkt werden. Neue Aufgabengebiete wurden übernommen. Und zur Verbesserung der Infrastruktur wurde auf dem Schul- und Krankenhaussektor, im Kreisstraßenbau oder der Abfallbeseitigung überall viel geleistet, wozu die kleineren Landkreise vielfach nicht in der Lage gewesen wären; allerdings sind auch die Schulden erheblich gestiegen. Das Strukturgefälle innerhalb eines Landkreises wurde ausgeglichen, insbesondere wenn ein „armer" Landkreis zu einem wirtschaftsstarken kam. Anders sah es dort aus, wo zwei wirtschafts- und finanzschwache Landkreise vereinigt wurden.

Die vielfältigen Bemühungen, ein „Kreisbewußtsein" zu schaffen, unterstreichen, daß den neugebildeten Landkreisen ein territoriales Identitätsbewußtsein fehlt; ob es vorher überall vorhanden war, kann bezweifelt werden, denn der Kreis wird von seinen Einwohnern weniger als „Identitätsraum" begriffen.[5] Zudem bestanden die alten Landkreise auch nur etwas mehr als drei Jahrzehnte, so daß sich kein stärkeres Zusammengehörigkeitsgefühl herausbilden konnte.

Die verfassungsrechtliche Lage

Der Landkreis ist eine *Körperschaft öffentlichen Rechts,* d. h., er handelt als eigene Rechtspersönlichkeit (juristische Person) im Rahmen des gesetzlich festgelegten Wirkungsbereichs und hat dieselben Rechte und Pflichten wie Privatpersonen. Eingriffe des Staates dürfen nur im Rahmen der bestehenden Gesetze vorgenommen werden. Der Landkreis vereinigt in sich Elemente der Gebietskörperschaft und des Gemeindeverbandes. Als *Gemeindeverband* ist er verfassungsrechtlich geschützt. Gemäß Art. 28 Abs. 1 des Grundgesetzes (GG) muß „das Volk in den Ländern, Kreisen und Gemeinden eine Vertretung haben", die nach denselben Wahlgrundsätzen wie der Bundestag zu wählen ist. Von der Gemeinde unterscheidet sich der Landkreis dadurch, daß gemäß Art. 28 Abs. 2 GG auch Gemeindeverbänden das Recht auf Selbstverwaltung zusteht, jedoch mit der Einschränkung, daß der Gesetzgeber den Aufgabenbereich näher beschreiben kann. Art. 71 Abs. 1 und Abs. 2 der Landesverfassung von Baden-Württemberg (LV) bestätigen das Selbstverwaltungsrecht von Gemeinden und Gemeindeverbänden.

Aus Art. 28 Abs. 1 GG ergibt sich, daß der Kreis und die Gemeinde nicht nur die untere Ebene eines organisatorischen Aufbaus darstellen, sondern eine verfassungsmäßig bestimmte Einrichtung des sozialen Rechtsstaates sind. Geschützt ist allerdings nur die Institution als solche, nicht aber die einzelne Gemeinde bzw. der einzelne Gemeindeverband. „Aus Gründen des öffentlichen Wohls" (Landkreisordnung von Baden-Württemberg § 7) können deshalb die Grenzen der Landkreise geändert bzw. Landkreise aufgelöst und neu gebildet werden. In Auslegung von Artikel 28 Abs. 2 GG wird dem Landkreis vielfach eine subsidiäre Funktion zugeschrieben, d. h., daß der

Landkreis gegenüber der Zuständigkeit der Gemeinden nur eine ergänzende Funktion hat.

Der Doppelcharakter des Landratsamtes

Der Landkreis hat die Aufgabe, das Wohl seiner Einwohner zu fördern, die kreisangehörigen Gemeinden in der Erfüllung ihrer Aufgaben zu unterstützen und zu einem gerechten Ausgleich ihrer Lasten beizutragen. Er verwaltet sein Gebiet nach den Grundsätzen der gemeindlichen Selbstverwaltung. Die Behörde des Landkreises ist das Landratsamt; es ist zugleich *untere Verwaltungsbehörde* (LKrO § 1). Als untere Verwaltungsbehörde ist das Landratsamt Staatsbehörde. Das Landratsamt ist also sowohl staatliche untere Verwaltungsbehörde als auch *kommunale Kreisbehörde.* In der Einheitsbehörde „Landratsamt" sind – als Folge der geschichtlichen Entwicklung – das herrschaftliche Element, die Hoheitsverwaltung, und das genossenschaftliche Element, die kommunale Selbstverwaltung, vereinigt. Der Landrat ist Beamter des Landkreises. Da er jedoch auch gleichzeitig Leiter der staatlichen unteren Verwaltungsbehörde ist, hat sich das Land bei der Wahl des Landrats gewisse Mitwirkungsrechte vorbehalten (vgl. LKrO § 39, Abs. 3). Der *Erste Landesbeamte,* zugleich allgemeiner Stellvertreter des Landrats, ist staatlicher Beamter und wird vom Innenminister in Absprache mit dem Landrat ernannt; er nimmt überwiegend Aufgaben im Bereich der staatlichen unteren Verwaltungsbehörde (z. B. Baurechtsamt, Umweltschutzamt) wahr. Der Doppelcharakter des Landratsamtes kommt auch dadurch zum Ausdruck, daß es *neben Kreis- noch Landesbedienstete* gibt; ihr Anteil an der Kernverwaltung des Landkreises liegt bei etwa 10%. Nach der von der Landesregierung vorgesehenen Neuregelung der Finanzbeziehungen zwischen dem Land und den Kommunen werden die Landesbeamten des gehobenen und mittleren Dienstes kommunalisiert, so daß nur noch wenige Landesbeamte des höheren Dienstes verbleiben.

Als staatliche untere Verwaltungsbehörde ist das Landratsamt u. a. Kreispolizei-, untere Baurechts-, untere Landesplanungs-, untere

Organisationsplan eines Landratsamtes

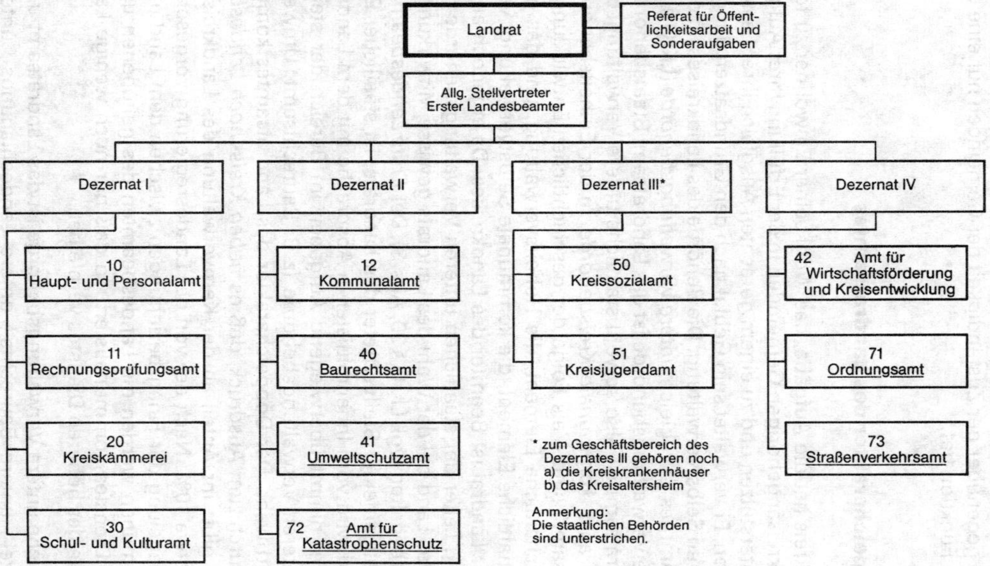
Landrat
Referat für Öffentlichkeitsarbeit und Sonderaufgaben
Allg. Stellvertreter
Erster Landesbeamter
Dezernat I
Dezernat II
Dezernat III*
Dezernat IV
10 Haupt- und Personalamt
11 Rechnungsprüfungsamt
20 Kreiskämmerei
30 Schul- und Kulturamt
12 Kommunalamt
40 Baurechtsamt
41 Umweltschutzamt
72 Amt für Katastrophenschutz
50 Kreissozialamt
51 Kreisjugendamt
42 Amt für Wirtschaftsförderung und Kreisentwicklung
71 Ordnungsamt
73 Straßenverkehrsamt
* zum Geschäftsbereich des Dezernates III gehören noch
a) die Kreiskrankenhäuser
b) das Kreisaltersheim
Anmerkung:
Die staatlichen Behörden sind unterstrichen.

Wasser-, untere Straßenverkehrs-, untere Naturschutz- und untere Denkmalschutzbehörde. Ein Teil der Zuständigkeiten ist im Zuge der Verwaltungsreform allerdings auf Antrag auf die Großen Kreisstädte (über 20000 Einwohner) und Gemeinden oder Gemeindeverbände mit über 8000 Einwohner übertragen worden (z. B. Bauordnungsrecht, Anordnung von Verkehrszeichen, Genehmigung von Veranstaltungen, Gaststättenrecht).

Die Aufgaben der Landkreise: freiwillige Leistungen, Pflichtaufgaben, Weisungsaufgaben

Nach § 2 LKrO gliedert sich der Wirkungskreis des Landkreises in freiwillige Aufgaben der Selbstverwaltung, Pflicht- und Weisungsaufgaben. In eigener Verantwortung verwaltet er in seinem Gebiet alle die öffentlichen Aufgaben, die die Leistungsfähigkeit der kreisangehörigen Gemeinden übersteigen. Dies unterstreicht nochmals die subsidiäre Aufgabenstellung der Landkreise. Er hat sich auf die Aufgaben zu beschränken, die der einheitlichen Versorgung und Betreuung der Einwohner des ganzen Landkreises oder eines größeren Teils desselben dienen. Die Übernahme *freiwilliger Aufgaben* steht im finanziellen Ermessensspielraum der Landkreise.

Je nach Finanzausstattung, Infrastruktur und Prioritätensetzungen werden in den Landkreisen unterschiedliche Maßnahmen gefördert: Bau von Geh- und Radwegen außerhalb geschlossener Ortschaften, Bau von Abwasserbeseitigungsanlagen, Bau von Tennis-, Reit- und Sportanlagen, Schulhaus- und Sportstättenbauten, Maßnahmen der Ortsverschönerung, Gewerbeansiedlung, Jugendsport, nebenberufliche Übungsleiter, Ferienfreizeiten, Jugendmusikschulen, Schüleraustausch, Jugendverkehrsschulen, Kreislandschulheime, Privatschulen, Altentagesstätten, Seniorenveranstaltungen, öffentliche Büchereien, Maßnahmen des Fremdenverkehrs, Kindergärten, Erziehungsberatungsstellen, Volkshochschulen oder Sozialstationen usw.

Der Landkreis kann durch Gesetz zur Erfüllung bestimmter öffentlicher Aufgaben verpflichtet werden (Pflichtaufgaben). Bei den *wei-*

sungsfreien Pflichtaufgaben bestimmt der Gesetzgeber nur das „ob", welche Aufgaben der Landkreis erfüllen muß. Über die Art der Durchführung entscheidet er selbst. Pflichtaufgaben der Landkreise sind z. B. der Bau und die Unterhaltung von Kreisstraßen, die Durchführung des Bundessozialhilfegesetzes, des Jugendwohlfahrtsgesetzes, das Berufsschulwesen, die Abfallbeseitigung, der Öffentliche Personennahverkehr (ÖPNV) und die Schülerbeförderung.

In diesen Bereichen wurden hohe Investitionen getätigt. So wurde seit der Kreisreform der Ausbau des *Berufsschulwesens* vorangetrieben. Das Angebot an beruflichen Voll- und Teilzeitschulen wurde quantitativ, aber auch qualitativ verbessert. Etwa 63% aller Berufsschüler besuchen berufliche Schulen in der Trägerschaft der Landkreise (1982: 445 000 Schüler). Vielfach sind die Kreise auch Träger von *Sonderschulen;* auch hier wurde das Netz erheblich ausgeweitet (1982: 9 251 Schüler). Einige wenige Landkreise haben zur Entlastung der früheren Schulträgergemeinden auch die Trägerschaft für *Gymnasien* und *Schulzentren* übernommen.

Als Träger der *Abfallbeseitigung* haben die Kreise eine Konzentration der ehemals etwa 4 000 mehr oder weniger wilden Müllkippen der Gemeinden auf etwa 80 zentrale Mülldeponien vorgenommen; ein Kreis betreibt eine Müllverbrennungsanlage, drei Kreise haben ein Kompostwerk. Die Ausweisung weiterer Standorte ist schwierig, weil betroffene Gemeinden und Bürger Einsprüche erheben; so bezahlen einige Landkreise teures Geld für den „Müllexport". Das Einsammeln des Mülls ist etwa bei der Hälfte der Landkreise auf die Gemeinden übertragen; vielerorts gibt es Diskussionen um eine Rückübertragung auf den Landkreis. Die Kreise führen auch Problemstoffsammlungen durch und betreiben z. T. auch schon Müllverwertungsanlagen. Parallel zur öffentlichen Diskussion sehen sich die Kreise als *Umweltbehörde;* Landschaftspflege und Immissionsschutz haben heute einen größeren Stellenwert. Mit Umweltpreisen sollen die Einwohner zu aktivem Umweltschutz animiert werden.

Eine weitere wichtige Aufgabe ist der Ausbau und Unterhalt der *Kreisstraßen,* in die jährlich große Beträge investiert werden. Von den 27083 km Straßen des überörtlichen Verkehrs sind 43% Kreisstraßen (1984: 11553 km). Nach der Übertragung des *öffentlichen Personennahverkehrs* und der *Schülerbeförderung* werden vielfach auch Zuschüsse für den Bau von Buswartehäuschen, die Förderung einzelner Buslinien zur Sicherung eines Mindestangebots oder für Mehrfahrtenkarten zur besseren Auslastung der Buslinien gegeben. Durch Nahverkehrsprogramme, die Koordination von Fahrplänen, die Öffnung des Schülerverkehrs und entsprechende Werbung (z.B. Kreisfahrpläne) soll der ÖPNV attraktiver und wirtschaftlicher gemacht werden; einige Landkreise tragen durch Beteiligung an den Investitionskosten zum Erhalt von Bundesbahnstrecken bei.

Vielfach sind die Kreise auch Träger von *Krankenhäusern* (1982: 92), für die erhebliche Mittel aufgebracht werden; die Krankenhausbedarfspläne des Landes haben Konsequenzen für die Bettenkapazität und sorgen mitunter für lebhafte Diskussionen um die einzelnen Standorte (z.B. auch städtische Krankenhausträger); z.T. ist eine Umwandlung in *Altenpflegeheime* angestrebt. Die *Sozial- und Jugendhilfe* umfaßt neben der klassischen Sozialhilfe in Form von Geldzahlungen vielfältige Beratungs-, Hilfs- und Unterstützungsangebote, die die Kreise auf Grund von Empfehlungen und Modellen des Landes, Landkreistages oder der Landeswohlfahrtsverbände freiwillig einrichten. Der Aufbau eines flächendeckenden Netzes von Sozialstationen, das Programm „Mutter und Kind" für alleinerziehende Mütter oder die „Freiwilligen Gemeinschaftsarbeiten" für jugendliche Arbeitslose sollen Hilfe zur Selbsthilfe ermöglichen; z.T. sind die Kirchen oder caritative Organisationen Träger solcher Einrichtungen. Die vielfältigen Angebote und besonders der drastische Anstieg der Sozialhilfe belasten allerdings die Kreishaushalte immer mehr.

Von den weisungsfreien Pflichtaufgaben (Pflichtaufgaben) sind die *weisungsgebundenen Pflichtaufgaben* (Weisungsaufgaben) zu unterscheiden. Bei letzteren bestimmt der Gesetzgeber neben dem „ob" auch das „wie", neben der Verpflichtung zur Aufgabenerfüllung auch die Art der Durchführung. Der Landkreis wird hier praktisch wie eine „nachgeordnete Behörde" des Bundes oder des Landes tätig. Es sind eine Fülle administrativer Aufgaben, die der Kreis nicht zu planen, sondern lediglich durchzuführen hat wie z. B. die Durchführung des Lastenausgleichs-, des Unterhaltssicherungs- oder des Wohngeldgesetzes. Im Bereich der Sozialhilfe verbleibt nach Abzug von Kostenerstattungen und Kostenersätzen ein erheblicher Zuschußbedarf, der von den Kreisen getragen werden muß.

Wie werden die Aufgaben der Landkreise finanziert?

Die Finanzhoheit des Landkreises bestimmt die Landkreisordnung selbst. Nach § 49 LKrO hat der Landkreis das Recht, eigene Steuern und sonstige Abgaben nach Maßgabe der Gesetze zu erheben. Soweit seine sonstigen Einnahmen nicht ausreichen, um den Finanzbedarf zu decken, kann der Landkreis von den kreisangehörigen Gemeinden eine *Kreisumlage* erheben, deren Höhe in der Haushaltssatzung für jedes Rechnungsjahr festzusetzen ist. Die Kreisumlage wird nach den Steuerkraftsummen ohne Rücksicht darauf bemessen, in welchen Gemeinden des Landkreises die Mittel eingesetzt werden. Insofern schafft sie einen weiteren finanziellen Ausgleich zwischen den kreisangehörigen Gemeinden.

Da der Zuschußbedarf des Landkreises durch die Kreisumlage aufzubringen ist, belastet er die Gesamtheit der kreisangehörigen Gemeinden. Die *Kreisumlage* ist ein großer Ausgabenposten im Haushalt der Gemeinden. Sie ist inzwischen auch die Haupteinnahmequelle der Landkreise (1980: 21%). Die Hebesätze werden durch den Kreistag festgesetzt und sind daher Gegenstand der politischen Diskussion; die Hebesätze bewegen sich z. Zt. zwischen 14,5 und 22,5%.

Die *Finanzzuweisungen des Landes* (Finanzausgleich, Zuschüsse) machen etwa 18%, die kreiseigenen Steuern (Grunderwerbs- und Jagdsteuer) nur 3% aus. Der Rest setzt sich aus Gebühren (z. B. Kfz-Zulassung, Deponie), Entgelten (z. B. Krankenhaus, Altersheim), Zuweisungen für laufende Zwecke mit insgesamt 42% zusammen. 9% sind „sonstige Einnahmen" (z. B. Bußgelder und Geldstrafen der unteren Verwaltungsbehörde), die Kreditaufnahmen betragen 7% (Stand 1980).[6]

Die Kreisorgane

Verwaltungsorgane des Landkreises sind der Kreistag und der Landrat. Mit dem *Wegfall des Kreisrats*[7] wurde die Gemeinderatsverfassung auf die Verfassung des Landkreises übertragen und der Kreistag zu dem allein entscheidenden Kreisorgan gemacht. Der *Kreistag* ist die Vertretung der Einwohner und das Hauptorgan des Landkreises. Er legt die Grundsätze für die Verwaltung des Landkreises fest und entscheidet über alle Angelegenheiten, soweit nicht der Landrat kraft Gesetzes zuständig ist oder ihm der Kreistag bestimmte Angelegenheiten überträgt. Damit sind dem Kreistag vom Grundsatz her alle Aufgaben zugefallen; er hat die Allzuständigkeit, soweit nicht die gesetzliche Zuständigkeit des Landrats gegeben ist (§ 18, § 19 LKrO).

Der Kreistag hat das Recht, Zuständigkeiten auf beschließende Ausschüsse (§ 34) oder auf den Landrat (§ 42 Abs. 2) zur dauernden Erledigung zu übertragen. Zwingend vorgeschrieben ist dafür die Form der Hauptsatzung. Der Kreistag überwacht die Ausführung seiner Beschlüsse und sorgt beim Auftreten von Mißständen in der Verwaltung des Landkreises für deren Beseitigung.

Über die *Ernennung, Einstellung und Entlassung der Bediensteten* des Landkreises entscheidet der Kreistag im Einvernehmen mit dem Landrat. Kommt es zu keinem Einvernehmen, entscheidet der Kreistag mit einer Mehrheit von zwei Dritteln der Stimmen der Anwesenden allein. Ein Teil dieser Personalhoheit kann durch die Hauptsatzung auf einen beschließenden Ausschuß und auf den Landrat delegiert werden. Die Personalhoheit über die leitenden Beamten und Angestellten steht nur dem Kreistag zu und kann nicht delegiert werden (§ 19, § 34). Die Rechte des Kreistags stimmen mit der Gemeindeordnung überein; hinzu kommt die Wahl der Mitglieder der Regionalverbandsversammlung durch den Kreistag.

Neben dem eigentlichen Hauptorgan, dem Kreistag, ist der Landrat als weiteres Verwaltungsorgan genannt. Er ist kraft Gesetz Vorsitzender des Kreistags und seiner Ausschüsse, Leiter des Landratsamtes sowie gesetzlicher Vertreter des Landkreises. Er wird vom Kreistag auf acht Jahre gewählt; er hat in diesem kein Stimmrecht.

Als Leiter des Landratsamtes ist er für die sachgemäße Erledigung der Aufgaben und den ordnungsmäßigen Gang der Verwaltung verantwortlich und regelt die innere Organisation des Landratsamts. Er erledigt in eigener Zuständigkeit die Geschäfte der laufenden Verwaltung und die ihm sonst durch Gesetz oder vom Kreistag übertragenen Aufgaben. In den Zuständigkeitsbereich des Landrats kann der Kreistag nicht eingreifen. Die Grenze seines Organisationsrechts ist allerdings dort gegeben, wo finanzielle Entscheidungen damit verbunden sind und die Zuständigkeit des Kreistags durch das Haushaltsrecht gegeben ist. Er vollzieht die Beschlüsse

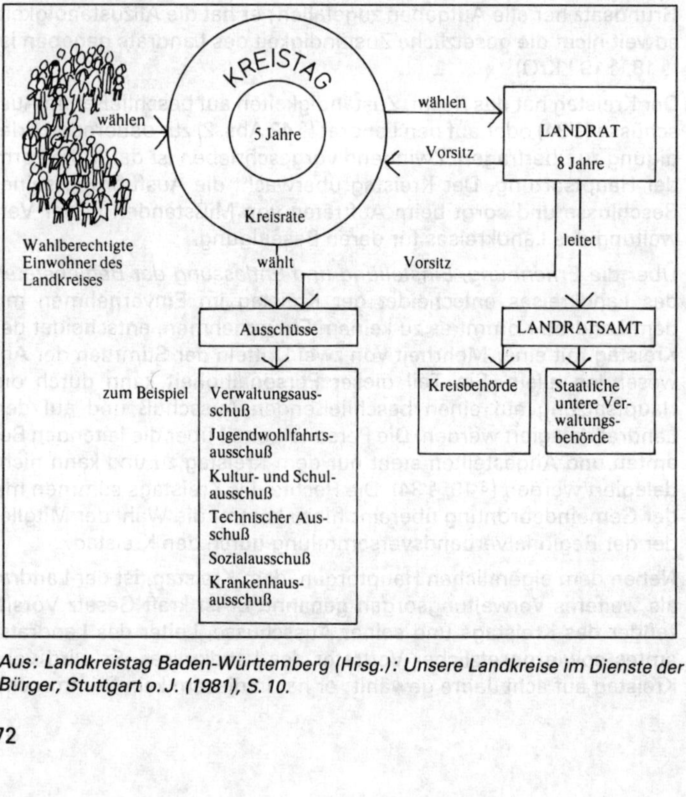

Aus: Landkreistag Baden-Württemberg (Hrsg.): Unsere Landkreise im Dienste der Bürger, Stuttgart o. J. (1981), S. 10.

des Kreistags. Er hat ein Widerspruchsrecht bzw. eine Widerspruchspflicht; gesetzwidrigen Beschlüssen muß er widersprechen, für den Landkreis nachteiligen Beschlüssen kann er widersprechen; der Widerspruch hat aufschiebende Wirkung. Der Landrat hat also eine außerordentlich starke Stellung. Da er nicht vom Volk gewählt wird, kann er leichter auch unpopuläre Entscheidungen treffen; er ist allerdings vom Kreistag abhängig.

Der Landrat ist Dienstvorgesetzter und oberste Dienstbehörde der Bediensteten des Landkreises und Vorgesetzter der *staatlichen Beamten des Landratsamtes. Ständiger allgemeiner Stellvertreter des Landrats ist der Erste Landesbeamte* beim Landratsamt, der im Benehmen mit dem Landrat von der Landesregierung bestellt wird.

Rechtsaufsichtsbehörde für das Landratsamt ist das Regierungspräsidium; bei den Pflichtaufgaben besteht Rechtsaufsicht, bei den Weisungsaufgaben Fachaufsicht, d. h., daß die Aufsicht sich nicht nur auf die Frage der Rechtmäßigkeit, sondern auch der Zweckmäßigkeit von Entscheidungen erstreckt. Für die kreisangehörigen Gemeinden ist das Landratsamt als untere Verwaltungsbehörde Rechtsaufsichtsbehörde; davon ausgenommen sind die Großen Kreisstädte und Verwaltungsgemeinschaften mit mehr als 20 000 Einwohnern, die als Untere Verwaltungsbehörden den Landratsämtern gleichgestellt sind und der Rechtsaufsicht des Regierungspräsidiums unterliegen.

Die Wahl des Landrats

Ein wichtiges Recht des Kreistags ist die Wahl des Landrats. Wählbar sind vom Grundsatz her alle Deutschen, die das 30. Lebensjahr, aber noch nicht das 63. Lebensjahr vollendet haben. Zur Vorbereitung der Wahl bildet der Kreistag einen besonderen beschließenden Ausschuß, der über die Ausschreibung der Stelle entscheidet, die eingegangenen Bewerbungen dem Innenministerium vorlegt und gemeinsam mit diesem dem Kreistag mindestens drei geeignete Bewerber zur Wahl vorschlägt. Da der Landrat auch Leiter der staatlichen unteren Verwaltungsbehörde ist, hat sich das Land ein

Mitwirkungsrecht vorbehalten. Sofern die Vorgeschlagenen aus der Sicht des Innenministeriums „geeignete Bewerber" sind – darunter wird in der Regel die Befähigung zum Richteramt bzw. zum höheren und gehobenen Verwaltungsdienst verstanden –, folgt das Ministerium dem Vorschlag des Ausschusses. Der Dreiervorschlag und damit die Vorauswahl ist eine rein politische Entscheidung des Ausschusses. Die Wahl findet dann im Kreistag statt, wobei in den ersten beiden Wahlgängen die absolute Mehrheit notwendig ist.[8]

32 der 35 Landräte sind Juristen, drei entstammen dem gehobenen Verwaltungsdienst. Entsprechend den politischen Kräfteverhältnissen gehören die Landräte vorwiegend der CDU an; nur der Landrat von Böblingen ist SPD-Mitglied.

Wie wird der Kreistag gewählt?

Die *Zahl der Kreisräte* richtet sich nach der Einwohnerzahl des Landkreises. Sie beträgt mindestens 26, in Landkreisen mit mehr als 50 000 Einwohnern – das sind alle – erhöht sich diese Zahl für je weitere 10 000 Einwohner um zwei. Auf Grund von Überhangmandaten kann sich die Zahl der Kreisräte um bis zu 20 v. H. erhöhen. Einige Kreistage haben die Größe des Landtags; die meisten Sitze hat zur Zeit der Kreistag des Rhein-Neckar-Kreises mit 129 Sitzen (Landtag 125).

Für die Wahl wird der Landkreis in *Wahlkreise* eingeteilt, wobei nach Möglichkeit die geographische Lage, die Struktur und die Verwaltungszugehörigkeit der einzelnen Gemeinden zu berücksichtigen sind. Gemeinden, auf die nach ihrer Einwohnerzahl mindestens 4 Sitze entfallen, bilden einen eigenen Wahlkreis. Kleinere benachbarte Gemeinden, die mit einer solchen Gemeinde eine Verwaltungsgemeinschaft bilden, können mit ihr zu einem Wahlkreis zusammengeschlossen werden. In beiden Fällen darf der Wahlkreis nicht mehr als zwei Fünftel der Sitze erhalten. Für Wahlkreise, die von mehreren Gemeinden gebildet werden, gilt, daß auf sie mindestens 4 und höchstens 8 Mandate entfallen dürfen. Die Einwohnerzahl bestimmt, wieviele Kreisräte in jedem Wahlkreis zu wählen sind. Die Einteilung des Landkreises in Wahlkreise soll sicherstellen, daß alle Räume des Landkreises angemessen im Kreistag repräsentiert sind.

Die *Stimmenzahl* innerhalb eines Landkreises ist unterschiedlich, da die Zahl der in den Wahlkreisen zu wählenden Kreisräte verschieden ist. Jeder Wähler hat so viele Stimmen, wie Kreisräte im Wahlkreis zu wählen sind. Er kann wie bei der Gemeinderatswahl *kumulieren* (maximal 3 Stimmen) und *panaschieren*.

Im Verhältnis der im Wahlkreis auf die einzelnen Wahlvorschläge abgegebenen Stimmen werden zunächst die Sitze im Wahlkreis vergeben. Dabei kommen innerhalb der einzelnen Wahlvorschläge die Bewerber zum Zuge, die die höchste Stimmenzahl erhalten haben. Damit auch kleinere Gruppierungen eine Chance haben, gibt es den Verhältnisausgleich auf Kreisebene. Gruppen, die weniger als 10 v. H. der Stimmen bekommen haben, würden in der Regel keinen Sitz erhalten, da in der überwiegenden Zahl der Wahlkreise zwischen 4 und 8 Kreisräte zu wählen sind; bei 4 Sitzen braucht man nämlich etwa 25 v. H., bei 8 Sitzen immer noch etwa 12,5 v. H., um ein Mandat zu erhalten. Nur bei großen Städten, auf die nach der Einwohnerzahl mehr Sitze entfallen, stellt sich dies günstiger dar.

Beim *Verhältnisausgleich* werden nun allerdings nicht einfach die Stimmen der einzelnen Wahlvorschläge in den verschiedenen Wahlkreisen zusammengezählt, da die Wähler unterschiedlich viel Stimmen zu vergeben hatten. Die Stimmen werden daher „gleichwertig" gemacht, so als ob jeder Wähler nur eine Stimme gehabt hätte. Nun werden die gleichwertigen Stimmen der einzelnen Wahlvorschläge auf Kreisebene zusammengezählt, und es wird ermittelt, wieviel Sitze im Landkreis nach dem Verhältnis der gleichwertigen Stimmen auf die einzelnen Wahlvorschläge entfallen müßten. Meist ist es so, daß dann der eine oder andere Wahlvorschlag mehr Direktmandate in den einzelnen Wahlkreisen bekommen hat, als ihm auf Kreisebene zustehen. Die anderen Wahlvorschläge erhalten dann solange Sitze zugeteilt, bis die Sitzverteilung auf Kreisebene dem Verhältnis der erreichten gleichwertigen Stimmen entspricht. Dadurch entstehen die sog. „Überhangmandate". Der Gesetzgeber hat allerdings als Höchstgrenze der Überhangmandate 20% festgelegt.

Wählbar in den Kreistag sind die wahlberechtigten Kreiseinwohner, d. h. sie müssen mindestens sechs Monate im Landkreis wohnen. § 24 regelt die Hinderungsgründe; danach können Beamte und Angestellte des Landkreises und Beamte des Landratsamts nicht Kreisräte sein (z. B. auch Chefärzte von Kreiskrankenhäusern). Sie sind aber wählbar, da der Kreistag in seiner ersten Sitzung feststellt, ob ein Hinderungsgrund vorliegt. In § 25 ist das Ausscheiden und Nachrücken geregelt; ein Rücktritt aus Gewissensgründen ist nicht möglich.[9] Die Amtszeit beträgt fünf Jahre.

Parteien in Konkurrenz mit Freien Wählern

Die letzte Kreistagswahl fand am 28. Oktober 1984 wieder zusammen mit den Wahlen zum Gemeinderat und Ortschaftsrat statt. Die Wahlbeteiligung betrug 62,5% und war damit deutlich besser als 1979, als keine Gemeinderatswahl stattfand; sie lag damals bei 51%. Die „Altparteien" CDU, SPD und FDP mußten Verluste hinnehmen, während die Freien Wähler und insbesondere die Grünen deutlich dazugewannen; die Grünen waren allerdings 1979 noch nicht in allen Landkreisen und mit kompletten Kandidatenlisten angetreten.

Ergebnisse der Kreistagswahlen seit 1973:

in % nach Sitzen	1973	1979	1984
Gesamtzahl absolut	2168	2179	2300
davon in %			
CDU	47,8	48,5	43,8
SPD	26,3	27,9	23,7
FDP	4,7	4,4	3,7
Grüne	–	0,6	8,4
sonstige politische Parteien	–	–	0,3
Gemeinsame Wahlvorschläge[1]	5,2	4,6	3,5
Freie Wählervereinigungen	16,0	14,1	16,6

[1] *gemeinsame Wahlvorschläge von politischen Parteien und Freien Wählervereinigungen*

Die CDU dominiert. Sie hat in 11 Kreistagen die absolute und in 21 Kreistagen die relative Mehrheit; im Kreis Böblingen haben CDU und Freie Wähler gleich viel Mandate, im Kreis Heidenheim tritt sie als „CDU/Wählerblock" auf. In einem Kreistag (Tübingen) haben die Freien Wähler die relative Mehrheit. Die Grünen sind in drei Kreistagen, die FDP ist in sechs Kreistagen nicht vertreten.

Der Kreistag – ein Bürgermeisterparlament?

Ein Problem ganz anderer Art ist die soziologische Struktur der Kreistage:

Soziologie der Kreistage	1984	1979	1973	1971	1965
Öffentlicher Dienst	52,8	55,5	57,4	53,9	48,9
davon Bürgermeister	27,4	28,4	31,2	30,5	30,4
hauptamtl. Ortsvorsteher	0,9	1,6	keine Vergleichszahlen		
Lehrer	12,2	11,6	10,0	9,3	–
sonstige Beamte u. Angestellte	12,3	13,9	16,2	14,1	18,5
Gewerbetreibende	9,2	9,7	10,7	13,2	17,4
Freiberufler	8,4	8,0	9,8	9,3	7,6
Landwirte	6,3	5,8	4,2	5,3	7,6
sonstige Arbeitnehmer	14,5	14,5	14,4	15,5	15,8
Sonstige (z. B. Hausfrauen, Studenten, Rentner)	8,8	6,5	3,5	2,8	2,7

Neben dem starken Gewicht des öffentlichen Dienstes (52,8%) fällt besonders der hohe Anteil der Bürgermeister und hauptamtlichen Ortsvorsteher auf; sie stellen mit 28,3% die stärkste „Fraktion". Deutlich mehr als die Hälfte der Bürgermeister der 1 102 kreisangehörigen Gemeinden ist also in den Kreistagen vertreten, 1971 vor der Gemeindereform war es nur gut ein Viertel. Dabei kann man jedem Bürgermeister ein „Interesse (unterstellen), in den jeweiligen Kreistag zu kommen".[10] Die hohe Zahl von Bürgermeistern in den Kreistagen ist deshalb nicht unbedenklich, weil es zu *Interessenkollisionen* kommen kann. So muß der Kreistag z. B. den Landrat wählen und seiner Kontrollfunktion über die Kreisverwaltung gerecht

Die Verteilung der Kreistagssitze in % aufgrund der Kreistagswahl am 28. Oktober 1984

Landkreis	Jahr	Sitze insges.	davon													
			CDU		SPD		FDP/DVP		Grüne		Sonst. pol. Parteien		Gemeinsame Wahlvorschl.		Freie Wählervereinigungen	
			Sitze	= %	Sitze	= %	Sitze	= %	Sitze	= %	Sitze	= %	Sitze	= %	Sitze	= %
Böblingen	1984	86	28	32,6	18	20,9	3	3,5	9	10,4	–	–	–	–	28	32,6
	1979	81	31	38,3	22	27,2	4	4,9	–	–	–	–	–	–	24	29,6
Esslingen	1984	114	40	35,1	30	26,3	4	3,5	13	11,4	–	–	–	–	27	23,7
	1979	127	39	30,7	40	31,5	6	4,7	–	–	–	–	13	10,2	29	22,8
Göppingen	1984	70	27	38,6	21	30,0	7	10,0	5	7,1	–	–	–	–	10	14,3
	1979	65	28	43,1	23	35,4	7	10,8	–	–	–	–	–	–	7	10,8
Heidenheim	1984	46	–	–	16	34,8	1	2,2	–	–	–	–	28	60,8	1	2,2
	1979	42	–	–	15	35,7	1	2,4	–	–	–	–	24	57,1	2	4,8
Heilbronn	1984	72	30	41,7	20	27,8	–	–	7	9,7	–	–	15	20,8	–	–
	1979	66	31	47,0	21	31,8	–	–	–	–	–	–	14	21,2	–	–
Hohenlohe-	1984	35	16	49,7	7	20,0	–	–	3	8,6	–	–	–	–	9	25,7
kreis	1979	34	17	50,0	7	20,6	–	–	–	–	–	–	–	–	10	29,4
Ludwigsburg	1984	112	43	38,4	29	25,9	8	7,1	12	10,7	–	–	–	–	20	17,9
	1979	108	46	42,6	35	32,4	10	9,3	–	–	–	–	–	–	17	15,7
Main-Tauber-	1984	48	28	58,3	10	20,8	2	4,2	3	6,3	–	–	–	–	5	10,4
Kreis	1979	48	30	62,5	11	22,9	3	6,3	–	–	–	–	–	–	4	8,3
Ostalbkreis	1984	77	40	51,9	20	26,0	–	–	6	7,8	–	–	–	–	11	14,3
	1979	71	42	59,2	21	29,6	–	–	–	–	–	–	8	11,3	–	–
Rems-Murr-	1984	90	38	42,2	24	26,7	–	–	10	11,1	–	–	18	20,0	–	–
Kreis	1979	89	42	47,2	30	33,7	–	–	–	–	–	–	14	20,0	3	3,4

Landkreis	Jahr	Sitze ins-ges.	davon													
			CDU		SPD		FDP/DVP		Grüne		Sonst. pol. Parteien		Gemeinsame Wahlvorschl.		Freie Wähler-vereinigungen	
			Sitze	= %	Sitze	= %	Sitze	= %	Sitze	= %	Sitze	= %	Sitze	= %	Sitze	= %
Schwäbisch	1984	52	24	46,2	12	23,1	–	–	4	7,7	–	–	12	23,0	–	–
Hall	1979	48	24	50,0	12	25,0	–	–	–	–	–	–	12	25,0	–	–
Reg.-Bez.	1984	802	314	39,2	207	25,8	25	3,1	72	9,0	–	–	73	9,1	111	13,8
Stuttgart	1979	779	330	42,3	237	30,4	31	4,0	–	–	–	–	85	10,9	96	12,3
Calw	1984	50	19	38,0	9	18,0	2	4,0	4	8,0	–	–	–	–	16	32,0
	1979	46	20	43,5	10	21,7	2	4,3	1	2,2	–	–	–	–	13	28,3
Enzkreis	1984	57	21	36,9	18	31,6	–	–	6	10,5	–	–	8	14,0	4	7,0
	1979	47	19	40,4	18	31,6	–	–	–	–	–	–	10	21,3	–	–
Freudenstadt	1984	39	15	38,4	9	23,1	1	2,6	2	5,9	–	–	–	–	12	30,8
	1979	40	18	45,0	9	22,5	1	2,5	–	–	–	–	1	2,5	11	27,5
Karlsruhe	1984	105	48	45,7	30	28,6	4	3,8	9	8,6	3	2,9	–	–	11	10,4
	1979	101	56	55,4	31	30,7	4	4,0	–	–	–	–	–	–	10	9,9
Neckar-Odenwald-	1984	48	24	50,0	12	25,0	1	2,1	3	6,2	–	–	–	–	8	16,7
Kreis	1979	43	24	55,8	12	27,9	1	2,3	–	–	–	–	–	–	6	14,0
Rastatt	1984	60	32	53,3	14	23,3	2	3,3	4	6,7	–	–	–	–	8	13,3
	1979	54	32	59,3	16	29,6	–	–	–	–	–	–	5	9,3	1	1,9
Rhein-Neckar-	1984	129	53	41,1	39	30,2	7	5,4	12	9,3	–	–	–	–	18	14,0
Kreis	1979	120	55	45,8	42	35,0	8	6,7	–	–	–	–	–	–	15	12,5
Reg.-Bez.	1984	488	212	43,4	131	26,8	17	3,5	40	8,2	3	0,6	8	1,6	77	15,8
Karlsruhe	1979	451	224	49,7	138	30,6	16	3,5	1	0,2	–	–	16	3,5	56	12,4
Alb-Donau-	1984	57	31	54,4	9	15,8	–	2,0	4	7,0	–	–	–	–	13	22,8
Kreis	1979	51	30	58,8	11	21,6	1	2,0	–	–	–	–	–	–	9	17,6

Landkreis	Jahr	Sitze ins-ges.	davon													
			CDU		SPD		FDP/DVP		Grüne		Sonst. pol. Parteien		Gemeinsame Wahlvorschl.		Freie Wähler-vereinigungen	
			Sitze	= %	Sitze	= %	Sitze	= %	Sitze	= %	Sitze	= %	Sitze	= %	Sitze	= %
Biberach	1984	51	29	56,8	6	11,8	–	–	–	–	–	–	–	–	16	31,4
	1979	48	31	64,6	6	12,5	–	–	–	–	–	–	–	–	11	22,9
Bodensee-	1984	57	27	47,3	11	19,3	3	5,3	5	8,8	–	–	–	–	11	19,3
kreis	1979	54	29	53,7	12	22,2	3	5,6	–	–	–	–	–	–	10	18,5
Ravensburg	1984	74	43	58,1	10	13,5	1	1,4	7	9,4	–	–	–	–	13	17,6
	1979	66	46	69,7	12	18,2	1	1,5	–	–	–	–	–	–	7	10,6
Reutlingen	1984	68	24	35,3	16	23,5	2	3,0	6	8,8	–	–	–	–	20	29,4
	1979	65	27	41,5	18	27,7	4	6,2	–	–	–	–	–	–	16	24,6
Sigmaringen	1984	45	26	57,8	6	13,3	1	2,2	3	6,7	–	–	–	–	9	20,0
	1979	42	27	64,3	6	14,3	1	2,4	–	–	–	–	–	–	8	19,0
Tübingen	1984	53	15	28,3	11	20,8	1	1,9	8	15,1	1	1,9	–	–	17	32,0
	1979	52	18	34,6	11	21,2	2	3,8	5	9,6	1	1,9	–	–	15	28,8
Zollernalb-	1984	53	23	43,4	11	20,7	–	–	3	5,7	–	–	–	–	16	30,2
kreis	1979	53	26	49,1	12	22,6	–	–	–	–	–	–	–	–	15	28,3
Reg.-Bez.	1984	458	218	47,6	80	17,5	8	1,7	36	7,9	1	0,2	–	–	115	25,1
Tübingen	1979	431	234	54,3	88	20,4	12	2,8	5	1,2	1	0,2	–	–	91	21,1
Breisgau-Hoch-	1984	67	35	52,2	14	20,9	5	7,5	7	10,4	–	–	–	–	6	9,0
schwarzwald	1979	63	36	57,1	17	27,0	6	9,5	–	–	–	–	–	–	4	6,4
Emmendingen	1984	50	20	40,0	14	28,0	3	6,0	5	10,0	1	2,0	–	–	7	16,0
	1979	43	20	46,5	14	32,6	4	9,3	–	–	–	–	–	–	5	11,6
Konstanz	1984	69	29	42,0	15	21,7	4	5,8	7	10,2	–	–	–	–	14	20,3
	1979	61	29	47,5	17	27,9	3	4,9	–	–	–	–	–	–	12	19,7

Landkreis	Jahr	Sitze ins-ges.	davon CDU		SPD		FDP/DVP		Grüne		Sonst. pol. Parteien		Gemeinsame Wahlvorschl.		Freie Wähler-vereinigungen	
			Sitze	= %	Sitze	= %	Sitze	= %	Sitze	= %	Sitze	= %	Sitze	= %	Sitze	= %
Lörrach	1984	64	24	37,5	20	31,2	4	6,3	7	10,9	–	–	–	–	9	14,1
	1979	57	22	38,6	18	31,6	4	7,0	6	10,5	–	–	–	–	7	12,3
Ortenaukreis	1984	100	48	48,0	25	25,0	6	6,0	6	6,0	–	–	–	–	15	15,0
	1979	102	54	52,9	27	26,5	6	5,9	–	–	–	–	–	–	15	14,7
Rottweil	1984	48	26	54,2	9	18,7	1	2,1	3	6,3	–	–	–	–	9	18,7
	1979	41	25	61,0	10	24,4	1	2,4	–	–	–	–	–	–	5	12,2
Schwarzwald-	1984	59	27	45,8	13	22,0	6	10,2	6	10,2	1	1,7	–	–	6	10,2
Baar-Kreis	1979	58	28	48,3	19	32,8	5	8,6	–	–	–	–	–	–	6	10,3
Tuttlingen	1984	43	25	58,1	9	20,9	3	7,0	–	–	–	–	–	–	6	14,0
	1979	43	26	60,5	10	23,3	3	7,0	–	–	–	–	–	–	4	9,3
Waldshut	1984	52	29	55,8	9	17,3	4	7,7	4	7,7	–	–	–	–	6	11,5
	1979	50	29	58,0	11	22,0	4	8,0	–	–	–	–	–	–	6	12,0
Reg.-Bez.	1984	552	263	47,6	128	23,2	36	6,5	45	8,2	2	0,2	–	–	78	14,3
Freiburg	1979	518	269	51,8	143	27,5	36	7,0	6	1,2	–	–	–	–	64	12,6
Land Baden-	1984	2300	1007	43,8	546	23,7	86	3,7	193	8,4	6	0,3	81	3,5	381	16,6
Württemberg	1979	2179	1057	48,5	606	27,8	95	4,4	12	0,6	1	–	101	4,6	307	14,1

werden, wogegen der Landrat die Rechtsaufsicht über die Bürgermeister ausübt. Deshalb wird immer wieder die Inkompatibilität von Bürgermeistern diskutiert und eine Änderung des Kreistagswahlrechts gefordert. Zu weiteren Konflikten kann es bei der von den Gemeinden aufzubringenden Kreisumlage kommen; denn stimmt ein Bürgermeister für die Erhöhung dieser Umlage, schmälert er damit die Finanzen seiner eigenen Gemeinde. Interessant ist zu dieser Frage das Stimmungsbild in den Kreistagen. Im Neckar-Odenwald-Kreis z. B. sind immerhin 59% der „Nicht-Bürgermeister" im Kreistag der Meinung, daß der hohe Anteil von Bürgermeistern (im Neckar-Odenwald-Kreis 35%) eher einen Nachteil für die Kreistagsarbeit darstellt.

Der Anteil der Berufsgruppe „Sonstige", ein statistischer Sammelbegriff für Hausfrauen, Studenten und Rentner, hat seit der Kreisreform von Wahl zu Wahl zugenommen; es sind vor allem Studenten bei den Grünen. *Weibliche* Kreisräte bleiben insgesamt eine Minderheit; mit 6,7% ist ihr Anteil ähnlich niedrig wie im Bundestag oder den Landtagen. 49 Kreisräte gehören dem Landtag an.

Parlamentarisierung und Politisierung der Kreistage[12]

Neben der Gebietsreform wurde 1973 auch eine *Reform der Kreisverfassung* durchgeführt. Alle wesentlichen Entscheidungen, die vorher der Kreisrat – ein aus der Mitte des Kreistags gebildetes kleines und damit auch gegenüber den anderen Mitgliedern privilegiertes Gremium – traf, fallen jetzt im Kreistag. Dadurch wurde die Bedeutung des Kreistags zweifellos erheblich gestärkt. Die Größe einzelner Kreistage – immerhin haben sieben über 80 Mitglieder – lassen allerdings echte Debatten kaum zu und wirken auf die Öffentlichkeit wenig attraktiv. Die Arbeit wird im wesentlichen in den *Ausschüssen* geleistet, die im Rahmen ihrer Zuständigkeit selbständig an Stelle des Kreistags entscheiden können; im einzelnen regelt dies die Hauptsatzung. Zur Vorberatung von Angelegenheiten des Kreistags tagen die beschließenden Ausschüsse „in der Regel" nicht-öffentlich; die dann nach intensiver Diskussion gefaßten Beschlüsse werden im Kreistag vielfach ohne Diskussion beschlossen. Damit sind auch einige Probleme der Kreistagsarbeit angesprochen: Die Verlagerung der Arbeit in die Ausschüsse kann zu deren Verselbständigung führen; jeder Ausschuß faßt Beschlüsse für sich, ohne einen Einblick in die Arbeit anderer Ausschüsse oder einen Überblick zu haben. Der Kreistag oder auch die Fraktionen können dieses Informationsdefizit selten aufarbeiten. Damit hat natürlich auch die Verwaltung eine relativ starke Position.

Neben dieser eben beschriebenen „Parlamentarisierung" sind die Kreistage aber auch stärker politisiert worden, da der Arbeit der Fraktionen viel mehr Gewicht zukommt. Die Tagesordnungspunkte der Sitzungen werden vorberaten, „Vor-Ort-Gespräche" geführt, Besichtigungen in und außerhalb des Kreises gemacht, Aufträge an die Verwaltung erteilt, Anfragen und Anträge gestellt. Auch über das Abstimmungsverhalten verschafft man sich vorher in der Fraktion Klarheit. Mitunter wird auch im Kreistag die politische Diskussion härter, kommt es zu Kampfabstimmungen; die Regel sind allerdings dann doch im Kreistag von breiten Mehrheiten getroffene Entscheidungen. Gerade für die Integration der neuen Kreise haben die Fraktionen viel geleistet, da zunächst einmal fraktionsintern Kompromisse gesucht wurden. Dennoch gehört das „Altkreis-Denken" damit noch nicht der Vergangenheit an, bilden sich über Fraktionsgrenzen hinweg auch *lokale, geographische Fraktionen.*

Zunehmend werden die Kreistage auch mit allgemein-politischen Tagesfragen befaßt, die weit über die Zuständigkeit des Kreistags hinausgehen (z.B. atomwaffenfreie Zone); sie stehen damit in Gefahr, „Allerweltsparlamente" zu werden.

Probleme und Forderungen der Landkreise

Bei der Finanz- und Investitionskraft der Landkreise gibt es trotz Kreisreform ein erhebliches Gefälle; es ist eine Folge der unterschiedlichen Wirtschaftskraft der einzelnen Räume unseres Landes. In der *Steuerkraftsumme* ist der Abstand zwischen dem wirtschaftsstärksten Kreis Böblingen (mit 1938 DM/Einwohner) und dem wirtschaftsschwächsten Neckar-Odenwald-Kreis (1 072 DM/Einwohner) beträchtlich. Die *Netto-Investitionsrate* liegt in der Spitze (Böblingen) bei 68 DM/Einwohner, während einige Landkreise nicht einmal im Verwaltungshaushalt die Tilgungsausgaben erwirtschaften. Die Kreise und die kommunalen Spitzenverbände machen dafür die rapide gewachsenen Kosten im Sozialbereich verantwortlich und fordern seit Jahren Korrekturen. 1987 betrug der Zuschußbedarf für das Sozialwesen 240 DM/Einwohner, 1973 waren es noch 70 DM/Einwohner – eine Steigerung um 244 %, wogegen die allgemeinen Deckungsmittel im selben Zeitraum nur um 150% zunahmen. Zur Kostendeckung mußte immer mehr die Kreisumlage herangezogen werden; nahm sie 1973 noch 84,7% des sozialen Zuschußbedarfs in Anspruch, so reicht sie seit 1983 nicht mehr zur Deckung aus (1987: 108,5%). Bezüglich des Aufwands gibt es auch hier große Unterschiede zwischen den Kreisen.[13]

Die Kreise fordern darüber hinaus über ihren Verband, den Landkreistag,[14] seit Jahren die Beteiligung an einer „Wachstumssteuer", der Lohn- und Einkommens- bzw. der Umsatzsteuer. Sie wollen dadurch auch eine größere Unabhängigkeit von der Kreisumlage erreichen, wo sie vom Kreistag und dem „good will" der kommunalen Vertreter abhängig sind. Es gibt auch Forderungen nach einem horizontalen Kreisfinanz- bzw. Soziallastenausgleich.

Immer wieder wird auch der Wunsch laut, durch Eingliederung unterer Sonderbehörden die Einheit der Verwaltung im Landkreis herzustellen, was ursprünglich auch Ziel der Kreisreform gewesen war; dies war damals politisch nicht durchzusetzen. Vielmehr kam mit den Regionalverbänden noch eine weitere Ebene hinzu und erwuchs mit der gestiegenen Zahl von Großen Kreisstädten (1987: 74) und den Verwaltungsgemeinschaften mit mehr als 20 000 Einwohnern als weitere untere Sonderbehörden zusätzliche Konkurrenz. Die Aufgabenverlagerung im Zuge der *Funktionalreform* brachte (aus der Sicht der Kreise) keinen „Gewinn"; man mußte mehr Zuständigkeiten abgeben, als man erhielt.

Es blieben daher bei den Landkreisen noch Wünsche offen, die immer wieder als Forderungen des *Landkreistags* an den Landtag und die Landesregierung artikuliert werden. Als Interessenverband

steht er dabei neben und z. T. in Konkurrenz zu den anderen kommunalen Spitzenverbänden, Gemeindetag und Städtetag.
Die Forderungen zielen auf eine Sicherung des vorhandenen Aufgabenbereichs und eine Erweiterung ab. Mit an erster Stelle denkt man an eine Eingliederung weiterer unterer Sonderbehörden. In der von der Landesregierung 1980 eingesetzten Land-Kommune-Kommission hat man sich seitens der Landkreise vor allem für eine Eingliederung der Wasserwirtschafts-, Straßenbau-, Landwirtschafts- und Vermessungsämter eingesetzt; die Kommission wollte allerdings nur die Eingliederung der Gesundheits- und Veterinärämter konzedieren. Geändert hat sich nichts. In dem Forderungskatalog an den 1988 neugewählten Landtag und die neue Landesregierung wird die Eingliederung der Straßenbauämter und der unteren Sonderbehörden, „die umweltrelevante Aufgaben erfüllen", gefordert. Weiteres Ziel ist die Abschaffung der Regionalverbände. Weiter strebt man die Übertragung weiterer Zuständigkeiten im Sozialbereich (z. B. Durchführung des Bundeserziehungsgeldgesetzes und Bearbeitung des Landeserziehungsgeldes) an und wendet sich gegen „Delegationsbestrebungen von kreisangehörigen Gemeinden" (z. B. Einrichtung von Jugendämtern).[15]

Für eine „Mammutbehörde" scheint die Zeit nicht reif zu sein. Doch haben die Landkreise auch so eine Vielzahl von Aufgaben.

Anmerkungen

1 *Vgl. Herbert Schneider, Der Landkreis, in: Theodor Pfizer und Hans-Georg Wehling (Hrsg.), Kommunalpolitik in Baden-Württemberg, Stuttgart 1985, S. 190 (Band 11 der Schriften zur politischen Landeskunde Baden-Württembergs); ders., Heimat: Wohnort – Gemeinde – Landkreis. Einige empirische Befunde, in: Klaus Weigelt, Heimat – Tradition – Geschichtsbewußtsein. Mainz 1986, S. 57 (Band 11 der Studien zur politischen Bildung, hrsg. von der Konrad-Adenauer-Stiftung).*

2 *Vgl. Landkreistag Baden-Württemberg (Hrsg.), Vogteien, Ämter, Landkreise in Baden-Württemberg. Band II. Stuttgart 1975, S. 23 ff.; Landkreistag Baden-Württemberg (Hrsg.), 10 Jahre Kreisreform. Eine Bestandsaufnahme in ausgewählten Bereichen, Stuttgart 1982; Hermann Reiff, Erlebtes Baden-Württemberg. Erinnerungen eines Ministerialbeamten, Stuttgart 1985, S. 146 ff, S. 218 ff.*

3 Bei der Abstimmung stimmten 82 Abgeordnete für und 34 gegen das Gesetz, 3 Abgeordnete enthielten sich der Stimme. Außer den Abgeordneten der FDP/DVP und der NPD stimmten auch einige Abgeordnete der Koalitionsfraktionen CDU und SPD gegen die Vorlage.

4 Innenminister Roman Herzog, 10 Jahre Kreisreform, in: Landkreisnachrichten 1983, Heft 1; Kurt Gerhardt, Hauptgeschäftsführer des Landkreistages, Bewährung bestanden, in: Der Gemeinderat. 1983, Heft 3. Im Gegensatz dazu steht eine anonyme Befragung der Kreistagsmitglieder bzw. eine Meinungsumfrage im Neckar-Odenwald-Kreis, nach der 42 bzw. 33% der Auffassung waren, daß sich die Kreisreform eher nachteilig ausgewirkt habe; 14 bzw. 31% fanden sie eher gut. Vgl. Herbert Schneider u. a., Kreispolitik im ländlichen Raum, München 1985, S. 215 f.

Ernst Füsslin, Die kommunale Gebiets- und Verwaltungsreform in Baden-Württemberg – Ziele, Erwartungen, Ergebnisse, in: Akademie für Raumforschung und Landesplanung (Hrsg.). Politik und Planung in der neuen Kommunalstruktur, Band 68, Hannover 1982, S. 11 ff.

5 So nannten auf die Frage „Welches Gebiet würden Sie hauptsächlich als Ihre Heimat bezeichnen?" lediglich 3,9% den Landkreis (vgl. Schneider, Heimat, a.a.O., S. 67 f.). Und gegen eine Auflösung des Landkreises würden sich 38% zur Wehr setzen; nicht zur Wehr setzen würden sich 43% (Passantenbefragung, vgl. Schneider, Kreispolitik, a. a. O., S. 217). Dabei gab es auffällige Unterschiede zwischen dem neugebildeten Neckar-Odenwald-Kreis und dem hessischen Odenwald-Kreis, der in der Kreisreform kaum Veränderungen erfahren hat; hier war der „Widerstand" deutlich höher.

6 Landkreistag Baden-Württemberg (Hrsg.), Unsere Landkreise im Dienste der Bürger, Stuttgart, o. J. (1981).

7 Der Kreisrat hatte eine außergewöhnlich starke Stellung. Er war ein weiteres Organ des Landkreises; seine Mitglieder wurden aus der Mitte des Kreistags gewählt. Er hatte unter Vorsitz des Landrats alle Angelegenheiten, über die der Kreistag zu entscheiden hatte, vorzuberaten. Er – und nicht der Kreistag – war befugt, beratende und beschließende Ausschüsse einzusetzen. Vgl. Landkreisnachrichten, 1976, Heft 1, S. 15 ff.

8 Vgl. meinen Aufsatz über den Neckar-Odenwald-Kreis, in: Schneider u. a., a.a.O., S. 115 ff. sowie Urteil des Verwaltungsgerichtshofs Baden-Württemberg vom 15. August 1983 – 1 S 339/82 („Der Wahlakt ist nicht Rechtsanwendung, die inhaltlich mehr oder weniger weitgehend gerichtlicher Kontrolle unterliegt, sondern eine politische Mehrheitsentscheidung, die keinen Ermessensbindungen unterliegt").

9 Vgl. Urteil des Verwaltungsgerichtshofs Baden-Württemberg vom 19. September 1983 – 1 S 2590/82 sowie Stuttgarter Zeitung vom 13. Oktober 1983.

10 Vgl. Hans-Georg Wehling und H.-Jörg Siewert, Der Bürgermeister in Baden-Württemberg, Stuttgart 2. Aufl. 1987, S. 74.

11 Zum Rollenverständnis der Kreisräte vgl. Karl Heinz Neser, Der Neckar-Odenwald-Kreis, in: Herbert Schneider u. a., a. a. O., S. 112 ff.

12 Zur Praxis der Kreistagsarbeit vgl. Karl Heinz Neser, a. a. O., S. 101 ff., S. 127 ff.

13 Vgl. Haushaltsvergleich 1987 und Haushaltsdaten zur Fortschreibung der Sozialstudie für 1987 (Rundschreiben des Landkreistags).

14 Jeder Landkreis entsendet in die Landkreisversammlung zwei stimmberechtigte Vertreter, nämlich den Landrat und einen vom Kreistag gewählten Kreisrat. Im 15köpfigen Präsidium sind allerdings nur Landräte. Vgl. hierzu Rüdiger Voigt, Verfassungsstellung und Wirkung der kommunalen Landesverbände, in: Herbert Schneider (Hrsg.), Verbände in Baden-Württemberg, Stuttgart 1987, S. 52 ff. (Band 14 der Schriften zur politischen Landeskunde Baden-Württembergs).

15 Forderungen des Landkreistags Baden-Württemberg zur Aufgaben-, Personal- und Finanzstruktur der Landkreise in der Zukunft (vom 11. 6. 1986); Forderungen des Landkreistags an den neu gewählten Landtag und die neue Landesregierung für die 10. Legislaturperiode 1988–1992.

SIEGFRIED SCHIELE

Landtagswahlen in Baden-Württemberg

Funktion und Wahlsystem

Wahlrecht oder Wahlpflicht?

Nach Art. 20 des Grundgesetzes (GG) geht alle Staatsgewalt vom Volke aus. Dieser demokratische Kernsatz ist begleitet von der Aussage, daß diese Gewalt vom Volke in Wahlen und Abstimmungen ausgeübt wird.

Auch die Verfassung des Landes Baden-Württemberg geht in Art. 25 fast wörtlich von denselben Grundsätzen aus. Wahlen sind also das zentrale politische Ereignis, bei dem die Ausübung der Staatsgewalt durch das Volk am sichtbarsten zum Ausdruck kommt. Daß die Praxis oft etwas bescheidener aussieht, schmälert den Anspruch nicht. Eine lebendige Demokratie muß sich darum kümmern, daß die Wahlen Kristallisationspunkt und Ausdruck demokratischen Willens sein können.

An dieser Stelle braucht nicht ausführlich auf die *Funktion von Wahlen* eingegangen zu werden. Wahlen geben Parlament und Regierung die *Legitimation* für ihr Wirken. Sie wirken in gleicher Weise als *Kontrolle* der Amts- und Mandatsträger. Außerdem stellen die Wahlen einen *Konkurrenzkampf* um Macht und Ämter dar. Schließlich werden bei den Wahlen unterschiedliche *Interessen gebündelt und integriert.*

Von elementarer Bedeutung ist in einer Demokratie die Wahl auf

Zeit. Bei Wahlen sollte die Revision einer einmal getroffenen Entscheidung stets akut werden können.

In Anbetracht der großen Bedeutung von Wahlen könnte man aus dem Wahlrecht eine dem demokratischen Verhalten gemäße Wahlpflicht ableiten. Eine solche Verpflichtung gibt es in manchen Ländern (z. B. Belgien). Dennoch setzt sich mehr und mehr die Meinung durch, daß das demokratische Gemeinwesen nicht auf Zwang, sondern auf der freien Initiative der Bürger beruht.

Das Wahlrecht ist ein *Anspruch,* der in der Geschichte lange genug umkämpft war und daher kaum zu einer rechtlichen Verpflichtung degradiert werden kann. Es handelt sich aber um eine moralische Pflicht, auf deren Erfüllung eine funktionierende Demokratie angewiesen ist.

Was Nichtwähler bedenken sollten

Wenn man die Beteiligung an Wahlen in der Bundesrepublik überprüft, so gibt es – verglichen mit anderen Ländern – wenig Anlaß zur Besorgnis. *Wahlbeteiligungen* von etwa 90% bei Bundestagswahlen sind kaum noch zu steigern. Soziologen geben gar zu bedenken, ob es sich bei dermaßen hohen Quoten gar um *Alarmsignale* für Krisen und Unzufriedenheit handeln könnte. Andererseits muß der Anspruch einer funktionsfähigen Demokratie, vom Wahlrecht auch Gebrauch zu machen, aufrechterhalten bleiben. Im Hinblick auf die Wahlbeteiligung bei Landtagswahlen (71,2% bei der Wahl 1984 und 71,8% bei der Wahl 1988 in Baden-Württemberg) sind Bedenken am Platz. Ein gutes Viertel der wahlberechtigten Bevölkerung verzichtet demnach auf das „Königsrecht des demokratischen Bürgers". In Anspielung auf Art. 20 GG und Art. 25 der Landesverfassung müßte man sagen: Ein Teil des Volkes „läßt die Staatsgewalt nicht von sich ausgehen".

Noch bedenklicher stimmt, daß bei den Nichtwählern die *Jungwähler* überproportional stark vertreten sind (auch bei den letzten Landtagswahlen lag der Anteil der Nichtwähler bei den 18- bis 25jährigen bei ca. 40%).

Man kann davon ausgehen, daß sich die Nichtwähler im Regelfall über die Wirkungen ihres Verhaltens nicht viel Gedanken machen. Sie tragen aber in Wirklichkeit ganz entscheidend zum Ausgang von Wahlen bei. Sonnenschein und Bequemlichkeit mögen schon manche Wahl mit entschieden haben. Für die Nichtwähler müßte besonders bedrückend sein zu wissen, daß ihre Enthaltung unter Umständen Gruppierungen zugute kommt, die sie nie unterstützen wollten. Es ist also in jedem Fall demokratischem Verhalten unangemessen, sich nicht an Wahlen zu beteiligen. Der Standpunkt: Es ist ja ohnehin nutzlos, man kann nichts ausrichten, ist objektiv nicht haltbar.

Wahlkampf und Wahlentscheidung

Freilich können auch die politischen Parteien, die den Wahlkampf gestalten, wesentlich dazu beitragen, daß die Bürger vom politischen Geschäft eher angewidert als angezogen werden. Durch die Verteufelung des politischen Gegners wird fast jede Identifikationsmöglichkeit genommen. Das Anpreisen von Politik im Stil der Waschmittelreklame vermittelt nicht gerade den Eindruck, daß Wahlen ein sehr bedeutsamer Vorgang in einer Demokratie wären. Natürlich müssen Mittel angewandt werden, die mobilisierend wirken und auf Wahlen aufmerksam machen, aber es ist doch merkwürdig, wenn die „Verpackungsprobleme" im Vorfeld der Wahlen mehr Gewicht als die Inhalte haben. Der Effekt ist durchaus vorhanden: Die höhere Wahlbeteiligung bei Bundestagswahlen im Vergleich mit Landtagswahlen ist sicher auch auf die umfassendere „Materialschlacht" zurückzuführen – dennoch ist das kein Beweis für die Angemessenheit dieser Methoden in einer funktionierenden Demokratie.

Da man ohne Elemente der Werbung bei Wahlen nicht auskommen kann, kommt es auch wesentlich darauf an, den Wähler zu befähigen, hinter die Reklame zu blicken. Die Angebote politischer Bildungsarbeit können deshalb nicht umfassend genug sein, da es für die Bürger sehr schwer ist, begründete Entscheidungen zu treffen. In einer Demokratie sollte die Wahl eine „Entscheidungsqual" sein.

Der Befund, daß es relativ wenig Wechselwähler gibt, spricht nicht unbedingt für die Reife demokratischen Verhaltens. Wer die Wahlentscheidung als „lebenslangen Dauerauftrag" versteht, übersieht z. B. unter Umständen die Kontrollfunktion der Wahlen.

Die begründete Wahlentscheidung stellt im Idealfall fast eine Überforderung des Wählers dar. Es gibt nämlich verschiedene *Orientierungsmarken* für den Wähler, die unter Umständen nur schwer zur Deckung zu bringen sind. Man kann z. B. versuchen, die sachgerechtesten *Lösungen* politischer Problemfelder auszumachen. Die Orientierung an der Qualität des politischen *Führungspersonals* kann vielleicht eine andere Entscheidung nahelegen. Diese Markierungspunkte sind für andere Wähler wieder weniger bedeutsam, gemessen an der Frage der *Grundrichtung einer Politik.* Ins Blickfeld treten weiter die Fragen des *persönlichen Interesses:* Was habe ich persönlich von dieser oder jener Wahlentscheidung zu erwarten? Das sind nur wenige Punkte aus dem breiten Fächer der Überlegungen, die bei einer Wahl angestellt werden könnten. Sie zeigen, daß die Wahl wesentlich anspruchsvoller ist, als es der Wahlkampf oft vermittelt. Auch die wünschenswerte hohe Wahlbeteiligung ist letztlich nur sinnvoll, wenn begründete Entscheidungen dahinter stehen.

Da Wahlen nur in größeren Abständen stattfinden, sollte das Interesse der Bürger daraufhin noch stärker gebündelt und aktualisiert werden können.

Das Wahlsystem

Die Frage, nach welchem System gewählt wird, ist in diesem Zusammenhang nicht unwichtig. Der Wähler sollte zumindest verstehen, nach welchen Regeln seine Entscheidung gewichtet wird und wie sich die Zusammensetzung der Parlamente vollzieht.

Das Wahlrecht, das für die Landtagswahlen in Baden-Württemberg maßgebend ist, verbindet *Elemente der Persönlichkeitswahl* mit den Grundsätzen der *Verhältniswahl* (Art. 28 Landesverfassung).

Die näheren Grundsätze sind im Landtagswahlgesetz (in der Fassung vom 6. September 1983) enthalten.

Danach werden 120 Abgeordnete auf die *Parteien* im Verhältnis ihrer Gesamtstimmenzahl im Land nach dem *d'Hondtschen Höchstzahlverfahren* verteilt. Die Landtagssitze werden also im Verhältnis der erreichten Stimmenzahl gerecht auf die Parteien verteilt, soweit sie mindestens 5% der im Land abgegebenen Stimmen erreicht haben (allerdings gehen Mandate nicht verloren, die von Bewerbern in Einzelwahlkreisen errungen wurden).

Das Element der Persönlichkeitswahl kommt bei der *Auswahl der Abgeordneten* zum Tragen: Es kommen nur Bewerber in den Landtag, die sich in einem Wahlkreis stellen. Es gibt keine Listen, die zur Verteilung von Mandaten herangezogen werden. Jeder Wähler hat auch nur eine Stimme.

Kompliziert erscheint das Wahlrecht, was die Verteilung der Sitze im einzelnen betrifft. Im gesamten Land gibt es *70 Wahlkreise.* In jedem der 70 Wahlkreise ist der Bewerber mit den jeweils meisten Stimmen gewählt. Bei den letzten Landtagswahlen im Jahr 1988 gewann die CDU 66 dieser Direktmandate. Die SPD konnte vier Abgeordnete auf diese Weise in den Landtag entsenden. FDP/DVP und Grüne errangen kein Direktmandat. Da nach dem Landtagswahlgesetz die Sitze entsprechend dem Verhältnis der für die Parteien abgegebenen Stimmen verteilt werden, muß ein Ausgleich für die Parteien geschaffen werden, die bei der Verteilung der Direktmandate keine ihrer Gesamtstimmenzahl entsprechende Berücksichtigung fanden.

Die jeder Partei nach dem Verhältnis ihrer Gesamtstimmenzahl im Land zustehende Zahl der Sitze werden auf die vier Regierungsbezirke (Stuttgart, Karlsruhe, Freiburg, Tübingen) im Verhältnis der von ihr dort erreichten Stimmenzahlen verteilt. So erhielten z. B. bei den letzten Landtagswahlen (1988) im Regierungsbezirk Karlsruhe die CDU 17 Sitze, die SPD 12 Sitze, die Grünen 3 Sitze und die FDP 2 Sitze. Die 17 Sitze der CDU fielen ausschließlich an Bewerber, die in ihrem Wahlkreis das Direktmandat (also die höchste Stimmenzahl aller Bewerber im Wahlkreis) errungen hatten. Bei den anderen Parteien trat die Situation ein, daß ihnen sogenannte Zweitmandate zustanden, da sie keine oder zu wenige Direktmandate gewonnen hatten. Die SPD bekam zu den zwei Direktmandaten noch 10 Sitze dazu, die Grünen erhielten 3 Zweitmandate und die FDP 2 Zweitmandate im Regierungsbezirk Karlsruhe.

Bei der *Verteilung der Zweitmandate* kommt es auf die *absoluten* Stimmenzahlen und nicht auf den relativen Abstand zum direkt gewählten Abgeordneten eines Wahlkreises an. So zog z. B. bei den Landtagswahlen 1988 der SPD-Kandidat im Wahlkreis Rastatt mit 31,3% der Stimmen in den Landtag ein, während der Kandidat der gleichen Partei im Wahlkreis Pforzheim mit 34,3% kein Mandat erhielt. Diese umstrittene Regelung ist vom Staatsgerichtshof Baden-Württemberg *in den Urteilen vom 25. 6. 1977 und 1. 2. 1985* als die Wahlgerechtigkeit nicht verletzend bestätigt worden. Damit sind die Chancen von Kandidaten in bevölkerungsstarken Wahlkreisen – trotz der Neueinteilung der Wahlkreise gibt es immer noch deutliche Unterschiede: größter Wahlkreis bei der Wahl 1988: Bodensee (129 407 Wahlberechtigte), kleinster Wahlkreis: Mannheim I (64 696 Wahlberechtigte) – größer als die ihrer Kollegen in kleineren Wahlkreisen. So gibt es Wahlkreise, die 4 Abgeordnete ins Parlament schicken, neben anderen, die nur durch den Gewinner des Direktmandats vertreten sind. In der Wahlperiode des 8. Landtags vom 1. Juni 1988 bis 31. Mai 1992 entsenden drei Wahlkreise vier Abgeordnete, acht Wahlkreise drei Abgeordnete, 30 Wahlkreise zwei Abgeordnete und 29 Wahlkreise einen Abgeordneten ins Parlament. Diese ungleichgewichtige Vertretung der Wahlkreise ist nicht ganz unproblematisch, auch wenn die Abgeordneten grundsätzlich „Vertreter des ganzen Volkes" sind.

Zu bemerken bleibt noch, daß es die Möglichkeit von *Überhangmandaten* gibt. Diese Situation tritt dann ein, wenn eine Partei in einem Regierungsbezirk mehr Direktmandate erreicht, als ihr nach dem Stimmenverhältnis zustehen. So gewann die CDU bei den letzten Wahlen im Regierungsbezirk Karlsruhe 17 Wahlkreise, obwohl ihr nach dem Stimmenproporz nur 16 Sitze zugefallen wären. Sie hat hier also ein Überhangmandat. Nun darf die Sitzverteilung entsprechend dem Gesamtstimmenverhältnis nicht gestört werden.

Deshalb erhielt die SPD in diesem Regierungsbezirk ein zusätzliches Mandat: ein Ausgleichsmandat.

In ähnlicher Weise hat die CDU im Regierungsbezirk Stuttgart zwei Überhangmandate und im Regierungsbezirk Freiburg auch noch ein Überhangmandat erhalten. Hier wurden aber – anders als im Regierungsbezirk Karlsruhe – keine Ausgleichsmandate für andere Parteien notwendig. Nach der letzten Wahl wurde dieses Verrechnungsverfahren auf der Ebene der Regierungsbezirke von der Opposition angegriffen, da es die stärkste Partei begünstige.

Insgesamt sitzen im 10. Landtag nicht 120, sondern wegen der Überhang- und Ausgleichsmandate 125 Abgeordnete.

Beim Landtagswahlrecht spielen die *Ersatzbewerber* (oder Zweitkandidaten) der Parteien in den Wahlkreisen eine gewichtige Rolle. Sie rücken beim vorzeitigen Ausscheiden des Hauptbewerbers in den Landtag nach. Sie kommen außerdem dann zum Zug, wenn die Zahl der einer Partei in einem Regierungsbezirk zustehenden Sitze höher als die Zahl der Wahlkreise ist. Im Regierungsbezirk Tübingen gewann die CDU z. B. bei den vorletzten Landtagswahlen alle 11 Direktmandate. Nach dem Stimmenverhältnis standen der CDU aber sogar 12 Sitze zu. Das 12. Mandat erhielt der Ersatzbewerber der CDU im Wahlkreis Biberach, weil die CDU in diesem Wahlkreis die höchste Stimmenzahl im gesamten Regierungsbezirk erzielt hatte.

Eine gewisse Schwierigkeit bei der Nominierung von Kandidaten kann es dadurch geben, daß die neu zugeschnittenen Wahlkreise, die von der Größe her vergleichbar sein müssen, nicht immer organisch gewachsen und relativ selten mit Landkreisen (und damit den entsprechenden Organisationseinheiten der Parteien) deckungsgleich sind.

Insgesamt gesehen gewährleistet das Landtagswahlrecht eine gerechte Sitzverteilung im Parlament und sorgt gleichzeitig für Abgeordnete, die schon allein vom Bestellungsverfahren her kaum Parteifunktionäre sein können, sondern mit den Bürgern verwurzelt sein müssen.

Landtag von Baden-Württemberg

120 Abgeordnete (ohne Überhang- und Ausgleichsmandate)

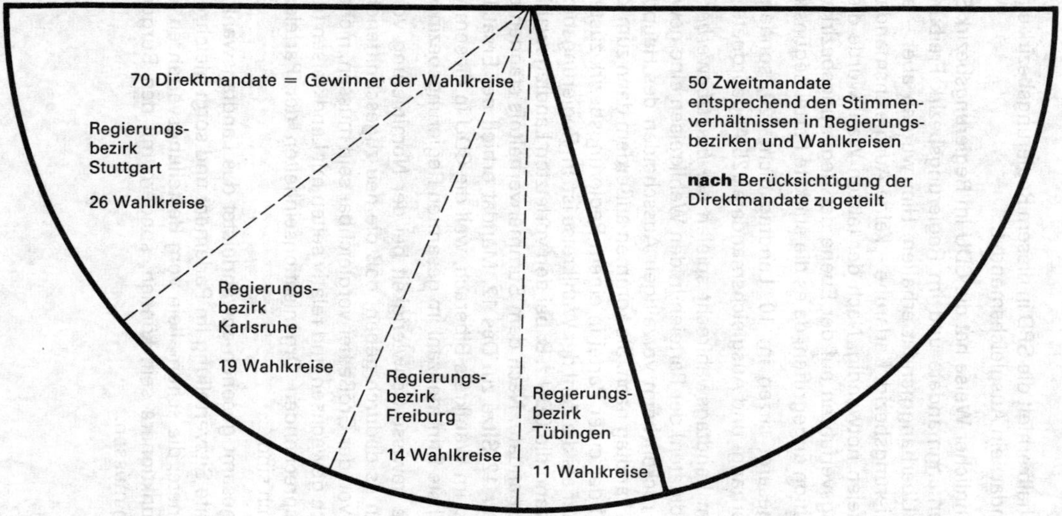

Landtag von Baden-Württemberg

in der 8. Wahlperiode nach der Zusammensetzung entsprechend dem Landtagswahlgesetz.

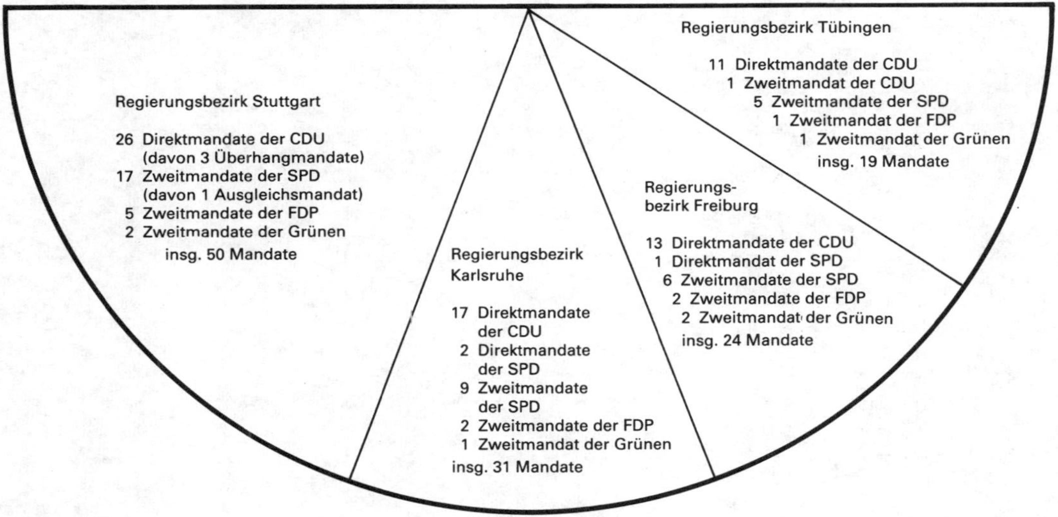

HANS-JOACHIM MANN

Das Kommunalwahlsystem

Basis-Demokratie kann ungeheuer kompliziert sein

Nach einer alten These der Demokratietheorie ist die Gemeinde der Ort, wo die Bürger unmittelbarer als auf staatlichen Ebenen (Land und Bund) die Geschehnisse mitbestimmen können, wo also so etwas wie Basis-Demokratie möglich sei. Schaut man sich einen wichtigen Bereich der bürgerschaftlichen Mitwirkung, nämlich die Wahl der Gemeinderäte, in Baden-Württemberg genauer an, so stellt man fest, daß die Praktizierung von Basis-Demokratie offenbar ungemein kompliziert sein kann.

Kein Wahlverfahren im politischen System der Bundesrepublik Deutschland ist sowohl für den abstimmenden Bürger (Stimmgebungsverfahren mit Kumulieren und Panaschieren) als auch für die Gremien zur Überwachung und Auszählung der Wahl und für die Gemeindeverwaltungen (z. B. Einteilung der Wahlkreise bei Unechter Teilortswahl) so schwierig zu handhaben wie das Kommunalwahlrecht in unserem Bundesland.

Dies gilt auch dann, wenn man berücksichtigt, daß einige andere Bundesländer in den letzten Jahren ihr Kommunalwahlrecht durch Erweiterung der Stimmgebungsmöglichkeiten für die Bürger durch Kumulieren und/oder Panaschieren verkompliziert haben.

Nach wie vor gibt es kein Bundesland, das alle Schwierigkeiten wie

Kumulieren, Panaschieren, Unechte Teilortswahl mit oder ohne Ortschaftsverfassung im Kommunalwahlrecht vereint hat.

Um so mehr überrascht die Feststellung des baden-württembergischen Innenministeriums in seinem Erfahrungsbericht über die letzten Kommunalwahlen vom 28. Oktober 1984, daß der Anteil der ungültigen Stimmzettel gegenüber 1980 von 5,2 v.H. auf 3,8 v.H. zurückgegangen ist. Dabei ist nach diesem Bericht die Zahl der Gemeinden sehr groß, die alle genannten Schwierigkeiten kombiniert praktizieren: in 693 von 1110 Gemeinden (62,4 v.H.) fand 1984 *Unechte Teilortswahl* (in 3931 Wohnbezirken) statt, und in 444 Gemeinden (40 v.H.) mit 1757 Ortschaften wurden gleichzeitig Ortschaftsräte gewählt, z. T. mit der Unechten Teilortswahl verbunden.

Kritische Beobachter vermerken allerdings auch, daß die *Wahlbeteiligung* im Landesdurchschnitt von 61,8 v.H. (und mit zunehmender Einwohnerzahl der Gemeinden bis auf 54,5 v.H. absinkend) z. T. wesentlich unter der Wahlbeteiligung bei Kommunalwahlen in anderen Bundesländern liegt.

Auch der Bericht des Innenministeriums schließt nicht aus, daß das komplizierte Wahlsystem die Wahlbeteiligung negativ beeinflussen könnte.

Dieser Beitrag will den Versuch machen, das Gewirr von gesetzlichen Bestimmungen zu lichten und die wichtigen Punkte verständlich darzustellen. Dabei kann allerdings nicht ganz darauf verzichtet werden, die einschlägigen Rechtsquellen in ihrer aktuellen Fassung heranzuziehen: Die Gemeindeordnung (GemO), die Landkreisordnung (LKrO), das Kommunalwahlgesetz (KomWG) und die Kommunalwahlordnung (KomWO).

Häufige Änderungen seit den 70er Jahren

Die kommunalrechtlichen Vorschriften haben seit Anfang der 70er Jahre in Baden-Württemberg vielfältige Veränderungen erlebt. Diese wurden nicht zuletzt durch die Gemeinde- und Kreisreform ausgelöst, aber auch durch sehr unterschiedliche Auffassungen der

Landtagsparteien über die Ausgestaltung des kommunalen Wahlrechts und der Rechte der Gemeinderäte gegenüber der Verwaltung.

Schließlich zwang ein Urteil des *Staatsgerichtshofs Baden-Württemberg* (vom 14. 7. 1979) den Landesgesetzgeber zu einer Änderung bei der Mandatszuteilung bei der Unechten Teilortswahl.

Wie kompliziert die rechtliche Entwicklung war, zeigt sich auch daran, daß seit 1971 zum ersten Mal am 24. Oktober 1984 wieder Gemeinderats- und Kreistagswahlen gemeinsam durchgeführt werden konnten.

Zuletzt wurden GemO, LKrO sowie KomWG durch das „Gesetz zur Änderung kommunalrechtlicher Vorschriften vom 18. Mai 1987" (GBl S. 161) geändert. Dabei ist im Kernbereich des Wahlsystems nichts verändert worden. Teilaspekte, wie z. B. bei den „Hinderungsgründen" oder der „Befangenheit", werden weiter unten erwähnt, soweit sie von Bedeutung sind.

Die Kommunalwahlordnung vom 2. 9. 1983 wurde nach den Änderungen vom 18. 5. 1987 durch Verordnung vom 18. 11. 1987 (GBl S. 739) ebenfalls neu gefaßt.

Nahezu ausnahmslos gilt die Verhältniswahl

Auch die Gemeinderäte müssen wie die Abgeordneten auf Landes- oder Bundesebene „in allgemeiner, unmittelbarer, freier, gleicher und geheimer Wahl" von den Bürgern gewählt werden (§ 26 GemO). Gewählt wird in der Regel auf Grund von Wahlvorschlägen (Listen) unter Berücksichtigung der Grundsätze der Verhältniswahl. Im Gegensatz zu den Listen für die Kreistagswahlen (s. u.) dürfen die Listen für die Gemeinderatswahl nur so viele Namen enthalten, wie Gemeinderäte in der jeweilige Gemeinde zu wählen sind. Auch bei Unechter Teilortswahl gelten Ausnahmeregelungen (s. u.). Die Zahl der Mitglieder in den Gemeinderatsgremien ist gesetzlich festgelegt und bewegt sich zwischen mindestens 8 bei Gemeinden bis zu 1000 Einwohnern und höchstens 60 bei Gemeinden mit mehr als 400 000 Einwohnern (vgl. § 25 GemO).

Durch die Gemeindereform hat sich die Größe der Gemeinden wesentlich erhöht. Daher wird die in der GemO vorgesehene Ausnahmeregelung kaum noch wirksam, nämlich die Mehrheitswahl: Wird in einer Gemeinde nur ein gültiger oder gar kein Wahlvorschlag eingereicht, finden nicht die Grundsätze der Verhältniswahl, sondern die *Mehrheitswahl* Anwendung. Gewählt sind die Bewerber oder andere namentlich Genannten in der Reihenfolge der auf sie entfallenen Stimmen. Dabei sind die Wähler jedoch (bei *einer* Liste) nicht daran gebunden, die vorgeschlagenen Bewerber zu wählen, sondern können bis zur Ausschöpfung ihrer Stimmenzahl andere Namen auf dem Wahlzettel ergänzen. Auch bei nur *einer* Liste darf dieser eine Vorschlag nicht mehr Namen enthalten, als Gemeinderäte zu wählen sind. Der Wähler hat bei Mehrheitswahl allerdings nicht das Recht, auf einen Bewerber mehrere Stimmen zu häufen (kumulieren). Da Mehrheitswahl und Persönlichkeitswahl oft gleichgesetzt wird, ist das Kumulierungsverbot eigentlich systemwidrig. Damit soll aber verhindert werden, daß bei dieser geringen Bewerbersituation jemand mit minimaler Stimmenzahl auf den hinteren Platzziffern gewählt wird. Gibt es keinen Listenvorschlag, kann der Wähler völlig frei seine Stimmen vergeben. Die Wählbarkeit der Gewählten ohne Listenplatz wird im Fall der Mehrheitswahl nachträglich überprüft.

Zu den allgemeinen Wahlgrundsätzen gehört auch die Möglichkeit des Kumulierens und Panaschierens, auf die gesondert eingegangen wird.

Wer kann wählen – wer darf gewählt werden?

Auch wenn die Zahl der Gemeinderatsmitglieder sich nach der Zahl der Einwohner richtet, so bedeutet dies nicht, daß auch alle Einwohner wahlberechtigt oder gar wählbar wären. Die Gemeindeordnung unterscheidet sehr genau zwischen *Einwohnern* und *Bürgern* der Gemeinde (§ 12). Das *Bürgerrecht* hat jeder Deutsche im Sinne des

Art. 116 Grundgesetz, sofern er mindestens 6 Monate in der Gemeinde wohnt, ihm nicht auf Grund eines Gesetzes oder eines richterlichen Spruches die bürgerlichen Rechte aberkannt wurden (Geisteskranke etc.) und er das 18. Lebensjahr erreicht hat. Weiterhin sind *nicht wählbar* Personen, die vom Wahlrecht nach § 14 Abs. 2 GemO ausgeschlossen sind oder infolge eines Richterspruchs die Wählbarkeit oder die Fähigkeit zur Bekleidung öffentlicher Ämter nicht besitzen (§ 28 Abs. 2 GemO).

Die genannte Sechs-Monats-Frist bezieht sich bei mehreren Wohnungen auf den *Hauptwohnsitz.* Die exakte Regelung der Frage, wie der Hauptwohnsitz bestimmt wird, hat in der Vergangenheit etliche Probleme bereitet. Die Definition des Begriffes „Lebens-Mittelpunkt" war z. B. bei Studierenden höchst umstritten; so haben Universitätsstädte aus Gründen des kommunalen Finanzausgleiches Studierende, die mindestens 6 Monate am Universitätsstandort gewohnt hatten, „zwangsweise eingebürgert". Auf der anderen Seite kann ein Bürger (auch ein Student) sich nicht mehr wie früher aussuchen, an welchem seiner Wohnorte innerhalb des Landes er sein Kommunalwahlrecht ausüben will. Er kann es nur dort, wo er erklärtermaßen seit „mindestens sechs Monaten seine Hauptwohnung hat" (§ 12 Abs. 2 GemO).

Findet in einer Gemeinde *Unechte Teilortswahl* statt, so beschränkt sich das passive Wahlrecht *(Wählbarkeit)* darauf, daß der jeweilige Kandidat im Wohnbezirk wohnt. In § 27 Abs. 2 Satz 3 GemO heißt es dazu: „Die Bewerber müssen im Wohnbezirk wohnen."

Nicht eindeutig klar ist bei dieser Formulierung, ob das die „Hauptwohnung" im Sinne des § 12 Abs. 2 GemO sein muß oder ob die Sechs-Monats-Frist nur für die *Gemeinde* gilt und im Wohnbezirk eine weitere Wohnung als Voraussetzung für die Kandidatur ausreicht. Ein eindeutiger Ausschluß von Manipulationen bei Bewerbungen in Gemeinden mit Unechter Teilortswahl, bezogen auf Wohnbezirke, ist jedenfalls mit den Gesetzestexten nicht gegeben.

Seit langem wird in der Bundesrepublik darüber diskutiert, ob das kommunale Wahlrecht weiter daran gebunden bleiben soll, daß ein „Einwohner" Deutscher „im Sinne von Artikel 116 des Grundgesetzes" ist (§ 12 Abs. 1 GemO) oder ob auch ausländische Einwohner/innen unter gewissen Voraussetzungen das kommunale Wahlrecht erhalten sollen. Nach jahrelangen kontroversen Diskussionen bereiten jetzt einzelne Bundesländer Gesetzesänderungen vor, die das sog. Kommunalwahlrecht für Ausländer vorsehen, das es in verschiedenen Versionen bereits in einigen europäischen Nachbarländern gibt.

Wie bei Landtags- und Bundestagswahlen fällt das *aktive und passive Wahlrecht* (Wählbarkeit) auch bei den Kommunalwahlen in Baden-Württemberg mit der Vollendung des 18. Lebensjahres zusammen.

Auf einen Gemeinderatssitz kann man nicht so ohne weiteres verzichten

Komplizierter als bei Wanlen auf anderen Ebenen ist in der baden-württembergischen Gemeindeordnung auch die Frage der Unvereinbarkeit von Amt und Mandat (Inkompatibilität), der Verzicht auf ein Mandat und andere „Hinderungsgründe" geregelt.

Zunächst ist festzustellen, daß eine Tätigkeit als Gemeinderat rechtlich nicht mit der Wahrnehmung eines politischen Mandates im Landtag oder Bundestag gleichzusetzen ist. Die Tätigkeit als Gemeinderat ist „eine ehrenamtliche Tätigkeit", zu der jeder Bürger in seiner Gemeinde *verpflichtet* werden kann. Während ein gewählter Landtags- oder Bundestagsabgeordneter nach seiner Wahl ohne Angabe von Gründen auf die Ausübung seines Mandates verzichten und es während der Legislaturperiode jederzeit niederlegen kann, ist es für einen gewählten Gemeinderat nur unter bestimmten Voraussetzungen (§ 16 GemO) möglich, sein Mandat nicht anzutreten oder es während der fünfjährigen Wahlperiode (§ 30 GemO) niederzulegen. Bei Weigerung eines Bürgers, eine ehrenamtliche Tätigkeit auszuüben, sieht die Gemeindeordnung ziemlich drakonische Strafen vor (§ 16 Abs. 3): Ordnungsgeld bis zu DM 1000,– oder Entzug des Bürgerrechtes bis zu 4 Jahren. In § 16 GemO wird gesagt, daß eine ehrenamtliche Tätigkeit nur aus „wichtigen Gründen" abgelehnt oder ihre weitere Ausübung verweigert werden kann. Die dort genannten *Gründe* sind nicht abschließend geregelt, weshalb sie auch nur stichwortartig genannt werden sollen: Ausübung eines geistlichen Amtes, schon 10 Jahre ausgeübte Gemeinderatstätigkeit, anhaltende Krankheit, häufige und langdauernde Abwesenheit von der Gemeinde aus beruflichen Gründen, mehr als 62 Jahre alt, wer ein öffentliches Amt verwaltet und die oberste Dienstbehörde feststellt, daß die Gemeinderatstätigkeit mit der Wahrnehmung der dienstlichen Pflichten unvereinbar ist, wer durch die ehrenamtliche Tätigkeit in der Fürsorge für die Familie erheblich behindert ist.

Ob einer dieser oder ein vergleichbar wichtiger Grund vorliegt, entscheidet *nicht der Betroffene selbst,* sondern durch förmliche *Abstimmung der Gemeinderat* als Gremium.

Die Gemeindeordnung nimmt in § 16 Abs. 1 letzter Satz dennoch Rücksicht auf die Tatsache, daß Gemeinderatswahlen auch politische Wahlen sind: Scheidet nämlich ein Gemeinderatsmitglied aus der Wählervereinigung oder Partei aus, über deren Liste es gewählt wurde, so kann es „sein Ausscheiden aus dem Gemeinderat oder Ortschaftsrat verlangen". Damit ist ein gewisser Schutz eingebaut, daß nicht während der Wahlperiode die politischen Mehrheitsverhältnisse total verändert werden. Allerdings ist – vergleichbar mit Art. 38 Grundgesetz – nicht die Partei oder Wählervereinigung berechtigt, die Niederlegung des Mandats zu verlangen, sondern nur der Betroffene selbst.

Zu Beginn einer Wahlperiode wird die Frage der Weigerung zur Ausübung einer ehrenamtlichen Tätigkeit de facto nur in zwei Fällen eine Rolle spielen:

a) bei Mehrheitswahl, wenn keine Liste vorliegt oder jemand gewählt wird, der (auf der einzigen Liste) nicht kandidiert hat;

b) bei Listenwahl, wenn ein Bewerber auf einem hinteren Platz aus Gründen der Listenfüllung kandidiert hat, mit seiner Wahl aber keinesfalls gerechnet hat.

Bei Vorliegen von Listen sieht das Kommunalwahlgesetz (KomWG) in § 8 vor, daß die Bewerber eine unterschriftliche Erklärung abgeben müssen, daß sie der Aufnahme in den Wahlvorschlag zustimmen. Damit wird die Zahl der Konfliktfälle nach § 16 GO von vorneherein begrenzt.

Hinderungsgründe erneut geändert

Zwischen den „Befangenheits"- und den „Hinderungsgründen" gibt es in der Gemeindeordnung Baden-Württemberg eine teilweise eigenartige Verschränkung.

Zunächst ist festzuhalten, daß die Frage der „Inkompatibilität", also die Trennung von Amt und Mandat, und die anderen Hinderungsgründe für die Annahme eines kommunalen Mandates nicht bereits bei der *Zulassung* der Bewerber vor der Wahl geprüft und entschieden werden, sondern erst *danach*.

Der Verfasser hat in mehreren Beiträgen zum Kommunalwahlrecht die bestehenden Hinderungs- und Befangenheitsgründe der Gemeindeordnung kritisiert (so auch in der ersten Auflage dieses Taschenbuches auf S. 91 ff).

Mit der Novellierung der Gemeindeordnung von 1983 hat der Gesetzgeber einen Teil der Kritik berücksichtigt: Die *verwandschaftlichen* Hinderungsgründe für die Ausübung eines Mandates gelten nach der Neufassung des § 29 Abs. 2 GemO vom 3. 10. 1983 nicht mehr für Gemeinden mit mehr als 20 000 Einwohnern.

Grundsätzlich sind die „Hinderungsgründe" nach § 29 i. V. m. § 18 GemO (Befangenheit) in zwei Kategorien einzuteilen:

1. *Verwandtschaftliche Hinderungsgründe* liegen bei Ehepartnern und Verlobten, früheren Ehepartnern, Verwandten in gerader oder in der Seitenlinie bis zum dritten Grad sowie Verschwägerten auch in der Seitenlinie bis zum zweiten Grad vor.

Personen, die mit dem Bürgermeister oder einem Beigeordneten in einem verwandtschaftlichen Verhältnis stehen, können entsprechend § 18 Abs. 1 Nr. 1–3 GemO dem Gemeinderat ebenfalls nicht angehören.

2. *Unvereinbarkeit von Amt und Gemeinderatsmandat* ist gegeben

bei Beamten und Angestellten der Gemeinde sowie eines Gemeindeverwaltungs-, eines Nachbarschafts- und eines Zweckverbandes, dessen Mitglied die Gemeinde ist; bei Beamten und Angestellten von Stiftungen des öffentlichen Rechts, die von der Gemeinde verwaltet werden, leitenden Beamten und Angestellten von Körperschaften öffentlichen Rechts, „wenn die Gemeinde in einem beschließenden Kollegialorgan mehr als die Hälfte der Stimmen hat", sowie bei leitenden Angestellten und Beamten der Rechtsaufsichtsbehörden der Gemeinden wie Landratsamt, Regierungspräsidium, Innenministerium, Gemeindeprüfungsanstalt etc. Im Regierungsentwurf für die am 3. 10. 1983 in Kraft getretene Neufassung der Gemeindeordnung war die Einwohnergrenze für die Hinderungsgründe bei verwandtschaftlichen Beziehungen auf 10 000 festgelegt. Der Innenausschuß und das Plenum des Landtages haben die Grenze auf 20 000 Einwohner heraufgesetzt. Bei Gemeinden mit mehr als 20 000 Einwohnern spielen die verwandtschaftlichen Beziehungen also keine Rolle mehr, wenn es um die Ausübung des Mandates geht. Bei Gemeinden mit weniger als 20 000 Einwohnern gilt aber nach wie vor:

Im Gegensatz zu den Bestimmungen der Wählbarkeit, die – mit Ausnahme der Sonderregelung bei Mehrheitswahl – vor der Wahl geprüft werden und bei Verstoß gegen diese Bestimmungen der Kandidat von der Liste gestrichen wird, können Bürger jederzeit kandidieren und gewählt werden, bei denen Hinderungsgründe offensichtlich sind, z. B. Mann und Frau, Vater und Sohn, Bruder und Schwester. Dabei ist es sogar möglich, daß Verwandte auf der gleichen Liste kandidieren und es dem Wähler überlassen bleibt, wer letztlich das Mandat ausüben kann bzw. muß. Dabei ist bei Verwandten im Sinne des § 18 Abs. 1 Ziff. 1–3 derjenige Bewerber gewählt, der die höchste Stimmenzahl erringt (§ 29 Abs. 2).

Auch nach der Neuregelung der verwandtschaftlichen Hinderungsgründe im Jahre 1983 bleibt die Kritik im wesentlichen bestehen:

1. Im Bereich der *verwandtschaftlichen Beziehungen* ist nicht ohne weiteres einzusehen, warum diese die Ausübung eines Gemeinderatsmandates verhindern sollen. Unterschiedliche politische Vorstellungen oder gleichgelagerte Interessen, sich in der Ge-

meinde ehrenamtlich zu betätigen, können damit behindert werden. Wenn bei sachlichen Entscheidungen Befangenheit nach § 18 GemO vorliegt, könnten ohne weiteres alle miteinander Verwandten abtreten. Von der Gesamtzahl der Gemeinderatsentscheidungen her dürfte dies ein verschwindend kleiner Prozentsatz sein (z. B. bei Grundstücksangelegenheiten). Diese Regelung hat sicherlich vor der Gemeindereform ihren Sinn gehabt, als die Zahl der *sehr kleinen Gemeinden* noch größer war, in denen oft wenige Familien das ‚Dorfestablishment' darstellten. Allenfalls für Gemeinden mit Ortschaftsverfassung kann man sich vorstellen, daß in Ortsteilen mit wenigen Hundert Einwohnern diese Frage für die Wahl des Ortschaftsrates noch eine Rolle spielen könnte.

Mögliche Interessenkonflikte bei Entscheidungen des Gemeinderates, denen verwandtschaftliche Beziehungen zugrunde liegen, könnten durch die Befangenheitsregelungen des § 18 Abs. 1 Ziff. 1–3 weitgehend ausgeschaltet werden, wie es auch für Gemeinden von über 20 000 Einwohnern gilt.

Aus der Praxis wäre hierzu noch anzumerken, daß gerade in kleineren Gemeinden intensive soziale Kontakte z. B. über Vereinszugehörigkeit, Nachbarschaft, Freundschaften mindestens so häufig eine *tatsächliche* Befangenheit bei Entscheidungen begründen können wie die *rechtlich* festgelegten im Falle von Verwandtschaft.

2. Die Bestimmungen des § 29 GemO über die Unvereinbarkeit von *Amt und Mandat* sind im Prinzip richtig und entsprechen auch vergleichbaren Regelungen bei der Landtags- und Bundestagswahl. Was jedoch nach Meinung des Verfassers zu kritisieren ist, ist die Trennung der Grundsätze der Wählbarkeit und der Hinderungsgründe. Wenn ein Bürger wählbar ist, von dem die Informierten von vornherein wissen, daß auf ihn die Hinderungsgründe nach § 29 GemO zutreffen, besteht die Gefahr, daß Wählervereinigungen und Parteien mit der Uninformiertheit der Bürger rechnen und einen Kandidaten lediglich als Zugpferd aufstellen, um andere Bewerber ihrer Liste „mitzuziehen".

   Zumindest bei Anwendung der heute üblichen Verhältniswahl sollte daher die Wählbarkeit auch unter Berücksichtigung der

„Hinderungsgründe" durch den Gemeindewahlausschuß geprüft werden können. Um personengebundene Entscheidungen in Grenzfällen zu verhindern, müßte dann natürlich für den Betroffenen ein Einspruchsrecht bei der zuständigen Rechtsaufsichtsbehörde möglich sein.

Häufig diskutiert ist eine Erweiterung der Gründe für die Unvereinbarkeit von Amt und Mandat auf der Ebene der *Landkreise,* nämlich die Zugehörigkeit der Bürgermeister im Kreistag gesetzlich auszuschließen, weil die Landkreise – neben der kommunalen Selbstverwaltungsebene – als untere staatliche Verwaltungsbehörde zugleich auch Aufsichtsbehörde über die Gemeinden und damit über die Bürgermeister als Verwaltungschefs sind.

Auch die Befangenheitsregelungen wurden geändert

Die Befangenheitsregelungen sind 1983 teilweise gelockert, teilweise verschärft und in Einzelbestimmungen mit dem „Gesetz zur Änderung kommunalrechtlicher Bestimmungen" vom 18. 5. 1987 erneut geändert bzw. konkretisiert worden.

Bei Befangenheit darf ein Gemeinderat bei öffentlichen Sitzungen an der Beratung und Abstimmung eines Tagesordnungspunktes nicht mitwirken, bei nichtöffentlichen Sitzungen muß er den Beratungsraum verlassen. Eine gewisse Verschärfung ist durch den Tatbestand des Wegfalls der verwandtschaftlichen Beziehungen in Gemeinden von über 20 000 Einwohnern als Hinderungsgrund für die Ausübung eines Mandates durch die Neuformulierung des § 18 GemO gegeben. In Abs. 2 Nr. 2 des § 18 GemO wurde ein *neuer Befangenheitstatbestand* eingeführt. Dort ist geregelt, daß Gemeinderatsmitglieder nicht nur dann befangen sind, wenn sie selbst Gesellschafter einer Handelsorganisation oder Mitglied eines Organs eines rechtlich selbständigen Unternehmens sind, sondern auch dann, wenn der Ehegatte, der frühere Ehegatte, der Verlobte oder Verwandte ersten Grades Gesellschafter oder Organmitglied des entsprechenden Unternehmens sind (vgl. § 18 Abs. 1 Nr. 1), das von einer Entscheidung des Gemeinderates einen unmittelbaren Vor- oder Nachteil hat.

Eine Lockerung der Befangenheitsregelung besteht in der Neufassung der Ziffern 2 und 3 des § 18 Abs. 2 GemO insofern, als schon vor 1983 Gesellschafter einer Handelsgesellschaft oder Mitglieder eines Organs eines rechtlich selbständigen Unternehmens, denen eine Entscheidung des Gemeinderates einen unmittelbaren Vor- oder Nachteil bringen kann, dann nicht befangen sind, wenn sie diesem Organ *als Vertreter der Gemeinde* angehören. Die Neuregelung bestimmt, daß diese Mitglieder auch dann nicht befangen sind, wenn sie *auf Vorschlag der Gemeinde* dem Organ angehören. Gleiches gilt für Mitglieder eines Organs einer juristischen Person des öffentlichen Rechtes, also z. B. AOK, Kreissparkasse, Zweckverband.

In der konkretisierten Fassung vom 18. 5. 1987 wird genauer gesagt, was mit der Formulierung „Mitglied eines Organs" gemeint ist, nämlich „Mitglieder des Vorstandes, des Aufsichtsrates oder eines gleichartigen Organs" (§ 18 Abs. 2 Ziff. 2) in rechtlich selbständigen Unternehmen.

Diese Neufassung ist vor allem in größeren Gemeinden z. B. mit rechtlich selbständigen „städtischen" Unternehmen des Wohnungsbaus oder des Verkehrs sowie auf Landkreisebene relevant. Logischerweise gilt die Neuregelung deshalb auch für die Landkreise und ist wortgleich in § 14 Abs. 2 Ziff. 2 und 3 der LKrO eingegangen.

In der Praxis hat es sich außerdem als zu eng erwiesen, daß auch Repräsentanten von gesellschaftlichen Organisationen bzw. „Berufs- und Bevölkerungsgruppen", die ihre Ämter ehrenamtlich ausüben, unter bestimmten Voraussetzungen befangen sind. In der Neuformulierung von § 18 Abs. 3 gelten die Befangenheitsregelungen „nicht für Wahlen zu einer ehrenamtlichen Tätigkeit". Die gleiche Bestimmung gilt auch für die Landkreisebene durch eine Neufassung von § 14 Abs. 3 Satz 2 LKrO.

Die Befangenheitsregelungen gehören zwar nicht im engeren Sinne zum Kommunalwahlrecht, stehen aber in einem unmittelbaren sachlichen und rechtlichen Zusammenhang mit den Hinderungsgründen für die Ausübung eines Mandates nach § 29 GemO. Deshalb mußte an dieser Stelle ausführlich darauf eingegangen werden.

Die Unechte Teilortswahl und ihre Problematik

Die Unechte Teilortswahl ist wohl der komplizierteste und gleichzeitig umstrittenste Teil des kommunalen Wahlrechts in Baden-Württemberg.

Sie wurde als ein besonderes Wahlverfahren eingeführt, um die Vertretung der Interessen der Bürger in Vororten von Städten oder Gemeindeteilen von Gemeinden auch in personeller Hinsicht zu berücksichtigen. Bei reiner Mehrheitswahl oder Verhältniswahl in Verbindung mit dem d'Hondtschen Höchstzahlverfahren (s. u.) würden viele Vororte oder Gemeindeteile keinen Vertreter in den Gesamtgemeinderat entsenden können, weil die Zahl ihrer Wahlberechtigten im Vergleich zur Gesamtzahl in der Gemeinde zu gering ist. Die GemO gibt den Gemeinden die Möglichkeit, durch Hauptsatzung die Unechte Teilortswahl einzuführen. Dabei erhalten einzelne oder mehrere Teilorte (in der GemO „Wohnbezirke" genannt) eine vorher nach ihrer Einwohnerzahl festgelegte Anzahl von Sitzen im Gemeinderat garantiert. Entsprechend sind die Listen nach Wohnbezirken getrennt aufzustellen, damit jeder Wähler weiß, welche Kandidaten für seinen Wohnbezirk kandidieren. „Unecht" heißt dieses Verfahren im Gegensatz zu einer „echten Teilortswahl" deshalb, weil jeder Wähler seine Stimmen nicht nur an die Kandidaten seines Wohnbezirkes vergeben, sondern auf die aller Wohnbezirke verteilen kann (s. u. Musterstimmzettel).

Durch die Änderungen der GemO vom 28. 6. 1983 und die Neufassung des KomWG von 1983 (GBl. S. 429) ist die Unechte Teilortswahl als Besonderheit des baden-württembergischen Gemeindewahlrechts nicht betroffen. Die heute gültigen Bestimmungen sind nach dem Urteil des Staatsgerichtshofes von Baden-Württemberg vom 14. 7. 1979 vom Landtag am 30. 1. 1980 beschlossen und am

12. 2. 1980 durch Veröffentlichung in Kraft getreten (GBl. S. 119). Lediglich für die Höchstzahl der Bewerber in den Wohnbezirken gab es 1983 eine Neuregelung (s. u.). Auch durch das „Gesetz zur Änderung kommunalrechtlicher Vorschriften" vom 18. 5. 1987 hat sich an den im wesentlichen 1980 beschlossenen Regelungen zur Unechten Teilortswahl nichts geändert.

Die heutigen Bestimmungen haben eine Vorgeschichte

Vor der Gemeindereform spielte die Unechte Teilortswahl in Baden-Württemberg eine geringere Rolle und hatte weniger gravierende Auswirkungen als bei der Wahl 1975. Durch Eingemeindungsverträge und vergleichbare Absprachen waren viele Gemeinden seit Anfang der 70er Jahre aber gezwungen, die Unechte Teilortswahl durch Hauptsatzung einzuführen, weil sie den neuen Gemeindeteilen eine zahlenmäßig feste Sitzzahl im Gemeinderat der Gesamtgemeinde garantiert hatten. Dies führte zu der hohen Zahl von Wohnbezirken mit einem oder zwei Sitzen.

Landesregierung und Landtagsfraktionen waren einheitlich der Meinung, die Ergebnisse der Wahl von 1975 stimmten nicht mehr überall mit dem gesetzlichen Gebot überein, daß die Grundsätze der Verhältniswahl (§ 26 Abs. 2 GemO) berücksichtigt werden müssen.

Die von der Mehrheitsfraktion gegen die Stimmen der Opposition beschlossene Regelung vom September 1978 hatte vor allem zwei kritische Punkte:

1. Zwar wurde die Höchstzahl der Wohnbezirke mit einem oder zwei Sitzen im Gemeinderat durch eine Anlage zu § 27 Abs. 2 GemO durch den Landtag begrenzt, doch waren erhebliche Verzerrungen zwischen Stimmenzahl und Mandatszahl trotzdem nicht ausgeschlossen.
2. Durch die genannte Höchstzahlregelung für Einer- und Zweier-Wahlkreise wurden viele Gemeinden gezwungen, ihre Wohnbezirke für die Unechte Teilortswahl neu festzulegen, was nicht nur

eine Änderung der Hauptsatzung bedeutete (§ 27 Abs. 2 Satz 1), sondern auch dazu führte, daß *Zusagen in Eingemeindungsverträgen nicht* mehr in jedem Fall *eingehalten werden konnten.*

Die Oppositionsparteien SPD und FDP schlugen bei der Beratung des Jahres 1978 deshalb vor, die Verzerrungen zwischen Stimmenzahl und Mandatszahl durch einen Verhältnisausgleich auf der Ebene der Gesamtgemeinde auszugleichen.

Dieser Argumentation kam der Staatsgerichtshof in seinem Urteil vom 14. 7. 1978 nach und zwang damit den Gesetzgeber nicht nur zu einer Verschiebung des für den 28. 10. 1979 geplanten Wahltermins, sondern auch zu einer Änderung der entsprechenden Bestimmungen der GemO zur Unechten Teilortswahl.

Zusätzlicher Verhältnisausgleich bringt mehr Gerechtigkeit

Einvernehmlich beschloß der Landtag am 30. 1. 1980 folgende Regelung, die in der neuesten Fassung angeführt werden:

1. Es gibt den theoretischen Fall, daß auf eine Liste wegen der Unechten Teilortswahl *zunächst weniger Sitze* entfallen, als ihr aufgrund ihrer *Gesamtstimmenzahl* in der ganzen Gemeinde zustehen. Dann werden diesem Wahlvorschlag die fehlenden Sitze zugeteilt. Die gesamte Sitzzahl des Gemeinderates erhöht sich somit entsprechend (§ 25 Abs. 2 letzter Satz GemO).

Umgekehrt bleiben einem Wahlvorschlag die Sitze erhalten, die er *gemessen am Gesamtstimmenaufkommen* in den Wohnbezirken *zu viel* bekommen hat.

2. § 25 Abs. 2 KomWG regelt, wie der Verhältnisausgleich im einzelnen zu geschehen hat.

Die Zuteilung erfolgt so, daß zunächst die Sitze im *Wohnbezirk* auf die Wahlvorschläge entsprechend der von ihnen dort erreichten Stimmenzahl nach dem d'Hondtschen Höchstzahlverfahren verteilt werden (Verteilung der Sitze nach dem Stimmenaufkommen in Wohnbezirken).

In einem zweiten Zuteilungsverfahren werden die *Gesamtstimmen-*

zahlen eines Wahlvorschlages *in allen Wohnbezirken addiert* und im Verhältnis zu den Gesamtstimmenzahlen der anderen Listen im gesamten Wahlgebiet nach d'Hondt auf die Gesamtzahl der Sitze in der Gemeinde verteilt (Verteilung der Sitze nach dem Stimmenaufkommen in der gesamten Gemeinde).

Zeigt sich bei dieser Zuteilung auf der Ebene des gesamten Wahlgebietes, daß einem Wahlvorschlag in den Wohnbezirken *mehr* Sitze zugeteilt wurden, *als ihm im Wahlgebiet zustehen,* so wird ein Verhältnisausgleich vorgenommen, indem die Zuteilung von Sitzen nach d'Hondt so lange fortgesetzt wird, bis diesem Wahlvorschlag die Mehrsitze zufallen würden. Da bei dieser Fortsetzung der Zuteilung nach dem Höchstzahlverfahren die anderen Wahlvorschläge beteiligt werden, können auch für diese weitere Sitze abfallen.

Dabei darf nach § 25 Abs. 2 KomWG die so erhöhte Sitzzahl das Doppelte der gesetzlichen bzw. der durch Hauptsatzung nach § 25 Abs. 2 GemO erhöhten Zahl nicht überschreiten. Diese Grenze dürfte allerdings auch künftig nur in wenigen Extremfällen erreicht werden (s. u.).

Ein *Beispiel:* Die Zahl der Gemeinderäte beträgt nach § 25 Abs. 2 GemO in der Gemeinde Schwabenburg insgesamt 22. Sie hat durch Hauptsatzung Unechte Teilortswahl in vier Wohnbezirken beschlossen, die sich wie folgt aufteilen:

	Wohnbezirk Schwabenburg	Wohnbezirk Albblick	Wohnbezirk Neuffenblick	Wohnbezirk Echazquelle	Summe
Sitzzahl	17	3	1	1	22
	Davon entfallen nach Auszählung in den Wohnbezirken auf die Wahlvorschläge folgende Sitzzahlen:				
Wahlvorschlag A	8	2	1	1	12
Wahlvorschlag B	6	1	0	0	7
Wahlvorschlag C	2	0	0	0	2
Wahlvorschlag D	1	0	0	0	1
Summe	17	3	1	1	22

Ergebnis der Zuteilung nach der Gesamtstimmenzahl im Wahlgebiet:

Wahlvorschlag A	10	Wahlvorschlag C	3
Wahlvorschlag B	8	Wahlvorschlag D	1

Wahlvorschlag A hätte nach der Gesamtstimmenzahl in der Gemeinde 10 Sitze zu bekommen. Durch die Auszahlung nach Teilorten entfallen auf A aber 12 Sitze, also zwei zu viel. Das d'Hondtsche Auszählungsverfahren wird nun so lange fortgesetzt, bis die zwei zusätzlichen Sitze tatsächlich verteilt sind. Dabei werden die Höchstzahlen im gesamten Wahlgebiet zugrunde gelegt.

Die endgültige Sitzverteilung könnte in unserem Beispiel so aussehen:

Wahlvorschlag	Sitzzahl nach Wohnbezirken	Sitzzahl nach Gesamt-stimmenzahl	Sitzzahl nach Verhältnis-ausgleich
A	12	(10) 12	12
B	7	8	10
C	2	3	4
D	1	1	2
Summe	22	24	28

Damit würde sich die Zahl der Gemeinderatssitze in der Gemeinde Schwabenburg in der auf die Wahl folgenden Gemeinderatsperiode um sechs Sitze von 22 auf 28 Gemeinderäte erhöhen.

Die durch Verhältnisausgleich geschaffenen Mehrsitze (Ausgleichsmandate) nennt man im allgemeinen Überhangmandate.

Um die Zahl der Ausgleichsmandate bei Unechter Teilortswahl von vornherein in Grenzen zu halten, gibt § 25 Abs. 2 GemO die Möglichkeit, durch die Hauptsatzung die Zahl der Gemeinderatsmandate auf die nächsthöhere „Gemeindegrößengruppe" anzuheben.

Nach dem bereits zitierten Kommunalwahlbericht des baden-württembergischen Innenministeriums waren bei der letzten Kommunalwahl vom Verhältnisausgleich 652 Gemeinden mit Unechter Teilortswahl betroffen. Insgesamt wurden 1278 Gemeinderatsmitglieder über einen Ausgleichssitz gewählt, das sind rd. zwei Ausgleichsmandate im Durchschnitt der betroffenen Gemeinden. Tatsächlich entstanden aber nur in 461 der nach dem Wahlrecht betroffenen Gemeinden Ausgleichssitze. Dabei erhöhte sich die Zahl der Gemeinderäte prozentual bis zu 10 v. H. in 219 Gemeinden, zwischen 10 und 20 v. H. in 169 Gemeinden und zwischen 20 und 50 v. H. in 72 Gemeinden. Lediglich in *einer* Gemeinde (Engen) erhöhte sich die Zahl der Gemeinderäte für die laufende Wahlperiode um 100 v. H., also auf die gesetzliche Höchstzahl.

Dabei ist interessant, daß in Gemeinden bzw. Städten mit Unechter Teilortswahl, die aus *einem großen* Wohnbezirk und einem oder mehreren deutlich kleineren bestehen, die weitaus größte Zahl der Ausgleichssitze auf den großen Wohnbezirk entfielen. Die Ergebnisse von 1984 bestätigen den Trend, der sich schon 1980 abgezeichnet hatte, daß große Wohnbezirke bei der Verteilung der Ausgleichsmandate besser wegkommen als kleinere. Das wohnbezirksbezogene Abstimmungsverhalten der Wähler dürfte für dieses Ergebnis eine entscheidende Ursache sein. Ohne über exakte Zahlen zu verfügen, kann vermutet werden, daß von dem System des Verhältnisausgleiches vor allem die großen politischen Parteien profitieren, weil ihre Rolle gegenüber „Wählervereinigungen" mit der Größe der Gemeinde bzw. des Wohnbezirkes steigt.

Trotz der Kompliziertheit der Unechten Teilortswahl können Gemeinden, die diese z. B. erst im Rahmen von Eingemeindungsverträgen in den 60er und 70er Jahren in die Hauptsatzung aufgenommen haben, sie nicht ohne weiteres wieder abschaffen. § 27 Abs. 5 GemO bestimmt nämlich, daß Gemeinden, die die Unechte Teilortswahl auf Grund einer Vereinbarung im Rahmen der freiwilligen oder gesetzlichen Gemeindereform auf unbestimmte Zeit eingeführt haben, diese frühestens zur übernächsten regelmäßigen Wahl der Gemeinderäte wieder abschaffen können.

„Kumulieren" und „Panaschieren" als besonderes Stimmgebungsverfahren

In § 26 Abs. 2 letzter Satz GemO wird das insbesondere für die Stimmauszählung komplizierte Stimmgebungsverfahren des Kumulierens und Panaschierens mit dem schlichten Satz festgelegt:

> „Der Wähler kann Bewerber aus anderen Wahlvorschlägen übernehmen und einem Bewerber bis zu drei Stimmen geben."

Bei Unechter Teilortswahl gilt für die Wohnbezirke, daß der Wähler in gleicher Weise kumulieren kann.

Neben den Bestimmungen über den Verhältnisausgleich auf der Ebene der Gesamtgemeinde bei Unechter Teilortswahl sind dies über die Kumulierungsmöglichkeiten die wichtigsten Veränderungen in 1980, die in dieser Form bis heute weitergelten.

Die Möglichkeit des Kumulierens führt dazu, daß die Parteien und Wählervereinigungen nur begrenzt Personalplanung betreiben können, weil in der Regel der Wähler durch seine Stimmabgabe die Reihenfolge des Wahlvorschlags kräftig durcheinanderbringen kann. Zwar nimmt mit der Größe einer Gemeinde die Zahl der unverändert abgegebenen Wahlvorschläge zu, dennoch gibt es aus den vergangenen Jahren genügend Beispiele, daß selbst in Städten um 100000 Einwohner bekannte Kandidaten auf dem letzten Listenplatz gewählt wurden. Gelegentlich wurde der letzte Listenplatz auf einem Wahlvorschlag für bekannte Kandidaten sogar als eine Art snobistischer Geheimtip gehandelt.

Die Grundsätze des Kumulierens und Panaschierens gelten auch für die Wahl des Kreistages.

Die Möglichkeit des Panaschierens bedeutet nichts anderes, als daß sich der Wahlberechtigte aus allen Wahlvorschlägen die Kandidaten heraussuchen kann, die er kennt oder die er für geeignet hält. Dadurch ist es z. B. möglich, daß CDU-Bewerber auf die SPD-Liste übernommen werden können und umgekehrt, was sicher nicht im Interesse der jeweiligen Partei ist. In der Regel wird der Wähler dabei so vorgehen, daß er den Wahlvorschlag als Grundlage nimmt, auf dem er die meisten Kandidaten wählen will. Auch für die panaschierten Kandidaten gilt natürlich die Möglichkeit des Kumulierens.

Will sich der Wähler der Mühe des Panaschierens auf *einen* Wahlvorschlag nicht unterziehen, so kann er mehrere gekennzeichnete Wahlvorschläge als Stimmzettel abgeben.

Die Wirkung des Panaschierens ist umstritten. Auch hier läßt sich feststellen, daß mit zunehmender Gemeindegröße das Panaschieren abnimmt und die Wähler sich mehr nach ihrer politischen Orientierung an die vorgegebenen Wahlvorschläge halten. In kleineren Gemeinden kann das Panaschieren Minderheitengruppen zugute kommen, die auf ihrer Liste einzelne bekannte Bürger haben. So werden etwa in ländlichen Gebieten mit starker CDU-Mehrheit einzelne Sozialdemokraten, die als Person bekannt und angesehen sind, trotz ihrer SPD-Zugehörigkeit durch Panaschieren gewählt.

Wahlvorschläge – Fristen – Öffentliche Bekanntmachung

Nach § 3 Abs. 1 KomWG hat der Bürgermeister die Tatsache der Wahl „spätestens am 55. Tag vor dem Wahltag öffentlich bekanntzumachen". Gleiches gilt für den Landrat für die Wahl der Kreisräte.

Nachdem in den letzten eineinhalb Jahrzehnten eine Fülle von gesetzlichen Änderungen und Gerichtsurteilen dazu geführt haben, daß Wahltermine verschoben werden mußten oder die gemeinsame Wahl von Gemeinderäten und Kreistagen nicht möglich war, kann man heute wohl davon ausgehen, daß künftig die regelmäßigen, alle 5 Jahre fälligen Wahlen der Gemeinderäte und der Kreisräte tatsächlich jeweils zwischen dem 20. September und dem 20. November stattfinden, wie es das KomWG in § 2 Abs. 1 in seiner geänderten Fassung vom 18. 5. 1987 vorschreibt.

Entsprechend den Wahlgesetzen auf Bundes- und Landesebene ist seit 1980 auch ein Termin gesetzt, vor dem die Wahlvorschläge nicht aufgestellt werden dürfen: § 9 Abs. 1 KomWG bestimmt, daß Bewerber „in den letzten 15 Monaten vor Ablauf des Zeitraumes, innerhalb dessen die nächste regelmäßige Wahl" stattfindet, in geheimer Abstimmung gewählt worden sein müssen.

Wahlvorschläge für die Wahl der Gemeinderäte müssen von einer in § 8 Abs. 1 KomWG festgelegten Zahl von in der jeweiligen Gemeinde wahlberechtigten Personen unterschrieben sein, und zwar

in Gemeinden mit bis zu	3000 Einwohnern von	10
in Gemeinden mit bis zu	10000 Einwohnern von	20
in Gemeinden mit bis zu	50000 Einwohnern von	50
in Gemeinden mit bis zu	100000 Einwohnern von	100
in Gemeinden mit bis zu	200000 Einwohnern von	150
in Gemeinden mit über	200000 Einwohnern von	250

Mit der Einreichung des Wahlvorschlages ist für jeden Bewerber eine Wählbarkeitserklärung (wird von der Gemeinde ausgestellt)

und eine unterschriftliche Erklärung jedes Bewerbers abzuliefern, daß er seiner Aufnahme in den Wahlvorschlag zustimmt. Neu ist seit 1983 die Bestimmung, daß die Zustimmung unwiderruflich ist (§ 8 Abs. 1 letzter Satz KomWG). Ein Bewerber darf nur auf *einem* Wahlvorschlag kandidieren. Ebenso darf ein wahlberechtigter Bürger nur einen Wahlvorschlag unterschreiben. Parteien, die im Landtag vertreten sind und Wählervereinigungen, die bisher im Gemeinderat vertreten waren, brauchen für ihre Wahlvorschläge keine Unterschriften von Einwohnern.

Bei Listenkombinationen mit Parteien heißt es allerdings aufzupassen. Wird z. B. ein Wahlvorschlag unter dem Kennwort „CDU/Bürgerblock" oder „SPD/Sozialliberale Wähler" eingereicht, so benötigt dieser Wahlvorschlag ebenfalls die entsprechende Unterschriftenzahl, sofern er nicht unter dieser Bezeichnung schon bisher im Gemeinderat oder Kreistag vertreten war.

Über die Gesetzmäßigkeit bzw. Zulassung der Wahlvorschläge und der einzelnen Bewerber entscheidet bei der Gemeinderatswahl der Gemeindewahlausschuß (§ 11 KomWG), bei der Wahl der Kreisräte der Kreiswahlausschuß (§ 12 KomWG). Wahlvorschläge müssen nach § 2 Abs. 5 der KomWO spätestens am 45. Tag vor der Wahl eingereicht werden.

Gegen die *Ablehnung von Wahlvorschlägen* oder die Streichung einzelner Bewerber durch den Wahlausschuß kann *jeder* Bewerber und jeder Unterzeichner des Wahlvorschlages „Anfechtungs- oder Verpflichtungsklage erheben" (§ 8 Abs. 3 KomWG), also nicht nur der betroffene Bewerber.

Über den Widerspruch zur Entscheidung des Wahlausschusses entscheidet im Vorverfahren die Rechtsaufsichtsbehörde (Landratsamt/Regierungspräsidium). Diese Vorentscheidung ist deshalb notwendig, weil bis zur Entscheidung des Verwaltungsgerichtes in aller Regel die Wahl längst vorüber ist.

Die *zugelassenen Wahlvorschläge* sind vom Bürgermeister bzw. bei der Kreistagswahl vom Landrat bis spätestens am 20. Tag vor der Wahl öffentlich *bekanntzumachen* (§ 8 Abs. 4 KomWG). Ist kein

Wahlvorschlag eingereicht oder zugelassen worden, so ist auch diese Tatsache mit derselben Frist öffentlich bekanntzumachen.

Eine weitere wichtige Frist ist die für die *Veröffentlichung der Wählerverzeichnisse* für die einzelnen Wahlbezirke (eine rein abstimmungstechnische Einteilung!). Sie müssen vom 20. Tag bis zum 16. Tag vor dem Wahltag öffentlich aufliegen (§ 6 Abs. 2 KomWG).

Dabei ist der Unterschied zwischen öffentlich bekanntmachen (Wahlvorschläge) und öffentlich aufliegen zu beachten. Öffentlich aufliegen heißt z. B., daß der einzelne Wahlberechtigte an einem bekanntgegebenen Ort in den üblichen Sprechzeiten des Bürgermeisteramtes nachprüfen kann, ob er in das Wählerverzeichnis eingetragen ist. Er muß sich also selbst um Information bemühen. Öffentlich bekanntmachen bedeutet dagegen, daß die Information in ortsüblicher Weise (Anschlag am Rathaus) oder/und in Zeitungen veröffentlicht werden muß, die als amtliche Mitteilungsblätter ausgewiesen sind (Gemeindeblatt, Kreiszeitung etc.).

Als weiterer wichtiger Grundsatz bei Unechter Teilortswahl ist zu erwähnen, daß das „Recht der Bürger zur gleichmäßigen Teilnahme an der Wahl sämtlicher Gemeinderäte . . . hierdurch nicht berührt" werden darf (§ 27 Abs. 2 Satz 3). Das heißt konkret, daß der Bürger bei Unechter Teilortswahl sowohl über die Listen in der Gesamtgemeinde als auch über die in seinem Wohnbezirk abstimmen darf.

Wie werden die Sitze innerhalb der Wahlvorschläge zugeteilt?

Wie nach bisherigem Recht werden die auf eine Liste entfallenen Höchstzahlen nicht in der Reihenfolge der *Plazierung,* sondern nach der erreichten *Stimmenzahl* der Bewerber zugeteilt. Nur bei *Stimmengleichheit* von Bewerbern einer Liste entscheidet dann die höhere Position auf der Liste.

Bei den Mehrsitzen, die sich aus dem Verhältnisausgleich im Wahlgebiet ergeben, wird in der Regel der Hauptort als größter Wohnbezirk bevorteilt, weil die Stimmenzahlen der Bewerber im größten

Wohnbezirk, die bei der Zuteilung nach Wohnbezirken nicht mehr zum Zug gekommen sind, oft immer noch höher liegen als die von Bewerbern der gleichen Liste aus kleinen Wohnbezirken. Dieser Effekt wird allerdings durch die Neuregelung wesentlich abgeschwächt: Jetzt kann der Wähler auch in Einer- und Zweier-Wohnbezirken auf einen Bewerber bis zu 3 Stimmen kumulieren, das heißt zum Beispiel bei einem Sitz einem Bewerber bis zu 3 Stimmen, bei 2 Sitzen 2 Bewerbern bis zu 3 Stimmen geben. Er darf allerdings nicht mehr Bewerber wählen, als Sitze im Wohnbezirk vergeben werden.

Damit kann er erheblich mehr Stimmen seines Gesamtstimmenpotentials auf seinen Wohnbezirk konzentrieren als bisher.

Vorschriften für die Aufstellung von Listen

Der Gesetzgeber hat die Novellierung vom 30. Januar 1980 dazu benutzt, neben den Bestimmungen über die Sitzverteilung bei Unechter Teilortswahl weitere Änderungen vorzunehmen:

Bei Unechter Teilortswahl konnten schon früher mehr Bewerber in den Wohnbezirken aufgestellt werden, als Sitze zugeteilt waren. § 27 Abs. 3 GemO wurde dahin geändert, daß die Wahlvorschläge in

Wohnbezirken mit bis zu 2 Sitzen	2 weitere Bewerber
Wohnbezirken mit bis zu 10 Sitzen	3 weitere Bewerber
Wohnbezirken mit über 10 Sitzen	5 weitere Bewerber

enthalten dürfen.

Durch die Neufassung der GemO (GBl. 1983 S. 577) ist dieser Spielraum wieder erheblich eingeschränkt worden. Nach § 27 Abs. 3 Satz 2 GemO dürfen *nun* die Wahlvorschläge für die einzelnen Wohnbezirke bei Teilortswahl *grundsätzlich nicht mehr Bewerber* enthalten, *als* Vertreter *zu wählen sind.*

Lediglich in Wohnbezirken mit *bis zu drei Vertretern* im Gemeinderat darf der Wahlvorschlag *einen Bewerber mehr* enthalten.

Um in Kleinst-Wohnbezirken mit einer Bewerberzahl, die die Grenzen des § 27 Abs. 3 GemO nicht ausschöpft und damit die *Aus*-Wahlmöglichkeit für die Wähler gravierend einschränkt, das Gleichheitsgebot zu erfüllen, sieht das KomWG in § 42 Abs. 2 Ziff. 3 i. V. m. der KomWO § 13 Abs. 2 (GBl. 1987 S. 739) vor:

„daß bei der Wahl der Gemeinderäte eine *Nachfrist zur Einreichung weiterer Wahlvorschläge* zu gewähren ist, *wenn mehrere Wahlvorschläge* eingereicht worden sind und diese *zusammen* im Fall der Unechten Teilortswahl für einen Wohnbezirk *weniger Bewerber als das Eineinhalbfache der Zahl* der zu besetzenden Sitze *enthalten*".

Bei Unechter Teilortswahl sind die Bewerber in den Wahlvorschlägen getrennt nach Wohnbezirken aufzuführen (sh. Musterstimmzettel auf S. 134).

Wer sich verzählt, stimmt ungültig ab

Neben den für die Stimmabgabe schon erwähnten Punkten (Kumulieren und Panaschieren) ist noch festzuhalten, daß auch bei der Gemeinderats- und Kreistagswahl die Möglichkeit der sog. *Briefwahl* besteht. Die Voraussetzungen entsprechen denen bei der Landtags- und Bundestagswahl.

Bei der Stimmabgabe ist in Verbindung mit der Auszählung zu beachten, daß Stimmzettel, auf denen *zuviel Stimmen* vergeben wurden, nach § 23 Abs. 1 Ziff. 7 KomWG auf jeden Fall ungültig sind.

Wichtigster Grundsatz für die Stimmabgabe ist, daß der Wille des Wählers eindeutig sein muß (sog. positive Kennzeichnungspflicht). Der Wähler kann z. B. seinen eindeutigen Willen dadurch zum Ausdruck bringen, daß er einen vorgedruckten Namen mit einem Kreuz versieht oder durch die Ziffer „2" oder „3" hinter dem Namen deutlich macht, daß er auf diesen Bewerber Stimmen kumulieren will. In der Neufassung des KomWG ist Kumulieren von Stimmen auch dadurch möglich, daß man den Namen eines Bewerbers auf den freien Zeilen wiederholt.

Gibt ein Wähler *einen Wahlvorschlag unverändert* ab, so gilt jeder Bewerber als mit einer Stimme gewählt, der auf dem betr. Stimmzettel vorgedruckt ist. Bei Unechter Teilortswahl gilt, daß bei einem unveränderten Stimmzettel nur so viele Bewerber in der Reihenfolge von oben mit einer Stimme als gewählt gelten, wie Vertreter für den Wohnbezirk zu wählen sind.

Beispiel: In der Gesamtgemeinde „Schwabenburg" (s.o.) sind 22 Gemeinderäte zu wählen. Der Wähler wohnt im Hauptort „Schwabenburg", der 17 Vertreter im Gemeinderat hat. Gibt der Wähler seinen Stimmzettel unverändert ab, so erhalten die ersten 17 Kandidaten auf dem abgegebenen Stimmzettel (Wahlvorschlag) je eine Stimme. Die restlichen 5 Stimmen sind ungültig vergeben (§ 19 Abs. 2 KomWG).

Der häufigere Fall als das „Verschenken" von Stimmen dürfte der sein, daß mehr Stimmen positiv vergeben werden, als dem Wähler zur Verfügung stehen. Insbesondere bei Unechter Teilortswahl muß der Wähler darauf achten, daß er die ihm für das gesamte Wahlgebiet zur Verfügung stehende Stimmenzahl nicht überschreitet sowie in den einzelnen Wohnbezirken nicht mehr Bewerbern bis zu höchstens 3 Stimmen gibt, als für den Wohnbezirk Sitze festgelegt sind. Er muß also *zweimal zählen.*

Durch die Änderung des KomWG vom 1. 9. 1983 wurde bei der Wahl am 24. 10. 1984 erstmals die sog. wohnbezirksbezogene Ungültigkeitsregel des § 24 Abs. 2 praktiziert. Sie bedeutet, daß bei Unechter Teilortswahl nicht der gesamte Stimmzettel ungültig ist, wenn der Wähler „in *einem* Wohnbezirk mehr Bewerbern Stimmen gegeben (hat), als für den Wohnbezirk zu wählen sind". Nur wenn er insgesamt auf dem Stimmzettel zuviele Stimmen abgegeben bzw. Bewerber gewählt hat, ist der Stimmzettel im ganzen ungültig. Im anderen Fall „sind die Stimmen für alle Bewerber *dieses* Wohnbezirks ungültig" (nicht jedoch für die anderen). Diese Neuregelung war entscheidend dafür, daß – nach dem Bericht des Innenministeriums – die Zahl der ungültigen Stimmzettel gegenüber 1980 von 7 v. H. auf 4,8 v. H. zurückgegangen ist.

So werden die Sitze verteilt

Bei der Sitzverteilung wird wie bei anderen Wahlen in der Bundesrepublik auch bei der Gemeinde- und Kreisrätewahl das sogenannte d'Hondtsche Höchstzahlverfahren angewandt.

Für die Gemeinderats- und Kreistagswahl bedeutet dies, daß die Stimmen für alle Bewerber einer Liste (auch die panaschierten!) zusammengezählt werden. Die Gesamtstimmenzahl für die einzelne Liste entscheidet nach *d'Hondt* über die Zahl der Sitze. Innerhalb der Liste werden die Sitze nach der höchsten Stimmenzahl vergeben. Bei Stimmengleichheit mehrerer Kandidaten entscheidet der Listenplatz.

In der Gemeinde sind 3 Wahlvorschläge zugelassen. Es sind 12 Sitze zu vergeben. Die Stimmenzahlen der Listen werden jeweils durch 1, 2, 3, 4 usw. geteilt (§ 25 Abs. 1 KomWG). Auf die höchsten Teilungszahlen entfallen bis zur Ausschöpfung der 12 Sitze die Plätze für die einzelnen Listen (s. Klammerzahlen):

geteilt durch	Liste A	Liste B	Liste C
	9000	5000	4000
1	9000 (1)	5000 (2)	4000 (4)
2	4500 (3)	2500 (6)	2000 (8)
3	3000 (5)	1666 (10)	1333 (12)
4	2250 (7)	1250	1000
5	1800 (9)	1000	800
6	1500 (11)	833	666

Nach diesem Rechenbeispiel erhält also die Liste A 6 Sitze, die Listen B und C jeweils 3 Sitze, obwohl Liste B 1000 Stimmen mehr erhalten hat als Liste C. Dabei kann es vorkommen, daß ein Bewerber auf der Liste A nicht mehr berücksichtigt wird, obwohl er absolut mehr Stimmen erhielt als ein gewählter Bewerber der Liste B oder C.

Findet bei der Gemeinderatswahl ausnahmsweise *Mehrheitswahl* statt, so sind diejenigen Bewerber gewählt, die bis zur Ausschöpfung der gesetzlichen Sitzzahl die absolut höchsten Stimmzahlen erreicht haben. Auch bei der Kreistagswahl und den Wahlen zum Ortschaftsrat gilt für die Sitzverteilung das d'Hondtsche Höchstzahlverfahren. Weitere formale Einzelheiten über Wahlvorschläge, Stimmabgabe, Wählerverzeichnis, Sitzverteilung etc. enthält die ebenfalls nach der Änderung der Gemeindeordnung, der Kreisordnung und des Kommunalwahlgesetzes geänderte Kommunalwahlordnung (GBl. 1983 S. 459). In ihr sind alle technischen Einzelheiten für die Durchführung der Kommunalwahlen geregelt (Gemeinderat, Ortschaftsrat, Kreistag).

Ortschaftsrat – Bezirksbeirat und Unechte Teilortswahl sind zweierlei

Die Gemeindeordnung sieht sehr unterschiedliche Möglichkeiten für die Verfassung einer Gemeinde vor. Da für den Laien diese Varianten der baden-württembergischen Gemeindeverfassung nicht ohne weiteres zu durchschauen sind, sollen sie am Schluß dieses Kapitels kurz gegeneinander abgegrenzt werden.

Die *Unechte Teilortswahl* ist lediglich ein besonderes Wahlverfahren für den Gemeinderat der Gesamtgemeinde, durch das die Repräsentation der Orts- oder Stadtteile gewährleistet werden soll.

Die *Ortschaftsverfassung* ist für ehemals selbständige Gemeindeteile gedacht. Durch sie soll „Ortschaften" ein begrenztes Mitwirkungsrecht bei Entscheidungen des Gemeinderates der Gesamtgemeinde eingeräumt werden. Die Ortschaftsräte, die nach den gleichen Grundsätzen wie die Gemeinderäte direkt von den wahlberechtigten Bürgern der „Ortschaft" gewählt werden, haben in begrenzten – durch die Hauptsatzung festgelegten – Bereichen eigene Entscheidungskompetenzen. In allen ihren Ortsteil betreffenden Angelegenheiten haben sie darüber hinaus ein Anhörungsrecht gegenüber der Verwaltung und dem Gemeinderat der Gesamtgemeinde. Die Ortschaften haben im Rahmen der Ortschaftsverfassung eine eigene Miniverwaltung, an deren Spitze ein Ortsvorsteher steht, der in den meisten Gemeinden nach der Gemeindereform als Wahlbeamter der Gesamtgemeinde angestellt wurde (ehemalige Bürgermeister).

Die Rechte des Ortschaftsrates und des Ortsvorstehers sind durch die Änderung der GemO vom 1. 10. 1983 wesentlich gestärkt worden. Der § 71 Abs. 1 räumt dem Ortschaftsrat für das Wahlverfahren bei der Wahl des Ortsvorstehers das Recht ein, dem Gemeinderat einen Wahlvorschlag zu unterbreiten. Diesen Wahlvorschlag kann der Gemeinderat nur mit einer Mehrheit von 2/3 der Stimmen der gesetzlichen Mitglieder (nicht der Anwesenden!) erweitern. Will der Gemeinderat weitere Bewerber in die Wahl einbeziehen, muß er vor der Wahl den Ortschaftsrat anhören.

Der ehrenamtliche Ortsvorsteher kann nicht nur aus der Mitte des Ortschaftsrates, sondern aus dem Kreis aller zum Ortschaftsrat wählbaren Bürger gewählt werden. Gehört der Ortsvorsteher nicht dem Ortschaftsrat an, so hat er nach § 72 GemO im Ortschaftsrat kein Stimmrecht.

In § 71 Abs. 4 ist außerdem bestimmt, daß die Ortsvorsteher kraft Gesetzes an den Verhandlungen des Gemeinderates und seiner Ausschüsse mit beratender Stimme teilnehmen können. Eine entsprechende Regelung in der Hauptsatzung – wie in vielen Gemeinden mit Ortschaftsverfassung praktiziert – ist deshalb nicht mehr notwendig. Der Gesetzgeber hat hier der Praxis in vielen Gemeinden Rechnung getragen.

Im § 69 Abs. 4 GemO wurde ein Satz angefügt, der auch in umgekehrter Weise die Verknüpfung von Teilort und Gesamtgemeinde verstärken soll: Künftig haben in Gemeinden mit Teilortswahl die Vertreter eines Wohnbezirkes im Gemeinderat das Recht, an den Verhandlungen des Ortschaftsrates mit beratender Stimme teilzunehmen, die im betreffenden Wohnbezirk gewählt wurden.

In beiden Fällen sind die Termine der Sitzungen und die Tagesordnung den Betroffenen rechtzeitig mitzuteilen.

Die *Bezirksverfassung* ist historisch nicht mit der Gemeindereform verbunden. Sie kann in Städten mit mehr als 100000 Einwohnern und räumlich getrennten Ortsteilen durch Hauptsatzung eingeführt werden. Die Bezirksbeiräte werden nicht direkt von den Bürgern, sondern vom Gemeinderat gewählt. Sie haben lediglich beratende Funktionen. Auch wenn vermutet werden könnte, daß Ortschafts- oder Bezirksverfassung mit Unechter Teilortswahl einhergehen, so ist diese Vermutung falsch. Zwar haben auf Grund der Gemeindereform die meisten Gemeinden mit Ortschaftsverfassung auch die Unechte Teilortswahl eingeführt, zwingend ist dies jedoch nicht. Die Bezirksverfassung ist ohnehin nur in wenigen Großstädten eingeführt, deren Gemeindegrenzen sich durch die Gemeindereform ohnehin kaum verändert haben, z.B. in der Landeshauptstadt Stuttgart.

Weitgehende Übereinstimmungen der Regelungen für Gemeinderats- und Kreistagswahl

In weiten Bereichen der gesetzlichen Bestimmungen gibt es für die Wahl der Gemeinderäte und Kreisräte gleichlautende oder inhaltlich übereinstimmende Regelungen. Dies gilt u.a. für die *Wahlgrundsätze* der allgemeinen, unmittelbaren, freien, gleichen und geheimen Wahl, die Anwendung der Grundsätze der *Verhältniswahl,* für die Möglichkeit des *Panaschierens und Kumulierens* (§ 22 Landkreisordnung), für die Kennzeichnung der Tätigkeit als eine *ehrenamtliche* (§ 11 LKrO), für die Trennung der Bestimmungen über die *Wählbarkeit und Hinderungsgründe,* für die *Fristen* der öffentlichen Bekanntmachung der Wahl und der Wahlvorschläge, für die Bestimmungen über die *Wahlberechtigung,* die *Amtszeit* usw. Das Kommunalwahlgesetz und die Kommunalwahlordnung gelten für die Kreistagswahl im gleichen Umfang wie für die Gemeinderatswahl.

Wahlkreiseinteilung mit „Minderheitenschutz"

Bei der Wahl der Kreistage muß nach § 22 Abs. 4 LKrO das Wahlgebiet (Landkreis) in Wahlkreise eingeteilt werden. Für diese Wahlkreiseinteilung gibt es einige Eckdaten, die beachtet werden müssen:

Gemeinden, auf die nach der Einwohnerzahl mindestens 4 Sitze entfallen, bilden einen eigenen Wahlkreis (Gesamtsitzzahl: Einwohnerzahl = Schlüsselzahl). Kleine benachbarte Gemeinden, die keinen eigenen Wahlkreis bilden können, aber „mit einer solchen Gemeinde eine Verwaltungsgemeinschaft bilden, *können* mit ihr zu einem Wahlkreis zusammengeschlossen werden" (§ 22 Abs. 4 Satz 4). Andere Gemeinden, die für einen eigenen Wahlkreis zu klein sind, werden unter Beachtung der geographischen Lage, der Struktur der Gemeinden und der örtlichen Verwaltungsräume zu Wahlkreisen zusammengeschlossen mit mindestens 4, höchstens 8 Sitzen. Keine Gemeinde, die einen eigenen Wahlkreis bildet, darf mehr als $^2/_5$ der Gesamtsitzzahl erhalten.

Diese Bestimmung ist zum Schutz der kleinen Gemeinden gegenüber einer einzelnen dominierenden Stadt innerhalb des Landkreises geschaffen worden. Damit haben die Kreisräte der Landgemeinden die Chance, bei Einigkeit nicht von den Interessen der einen großen Stadt überstimmt zu werden.

Die Regelung, daß Gemeinden mit mindestens 4 Sitzen einen eigenen Wahlkreis bilden, kann andererseits zu kuriosen Wahlkreiseinteilungen führen, weil geographisch weit auseinanderliegende Gemeinden um die Städte herum zusammengefaßt werden müssen.

Eine Klarstellung gegenüber der Wahl von 1984 hat sich durch § 9 Abs. 1 KomWG i. d. F. vom 18. 5. 1987 für die Aufstellung der Kandidaten für die *Kreistagswahl* ergeben. In der Regel werden künftig die Kandidaten der Parteien (und entsprechend auch der Wählervereinigungen) in einer Mitglieder- oder Vertreterversammlung der wahlberechtigten Mitglieder innerhalb des jeweiligen Wahlkreises aufgestellt.

Nur ausnahmsweise können die Bewerber eines Wahlkreises durch eine Mitglieder- oder Vertreterversammlung auf der Ebene des gesamten Landkreises aufgestellt werden, nämlich dann, „wenn die Zahl der wahlberechtigten Mitglieder in diesem Wahlkreis nicht zur

Bildung einer Mitgliederversammlung ausreicht" (§ 9 Abs. 2 letzter Satz KomWG).

Das Gesetz selbst sagt nichts darüber aus, was konkret eine ausreichende Zahl von Mitgliedern bedeutet. Diese Bestimmung ist ein deutliches Entgegenkommen gegenüber Wählervereinigungen. Politische Parteien haben in der Vergangenheit i. d. R. ihre Kandidaten auf der Ebene des gesamten Landkreises aufgestellt.

Zur vorgesehenen Zahl der Kreisräte können Überhangmandate kommen

Nach § 20 der LKrO besteht der Kreistag aus dem Landrat als Vorsitzendem und mindestens 26 Kreisräten. In Kreisen mit mehr als 50000 Einwohnern erhöht sich die Zahl der Kreisräte pro 10000 weiteren Einwohnern um je 2. Da bei der Kreistagswahl das Wahlgebiet in Wahlkreise eingeteilt wird, ergibt sich bei der Sitzverteilung, für die ebenfalls das *d'Hondtsche* Höchstzahlverfahren gilt, unter Umständen eine ungerechte Verzerrung des Wählerwillens für das gesamte Wahlgebiet. Sind in einem Landkreis z. B. 8 Wahlkreise eingeteilt worden, so wird das *d'Hondtsche* Höchstzahlverfahren achtmal angewandt.

Wie das Zahlenbeispiel (s. o.) zeigt, können dadurch erhebliche Verzerrungen entstehen. Daher schreibt § 20 Abs. 2 LKrO vor, daß eine „Zweitauszählung" der auf die Wahlvorschläge im gesamten Wahlgebiet (in unserem Beispiel aller acht Wahlkreise) entfallenen Stimmen durchgeführt werden muß, für die ebenfalls *d'Hondt* gilt (vgl. dazu Zweitauszählungsverfahren bei der Landtagswahl), allerdings mit einer zusätzlichen Verkomplizierung:

Wie die Zweitauszählung zu erfolgen hat, legt § 22 Abs. 5 LKrO und § 22 Abs. 3 KomWG fest. Dieses komplizierte Verfahren soll wiederum an einem Zahlenbeispiel dargestellt werden.

Nehmen wir daher an, der Kreistag besteht aus 60 Mitgliedern. In den 8 Wahlkreisen erhielten die 4 Wahlvorschläge folgende Sitzzahlen nach der „Erstauszählung":

Wahlvorschlag			
A	B	C	D
28	15	12	5

Bei der Zweitauszählung werden die Stimmenzahlen für die einzelnen Listen und Wahlkreise errechnet und durch die Zahl der im jeweiligen Wahlkreis zu wählenden Bewerber geteilt. Daraus ergeben sich für jede Liste und jeden Wahlkreis die „gleichwertigen Stimmenzahlen". Die Summe der „gleichwertigen Stimmenzahlen" aller Wahlkreise für eine Liste ergibt die jeweilige „gleichwertige Gesamtstimmenzahl" der Liste im Wahlgebiet.

Diese „gleichwertige Gesamtstimmenzahl" ist nun die Basiszahl für die Verteilung der Zahl der Gesamtsitze einer Liste nach d'Hondt (nicht die absolute Zahl aller Stimmen im Wahlgebiet). Dabei ist allerdings zu berücksichtigen, daß bei der Verteilung der Sitze jeweils nur von der Zahl ausgegangen werden muß, die für die Wahlkreise festgelegt ist, in denen ein Wahlvorschlag einer Gruppe abgegeben wurde.

Nehmen wir also an, daß in unserem Beispiel die Listen A–D in allen 8 Wahlkreisen kandidiert haben, so werden die 60 Sitze nach dem Verhältnis der „gleichwertigen Gesamtstimmenzahlen" nach d'Hondt verteilt. Hat jedoch eine Wählervereinigung in einem Wahlkreis keine Liste aufgestellt, der z. B. 4 Sitze erhält, dann nimmt sie an der Zweitauszählung nur bis Platzziffer 56 teil.

Auf die nach diesem Verfahren errechneten Sitze der einzelnen Wahlvorschläge werden die in den Wahlkreisen zugeteilten Sitze angerechnet. Hat eine Gruppe bei der Zuteilung in den einzelnen Wahlkreisen mehr Sitze erlangt, als ihr nach dem Verhältnis der „gleichwertigen Gesamtstimmenzahl" (Zweitauszählung) zustehen, so bleiben diese Sitze erhalten. In diesem Fall ist mit der Verteilung von Sitzen so lange fortzufahren, bis der entsprechenden Wählervereinigung nach dem „Verhältnis der gleichwertigen Gesamtstimmenzahl" diese Sitze zugeteilt würden.

Auf Grund der Zweitauszählung im gesamten Wahlgebiet stehen demnach den Wahlvorschlägen jedoch folgende Sitzzahlen zu:

Wahlvorschlag

A	B	C	D
27 (28)	15	13 (12)	5

Die Liste C erhält also ein weiteres Mandat.

Diese Mandate gelten für die Legislaturperiode als Überhangmandate. Der Kreistag setzt sich also in unserem Fall nicht aus den nach der Einwohnerzahl errechneten 60, sondern aus 61 Kreisräten zusammen. Die Zahl der Überhangmandate darf allerdings nach § 22 Abs. 6 letzter Satz LKrO 20 v. H. der Sitzzahl nicht überschreiten.

Auch die Verteilung des weiteren Sitzes an die Liste C wird nach den gleichen Prinzipien vorgenommen:

Die Stimmen der nicht zum Zuge gekommenen Bewerber der Liste C in den einzelnen Wahlkreisen werden durch die Zahl der Sitze im Wahlkreis geteilt. Die dadurch entstandenen Zahlen stellen somit die gleichwertige Stimmenzahl der Bewerber der Liste C der verschiedenen Wahlkreise dar. Gewählt ist derjenige Bewerber des Wahlvorschlages C, der die höchste gleichwertige Stimmenzahl hat.

Bei dieser Zuteilung gilt allerdings ebenfalls die 2/5-Begrenzung, da bei der Größe der Wahlkreise, die der 2/5-Begrenzung unterliegen, die gleichwertige Stimmenzahl der Bewerber i. d. R. so hoch ist, daß sonst de facto die Überhangmandate fast immer diesem Wahlkreis zufallen würden.

Schlußbemerkung

Eine noch lesbare Darstellung des Kommunalwahlrechts in Baden-Württemberg muß sich auf die wesentlichen Bestimmungen beschränken. Daher wird der Leser viele ihn interessierenden Einzelheiten vermissen. Ein solcher Beitrag kann jedoch denjenigen, der sich mit allen Einzelheiten und Finessen unseres Kommunalwahlrechts befassen möchte oder der als verantwortliches Mitglied einer Gemeinde- oder Landkreisverwaltung sich beruflich damit beschäftigen muß, nicht von der Aufgabe befreien, die Gemeinde- und Landkreisordnung, das Kommunalwahlgesetz und die Kommunalwahlordnung in der neuesten Fassung selbst durchzuarbeiten.

Dies gilt insbesondere für die vielen technischen Details, die in der Kommunalwahlordnung (KomWO) festgelegt sind.

Erläuterungen zum Musterstimmzettel für Unechte Teilortswahl

I. Jeder Wähler hat 22 Stimmen.

II. Der Hauptort „Schwabenburg" hat 17 Mandate,
der Wohnbezirk „Albblick" 3 Mandate,
der Wohnbezirk „Neuffenblick" 1 Mandat,
der Wohnbezirk „Echazquelle" 1 Mandat.

III. Der Wähler kann seine 22 Stimmen auf Kandidaten aus allen vier Wohnbezirken vergeben. Überschreitet er jedoch durch die positive Kennzeichnung die Zahl 22, so ist der Stimmzettel *insgesamt ungültig.*

IV. Innerhalb eines Wohnbezirkes darf der Wähler nicht mehr Kandidaten bis zu drei Stimmen geben, als im Wohnbezirk zu wählen sind.
Beispiel: Ist ein Wähler im Wohnbezirk „Albblick" stimmberechtigt, der 3 Mandate hat, so kann er 3 Kandidaten bis zu 3 Stimmen = 9 Stimmen geben (Panaschieren zwischen den Listen ist möglich). Seine restlichen 13 Stimmen kann er frei auf Kandidaten der anderen 3 Wohnbezirke vergeben. Andererseits muß der Wähler aus dem Wohnbezirk „Albblick" die möglichen 9 Stimmen nicht auf Kandidaten seines Wohnbezirkes vergeben, sondern kann sie bis zur Grenze von 22 Stimmen auf alle 4 Wohnbezirke verteilen.

Muster-STIMMZETTEL

für die Wahl der Gemeinderäte
in Schwabenburg am 28. Oktober 1984

Kennwort: **FSL Freie Soziale Liste**

Wohnbezirk Schwabenburg

1 Dr. Gscheidle, Josef, Studiendirektor, Talstraße 8	
2 Eisenbieger, Alois, Maschinenschlosser, Eiwiesenweg 13	
3 Flädle, Franziska, Hausfrau, Florianstraße 2	
4 Schäufele, Karl, Bauarbeiter, Kiefernweg 12	
5 Locher, Peter, Verwaltungsangestellter, Siemensstraße 81	
6 Klügle, Martha, Lehrerin, Badstraße 13	
7 Klecksel, Emil, Malermeister, Marienstraße 9	
8 Wanderer, Konrad, Rentner, Birkenweg 7	
9 Heilig, Gustav, Pfarrer, Kirchweg 1	
10 Streik, Rudolf, Gewerkschaftssekretär, Industriestraße 5	
11 Fertighäusle, Max, Architekt, Stuttgarter Straße 99	
12 Weiche, Willi, Bahnbeamter, Hofstraße 45	
13 Ehrlich, Josef, Sozialarbeiter, Pappelweg 27	
14 Liebe, Berta, Kindergärtnerin, Ulmer Straße 11	
15 Weigerer, Volker, Zivildienstleistender, Hindenburgstraße 16	
16 Hebebühne, Horst, Kraftfahrzeuglehrling, Seestraße 3	
17 Bafög, Alexandra, Studentin, Helferstraße 23	

Wohnbezirk Albblick

18 Dr. Pille, Arzt, Birkenweg 11	
19 Aufbau, Albert, Rentner, Sophienstraße 2	
20 Bußgeld, Justitia, Richterin, Fischerstraße 2	
21 Grünrock, Gustav, Polizeibeamter, Wilhelmstraße 35	

Wohnbezirk Neuffenblick

22 Dünger, Anton, Landwirt, Hofstraße 4	
23 Lenker, Luggi, Kraftfahrer, Daimlerstraße 1	

Wohnbezirk Echazquelle

32 Subvention, Siegfried, Landwirtschaftsrat, Kiefernweg 11	
25 Wild, Berthold, Förster, Birkenweg 13	

EBERHARD GAWATZ/ROLAND PETRI

Die Landtags- und Kommunalwahlen im Spiegel der Statistik

Ein Jahr der Wahlen

Baden-Württemberg stehen im Jahr 1989 rund 2900 Wahlen bevor: Am 22. Oktober finden in 35 Landkreisen *Kreistagswahlen,* in 1110 Gemeinden *Gemeinderatswahlen* und in schätzungsweise über 1750 Ortschaften Wahlen der *Ortschaftsräte* statt. Dazu kommt die *Europawahl* am 18. Juni, bei der Baden-Württemberg allerdings nur eine Auszähleinheit, aber kein eigenständiges Wahlgebiet bildet. So liegt es nahe, in einem „Taschenbuch Baden-Württemberg" eine Übersicht über die Kommunalwahlen zu bieten und diese um die Landeswahlen im engeren Sinne, die Landtagswahlen also, zu ergänzen. Im Hinblick auf das aktuellste Ergebnis dieser spezifisch baden-württembergischen Wahlen, nämlich das Ergebnis der Landtagswahl am 20. März 1988, soll einleitend ein Überblick über die Landtagswahlen seit Bildung des Landes gegeben werden. Er wird ergänzt um einige Aspekte der Kommunalwahlen seit 1979/80. Eine längere Darstellungsperiode verbietet sich, wie noch auszuführen sein wird, wegen der Vergleichsschwierigkeiten bei der Interpretation von Ergebnissen kommunaler Wahlen.

Die zehn Landtagswahlen seit Gründung Baden-Württembergs

Seit Bildung des Landes im Jahr 1952 haben in Baden-Württemberg zehn Wahlen zum Landesparlament stattgefunden: 1952 die Wahl zur Verfassunggebenden Landesversammlung, seit 1956 in vierjährigem Turnus Landtagswahlen.

Die steile Aufwärtsentwicklung, die das Land Baden-Württemberg in seiner bald 40jährigen Geschichte genommen hat, geht nicht nur aus Daten der Wirtschafts-, sondern auch aus denen der Wahlstatistik hervor. Waren 1952 noch 4,38 Mill. Personen zur Verfassunggebenden Landesversammlung wahlberechtigt, so sind es heute mit 6,87 Mill. Bürgern, die das Landesparlament wählen können, fast 57% mehr.

Kennzeichen aller bisherigen Landtagswahlen ist eine – gegenüber Bundestagswahlen und den anderen Ländern – vergleichsweise geringe *Wahlbeteiligung:* Bis 1968 wurden kaum 70% erreicht. Einen Tiefpunkt gab es 1960 mit nur 59%. Nicht wenige Beobachter führten damals das geringe Wahlinteresse der Bevölkerung auf die seit 1953 amtierende Allparteien-Koalition aus CDU, SPD, FDP/DVP und der Vertriebenen-Partei GB/BHE zurück. Die Herauslösung der SPD aus diesem Bündnis 1960 bewirkte eine gewisse Mobilisierung der Wahlbevölkerung, eine breite Welle ergab sich aber erst im Zusammenhang mit der sozialliberalen Koalition auf Bundesebene 1969 und dem Mißtrauensvotum der CDU/CSU in zeitlicher Nähe zur Landtagswahl 1972 in Baden-Württemberg. Damals registrierte man eine bisher nicht wieder erreichte Beteiligung von 80%. Neuerdings, im Jahr 1988, kamen wieder nur 72% zur Wahlurne. Mit dieser Quote liegt Baden-Württemberg unter den Bundesländern, gemessen an den Ergebnissen der jeweils jüngsten Landtagswahlen, vor Bayern (1986: 70%) an vorletzter Stelle.

Ein weiteres Kennzeichen vieler bisheriger Landtagswahlen ist die hohe Quote *ungültiger Stimmen,* 1960 beispielsweise 2,6%. In den 70er Jahren hat sich dieser Anteil allerdings zurückentwickelt, zuletzt 1988 auf 1,1%. Es könnte sein, daß dazu die Möglichkeit „alternativen" Wählens – nach verschiedenen Richtungen auf der politischen Skala – beigetragen hat.

Starke CDU, einst starke Liberale, schwache SPD

Im Parteienspektrum belegte bisher die CDU stets den ersten Platz. Ihr Startpunkt lag 1952 bei gut einem Drittel der gültigen Stimmen. Bis 1968 erzielte die CDU relative Stimmenmehrheiten, von 1972 bis 1984 sichere absolute Mehrheiten bis zu 56,7% im Jahr 1976. Das neueste Wahlergebnis (1988: 49%) bedeutet für die CDU den Ver-

Geschlechts- und altersspezifische Wahlbeteiligung bei der Landtagswahl 1988 in Baden-Württemberg

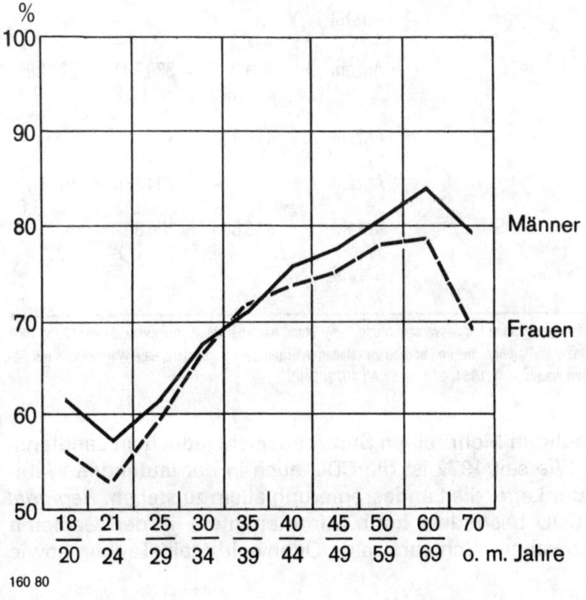

Ergebnisse der Landtagswahlen in

Bezeichnung	Einheit	Tag der Wahl		
		9. März 1952[1])	4. März 1956	15. Mai 1960[2])
Wahlberechtigte	Anzahl	4382117	4738390	5136768
Wähler	Anzahl	2789872	3328860	3028248
Wahlbeteiligung	%	63,7	70,3	59,0
Ungültige Stimmen	Anzahl	59052	62691	79688
	%	2,1	1,9	2,6
Gültige Stimmen	Anzahl	2730820	3266169	2948560
Davon:				
CDU	Anzahl	982727	1392635	1163352
	%	36,0	42,6	39,5
SPD	Anzahl	765032	942732	1040911
	%	28,0	28,9	35,3
FDP/DVP	Anzahl	491711	541221	466908
	%	18,0	16,6	15,8
GRÜNE	Anzahl	–	–	–
	%	–	–	–
Sonstige	Anzahl	491350	389581	277389
	%	18,0	11,9	9,4
Darunter[3])				
BHE	Anzahl	170751	–	–
	%	6,3	–	–
GB/BHE[4])	Anzahl	–	204335	194402
	%	–	6,3	6,6
KPD[5])	Anzahl	119604	104652	–
	%	4,4	3,2	–
NPD	Anzahl	–	–	–
	%	–	–	–

[1]) Wahl zur Verfassunggebenden Landesversammlung. – [2]) Stand nach der Wiederholungswahl am 12. 3. 1961 in zwei Wahlkreisen. – [3]) Parteien, die im Landtag von Baden-Württemberg wenigstens eine Wahlperiode mit Abgeordneten vertreten waren. – [4]) 1964: GDP. – [5]) Ab 1972: DKP.

lust der absoluten Mehrheit an Stimmen, nicht jedoch an Landtagsmandaten. Wie seit 1972 ist die CDU auch in der laufenden Wahlperiode in der Lage, die Landesregierung allein zu stellen. *Regional* erzielt die CDU besonders hohe Stimmenanteile in den Gebieten Alb-Oberschwaben, Schwarzwald, Odenwald-Main-Tauber sowie

Baden-Württemberg seit 1952

26. April 1964	28. April 1968	23. April 1972	4. April 1976	16. März 1980	25. März 1984	20. März 1988
5471002	5612242	5998727	6092494	6319950	6609204	6872330
3705791	3970542	4798775	4596810	4549463	4706241	4933846
67,7	70,7	80,0	75,5	72,0	71,2	71,8
85890	85895	48138	60295	36454	56055	55784
2,3	2,2	1,0	1,3	0,8	1,2	1,1
3619901	3884647	4750637	4536515	4513009	4650186	4878062
1671674	1718261	2513808	2573147	2407798	2412085	2392626
46,2	44,2	52,9	56,7	53,4	51,9	49,0
1350314	1124696	1784416	1510012	1468873	1507088	1562678
37,3	29,0	37,6	33,3	32,5	32,4	32,0
472492	560145	424685	353754	374633	333386	285932
13,1	14,4	8,9	7,8	8,3	7,2	5,9
–	–	–	–	241303	372374	383099
–	–	–	–	5,3	8,0	7,9
125421	481545	27728	99602	20402	25253	253727
3,5	12,4	0,6	2,2	0,5	0,5	5,2
–	–	–	–	–	–	–
–	–	–	–	–	–	–
65759	–	–	–	–	–	–
1,8	–	–	–	–	–	–
–	–	21973	18762	11738	13620	11406
–	–	0,5	0,4	0,3	0,3	0,2
–	381569	–	42927	2341	–	101889
–	9,8	–	0,9	0,1	–	2,1

Ostwürttemberg. Unter den Unionsparteien in den Bundesländern liegt die baden-württembergische CDU, nach der bayerischen CSU, auf dem zweiten Platz.

Mit negativen Vorzeichen gilt diese Feststellung für die SPD in Baden-Württemberg. Nach Bayern erzielt diese Partei in Südwestdeutschland ihre zweitschlechtesten Wahlergebnisse. Begonnen hatte die Ergebnisserie 1952 mit gut einem Viertel der gültigen Stimmen. Die Ausweitung gelang bis auf stark ein Drittel (1972), 40% wurden nie erreicht oder gar überschritten. Regionale Schwerpunkte hat die SPD in den Großstädten, im Gebiet des Mittleren Neckars sowie im Rhein-Neckar-Raum.

Stimmenanteile bei den Landtagswahlen in Baden-Württemberg seit 1952 in %

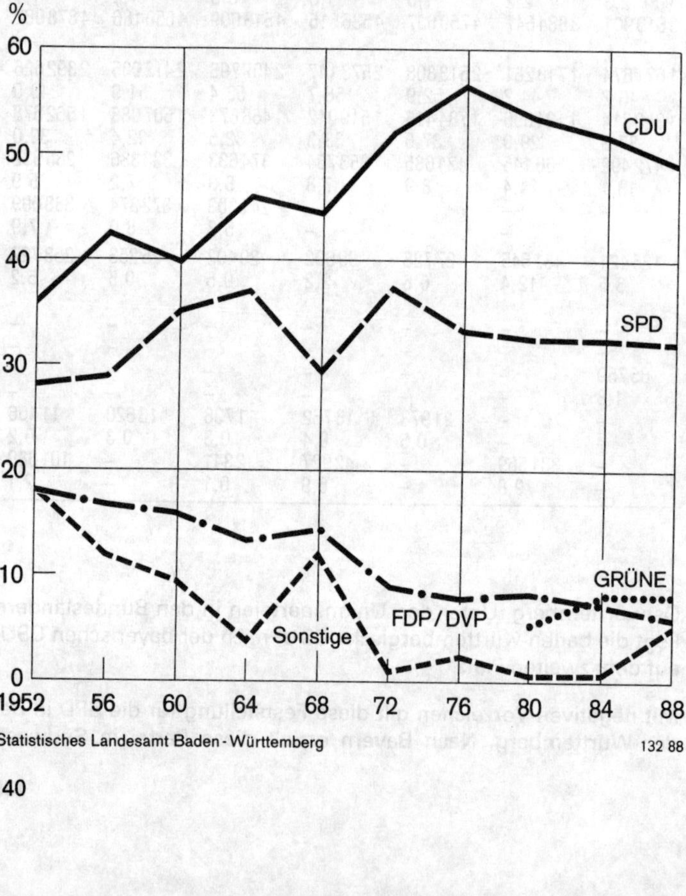

Statistisches Landesamt Baden-Württemberg 132 88

Sitzverteilung im Landtag von Baden-Württemberg nach den Ergebnissen der Landtagswahlen seit 1952

Bezeichnung	Mandat[1])	Tag der Wahl									
		9. März 1952[2])	4. März 1956	15. Mai 1960[3])	26. April 1964	28. April 1968	23. April 1972	4. April 1976	16. März 1980	25. März 1984	20. März 1988
Sitze insgesamt	E	74	70	70	70	70	70	70	70	70	70
	Z	47	50	51	50	57	50	51	54	56	55
	Zus.	121	120	121	120	127	120	121	124	126	125
Davon:											
CDU	E	42	48	34	44	60	60	69	67	67	66
	Z	8	8	18	15	–	5	2	1	1	–
	Zus.	50	56	52	59	60	65	71	68	68	66
SPD	E	26	20	33	25	9	10	1	3	3	4
	Z	12	16	11	22	28	35	40	37	38	38
	Zus.	38	36	44	47	37	45	41	40	41	42
FDP/DVP	E	6	2	3	1	1	–	–	–	–	–
	Z	17	19	15	13	17	10	9	10	8	7
	Zus.	23	21	18	14	18	10	9	10	8	7
GRÜNE	E	–	–	–	–	–	–	–	–	–	–
	Z	–	–	–	–	–	–	–	6	9	10
	Zus.	–	–	–	–	–	–	–	6	9	10
Sonstige[4])	E	–	–	–	–	–	–	–	–	–	–
	Z	10	7	7	–	12	–	–	–	–	–
	Zus.	10	7	7	–	12	–	–	–	–	–

[1]) Mandat: E=Erstmandate (1952: Wahlkreismandate), Z=Zweitmandate (1952: Landeslistenmandate). – [2]) Wahl zur Verfassunggebenden Landesversammlung. – [3]) Stand nach der Wiederholungswahl am 12. 3. 1961 in zwei Wahlkreisen. – [4]) 1952: BHE 6, KPD 4; 1956 und 1960: GB/BHE; 1968: NPD.

Eine bedeutende politische Kraft in Baden-Württemberg waren lange Zeit die Liberalen. Bei fünf Landtagswahlen nach der Gründung des Südweststaates kamen sie auf weit über 10% der Stimmen, 1952 bis 1960 sogar auf 16 bis 18%. In der Folge fiel die FDP/DVP dann sukzessive auf das jetzige Niveau von 6% zurück und kam damit zuletzt nahe an die 5%-Grenze, die das parlamentarische „Aus" bedeutet. Die Liberalen haben damit im Vergleich zu den anderen Bundesländern ihren bisherigen Spitzenplatz verloren. In Baden-Württemberg selbst haben sie traditionelle Schwerpunkte im mittleren Württemberg, in Hohenlohe sowie in einigen Bereichen Südbadens.

Sonstige Parteien hatten bis Ende der 70er Jahre, mit Ausnahme der Vertriebenenparteien (BHE, GB/BHE, GDP), meist wenig Resonanz. Die Vertriebenenparteien erreichten bis 1960 zwischen 6 und 9% der Stimmen, 1964 scheiterten sie an der wahlgesetzlichen Sperrklausel von 5%, und seitdem traten sie – eine Folge der Integration ihrer Wähler – zu den Wahlen nicht mehr an. Zeitlich im Anschluß daran steht das Abschneiden der rechtsstehenden NPD, die 1968 sensationelle 9,8% erreichte, bei späteren Landtagswahlen aber scheiterte.

Im *Landtag* von Baden-Württemberg waren bisher durchgehend die Christlichen Demokraten, die Sozialdemokraten und die Liberalen vertreten. Von 1952 bis 1964 gehörten dem Landesparlament Abgeordnete der Vertriebenenparteien an. Jeweils eine Legislaturperiode waren Mitglieder von zwei weiteren Parteien Landtagsabgeordnete: 1952 bis 1956 KPD, 1968 bis 1972 NPD.

Seit 1980 gehören dem baden-württembergischen Landtag Abgeordnete der GRÜNEN an. Grüne Abgeordnete wirken gegenwärtig in 8 Landesparlamenten mit. Die Repräsentanz der Liberalen ist gleich groß. Sie sitzen ebenfalls in 8 Landesparlamenten. In Bayern und Berlin gibt es derzeit keine Abgeordneten der F. D. P., in Nordrhein-Westfalen und dem Saarland keine Abgeordneten der GRÜNEN. Schleswig-Holstein ist derzeit das einzige Bundesland, in dessen Parlament weder die F. D. P. noch die GRÜNEN vertreten sind. Durch die Repräsentanz des Südschleswigschen Wählerverbandes (SSW) kommt es aber auch hier zu keinem Zweiparteiensystem.

Die Landtagswahl vom 20. März 1988 beförderte die FDP/DVP in Baden-Württemberg an den Rand des parlamentarischen Abgrunds und bestätigte die GRÜNEN als etablierte Partei. Sie zeigte die CDU wiederum als dominierende politische Kraft und verwies die SPD weiterhin in den „30-Prozent-Turm". Die Landtagswahl 1988 brachte einen beträchtlichen Anstieg des Stimmenanteils sonstiger

Geschlechts- und altersspezifische Stimmabgabe bei der Landtagswahl 1988 in Baden-Württemberg

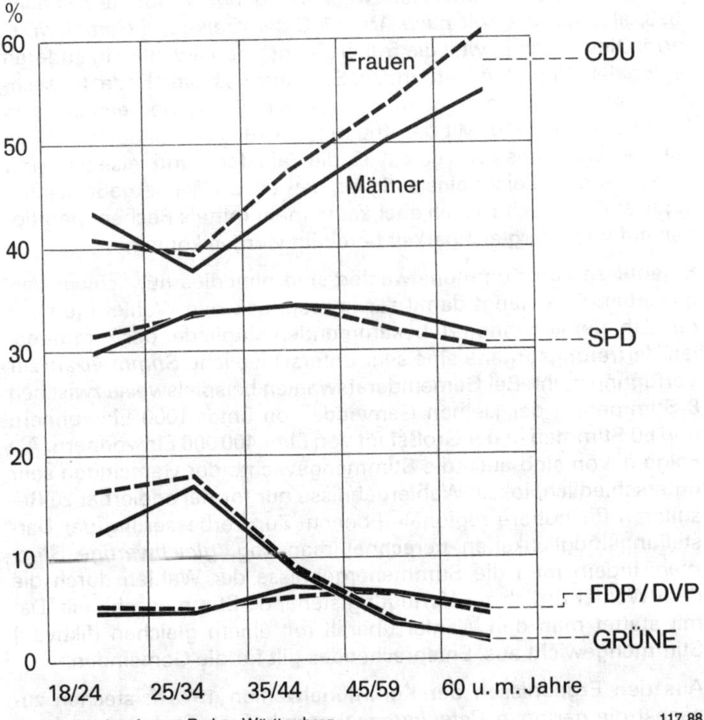

Statistisches Landesamt Baden-Württemberg 117 88

Parteien, die zwar den Einzug ins Landesparlament nicht erreichten, insgesamt aber 5,2% der gültigen Stimmen auf sich vereinigen konnten. Das waren vor allem die NPD (2,1%), die ÖDP (1,4%) und die REPUBLIKANER (1,0%).

Schwer vergleichbar sind die Kommunalwahlen

Eine Darstellung von Ergebnissen der Kommunalwahlen in Baden-Württemberg beschränkt sich zweckmäßigerweise auf die Zeit nach 1973, also auf die Zeit *nach Abschluß der Kreis- und Gemeindereform.* Dies deshalb, weil die früheren Kommunalwahlen in anderen regionalen Einheiten stattfanden. So zählte das Land Ende der sechziger Jahre 3379 Gemeinden, nach Abschluß der Gemeindereform 1975 nur noch 1110. Mit der Kreisreform 1973 verminderte sich die Zahl der Landkreise von 63 auf 35, die Zahl der Stadtkreise blieb mit 9 unverändert. Leicht einsichtig ist, daß davon Wahlergebnisse beeinflußt sind, nachträglich aber kaum mehr mittels Rechenoperationen auf volle Vergleichbarkeit bereinigt werden können.

Ergebnisse von Kommunalwahlen sind ohnedies nur schwer vergleichbar. Dies hängt damit zusammen, daß den Wählern je nach der Zahl der von ihnen zu bestimmenden Mitglieder der kommunalen Vertretungsorgane eine sehr unterschiedliche *Stimmenzahl* zur Verfügung steht. Bei Gemeinderatswahlen beispielsweise zwischen 8 Stimmen in der kleinen Gemeinde von unter 1000 Einwohnern und 60 Stimmen in der Großstadt von über 400 000 Einwohnern. Als Folge davon sind auch die Stimmengewichte der Gemeinden sehr unterschiedlich, lokale Wahlergebnisse nur formal addierbar zu Resultaten für höhere regionale Ebenen. Zur Verbesserung der Darstellungsmöglichkeiten berechnet man sog. *gleichwertige Stimmen,* indem man die Stimmenergebnisse der Wahlen durch die dem Wähler örtlich zur Verfügung stehende Stimmenzahl teilt. Damit stattet man den Wähler überall mit einem gleichen (fiktiven) Stimmengewicht aus. Entsprechendes gilt für die Gemeinden.

Aus den Ergebnissen der Kommunalwahlen 1973ff. stechen zunächst die geringen *Beteiligungsquoten* hervor. So haben sich an den Gemeinderatswahlen knapp zwei Drittel der Wahlberechtigten, an den Kreistagswahlen bisweilen gar fast nur die Hälfte beteiligt. Vielleicht drückt sich darin die mangelnde Verbindung des Wahlbürgers mit örtlichen Angelegenheiten aus. Dies paßt zusammen mit den Beobachtungen über die Beteiligung an Landtags- und Bundestagswahlen: Je weiter sich die in Wahlen angesprochene politische Ebene vom Örtlichen entfernt, desto höher die Quote der Wahlbeteiligung.

Starke Position der Wählervereinigungen

Prägender Akzent von Kommunalwahlen in Baden-Württemberg ist die Position der Wählervereinigungen. Ihr Anteil ist, unter Berücksichtigung gewisser Abgrenzungs- und Meßschwierigkeiten, bei den Gemeinderatswahlen auf ein Drittel und bei den Kreistagswahlen auf ein Fünftel zu veranschlagen. Entsprechend geringer ist der Spielraum politischer Parteien. 1984, als sowohl Landtags- als auch Gemeinderatswahlen stattfanden, erhielt die CDU bei den Wahlen zu den Gemeindeparlamenten fast 16 Prozentpunkte weniger, die SPD knapp neun und die FDP/DVP stark vier. Ihre Hauptdomäne haben die Wählervereinigungen in kleineren und mittleren Gemeinden. So erlangten sie bei den Gemeinderatswahlen 1984 in den Gemeinden von unter 1000 Einwohnern 84% aller gültigen Stimmen, in den Gemeinden von 5000 bis 10000 Einwohnern 33%, in den Großstädten aber nur rund 10%.

Im Grenzbereich zwischen politischen Parteien und Wählervereinigungen angesiedelt sind deren *gemeinsame Wahlvorschläge.* Sie erlangen bei Kommunalwahlen einen Anteil in der Größenordnung von 5%. Hauptsächlich beteiligt daran ist die CDU mit der Hälfte der darauf entfallenden Stimmen, weit weniger die FDP/DVP mit einem knappen Drittel, gar nur mit einem Zehntel die SPD. Das bedeutet, daß man die Anteile politischer Parteien mit entsprechend unterschiedlichen Aufschlägen versehen muß, also z. B. bei den Gemeinderatswahlen 1984 die 36,2% der CDU, die 23,6% der SPD und die 2,9% der FDP/DVP.

Ergebnisse der Gemeinderatswahlen 1984 und 1980 sowie der Kreistagswahlen 1984 und 1979 in Baden-Württemberg

Bezeichnung	Einheit	Wahl der Gemeinderäte		Wahl der Kreisräte	
		1984	1980	1984	1979
Wahlberechtigte	Anzahl	6520674	6248257	6338120	5008744
Wähler	Anzahl	4026814	3909811	3336862	2558212
Wahlbeteiligung	%	61,8	62,6	62,5	51,1
Ungültige Stimmzettel	Anzahl	151775	203158	141835	32608
	%	3,8	5,2	4,3	1,3
Errechnete gleichwertige Stimmen insgesamt	Anzahl	3508100	3458413	3085717	2487538
Bei Mehrheitswahl	Anzahl	38049	75440	–	–
	%	1,1	2,2	–	–
Bei Verhältniswahl	Anzahl	3470051	3382973	3085717	2487538
Davon:					
CDU	Anzahl	1256630	1281743	1305268	1177673
	%	36,2	37,9	42,3	47,3
SPD	Anzahl	818959	906231	741104	698450
	%	23,6	26,8	24,0	28,1
FDP/DVP	Anzahl	100936	134925	132480	119555
	%	2,9	4,0	4,3	4,8
GRÜNE	Anzahl	171922	37230	276005	13197
	%	5,0	1,1	8,9	0,5
Andere Parteien sowie gemeinsame Wahlvorschläge von Parteien	Anzahl	15754	13086	4078	5782
	%	0,5	0,4	0,1	0,2

Bezeichnung	Einheit	Wahl der Gemeinderäte		Wahl der Kreisräte	
		1984	1980	1984	1979
Gemeinsame Wahlvorschläge von Parteien und Wählervereinigungen	Anzahl	156 616	189 113	106 520	120 573
	%	4,5	5,6	3,5	4,8
Wählervereinigungen	Anzahl	949 235	820 645	520 264	352 308
	%	27,4	24,3	16,9	14,2
Gewählte Gemeinde-/Kreisräte insgesamt (jeweils in Klammern: darunter Ausgleichssitze)	Anzahl	20028 (1278)	19852 (1059)	2298 (280)	2179 (196)
Bei Mehrheitswahl	Anzahl	954	1464	–	–
Bei Verhältniswahl	Anzahl	19074 (1278)	18388 (1059)	2298 (280)	2179 (196)
Davon:					
CDU	Anzahl	6497 (112)	6550 (106)	1006 (6)	1057 (12)
SPD	Anzahl	3450 (388)	3642 (391)	545 (49)	606 (63)
FDP/DVP	Anzahl	248 (61)	332 (74)	86 (52)	95 (59)
GRÜNE	Anzahl	474 (135)	54 (17)	193 (108)	12 (4)
Andere Parteien sowie gemeinsame Wahlvorschläge von Parteien	Anzahl	17 (8)	16 (5)	2	1
Gemeinsame Wahlvorschläge von Parteien und Wählervereinigungen	Anzahl	1188 (88)	1311 (82)	81 (9)	101 (8)
Wählervereinigungen	Anzahl	7200 (486)	6483 (384)	385 (56)	307 (50)

22 000 Mandatsträger in Gemeinden und Kreisen

1984 wurden in Baden-Württemberg 22 326 Mitglieder der kommunalen Vertretungen gewählt, und zwar 20 028 Gemeinderäte und 2298 Kreisräte. Von der Gesamtzahl der Sitze entfielen 7503 auf die CDU, 3995 auf die SPD, 667 auf die GRÜNEN, 334 auf die FDP/DVP und 19 auf sonstige politische Parteien. Auf alle Parteien zusammen kamen demnach 12 518 Sitze. Ihnen stehen die 7585 Sitze der Wäh-

Wahlbeteiligung und Stimmenverteilung bei den Gemeinderatswahlen 1984 nach Gemeindegrößenklassen

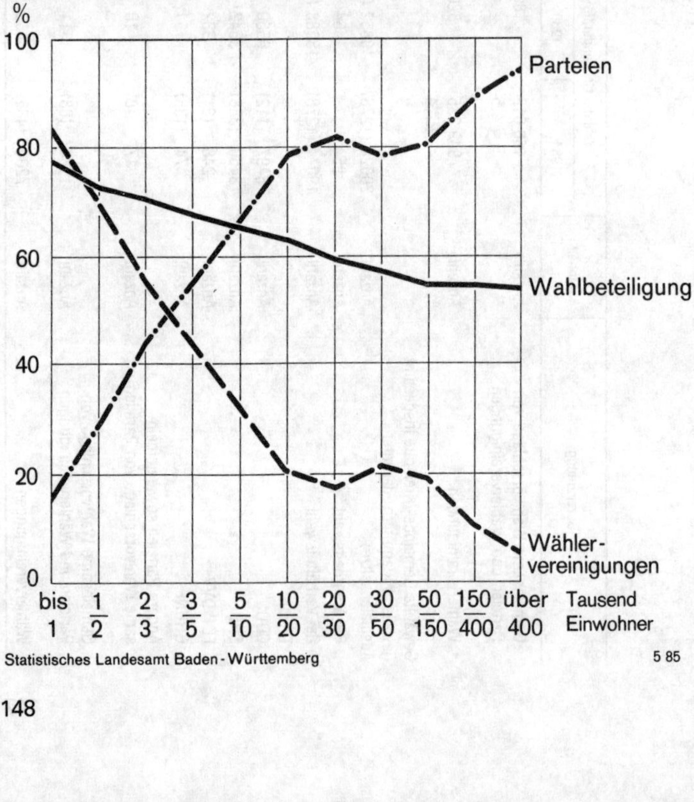

Statistisches Landesamt Baden-Württemberg 5 85

lervereinigungen gegenüber. Dazu kommen 1269 Sitze, die auf gemeinsame Wahlvorschläge von Wählervereinigungen und Parteien zu verteilen waren. Der Vollständigkeit halber noch zu erwähnen sind die 954 Gemeinderatssitze, die 1984 bei Mehrheitswahl vergeben wurden. Zusammenfassend kann man feststellen, daß sich die Sitze auf Parteien und Wählervereinigungen im Verhältnis 3:2 verteilen.

In der wahlberechtigten Bevölkerung haben die Frauen eine deutliche Mehrheit

Baden-Württemberg hat derzeit eine Wahlbevölkerung von 6,87 Mill. Personen. Davon sind 3,22 Mill. Männer und 3,65 Mill. Frauen. Die weibliche Wahlbevölkerung ist demnach um fast eine halbe Million größer als die männliche. Zur Verdeutlichung dieser absoluten Mehrheit der Frauen mag der politische Vergleich dienen, wonach in keinem Bundesland eine Partei – mit Ausnahme der CSU in Bayern – eine ähnliche dominierende Position besitzt wie die Frauen in der wahlberechtigten Bevölkerung. In der nüchternen Sprache der Statistik ausgedrückt: Auf 1000 wahlberechtigte Männer kommen gegenwärtig 1136 Frauen, das ist rund ein Sechstel mehr.

Von der gesamten Wahlbevölkerung sind 306000, knapp 4,45%, noch nicht 21 Jahre alt. Zu den jungen Wahlberechtigten zählen auch die 1,33 Mill. Personen zwischen 21 und 29 Jahren, rund 19% der Gesamtzahl. Insgesamt ist damit ein knappes Viertel (23,77%) der Wahlbevölkerung weniger als 30 Jahre alt. Die Hälfte (48,98%) steht im Alter zwischen 30 und 59 Jahren. Am oberen Ende der Altersskala angesiedelt ist ein starkes Viertel (27,24%) der Wahlberechtigten, nämlich die 1,87 Mill. Menschen im Rentenalter von 60 Jahren und darüber.

Zum Landtag und zu den Gemeinderäten der 1110 Gemeinden sind alle 6,87 Mill. zur Wahlbevölkerung zählenden Personen wahlberechtigt. 5,33 Mill. Baden-Württemberger sind darüber hinaus aufgerufen, die Kreistage der 35 Landkreise zu wählen.

HERBERT A. WEINACHT

Die Gemeindefinanzen im Rahmen der Finanzverfassung der Bundesrepublik

Das Recht der Gemeinden auf eigene Finanzausstattung

Die kommunale Selbstverwaltung ist ein wesentlicher Bestandteil der verfassungsrechtlichen und politischen Ordnung der Bundesrepublik Deutschland. Das *Grundgesetz* gewährleistet den Städten, Gemeinden und Kreisen das Recht auf Selbstverwaltung (Artikel 28 Abs. 2).[1]

Dieses berechtigt alle Bürger, an der Gestaltung des Lebens der örtlichen Gemeinschaft mitzuwirken. Selbstverwaltung setzt das Recht auf eigene Finanzausstattung und die Verfügungsbefugnis hierüber voraus. Die Bürgerschaft übt die Selbstverwaltung durch von ihr gewählte Organe aus.

Die Mitverantwortung des Bundes für die Funktionsfähigkeit und den Handlungsspielraum der kommunalen Selbstverwaltung hat die Bundesregierung in dieser Legislaturperiode erneut bekräftigt. So hat der Bundeskanzler vor dem Bundesrat am 15. Mai 1987 ausgeführt: „Für unsere Demokratie ist die Bürgernähe der Gemeinden von fundamentaler Bedeutung. Die Bundesregierung wird daher auch in Zukunft darauf hinwirken, daß den Gemeinden der notwendige Handlungsspielraum erhalten bleibt."[2]

Im *bundesstaatlichen Gefüge* stellen Städte, Gemeinden und Kreise neben Bund und Ländern die dritte sog. kommunale Ebene dar. Zur

Sicherung der kommunalen Selbstverwaltung gewährleistet ihnen das Grundgesetz das Recht auf eigene Finanzausstattung (Art. 106 Abs. 5–9). Die Bundesregierung bekennt sich nachdrücklich zu ihrer Mitverantwortung für die Finanzausstattung der Kommunen. Nach der Finanzverfassung liegt jedoch die *Hauptverantwortung* für die kommunale Finanzausstattung *bei den Ländern.* Hierzu führt die Bundesregierung aus:

„Nach dem im Grundgesetz angelegten zweistufigen Staatsaufbau gehören die Gemeinden zum Bereich der Länder. Das Grundgesetz teilt daher die staatlichen Aufgaben grundsätzlich nur zwischen Bund und Ländern. Ob Aufgaben der Länder von Landes- oder Kommunalbehörden wahrgenommen werden, ist hauptsächlich landesinternen Regelungen überlassen. Das gilt auch für die Entscheidung, wer im Verhältnis zwischen Ländern und Gemeinden eine öffentliche Aufgabe zu finanzieren hat. Der Bund hat grundsätzlich keinen Einfluß darauf, wen landesintern die Finanzierungslast für Aufgaben trifft, die nach Art. 104 a in der Finanzierungszuständigkeit der Länder liegen.

Diese Ausgangslage macht deutlich, daß nach Art. 106 ff. die Hauptverantwortung für die Ausstattung der Gemeinden mit den für die Erfüllung ihrer Aufgaben erforderlichen Finanzierungsmitteln bei den Ländern liegt. Die den Gemeinden vom Grundgesetz selbst oder vom Grundgesetz in Verbindung mit einem Bundesgesetz zugewiesenen Steuereinnahmen (Realsteuern, Beteiligung der Gemeinden an der Einkommensteuer) können vom System unserer Finanzverfassung daher immer nur einen Teil der Finanzausstattung der Gemeinden decken. Es liegt in der Verantwortung der Länder, welche Finanzmittel ihre Gemeinden darüber hinaus erhalten und wie hoch demgemäß letztlich die Finanzausstattung ihrer Gemeinden ist. Das kommt auch deutlich in Art. 106 Abs. 7 zum Ausdruck. Die Zuständigkeit des Bundes für die Kommunalfinanzen ist auf globale gesetzgeberische Maßnahmen beschränkt. Eine grundsätzliche Verbesserung der Gemeindefinanzen i. S. eines Ausgleichs zwischen finanzstarken und finanzschwachen Gemeinden gehört nicht zu den Aufgaben des Bundes und ist mit globalen Maßnahmen auch nicht zu erreichen. Der Ausgleich des Steuerkraftgefälles kann daher nur durch die Länder über den kommunalen Finanzausgleich herbeigeführt werden."[3]

Innerhalb der verfassungsrechtlichen und politischen Ordnung der Bundesrepublik wird das Recht auf kommunale Selbstverwaltung auch nach der baden-württembergischen *Landesverfassung* (LV) „den Gemeinden, den Gemeinde- und Zweckverbänden" garantiert (Art. 71 LV). Das Land ist von Verfassungs wegen verpflichtet, dafür zu sorgen, daß die kommunale Ebene ihre Aufgaben erfüllen kann (Art. 73 LV). Gemeinden, Gemeinde- und Zweckverbände dürfen eigene Steuern und Abgaben „nach Maßgabe der Gesetze" erheben. Das Land beteiligt sie außerdem im Rahmen des kommunalen Finanzausgleichs am Steueraufkommen des Landes.

Zentrale Bedeutung als vorrangige Verfassungsnorm hat die *Finanzverfassung* des Grundgesetzes.[4] Sie enthält die verfassungsrechtlichen Vorschriften, die Bund und Länder – einschließlich der kommunalen Körperschaften – befähigen sollen, ihre eigenen sowie die vom Bund übertragenen Aufgaben zu erfüllen. Sofern die Länder und mit ihrer Hilfe die kommunalen Körperschaften dazu nicht imstande sind, muß der Bund hierzu die gesetzgeberischen Maßnahmen treffen.

Die Grundzüge der Finanzverfassung der Bundesrepublik Deutschland

Die Finanzverfassung des Grundgesetzes regelt die Lasten- und Mittelverteilung zwischen Bund und Ländern.

Wer die *Lasten (Ausgaben)* trägt, bestimmt sich grundsätzlich nach der Zuständigkeit für Aufgabe und Vollzug. Von besonderer Tragweite ist die Beteiligung des Bundes an den Ausgaben der Länder bei den Geldleistungsgesetzen, den Gemeinschaftsaufgaben und besonders bedeutsamen Investitionen der Länder und der kommunalen Körperschaften.

Von Anfang an hart umstritten sind die verfassungsrechtlichen Entscheidungen über die *Mittel-(Einnahmen-)Verteilung* im bundesstaatlichen Gefüge, der Finanzausgleich zwischen Bund und Ländern, der Länder untereinander und die besonderen Finanzzuweisungen des Bundes.

Die Finanzverfassung wird durch die *Finanzreform* 1970 erheblich umgestaltet. Diese Änderung trägt der Tatsache Rechnung, daß sich in der Verfassungswirklichkeit seit 1949 ein Trend zu immer stärkerer Vereinheitlichung abzeichnet. Auf der Verwaltungsebene etablierte sich eine Bund, Länder und Gemeinden übergreifende Planung durch den *Finanzplanungsrat.* Dessen Beratungen sind auf eine Koordinierung der Haushalte von Bund, Ländern und Gemeinden gerichtet. Nach dem Haushaltsgrundsätzegesetz gehören dem Finanzplanungsrat unter Vorsitz des Bundesministers der Finanzen der Bundesminister für Wirtschaft, die für Finanzen zuständigen Minister der Länder sowie vier Vertreter der kommunalen Spitzenverbände an. Die Koordinierungsfunktion des Rats für die Aufstellung der Haushalts- und Finanzplanungen sowie für einen den gesamtwirtschaftlichen Erfordernissen entsprechenden Haushaltsvollzug ist aber durch die verfassungsrechtlich garantierte Selbständigkeit der Haushaltswirtschaft von Bund und Ländern begrenzt.

Besonders bedeutsame Aufgaben finanzieren Bund und Länder gemeinsam. Diese Tatsache wird durch das Schlagwort vom „kooperativen Föderalismus" charakterisiert. Typisch für die um sich greifende Praxis ist eine Finanzpolitik, die die nachgeordneten Ebenen „mit dem goldenen Zügel" lenkt und durch finanzielle Dotationen beeinflußt. Zur „Angebotsdiktatur" des Bundes parallel entwickelt sich in den Ländern „die Töpfchenwirtschaft" zweckgebundener Zuweisungen gegenüber den kommunalen Körperschaften.

In ihren Grundzügen sieht die grundgesetzliche Finanzverfassung heute so aus:

Jede Ebene trägt grundsätzlich die Ausgaben, die sich aus der Wahrnehmung ihrer Aufgaben ergeben. Führen die Länder Gesetze „im Auftrag des Bundes aus, so trägt der Bund die sich daraus ergebenden Ausgaben, jedenfalls soweit es sich um Sachausgaben handelt (Art. 104 a Abs. 1 und 2). Bundesgesetze, die Geldleistungen gewähren und von den Ländern ausgeführt werden, können bestimmen, daß die Geldleistungen ganz oder zum Teil vom Bund getragen werden. Bestimmt das Gesetz, daß die Länder mindestens ein Viertel der Ausgaben tragen, so bedarf es der Zustimmung des Bundesrates (Art. 104 a Abs. 3). Sonderlasten, die der Bund verursacht, zum Beispiel für Kasernenbauten, hat er den Ländern und Gemeinden zu ersetzen (Art. 106 Abs. 8). Im übrigen trägt die jeweilige Verwaltungsebene ihre Sach- und Personalkosten selbst (Art. 104 a Abs. 5).

Umfang und politische Grenzen der Mischfinanzierung

Die verfassungsrechtliche Festschreibung der Mischfinanzierung bei Länder- und kommunalen Aufgaben ist ein Kernstück der Finanzreform 1970. Hierbei geht es den Ländern und den kommunalen Körperschaften insbesondere um die verfassungsrechtliche Anerkennung ihrer Mitbestimmung und Mitsprache bei der Mittelverwendung. Dies ist nunmehr dadurch gewährleistet, daß entsprechende Ausführungsgesetze der Zustimmung des Bundesrates bedürfen oder Verwaltungsvereinbarungen zwischen Bund und Ländern getroffen werden.

Mischfinanzierungen finden vor allem statt

- bei den *Gemeinschaftsaufgaben* (Art. 91 a und 91 b). Das sind Länderaufgaben, an deren Erfüllung der Bund wegen ihrer gesamtstaatlichen Bedeutung mitwirkt, z. B. bei Hochschulen, Kliniken, der Verbesserung der regionalen Wirtschaftsstruktur, der Agrarstruktur, des Küstenschutzes, bei Bildungsplanung und bei wissenschaftlicher Forschung von überregionaler Bedeutung;
- bei *Finanzhilfen des Bundes* für besonders bedeutsame Investitionen der Länder und Gemeinden (Art. 104 a Abs. 4). Hierunter fallen Konjunkturförderungsmaßnahmen („zur Abwehr einer Störung des gesamtwirtschaftlichen Gleichgewichts") und längerfristige Finanzhilfen für besonders bedeutsame Investitionen der Länder und Gemeinden, die zum Ausgleich unterschiedlicher Wirtschaftskraft im Bundesgebiet oder zur Förderung des wirtschaftlichen Wachstums erforderlich sind.

Das Ausmaß der Finanzhilfen des Bundes an die Länder ist ständig gewachsen. Nach der gemeinsamen Auffassung von Bund und Ländern ist das erreichte Niveau von Mischfinanzierungen aber änderungsbedürftig, um die politische Verantwortung des Bundes und der Länder jeweils klar herauszustellen. Deshalb bemühen sich Bund und Länder langfristig um den Abbau von Mischfinanzierungen.

Finanzhilfen sind auch 1989 weiter vorgesehen zur Verbesserung der Verkehrsverhältnisse der Gemeinden, für die Stadtsanierung und -entwicklung, für den sozialen Wohnungsbau, insbesondere für Aussiedler etc.

Der Bund stellt ab 1989 zum Ausgleich unterschiedlicher Wirtschaftskraft Finanzhilfen nach Art. 104a Abs. 4 in Höhe von jährlich 2,4 Mrd. DM bis einschließlich 1998 an strukturschwache Länder bereit. Er setzt die im Volumen beträchtlichen Bundesmittel ein, um zur Bewältigung der regionalen Strukturprobleme – unbeschadet der Verantwortung der Länder für die Strukturpolitik und die landesinterne Verteilung der Mittel – beizutragen. Baden-Württemberg und Hessen gehören nicht zu den Empfängerländern der Finanzhilfe.

Steuergesetzgebung und Steuerverwaltung

Die *Steuergesetzgebung* ist *grundsätzlich Bundessache* (Art. 105). Dies gilt auch, wenn das Steueraufkommen den Ländern und Gemeinden zufließt. Die Gesetzgebungsbefugnis über die *örtlichen Verbrauch- und Aufwandsteuern* steht den Ländern zu, soweit sie nicht bundesgesetzlich geregelten Steuern gleichartig sind. Die Befugnis zur Erhebung örtlicher Verbrauch- und Aufwandsteuern hat das Land auf Städte und Gemeinden übertragen (Art. 73 Abs. 2 LV, § 6 Kommunalabgabengesetz – KAG –). Zu diesen Steuern gehören die Vergnügungs- und Getränkesteuer, die Einwohner- und Zweitwohnungssteuer, die Speiseeis- und Schankerlaubnissteuer. Weitere örtliche Verbrauch- und Aufwandsteuern können aufgrund des Steuerfindungsrechts nach § 6 Abs. 2 KAG eingeführt werden, z. B.

auf das Halten von Motorbooten, Pferden, Rundfunk- und Fernsehgeräten sowie auf die Veröffentlichung von Anzeigen und Inseraten (Reklamesteuer). Den Landkreisen steht das Steuerfindungsrecht nicht zu. Die Landkreise dürfen aber Jagdsteuersatzungen erlassen (§ 7 Abs. 3 KAG).

Die Steuerverwaltung ist *grundsätzlich Ländersache* (Art. 108). Zur Verwaltungskompetenz gehören die Festsetzung, Erhebung und Prüfung von Steuern und die Entscheidung über Steuern in Streitfällen. Verwalten die Landesbehörden Steuern, die ganz oder zum Teil dem Bund zufließen – Gemeinschaftssteuern –, so werden sie „im Auftrag des Bundes" tätig. Fließen die Steuern den Gemeinden oder Landkreisen zu, können die Länder ihre Verwaltungsbefugnis ganz oder zum Teil auf die kommunale Ebene übertragen. Bei den Realsteuern – Grund- und Gewerbesteuer – teilen sich das Land (Festsetzung und Zerlegung des Steuermeßbetrags) und die Gemeinden (Festsetzung der Steuer) in die Verwaltungsbefugnis. Die Verwaltung der örtlichen Verbrauch- und Aufwandsteuern liegt bei der kommunalen Ebene.

Ein Blick auf die öffentlichen Haushalte von Bund, Ländern und Gemeinden im Kalenderjahr 1988

Die Entwicklung der öffentlichen Haushalte ist 1988 geprägt durch die finanzpolitische Strategie zur Förderung von Wachstum und Beschäftigung, in deren Mittelpunkt die *Steuerreform* steht, und durch ein gesamtwirtschaftliches Umfeld, das sich weiterhin im Zeichen der außenwirtschaftlichen Anpassung befindet. Die dreistufige Steuerreform 1986/88/90 bringt – einschließlich der verbesserten Abschreibungsbedingungen für Betriebsgebäude – für Arbeitnehmer und Unternehmer insgesamt Steuerentlastungen von netto ca. 50 Mrd. DM. Das sind rd. 2,5% des Bruttosozialproduktes. Dieses beträgt 1988 2096 Mrd. DM, die Ausgaben und Einnahmen der öffentlichen Haushalte betragen insgesamt 671,5 Mrd. DM bzw. 606 Mrd. DM, der Finanzierungssaldo (Defizit) 65,5 Mrd. DM.[5]

Im einzelnen betragen die *Ausgaben, Einnahmen* und der *Finanzie-*

rungssaldo des *Bundes* 1988 275,5, 235,5 und 39,5 Mrd. DM, der *Länder* 270, 248,5 und 21,5 Mrd. DM und der *Gemeinden* 183,5, 180,5 und 3 Mrd. DM.[6] Setzt man die Steuereinnahmen der öffentlichen Haushalte ins Verhältnis zum Sozialprodukt, so ergibt sich 1988 eine volkswirtschaftliche *Steuerquote* von 22,9%. Der Anteil der *direkten zu den indirekten Steuern* am Steueraufkommen beträgt 59,2% zu 40,8%. Der *Anteil von Bund, Ländern, Gemeinden und Europäischer Gemeinschaft am Steueraufkommen* beläuft sich 1988 auf 45,2%, 36%, 13,9% und 5%. Gliedert man das Steueraufkommen nach *Steuergruppen,* so entfallen auf Steuern vom Einkommen und Vermögen 58,8%, Steuern vom Vermögensverkehr 1,3%, Steuern von der Einkommensverwendung 39,9%.[7]

Wichtigste Einnahmequelle für Bund und Länder sind die Gemeinschaftssteuern (Steuerverbund)

Die *Steuereinnahmen* der öffentlichen Haushalte, die 1988 rd. 80% (= 480,5 Mrd. DM) der *Gesamteinnahmen* von 606 Mrd. DM ausmachen, nehmen von 1988 bis 1991 um insgesamt rd. 50 Mrd. DM oder 10,5% zu. Die *Einnahmeentwicklung* in den einzelnen Jahren wird beeinflußt durch die stufenweise in Kraft tretende Steuerreform 1986/88/90. Insbesondere im Jahr 1990 (dritte Stufe der Steuerreform) wird sich der Einnahmezuwachs der öffentlichen Haushalte zwar verlangsamen, aber weiter positiv bleiben. Auf die Entwicklung der *Gesamteinnahmen der Gemeinden* wirkt sich der durch die Steuerreform bedingte geringere Anstieg der Steuereinnahmen schwächer aus als bei Bund und Ländern, da der Anteil der Steuereinnahmen an den Gesamteinnahmen bei den Gemeinden deutlich niedriger ist als bei Bund und Ländern.[8]

Die wichtigste Einnahmequelle für Bund und Länder sind die Gemeinschaftssteuern, zu denen seit 1970 auch die bis dahin allein dem Bund zufließende *Umsatzsteuer* (Mehrwertsteuer) und *Einfuhrumsatzsteuer* gehören (Art. 106 Abs. 3). Die Gemeinschaftssteuern – *Lohnsteuer, veranlagte Einkommensteuer, Körperschaftsteuer und Umsatzsteuer* – nebst *Gewerbesteuerumlage* umfassen

1988 etwa 70% (359,6 Mrd. DM) des Gesamtsteueraufkommens von 480,6 Mrd. DM. Die restlichen Steuern werden auf Bund, Länder und Gemeinden nach Steuerarten augeteilt.

Beteiligungsverhältnis an Lohnsteuer, veranlagter Einkommensteuer und Körperschaftsteuer

Bund und Länder sind an der Lohnsteuer und veranlagten Einkommensteuer nach Abzug des Gemeindeanteils von 15%[9] sowie an der Körperschaftsteuer je zur Hälfte beteiligt (Art. 106 Abs. 3 Satz 2). Die Länder sichern sich damit einen festen Anteil an diesen dynamischen Steuerquellen, d. h. an der Lohn- und Einkommensteuer, von 42,5% und an der Körperschaftsteuer von 50%. Die Gewerbesteuerumlage entfällt je zur Hälfte auf Bund und Länder (Art. 106 Abs. 6 Satz 4 und 5).[9]

Wie Lohnsteuer, veranlagte Einkommensteuer und Körperschaftsteuer unter den Ländern verteilt werden

Nach Art. 107 Abs. 1 werden die Landessteuern und der Länderanteil an den Gemeinschaftssteuern – Lohnsteuer, veranlagte Einkommensteuer und Körperschaftsteuer – nach dem *örtlichen Aufkommen* verteilt. Dies kann bei der Lohnsteuer und der Körperschaftsteuer zu Ungerechtigkeiten führen, weil die Lohnsteuer am Sitz des Arbeitgebers ohne Rücksicht auf den Wohnsitz des Arbeitnehmers, die Körperschaftsteuer am Sitz der Firma ohne Rücksicht, ob das Ergebnis in einer Betriebsstätte außerhalb des steuerberechtigten Landes erzielt wird, erhoben werden. Das örtliche Aufkommen der Lohnsteuer und der Körperschaftsteuer ist deshalb zu zerlegen. Das Nähere regelt das *Zerlegungsgesetz.*[10]

Landessteuern sind die Vermögensteuer, die Erbschaftsteuer, die Kraftfahrzeugsteuer, die Grunderwerbsteuer, die Feuerschutzsteuer, die Biersteuer und die Abgabe von Spielbanken etc.

Ein komplizierter Finanzausgleich zwischen Bund und Ländern und zwischen den Ländern untereinander

Das *Gesetz über den Finanzausgleich zwischen Bund und Ländern* – FAG-Bund[11] – hat für deren Finanzbeziehungen zentrale Bedeutung. Es bedarf der Zustimmung des Bundesrates. Es regelt

– das Beteiligungsverhältnis von Bund und Ländern an der Umsatzsteuer,
– die Verteilung der Umsatzsteuer unter den Ländern (1. Stufe des horizontalen Finanzausgleichs),
– den Finanzausgleich unter den Ländern (2. Stufe des horizontalen Finanzausgleichs),
– die Verteilung des Länderanteils an der Gewerbesteuerumlage unter den Ländern und
– die Gewährung von Ergänzungszuweisungen durch den Bund.

Ziel des Gesetzes sind die gleichmäßige Deckung der notwendigen Ausgaben von Bund und Ländern und ein angemessener Ausgleich der unterschiedlichen Finanzkraft der Länder. Unter dem Begriff Finanzausgleich ist die Verteilung des Steueraufkommens einschließlich notwendiger Korrekturen durch Ausgleichszahlungen zu verstehen, und zwar zwischen Bund und Ländern einschließlich deren Gemeinden *(vertikal)* sowie zwischen den Ländern untereinander *(horizontal)*. Die Festsetzung des Anteilsverhältnisses an der Umsatzsteuer zwischen Bund und Ländern wird häufig als „vertikaler Finanzausgleich" gewertet.

Das Beteiligungsverhältnis von Bund und Ländern an der Umsatzsteuer ist variabel

Das Beteiligungsverhältnis von Bund und Ländern an der Umsatzsteuer ist variabel (Art. 106 Abs. 3 und 4). Es wird in § 1 FAG-Bund geregelt. Es betrug 1982 für den Bund 67,5%, für die Länder 32,5%. Seit 1982 ist der Umsatzsteueranteil der Länder um 2,5 Prozentpunkte erhöht worden. Er beträgt für 1986 und 1987 65% für den Bund und 35% für die Länder. Für die Jahre ab 1988 sind die Anteilssätze neu festzulegen. Die Verhandlungen zwischen Bund und Ländern zur Neufestlegung des Beteiligungsverhältnisses sind aber noch nicht abgeschlossen. Die Festsetzung des Anteilsverhältnisses hat die aufgabengerechte Finanzausstattung auf der Grundlage einer mehrjährigen Finanzplanung zu berücksichtigen. Das Anteilsverhältnis ist neu festzusetzen, wenn sich das Verhältnis zwischen den Einnahmen und Ausgaben des Bundes und der Länder wesentlich anders entwickelt.

Wie das Umsatzsteueraufkommen unter den Ländern verteilt wird

Der *horizontale* Finanzausgleich ist kompliziert und nicht leicht durchschaubar. Er strebt einen angemessenen Ausgleich der unterschiedlichen Finanzkraft der Länder an, er ist im wesentlichen ein *Steuerkraftausgleich.*

Der Länderanteil an der Umsatzsteuer wird zu 75% im Verhältnis der Einwohnerzahl der Länder verteilt. Die restlichen 25% können abweichend vom Einwohnerschlüssel vorab finanzschwachen Ländern zugewiesen werden.

Diese sog. 1. Stufe des horizontalen Finanzausgleichs (Art. 107 Abs. 1 Satz 4) wird auch als *Umsatzsteuerausgleich* bezeichnet (§ 2 FAG-Bund).

Die 2. Stufe des horizontalen Finanzausgleichs (Art. 107 Abs. 2) hat ergänzende Funktion (§§ 4–11 FAG-Bund). Konkrete Belastungen einzelner Länder werden grundsätzlich nicht anerkannt. Neben der Finanzkraft der Länder wird auch die Finanzkraft der Gemeinden zu 50% berücksichtigt. Die 2. Stufe des horizontalen Finanzausgleichs ist mit Wirkung vom 1. 1. 1987 neu geregelt. Die Änderung ist durch das Urteil des *Bundesverfassungsgerichts* vom 24. 6. 1986 (BVerfGE 72, 330 ff.) notwendig geworden, weil es den zweiten Abschnitt des FAG-Bund für verfassungswidrig erklärt hat. Im Länderfinanzausgleich werden 1987 3,1 Mrd. DM umgeschichtet. Ausgleichs*pflichtig* ist an erster Stelle das Land Baden-Württemberg mit 1,9 Mrd. DM.

Zur Herstellung eines verfassungsrechtlichen Zustands beim Finanzausgleich unter den Ländern sind folgende gesetzliche Änderungen[12] getroffen worden:

– Einbeziehung der Grunderwerbsteuer, der Feuerschutzsteuer und der Spielbankabgabe in die Finanzkraft des Landes;
– volle Berücksichtigung der bergrechtlichen Förderabgabe;
– Streichung der bisherigen Sonderlastabzüge für das Saarland und Schleswig-Holstein;
– Erhöhung der Abgeltungsbeträge für Hafenlasten für Hamburg, Bremen und Niedersachsen;
– Gleichstellung der Verbandsgemeinden in Rheinland-Pfalz und der Samtgemeinden in Niedersachsen bei der Einwohnerwertung zum Ausgleich der Gemeindesteuern mit den Einheitsgemeinden in den übrigen Ländern;
– Gewährleistung der Finanzkraftrangfolge der ausgleichspflichtigen Länder;
– Streichung der bisher für die Stadtstaaten geltenden Hanseatenklausel.

Die *Gewerbesteuerumlage* steht den Ländern nach Maßgabe des örtlichen Aufkommens zu (Art. 106 Abs. 6 Satz 4 und 5; § 3 FAG-Bund).

Der Bund leistet ferner *Ergänzungszuweisungen,* deren Gesamtvolumen von bisher 1,5% auf 2% des Umsatzsteueraufkommens für die Jahre 1988 bis 1993 angehoben wird. Diese Ergänzungszuweisungen betragen 2,5 Mrd. DM für 1988 und rd. 2,6 Mrd. DM für 1989. Ihre Verteilung ist nach dem o. a. Urteil des Bundesverfassungsgerichts in § 11 a FAG-Bund grundlegend neu geregelt. Die Ergänzungszuweisungen richten sich nunmehr an den aktuellen Finanzkraftverhältnissen der leistungsschwachen Länder aus. Sonderlasten finanzschwacher Länder werden berücksichtigt. Ein verfassungsrechtlicher Zustand i. S. von Art. 107 Abs. 2 Satz 3 und Art. 106 Abs. 4 Satz 2 und 3 und Abs. 8 ist damit hergestellt.

Die Finanzausstattung der Gemeinden im einzelnen

Der Anteil der Steuereinnahmen aller Gemeinden beträgt 1988 66,65 Mrd. DM von insgesamt 480,6 Mrd. DM. Er gliedert sich in den 15%igen *Gemeindeanteil an der Lohnsteuer und veranlagten Einkommensteuer* von 29,85 Mrd. DM, die *Gewerbesteuer* – nach Abzug der Gewerbesteuerumlage – von 27,74 Mrd. DM und die übrigen kommunalen Steuern, die *Grundsteuer A* für landwirtschaftliche und die *Grundsteuer B* für sonstige Grundstücke sowie die *kommunalen Verbrauch- und Aufwandsteuern* von insgesamt 9,06 Mrd. DM. Im übrigen bestimmen die Länder, inwieweit sie die Städte, Gemeinden und Kreise an ihrem Anteil an den Gemeinschaftssteuern und an den Landessteuern beteiligen.

Diese Finanzausstattung ist den Kommunen gewährleistet, der Anteil am Aufkommen der Einkommensteuer nach Art. 106 Abs. 5, das Aufkommen der Realsteuern und der örtlichen Verbrauch- und Aufwandsteuern nach Art. 106 Abs. 6 und die Beteiligung der Kommunen am Länderanteil an den Gemeinschaftssteuern und ggf. an den Landessteuern nach Art. 106 Abs. 7. Die Finanzausstattung der Kommunen beruht auf der Finanzreform 1970. Sie war notwendig geworden, weil dringende Aufgaben der kommunalen Ebene nicht mehr mit den vorhandenen Einnahmen finanziert werden konnten. So öffnete sich die Schere zwischen den kommunalen Einnahmen und Ausgaben im Zeitraum von 1962 bis 1968 auf rd. 23%. Die Folge waren eine steigende Abhängigkeit der Kommunen von staatlichen Zuweisungen sowie ein den kommunalen Handlungsspielraum zunehmend verengender Verschuldungsgrad. Beim Inkrafttreten der Finanzreform 1970 verzeichneten die Kommunen den absolut höchsten *Schuldenstand* aller Gebietskörperschaften; auf sie entfielen rd. 40% der Verschuldung aus Kreditmarktmitteln.[13]

Kernstück der Finanzreform war der Tausch eines Teils der Gewerbesteuer – Gewerbesteuerumlage von ca. 40% – gegen eine Beteiligung an der Einkommensteuer von 14%. Der Beteiligungssatz der Gemeinden an der Einkommensteuer stieg 1980 auf 15%, die Gewerbesteuerumlage sank ab 1984 beim Hebesatz von 300% auf

17,33%. Eine vergleichbare Situation wie vor 1970 liegt nach Meinung der Bundesregierung heute nicht vor.[14]

So beträgt die *Kreditfinanzierungsquote* (Nettokreditaufnahme in v. H. der Gesamtausgaben) der Gemeinden 1987 nur 1,9%, während die Quoten des Bundes 10,2% und der Länder 7,2% betragen.[15] Daran ändert sich auch nichts Wesentliches im Zeitraum von 1988 bis 1991. Der Einnahmenzuwachs der öffentlichen Haushalte wird sich zwar verlangsamen, insbesondere 1990, wenn die dritte Stufe der Steuerreform in Kraft tritt, aber weiter positiv bleiben. Auf die Entwicklung der Gesamteinnahmen der Gemeinden wirkt sich der durch die Steuerreform bedingte geringere Anstieg der Steuereinnahmen schwächer aus als bei Bund und Ländern, da der Anteil der Steuereinnahmen an den Gesamteinnahmen bei den Gemeinden mit ca. 33⅓% deutlich geringer ist als bei Bund und Ländern.[16]

Verzicht auf die Gewerbesteuer als Teil der Reform der Unternehmensbesteuerung?

Um zu gewährleisten, daß die Bundesrepublik auch weiterhin ein international günstiger Wirtschaftsstandort bleibt, wird eine Reform der Unternehmensbesteuerung in der nächsten Legislaturperiode als unverzichtbar angesehen, da die Unternehmensbesteuerung Investitionsentscheidungen erheblich beeinflusse. Die Steuerbelastung der Unternehmen ist auch in anderen Industrieländern geringer geworden oder soll weiter zurückgeführt werden. Dabei steht als Teil der Unternehmensbesteuerung auch das weitere Schicksal der Gewerbesteuer auf dem Prüfstand. Der Verzicht auf die Gewerbesteuer ist ein schwieriges Problem, weil eine Regelung gefunden werden muß, die auch in Zukunft die steuerliche Eigenständigkeit der Städte und Gemeinden erhält.

Der Bundeskanzler hat mehrfach öffentlich zu Forderungen, die Gewerbesteuer abzuschaffen, Stellung bezogen. Danach bleibt die Gewerbesteuer der Kommunen so lange als wichtige Einnahmequelle erhalten, solange keine Ersatzlösung gefunden ist, die von allen Beteiligten mitgetragen werden kann und die den Gemeinden einen entsprechenden finanziellen Ausgleich bei Wahrung ihrer finanziellen Selbstverantwortung sichert.[17]

Zur Diskussion gestellte *Reformmodelle* zur Gewerbesteuer werden allerdings bisher entweder von den Kommunen oder der Wirtschaft abgelehnt. Auch die Länder, bei denen nach Art. 106 Abs. 5 und 9 die Hauptverantwortung für die Ausstattung der Kommunen mit den für die Erfüllung ihrer Aufgaben erforderlichen Finanzmitteln liegt, prüfen seit 1983 die mit der Neuordnung der Gemeindefinanzen verbundenen Fragen, vorläufig ohne Ergebnis. Die Abschaffung der Gewerbesteuer wird nur unter Berücksichtigung der haushaltspolitischen Möglichkeiten und des notwendigen Konsenses mit den Betroffenen Schritt für Schritt möglich sein.[18]

Einführung von Hebesätzen auf die Lohnsteuer und veranlagte Einkommensteuer?

Gelegentlich wird die Einführung von Hebesätzen auf den Gemeindeanteil an der Lohnsteuer und veranlagten Einkommensteuer nach Art. 106 Abs. 5 Satz 3 für eine zweckmäßige und praktikable Alternative zur Gewerbesteuer gehalten. Gegen die Einführung des gemeindlichen Hebesatzrechts für den Gemeindeanteil an der Einkommensteuer werden – selbst bei einer Differenzierung nach nur wenigen Hebesatzstufen – vor allem geltend gemacht:

- Das Hebesatzrecht würde zu einem hohen Verwaltungsmehraufwand für Betriebe und Finanzämter führen;
- die Einführung des zugelassenen Höchsthebesatzes würde sich im Ergebnis wie eine allgemeine Steuererhöhung auswirken;
- das Hebesatzrecht könnte zu prozyklischem Verhalten (Anhebung des Hebesatzes in einer Phase der Rezession) verleiten;
- die einheitliche Besteuerung durch die Einkommensteuer nach Maßgabe der steuerlichen Leistungsfähigkeit würde beeinträchtigt;
- Senkungen der Einkommensteuerbelastung könnten durch Anhebungen der Hebesätze unterlaufen werden;

– es entstünde die Gefahr ungerechtfertigter Mehrbelastungen in steuerschwächeren Gemeinden.[19]

Andere Modelle, z. B. das der Anrechnung der Gewerbesteuer bis zu einem bestimmten Hebesatz auf die Steuerschuld der Einkommen- und Körperschaftsteuer, sind ebenfalls problematisch. Der anrechenbare Teil der Steuer wirkt sich beim Steuerschuldner nicht als Gewerbe- und Realsteuer (Objektsteuer), sondern materiell als Einkommen- und Körperschaftsteuer aus. Dadurch ist die anzurechnende Steuer in ihrem Rechtscharakter berührt.

Die Finanzausstattung der Gemeinden beruht auf drei Säulen

Wie sieht nun die kommunale Finanzausstattung in Baden-Württemberg im einzelnen aus?

Die *Einnahmen* beruhen auf

- öffentlichen Abgaben (Steuern, Gebühren und Beiträgen),
- Finanzzuweisungen (allgemeinen und gezielten Zuweisungen innerhalb und außerhalb des – kommunalen – Finanzausgleichs) sowie
- Krediten.

Die *Gewerbesteuer* hat ihre beherrschende Stellung unter den Einnahmen der Gemeinden verloren, weil neben sie der Gemeindeanteil an der Einkommensteuer gleichrangig getreten ist. Sie wird von allen örtlichen Betrieben nach dem Ertrag und dem Kapital erhoben. Die Höhe der Gewerbesteuer richtet sich zum einen nach dem *Steuermeßbetrag,* den das Finanzamt jährlich festsetzt, und zum anderen nach einem *Hebesatz,* den der Gemeinderat bei der Verabschiedung des Haushalts ebenfalls jährlich neu beschließt. Unterhält ein Gewerbetreibender Betriebsstätten in mehreren Gemeinden, so zerlegt das Finanzamt den einheitlichen Steuermeßbetrag entsprechend. Der Gewerbesteuerbescheid wird von der Gemeinde erlassen. Die Gewerbesteuerhebesätze in Baden-Württemberg schwanken 1985 zwischen 285% und 395%. Der Durchschnittshebesatz beträgt 334%. Er liegt damit unter dem Bundesdurchschnitt aller Gemeinden (355%).[20]

Der *Umlagesatz* für die Gewerbesteuerumlage betrug bis 1979 etwa 37% des Gewerbesteueraufkommens (120% des Gewerbesteuermeßbetrags). Seit 1980 ist der Umlagesatz ständig gesenkt worden, so daß heute – bei einem Hebesatz von 300% – nur noch 17,33% des Gewerbesteueraufkommens von den Gemeinden an Bund und Land abgeführt werden muß.[21]

Das *Grundsteueraufkommen* ist von geringerer Bedeutung. Besteuerungsgrundlage ist der *Einheitswert* des land- und forstwirtschaftlichen Betriebs oder des Grundstücks, der sich an den Wertverhältnissen zum 1. 1. 1964 orientiert. Erstreckt sich der Grundbesitz über mehrere Gemeinden, so ist der Steuermeßbetrag auf die einzelnen Gemeinden zu zerlegen. In Baden-Württemberg liegt der Durchschnittshebesatz 1985 bei der Grundsteuer A bei 283% (Durchschnitt der Flächenstaaten: 259%) und bei der Grundsteuer B bei 251% (Durchschnitt der Flächenstaaten: 287%).[22]

Der Gemeindeanteil an der *Einkommensteuer* ist keine Gemeindesteuer, sondern eine grundgesetzlich festgelegte Beteiligung der Gemeinden an einer Gemeinschaftssteuer von Bund und Ländern. Sie beträgt 15% des im Land erzielten Aufkommens dieser Steuer, zu dessen Verteilung für jede einzelne Gemeinde eine Schlüsselzahl ermittelt wird. Die Schlüsselzahl wird nach der örtlichen Steuerleistung der Gemeindeeinwohner bis zu einer bestimmten Höchstgrenze berechnet. Für die Jahre ab 1985 beträgt die Höchstgrenze bei Ledigen 32 000 DM, bei Verheirateten 64 000 DM. Die Schlüsselzahl drückt den Anteilssatz aus, mit dem die Gemeinde am kommunalen Landesaufkommen der Einkommensteuer beteiligt ist.

Mit der Begrenzung des örtlichen Aufkommens auf ein „Sockelaufkommen“ wird ein wichtiges Ausgleichsziel angestrebt: Die Verringerung der Steuerkraftunterschiede zwischen finanzstarken und finanzschwachen Gemeinden. Der Berechnung des Sockelaufkommens für 1988 bis 1990 liegt die Lohn- und Einkommensteuerstatistik für 1983 zugrunde. Die Schlüsselzahl ist nur exakt, wenn alle

Einkommen und Löhne der Gemeindeeinwohner auch statistisch erfaßt werden.

Berechnungsbeispiel für das Jahr 1986
Ermittlung der Schlüsselzahl (Basis: Statistik für 1980)

Sockelaufkommen im Land	15,7	Mrd. DM
Sockelaufkommen in der Gemeinde	6,346	Mio.
	: 15,7	Mrd. DM
	= 0,0004042	

Ermittlung des Gemeindeanteils 1986

Gesamtaufkommen im Land	29,7	Mrd. DM
Gemeindeanteil am Landesaufkommen (15%)	4,5	Mrd. DM
Anteil der Gemeinde am Landesaufkommen	4,5	Mrd. DM
	× 0,0004042	
	= 1,8 Mio. DM[23]	

Die Schlüsselzahlen für die Aufteilung des Gemeindeanteils an der Einkommensteuer für 1988 sind für die einzelnen Gemeinden in der Anlage zu § 1 des Gemeindefinanzreformgesetzes enthalten.[24]

Gebühren und Beiträge

Gebühren und Beiträge sind Leistungsentgelte, die ihre Rechtsgrundlage in Satzungen haben, die auf dem Kommunalabgabengesetz – KAG – beruhen. Die *Gebühr* orientiert sich an dem Vorteil, den die Leistung dem Empfänger bietet. Obergrenze sind die der Gemeinde entstehenden Kosten. Benutzungsgebühren sind die Gebühren für die Müllabfuhr, Straßenreinigung, Wasserversorgung, Abwasserbeseitigung etc. Verwaltungsgebühren werden für Verwaltungsleistungen, z. B. eine Beurkundung, erhoben.

Beiträge können zu den Investitionskosten kommunaler Einrichtungen, z. B. zur Herstellung von Straßen, des Wasser- oder Abwasseranschlusses, von den Anliegern erhoben werden. Es ist nicht erforderlich, daß der Anlieger tatsächlich sein Grundstück anschließt; es genügt, daß ein Anschluß möglich ist.

Gebühren und Beiträge sind öffentlich-rechtliche Forderungen der Gemeinde. Sie können zwangsweise beigetrieben werden. Im Streitfall entscheiden die Verwaltungsgerichte.

Fremdenverkehrsbeiträge sind die Kurtaxe, die ortsfremde Personen für die Benutzung von Kureinrichtungen zahlen, und die Fremdenverkehrsabgabe, die einheimische Betriebe entrichten, die aus dem Fremdenverkehr Nutzen ziehen.

Der kommunale Finanzausgleich in Baden-Württemberg

Fast jede vierte Mark gibt das Land im kommunalen Finanzausgleich an die Gemeinden weiter.

Durch *Finanzzuweisungen* innerhalb und außerhalb des kommunalen Finanzausgleichs sorgt das Land dafür, daß die Gemeinden, Stadt- und Landkreise ihre Aufgaben erfüllen können.

Der Finanzausgleich, der seine verfassungsrechtliche Grundlage in Art. 106 Abs. 7 und Art. 73 Abs. 1 LV hat, ist im *Gesetz über den kommunalen Finanzausgleich* (FAG-Land)[25] geregelt. Das Land hat 1989 hierfür 5,491 Mrd. DM bereitgestellt, das sind 23% des Landesanteils an den *Gemeinschaftssteuern,* also des bereinigten Landesanteils an der Lohn- und veranlagten Einkommensteuer, der Körperschaftsteuer, der Umsatzsteuer und der Gewerbesteuerumlage. Zu den Leistungen im Finanzausgleich gehören ferner die Überlassung eines Anteils von 30% an der Kraftfahrzeugsteuer, die Überlassung der Grunderwerbsteuer, der Gebühren, Ordnungsgelder und Zwangsgelder sowie die Erstattung der Schülerbeförderungskosten.

Die *Finanzausgleichsumlage,* die die Gemeinden zugunsten des Landes zu entrichten haben, soll in erster Linie einen Finanzkraftausgleich zwischen den Gemeinden herbeiführen. Gemeinden mit höherer Steuerkraft müssen mehr Umlage zahlen, obwohl sie weniger Zuweisungen aus der Finanzausgleichsmasse erhalten. Die Umlage begünstigt also die finanzschwächeren Gemeinden. Diese Finanzausgleichsumlage beträgt 1986 17,75%, 1989 20,10% und 1990

20,25% der Bemessungsgrundlage, die von der Steuerkraft der Gemeinden abgeleitet wird. Der Zuschlagssatz für steuerstarke Gemeinden wird ab 1989 ebenfalls neu geregelt.

Die Finanzausgleichsmasse bilden

- der 23%ige Landesanteil an der Lohn- und veranlagten Einkommensteuer, der Körperschaftsteuer, der Umsatzsteuer und der Gewerbesteuerumlage
- ab 1. 1. 1989 75,10%, ab 1. 1. 1990 77,57% der Finanzausgleichsumlage.

Ausgefeilte Verteilungsinstrumente

Aus der Finanzausgleichsmasse werden *pauschale Zuweisungen* und *gezielte Bedarfs- und Zweckzuweisungen* entnommen.[26] Hierfür hat das Finanzausgleichsrecht „ausgefeilte Verteilungsinstrumente" entwickelt. Die Finanzausgleichsmasse wird in eine Masse A und eine Masse B aufgeteilt. Der Aufteilungsschlüssel ist gesetzlich festgelegt. Er beträgt für die Masse A 1989 81,61%, 1990 81,83%, für die Masse B 1989 18,39%, 1990 18,17%.

Aus der *Masse A* werden vorweg Mittel für 11 besondere Zwecke entnommen, z. B. zum Ausgleich gemeinwirtschaftlicher Lasten im öffentlichen Personennahverkehr, zur Abgeltung des kommunalen Anteils an den Kosten des Landeskrankenhausgesetzes, für Zwecke einer kommunalen Investitionspauschale, für Zuschüsse zu den Personalkosten der Kindergärten. Von der restlichen Masse A entfallen auf die Schlüsselmasse der Gemeinden 78,13%, der Stadtkreise 2,79%, der Landkreise 11,84% und der Landeswohlfahrtsverbände 7,24%. Die Schlüsselmassen werden so verteilt, daß hierbei sowohl dem unterschiedlichen Finanz*bedarf* als auch der unterschiedlichen Finanz*kraft* der einzelnen Gemeinde Rechnung getragen wird.

Die Aufteilung der *Finanzausgleichsmasse B* ist sehr viel einfacher. Der Ausgleichsstock ist ein *Fonds für finanzschwache Gemeinden.* Er wird ab 1986 zunächst auf die vier Regierungsbezirke nach einem

Schlüssel verteilt, der die Finanzkraft und die Fläche je Einwohner der Gemeinden bis 25 000 Einwohner berücksichtigt. Darin wird die strukturpolitische Zielsetzung des Finanzausgleichs erkennbar. Den Rest der Masse B bildet der *kommunale Investitionsfonds* (KIF), der allerdings ab 1986 „gedeckelt" worden ist. Er wird künftig auf 1,15 Mrd. DM zuzüglich 20% seines jährlichen Zuwachses begrenzt. Die anderen 80% fließen der *kommunalen Investitionspauschale* zu (KIP).

Wie die Schlüsselmasse auf die Gemeinden verteilt wird

Die Schlüsselmasse der Gemeinden (78,13% der restlichen Finanzausgleichsmasse A) wird nach dem Schlüssel der *mangelnden Steuerkraft* – einem pauschalen Maßstab – verteilt. Es geht dabei darum, durch sog. Schlüsselzuweisungen den Fehlbetrag angemessen auszugleichen, der sich ergibt, wenn die Steuerkraft einer Gemeinde mit ihrem Finanzbedarf verglichen wird. Die Steuerkraft einer Gemeinde – jeweils berechnet nach den Realsteuern und dem Gemeindeanteil an der Einkommensteuer im zweitvorangegangenen Jahr – wird in einer Meßzahl ausgedrückt. Die Realsteuern werden dabei mit einheitlichen Hebesätzen angerechnet, die Gewerbesteuer mit 290%, die Grundsteuer A mit 195%, die Grundsteuer B mit 185%. Auf den Gemeindeanteil an der Einkommensteuer wird die Schlüsselzahl des laufenden Kalenderjahres angewendet. Der *Bedarf* wird jährlich in einer Meßzahl ausgedrückt, die sich nach der Einwohnerzahl und einem Kopfbetrag je Einwohner errechnet. Die Einwohnerzahl orientiert sich grundsätzlich an der amtlichen Bevölkerungsstatistik. Zuschläge zur Einwohnerzahl werden 1989 und 1990 gewährt, soweit die auf der Grundlage der Volkszählung 1987 fortgeschriebene Einwohnerzahl am 30. 6. 1988 um mindestens 2% niedriger ist als die auf der Grundlage der Volkszählung 1970 fortgeschriebene Einwohnerzahl am 30. Juni 1987.

Dem Finanzausgleich liegt die Annahme zugrunde, daß der Finanzbedarf einer Gemeinde mit steigender Einwohnerzahl überdurchschnittlich wächst, quantitativ und qualitativ. Dieser erhöhte Bedarf wird bei der Bedarfsmeßzahl des Finanzausgleichs berücksichtigt.

Das Spannungsverhältnis zwischen kleinen und großen Gemeinden wird gesetzlich durch Eckwerte festgelegt. Der Eckwert für die kleinste Gemeinde mit 3000 oder weniger Einwohnern beträgt 100% – Grundkopfbetrag –, der Eckwert für eine Stadt mit 600 000 Einwohnern beträgt 186%. Der Grundkopfbetrag wird jährlich vom Finanzministerium festgesetzt.

Die Differenz zwischen Bedarfs- und Steuerkraftmeßzahl nennt man *Schlüsselzahl*. Sie drückt den ungedeckten Teil des fiktiven Finanzbedarfs der Gemeinde aus. Die Ausschüttungsquote stellt das Verhältnis der gesamten verfügbaren Schlüsselmasse zu den Schlüsselzahlen der Gemeinden her. Der Grundkopfbetrag beträgt 1987 1087 DM.[27] Je höher der Kopfbetrag ist, desto höher wird der rechnerische Finanzbedarf der Gemeinden angesetzt, desto stärker geht die Ausschüttungsquote zurück. Hohe Ausschüttungsquoten begünstigen finanzschwache Gemeinden, hohe Kopfbeträge kommen den finanzstarken Gemeinden zugute. Als ausgewogener Verteilungsmaßstab in diesem Interessenkonflikt gilt eine Ausschüttungsquote von 70%.[28]

Den finanzschwachen Gemeinden wird ein Sockel von 55% der Bedarfsmeßzahl garantiert, die ggf. durch Mehrzuweisungen ausgeglichen wird. Dieser Sockel wurde durch die FAG-Novelle 1986 von 50% um 5 Prozentpunkte erhöht, um die Finanzlage der finanzschwächeren Gemeinden zu verbessern.

Hinzu kommen kommunale Investitionspauschale, Sachkostenbeiträge und Fremdenverkehrspauschale

Die *Investitionspauschale* soll die Gemeinden in ihren Investitionsentscheidungen freier und unabhängiger machen. Zunächst stehen 187 Mio. DM als Vorwegentnahme aus der Masse A zur Verfügung, die die Gemeinden bis 1985 als Schlüsselzuweisungen nach der Einwohnerzahl erhalten haben. Die Mittel werden finanzkraftbezogen nach einem eigenen Schlüssel auf die Gemeinden verteilt.

Die laufenden *Schullasten* werden zwischen Land und Kommunen aufgeteilt. Die Personalkosten der Lehrer an öffentlichen Schulen trägt das Land, die laufenden sächlichen Schulkosten der Schulträger. Dafür erhält er jährliche Sachkostenbeiträge des Landes je Schüler. Die Sachkostenbeiträge sind gestaffelt. Durch diesen Sonderlastenausgleich soll der unterschiedlichen Belastung der Gemeinden und Kreise mit Schulkosten infolge der Zentralisierung der weiterführenden Schulen Rechnung getragen werden.

Fremdenverkehrsgemeinden, die nach dem Kurortegesetz als Kur- oder Erholungsorte anerkannt sind und eine Kurtaxe erheben, können eine pauschale Zuweisung aus dem kommunalen Investitionsfonds für Investitions- und Unterhaltungsmaßnahmen erhalten. Verteilungsschlüssel sind die kurtaxepflichtigen Übernachtungen. Die Zuweisung pro Übernachtung beträgt 1986 bis 1988 0,36 DM.

Gezielte Zuweisungen innerhalb und außerhalb des kommunalen Finanzausgleichs

Der *Kommunale Investitionsfonds* (KIF) gewährt Mittel zur Förderung kommunaler Investitionen nach Maßgabe des Staatshaushaltsplans. Verteilt werden 1989 1,15 Mrd. DM. Bei der Aufteilung der Mittel auf die einzelnen Förderbereiche wirken die kommunalen Landesverbände mit. Die Einzelverteilung vollzieht sich nach Förderrichtlinien, die vom jeweiligen Fachministerium nach Abstimmung mit den kommunalen Landesverbänden, dem Innenministerium und dem Finanzministerium erlassen werden.

Zuweisungen von 170 Mio. DM aus dem *Ausgleichsstock* sollen einen besonderen Finanzierungsbedarf ausgleichen. Der Ausgleichsstock steht insbesondere kleineren Gemeinden mit bis zu 20 000 Einwohnern zur Verfügung. Zuweisungen aus dem Ausgleichsstock sollen fehlende Eigenmittel der Gemeinde ersetzen. Der größte Teil der Zuschüsse aus dem Ausgleichsstock wird für *Investitionshilfen* gewährt.

Das Land gewährt 1989 und 1990 *außerhalb des Finanzausgleichs* Zuweisungen nach dem Staatshaushaltsplan als Investitionszuweisungen, laufende Zuweisungen und Kostenerstattungen im Umfang von ca. je 1,17 Mrd. DM.[29] Den Zuweisungen ist gemeinsam, daß sie sich wegen des speziellen Förderungszwecks oder der Zusammensetzung der Empfänger nicht dazu eignen, nach den pauschalen Schlüsseln des kommunalen Finanzausgleichs verteilt zu werden.

Für den *kommunalen Straßenbau* enthält das FAG einen Sonderlastenausgleich. Hierfür wurde eine eigenständige Finanzmasse, die Kraftfahrzeugsteuerverbundmasse, bereitgestellt. Zuweisungen erhalten die kommunalen Straßenbaulastträger. Strukturpolitisch von Bedeutung ist, daß der Verkehrslastenausgleich neben der Finanzierung des kommunalen Verkehrswegebaus auch der *Verbesserung des Personennahverkehrs* dient. Das Land stellt den Gemeinden bis 1988 35%, ab 1989 30% seines Kraftfahrzeugsteuer-Aufkommens zweckgebunden für die Erfüllung von Verkehrsaufgaben zur Verfügung. Das Aufkommen wird ergänzt durch *Bundesmittel,* die nach dem *Gemeindeverkehrsfinanzierungsgesetz* (GVFG) zweckgebunden je zur Hälfte für den kommunalen Straßenbau und für den öffentlichen Personennahverkehr bereitgestellt werden.[30]

Stadtkreise und Landkreise

Nach dem kommunalen Verfassungsrecht sind die Stadtkreise Gemeinden. Nach ihrer Aufgabenstruktur haben sie Gemeindeaufgaben und neben den Aufgaben der unteren Verwaltungsbehörde auch Kreisaufgaben zu erfüllen. Den Stadtkreisen stehen deshalb neben den allgemeinen Schlüsselzuweisungen, die die Stadtkreise als Gemeinden erhalten, auch die Schlüsselzuweisungen aus der Schlüsselmasse der Stadtkreise zu. Die Schlüsselmasse der Stadtkreise von 2,79% wird nach der Einwohnerzahl verteilt. Ein Steuerkraftausgleich erfolgt nicht mehr.[31]

Die einzige *Kreissteuer* ist die Jagdsteuer. Besondere Bedeutung für die Finanzierung der Kreisaufgaben haben *Gebühren, Beiträge und sonstige Einnahmen,* die 1985 28% der Gesamteinnahmen ausmachten. 39% der Ausgaben der Landkreise wurden 1985 durch die Finanzzuweisungen des Landes bestritten. Aus der Schlüsselmasse des kommunalen Finanzausgleichs werden 11,84% ihrer Ausgaben gedeckt. Sie werden nach der mangelnden Steuerkraft verteilt. Der

Ausgabebedarf eines Landkreises ist um so höher, je geringer die Einwohnerzahl seiner kreisangehörigen Gemeinden ist. Bei der Steuerkraft des Landkreises wird neben der Grunderwerbsteuer auch die Steuerkraft der kreisangehörigen Gemeinden berücksichtigt. Land- und Stadtkreisen, großen Kreisstädten und Verwaltungsgemeinschaften werden die Kosten der unteren Verwaltungsbehörden erstattet.

Die *Grunderwerbsteuer* ist eine Landessteuer, die das Land in voller Höhe den Stadt- und Landkreisen überläßt. Die Kostenerstattung für die *Schülerbeförderung* wurde ab dem Schuljahr 1983/84 auf die Stadt- und Landkreise übertragen.

Der Kreis erhebt eine *Umlage von den kreisangehörigen Gemeinden,* soweit seine sonstigen Einnahmen nicht ausreichen, um den Finanzbedarf zu decken (Kreisumlage). 1985 bewegte sich der Hebesatz in den einzelnen Landkreisen zwischen 14 und 23,5%, im Durchschnitt bei 19,2%. 1985 machte die Kreisumlage 30% der gesamten Einnahmen der Landkreise aus.[32]

Kredite und Verschuldung

Kredite dürfen nur für Investitionen, zur Investitionsförderung und zur Umschuldung aufgenommen werden, soweit eine Deckungslücke im Vermögenshaushalt besteht, die auf andere Art nicht finanziert werden kann. Kredite dürfen zur Finanzierung eines Defizits im Verwaltungshaushalt nicht aufgenommen werden.

Eine Verschuldungsgrenze läßt sich nicht exakt berechnen. Der Schuldendienst darf die Finanzierung der laufenden Ausgaben in den künftigen Jahren nicht gefährden. Die Schuldenbelastung D-Mark je Einwohner ist nur ein grobes Indiz. So beträgt am 31. 12. 1985 die Verschuldung aller Gemeinden 1556 DM je Einwohner, die Verschuldung der kreisangehörigen Gemeinden 1128 DM je Einwohner, die der Stadtkreise 2138 DM je Einwohner und die der Landkreise 277 DM je Einwohner.

Die Höhe der geplanten Kreditaufnahme muß in der Haushaltssatzung festgesetzt werden und bedarf der Genehmigung der Aufsichtsbehörde.[33]

Die Finanzausgleichsnovelle vom 5. 12. 1988[34]

Mit der Finanzausgleichsnovelle verringert das Land seine finanziellen Leistungen an die Kommunen um ca. 370 Mio. DM mit der Begründung, daß sich die kommunalen Finanzen günstiger als die des Landes entwickelt haben. Die Änderungen berücksichtigen die stark gestiegene Belastung des Landes im Länderfinanzausgleich, soweit sie auf der überdurchschnittlichen Steuerkraft der Gemeinden beruht. Die Entlastung des Landes erfolgt zum Teil in Form von Aufgabenübertragungen an die Gemeinden. Insoweit erweitert die Novelle den kommunalen Aufgaben- und Entscheidungsbereich.[35]

Durch die Finanzausgleichsnovelle wird die bisherige Finanzverteilung zwischen Land und Kommunen geändert. Die Umschichtung von ca. 370 Mio. DM zugunsten des Landes ab 1989 beläuft sich auf 1% des gemeinsamen Steueraufkommens von Land und Kommunen.[36] Im einzelnen heißt das:

- Der Gemeindeanteil von 23% am Landesanteil an den Gemeinschaftssteuern wird um einen Festbetrag von 250 Mio. DM gekürzt;
- der Anteil der Kommunen am Kraftfahrzeugsteueraufkommen wird durch Senkung von 35% auf 30% um 65 Mio. DM gekürzt; der Abgeltungsbetrag für abgestufte Landesstraßen bleibt im wesentlichen unverändert;
- durch Übernahme der Landesbeamten des mittleren und gehobenen Verwaltungsdienstes bei den Landratsämtern als unteren staatlichen Verwaltungsbehörden zum 1. Januar 1990 in den Dienst der Landkreise spart das Land 55 Mio. DM ein.

Kaum ist die Finanzausgleichsnovelle verabschiedet, wird von kommunaler Seite erneut eine Reform des Finanzausgleichs gefordert, die diesen Namen wirklich verdiene. Das Tauziehen um eine ausgewogene Finanzausstattung im Verhältnis des Landes zu den Kommunen beginnt 1989 von vorne.[37]

Anmerkungen

1 *Artikel ohne Gesetzesangabe beziehen sich auf das Grundgesetz*
2 *Antwort der Bundesregierung auf die Große Anfrage der SPD-Fraktion zur Lage der Städte, Gemeinden und Kreise vom 24. 8. 1988 – Drucksache 11/2822 –*
3 *Vgl. 2*
4 *Art. 104 a – 115 (Das Finanzwesen) sowie Art. 91 a und 91 b (Gemeinschaftsaufgaben)*
5 *Finanzbericht 1989 des Bundesministers der Finanzen – BMF –, Bruttosozialprodukt und öffentlicher Gesamthaushalt, S. 72 und 74*
6 *Finanzbericht 1989, S. 76, 77 und 79*
7 *Finanzbericht 1989, S. 82, 83 und 84*
8 *Antwort auf die Große Anfrage, S. 12*
9 *Gesetz zur Neuordnung der Gemeindefinanzen (Gemeindefinanzreformgesetz) in der Fassung vom 29. 1. 1985, BGBl. I S. 201*
10 *Gesetz über die Steuerberechtigung und die Zerlegung bei der Einkommensteuer und der Körperschaftsteuer (Zerlegungsgesetz) in der Fassung vom 25. 2. 1971, BGBl. I S. 145, zuletzt geändert durch das 3. Gesetz zur Änderung des Zerlegungsgesetzes vom 22. 1. 1987, BGBl. I S. 470*
11 *Gesetz über den Finanzausgleich zwischen Bund und Ländern in der Fassung vom 28. 1. 1988, BGBl. I S. 94*
12 *Finanzbericht 1989, S. 130*
13 *Antwort auf die Große Anfrage, S. 28 und 29*
14 *Antwort auf die Große Anfrage, S. 29*
15 *Antwort auf die Große Anfrage, S. 7, Tabelle 2*
16 *Antwort auf die Große Anfrage, S. 12*
17 *Ansprache des Bundeskanzlers vom 15. 3. 1988 in Bonn, Bulletin Nr. 40, S. 335*
18 *Antwort auf die Große Anfrage, S. 29 und 30*
19 *Antwort auf die Große Anfrage, S. 33 und 34*
20 *Der Finanzminister informiert: Die Gemeinden und ihre Einnahmen, Juli 1986, S. 9*
21 *Der Finanzminister informiert, S. 9 und 10*
22 *Der Finanzminister informiert, S. 10*
23 *Der Finanzminister informiert, S. 11*
24 *14. Verordnung der Landesregierung zur Durchführung des Gemeindefinanzreformgesetzes vom 25. 4. 1988, GBl. S. 133*
25 *Gesetz über den kommunalen Finanzausgleich in der Fassung vom 1. 8. 1986, GBl. S. 121 und 1988, S. 398*
26 *Übersicht über Leistungen der Länder an die Gemeinden im Staatshaushaltsplan 1989 und 1990 – Entwurf – Vorheft, S. 93 bis 102*
27 *Verordnung des Finanzministeriums und des Innenministeriums zur Durchführung des Gesetzes über den kommunalen Finanzausgleich im Jahr 1987 (FAGDVO 1987) vom 26. 2. 1988, GBl. S. 103*
28 *Der Finanzminister informiert, S. 21 f.*

29 Übersicht über Leistungen der Länder, S. 93, 96 bis 102
30 Der Finanzminister informiert, S. 28
31 Der Finanzminister informiert, S. 34
32 Der Finanzminister informiert, S. 32 und 33
33 Der Finanzminister informiert, S. 35
34 Finanzausgleichsnovelle vom 5. 12. 1988, GBl. S. 398
35 Landtagsdrucksache 10/495 vom 27. 9. 1988, S. 1
36 Landtagsdrucksache, S. 5 und 10
37 Stuttgarter Zeitung vom 13. 1. 1989, S. 5, Kommunen brauchen Verschnaufpause, Gemeindetag Baden-Württemberg fordert umgehende Einberufung der Finanzausgleichs-Kommission

Tabellarischer Anhang zu den Gemeindefinanzen

Quelle: Finanzministerium Baden-Württemberg

Leistungen des Landes an die Gemeinden und Gemeindeverbände 1983 bis 1990

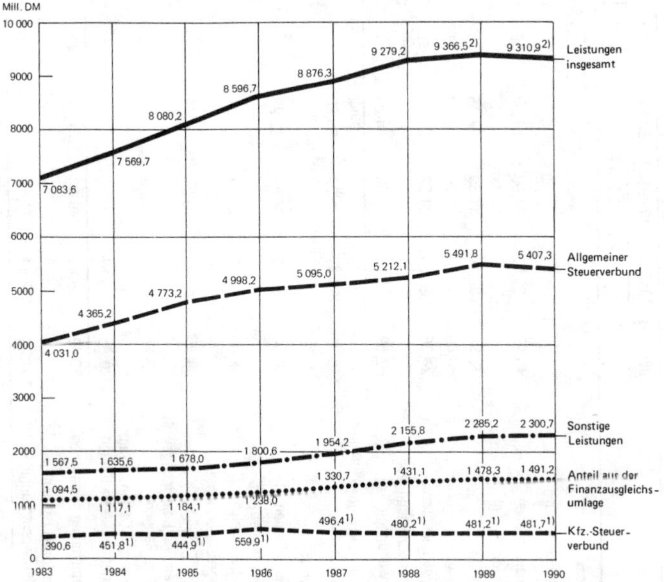

1983 bis 1987: Ist-Ergebnisse

1988: einschließlich Entwurf eines Nachtrags zum Staatshaushaltsplan

1989 und 1990: Entwurf Staatshaushaltsplan

1) Einschließlich Abgeltungsbeträge für zu Kreisstraßen abgestufte Landesstraßen.

2) Leistungen insgesamt für die Jahre 1989 und 1990 unter Berücksichtigung der globalen Minderausgabe bei den Leistungen nach dem Finanzausgleichsgesetz von je 370 Mill. DM.

Ausgaben und Einnahmen der Gemeinden (GV) 1984 bis 1988

Positionen	1984[1])	1985[1])	1986[2])	1987[2])	1988[3])	1985	1986	1987	1988
	– in Mrd DM –					– Veränderung gegenüber Vorjahr in v.H. –			
A. Ausgaben									
1. Laufende Rechnung									
1.1 Personalausgaben	49,27	51,37	54,50	57,52	59	+ 4,3	+ 6,1	+ 5,5	+ 3
1.2 Laufender Sachaufwand	33,94	36,10	36,59	37,46	38 1/2	+ 6,3	+ 1,4	+ 2,4	+ 3
1.3 Zinsausgaben	8,06	8,00	7,70	7,52	7 1/2	– 1,0	– 3,8	– 2,3	+ 1 1/2
1.4 Laufende Zuschüsse	24,36	26,34	28,62	30,24	32	+ 8,1	+ 8,7	+ 5,7	+ 6 1/2
1.5 Laufende Zuweisungen an Verwaltungen	2,59	2,68	3,86	4,06	4	+ 3,8	+ 43,8	+ 5,0	– 1 1/2
1.6 Laufende Rechnung zusammen	118,21	124,47	131,27	136,80	141 1/2	+ 5,3	+ 5,5	+ 4,2	+ 3 1/2
2. Kapitalrechnung									
2.1 Sachinvestitionen	30,54	32,22	34,63	35,23	35 1/2	+ 5,5	+ 7,5	+ 1,8	+ 1 1/2
2.2 Vermögensübertragungen an andere Bereiche	2,08	2,19	1,93	2,14	2 1/2	+ 5,5	– 11,7	+ 10,7	+ 8 1/2
2.3 Vermögensübertragungen an Verwaltungen	0,95	1,05	0,67	0,64	1/2	+ 11,1	– 35,9	– 5,0	+ 5 1/2
2.4 Darlehen und Beteiligungen an andere Bereiche	2,24	2,33	2,23	2,35	2 1/2	+ 4,0	– 4,4	+ 5,4	+ 4
2.5 Darlehen und Darlehensrückzahlungen an Verwaltungen	0,68	0,67	0,82	0,91	1	– 2,3	+ 22,8	+ 10,7	– 3
2.6 Kapitalrechnung zusammen	36,49	38,46	40,28	41,27	42	+ 5,4	+ 4,7	+ 2,4	+ 2
3. Ausgaben (ohne besondere Finanzierungsvorgänge)	154,70	162,94	171,55	178,06	183 1/2	+ 5,3	+ 5,3	+ 3,8	+ 3

Positionen	1984[1])	1985[1])	1986[2])	1987[2])	1988[3])	1985	1986	1987	1988
	– in Mrd DM –					– Veränderung gegenüber Vorjahr in v.H. –			
B. Einnahmen									
1. Laufende Rechnung									
1.1 Steuern	52,52	56,26	58,84	59,84	61 1/2[4])	+ 7,1	+ 4,6	+ 1,7	+ 3
1.2 Sonstige laufende Einnahmen	82,45	86,24	89,88	93,90	96 1/2	+ 4,6	+ 4,2	+ 4,5	+ 2 1/2
1.3 Laufende Rechnung zusammen	134,98	142,50	148,71	153,74	158 1/2	+ 5,4	+ 4,4	+ 4,1	+ 3
2. Kapitalrechnung	20,85	21,13	21,19	22,00	22	+ 1,3	+ 0,3	+ 3,8	+ 1
3. Einnahmen (ohne besondere Finanzierungsvorgänge)	155,82	163,63	169,90	175,74	180 1/2	+ 5,0	+ 3,8	+ 3,4	+ 2 1/2
C. Finanzierungssaldo	+ 1,13	+ 0,70	– 1,64	– 2,33	– 3	.	.	.	.

– Abweichungen in den Summen durch Runden der Zahlen –

[1]) Rechnungsergebnisse, zuzüglich kommunaler Krankenhäuser, die nicht mehr in den Rechnungsergebnissen enthalten sind. – [2]) Ergebnisse der Vierteljahresstatistik, daher sind die Ergebnisse nur bedingt mit denen der Vorjahre vergleichbar; einschl. kommunaler Krankenhäuser, die nicht mehr durch die Vierteljahresstatistik erfaßt werden. – [3]) Schätzung. – [4]) Ergebnis des Arbeitskreises „Steuerschätzungen" vom 9.–11. Mai 1988.

Aus: Finanzbericht 1989, S. 142.

Einnahmen der Gemeinden und Gemeindeverbände 1985 bis 1987

Einnahmeart	1985[1])[3])	1986[2])[3])		1987[2])[3])	
	Mrd. DM	Mrd. DM	Veränderung gegenüber Vorjahr in v.H.	Mrd. DM	Veränderung gegenüber Vorjahr in v.H.
I. Verwaltungshaushalt					
1. Steuern und steuerähnliche Einnahmen	56,36	58,84	4,4	59,84	1,7
2. Laufende Übertragungen und Zuschüsse[4])	36,22	37,77	4,3	39,94	5,7
darunter:					
Zuweisungen von Ländern und Bund	32,37	33,87	4,7	35,78	5,6
3. Sonstige Einnahmen aus Verwaltung und Betrieb	49,93	52,10	4,4	53,96	3,6
darunter:					
Einnahmen aus Gebühren	33,67	36,50	8,4	38,03	4,2
Summe I	142,50	148,71	4,4	153,74	3,4
II. Vermögenshaushalt					
1. Veräußerung von Vermögen	4,05	4,09	1,0	4,38	7,1
2. Vermögensübertragungen[4])	15,38	14,99	– 2,5	15,73	4,9
darunter:					
Zuweisungen von Ländern und Bund	11,08	11,11	0,3	11,77	5,9
3. Schuldenaufnahme bei Verwaltungen[4])	1,03	1,38	34,7	1,07	– 22,8
4. Darlehensrückflüsse	0,67	0,73	8,0	0,82	12,6
Summe II	21,13	21,19	0,3	22,00	3,8

Einnahmeart	1985[1])[3])	1986[2])[3])		1987[2])[3])	
	Mrd. DM		Veränderung gegenüber Vorjahr in v.H.	Mrd. DM	Veränderung gegenüber Vorjahr in v.H.
III. Besondere Finanzierungsvorgänge					
1. Schuldenaufnahme am Kreditmarkt	10,96	11,63	6,1	12,15	4,5
2. Innere Darlehen	0,07	0,04	– 46,5	0,04	10,5
3. Entnahme aus Rücklagen	3,27	3,04	– 7,0	3,27	7,5
Summe III	14,30	14,70	2,9	15,46	5,1
IV. Abschluß					
1. Einnahmen (I + II)	163,63	169,90	3,8	175,74	3,4
2. Besondere Finanzierungsvorgänge (III)	14,30	14,70	2,9	15,46	5,1
3. Einnahmen insgesamt	177,93	184,61	3,8	191,19	3,6

– Abweichungen in den Summen durch Runden der Zahlen –

Aus: Finanzbericht 1989, S. 142.

Ausgaben der Gemeinden und Gemeindeverbände 1985 bis 1987

Ausgabeart	1985[1][3])	1986[2][3])		1987[2][3])	
	Mrd. DM	Mrd. DM	Veränderung gegenüber Vorjahr in v.H.	Mrd. DM	Veränderung gegenüber Vorjahr in v.H.
I. Verwaltungshaushalt					
1. Personalausgaben	51,37	54,50	6,1	57,52	5,5
2. Laufender Sachaufwand	33,36	33,99	1,9	34,78	2,3
3. Zinsausgaben	8,00	7,70	– 3,8	7,52	– 2,3
4. Laufende Übertragungen und Zuweisungen[4])	31,75	35,09	10,5	36,98	5,4
darunter: Renten, Unterstützungen (einschl. Sozialhilfe)	22,21	24,20	8,9	25,61	5,8
Summe I	124,47	131,27	5,5	136,80	4,2
II. Vermögenshaushalt					
1. Sachinvestitionen	32,22	34,63	7,5	35,23	1,8
2. Investitionszuweisungen und -zuschüsse einschl. Darlehensgewährung	4,26	3,80	–10,8	3,99	5,0
3. Tilgung an Verwaltungen[4])	0,73	0,71	– 3,4	0,80	12,4
4. Erwerb von Beteiligungen	1,25	1,14	– 8,6	1,24	8,8
Summe II	38,46	40,28	4,7	41,27	2,5

Ausgabeart	1985[1][3])	1986[2][3])		1987[2][3])	
	Mrd. DM		Veränderung gegenüber Vorjahr in v.H.	Mrd. DM	Veränderung gegenüber Vorjahr in v.H.
III. Besondere Finanzierungsvorgänge					
1. Tilgungsausgaben (Kreditmarkt)	9,86	9,65	– 2,1	8,83	– 8,5
2. Tilgungsausgaben (innere Darlehen)	0,05	0,05	– 2,2	0,05	11,1
3. Zuführung an Rücklagen	4,34	3,30	–24,1	3,10	– 5,9
4. Deckung von Vorjahresfehlbeträgen	1,48	1,02	–30,8	1,31	28,6
Summe III	15,72	14,02	–10,9	13,30	– 5,1
IV. Abschluß					
1. Ausgaben (I + II)	162,94	171,55	5,3	178,06	3,8
2. Besondere Finanzierungsvorgänge (III)	15,72	14,02	–10,9	13,30	– 5,1
3. Ausgaben insgesamt	178,66	185,56	3,9	191,36	3,1
Weitere Haushaltseckdaten					
1. Überschuß aus dem Verwaltungshaushalt	18,03	17,45	– 3,2	16,95	– 2,9
2. Finanzierungssaldo	0,70	– 1,64	.	– 2,33	.
3. Nettokreditaufnahme	1,10	1,97	.	3,32	.
4. Selbstfinanzierungsquote in v. H.[5])	25,36	22,50	–	23,03	–

– Abweichungen in den Summen durch Runden der Zahlen –

[1]) Ergebnisse der Jahresrechnungsstatistik. – [2]) Vierteljahresstatistik. – [3]) Nicht mehr gemeldetes Finanzvolumen der kaufmännisch buchenden Krankenhäuser durch Erhebung oder Schätzung hinzuaddiert. – [4]) Zahlungen an/von Gemeinden (GV) saldiert. – [5]) Die Selbstfinanzierungsquote ist definiert als Überschuß des Verwaltungshaushalts abzüglich Tilgung im Verhältnis zu den Sachinvestitionen.

Aus: Finanzbericht 1989, S. 142.

Steuereinnahmen und die davon abhängigen Ausgaben nach dem Entwurf des Staatshaushaltsplans 1989/90

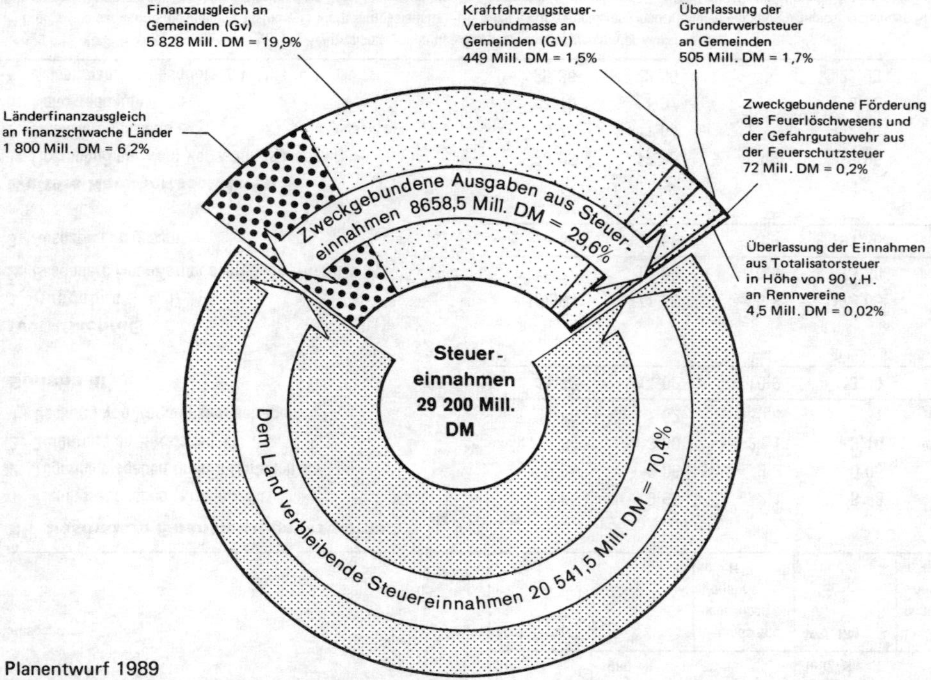

Planentwurf 1989

Planentwurf 1990

Steuereinnahmen	28 850,0	Mill. DM		
Länderfinanzausgleich an finanzschwache Länder	1 800,0	Mill. DM	=	6,2%
Finanzausgleich an Gemeinden (GV)	5 764,3	Mill. DM	=	20,0%
Überlassung der Grunderwerbsteuer an Gemeinden	505,0	Mill. DM	=	1,8%
Kraftfahrzeugsteuer - Verbundmasse an Gemeinden (GV)	448,5	Mill. DM	=	1,5%
Zweckgebundene Förderung des Feuerlöschwesens	73,0	Mill. DM	=	0,3%
Überlassung der Einnahmen aus der Totalisatorsteuer an Rennvereine	4,5	Mill. DM	=	0,02%
Zweckgebundene Ausgaben aus Steuereinnahmen	8 595,3	Mill. DM	=	29,8%
Dem Land verbleibende Steuereinnahmen	20 254,7	Mill. DM	=	70,2%

Anmerkung:

Durch die vorgesehene Änderung des Finanzausgleichsgesetzes verringern sich die o.g. Leistungen des Landes an die Kommunen ab 1989 um 370 Mio. DM. Vgl. Globale Minderausgabe bei Kap. 1205 Tit. 972 72.

Einnahmen nach dem Entwurf des Staatshaushaltsplans 1989/90

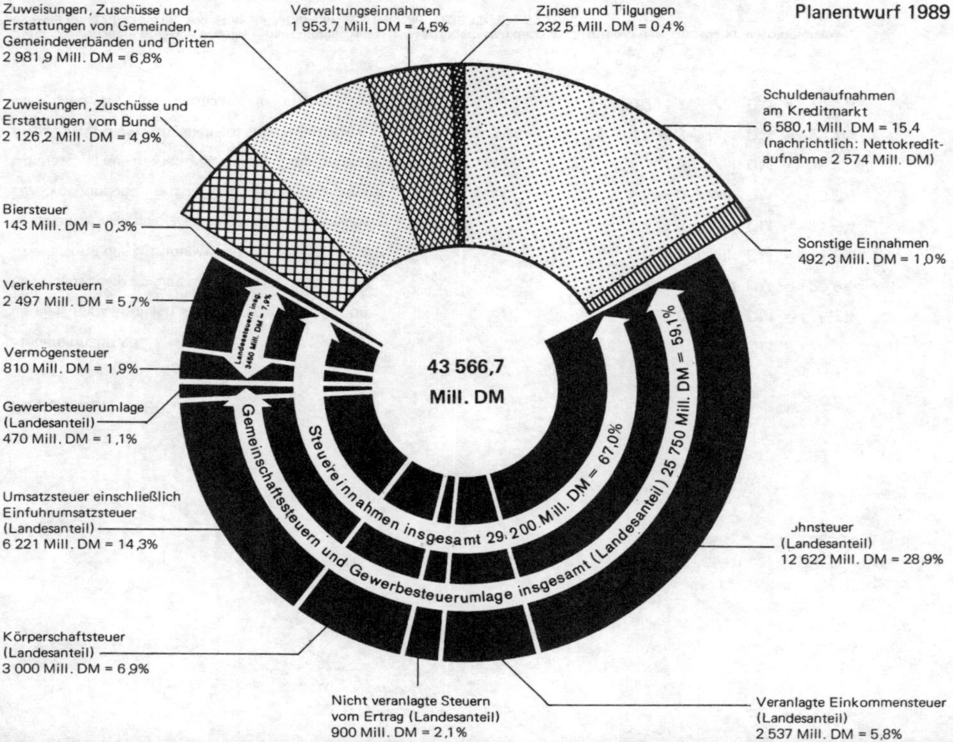

Planentwurf 1989
Zuweisungen, Zuschüsse und Erstattungen von Gemeinden, Gemeindeverbänden und Dritten 2 981,9 Mill. DM = 6,8%
Verwaltungseinnahmen 1 953,7 Mill. DM = 4,5%
Zinsen und Tilgungen 232,5 Mill. DM = 0,4%
Schuldenaufnahmen am Kreditmarkt 6 580,1 Mill. DM = 15,4 (nachrichtlich: Nettokreditaufnahme 2 574 Mill. DM)
Zuweisungen, Zuschüsse und Erstattungen vom Bund 2 126,2 Mill. DM = 4,9%
Sonstige Einnahmen 492,3 Mill. DM = 1,0%
Biersteuer 143 Mill. DM = 0,3%
Verkehrsteuern 2 497 Mill. DM = 5,7%
Vermögensteuer 810 Mill. DM = 1,9%
Gewerbesteuerumlage (Landesanteil) 470 Mill. DM = 1,1%
Landessteuern insg. 3450 Mill. DM = 7,9%
43 566,7 Mill. DM
Steuereinnahmen insgesamt 29 200 Mill. DM = 67,0%
Gemeinschaftssteuern und Gewerbesteuerumlage insgesamt (Landesanteil) 25 750 Mill. DM = 59,1%
Umsatzsteuer einschließlich Einfuhrumsatzsteuer (Landesanteil) 6 221 Mill. DM = 14,3%
ohnsteuer (Landesanteil) 12 622 Mill. DM = 28,9%
Körperschaftsteuer (Landesanteil) 3 000 Mill. DM = 6,9%
Nicht veranlagte Steuern vom Ertrag (Landesanteil) 900 Mill. DM = 2,1%
Veranlagte Einkommensteuer (Landesanteil) 2 537 Mill. DM = 5,8%

Planentwurf 1990

Einnahmen insgesamt	43 783,4	Mill. DM = 100%
1. Steuereinnahmen insgesamt	28 850	Mill. DM = 65,9%
davon		
a) Gemeinschaftsteuern und Gewerbesteuerumlage insgesamt (Landesanteil)	25 310	Mill. DM = 57,8%
davon:		
Lohnsteuer (Landesanteil)	12 112	Mill. DM = 27,7%
Veranlagte Einkommensteuer (Landesanteil)	2 125	Mill. DM = 4,8%
Nicht veranlagte Steuern vom Ertrag (Landesanteil)	1 000	Mill. DM = 2,3%
Körperschaftsteuer (Landesanteil)	2 925	Mill. DM = 6,7%
Umsatzsteuer einschl. Einfuhrumsatzsteuer (Landesanteil)	6 658	Mill. DM = 15,2%
Gewerbesteuerumlage (Landesanteil)	490	Mill. DM = 1,1%
b) Landessteuern insgesamt	3 540	Mill. DM = 8,1%
davon		
Vermögensteuer	860	Mill. DM = 2,0%
Verkehrsteuern	2 537	Mill. DM = 5,8%
Biersteuer	143	Mill. DM = 0,3%
2. Zuweisungen, Zuschüsse und Erstattungen		
a) vom Bund	2 078,8	Mill. DM = 4,8%
b) von Gemeinden, Gemeindeverbänden und Dritten	3 021,6	Mill. DM = 6,9%
3. Verwaltungseinnahmen	1 949,1	Mill. DM = 4,4%
4. Zinsen und Tilgungen	231,7	Mill. DM = 0,5%
5. Schuldenaufnahmen am Kreditmarkt	7 165,6	Mill. DM = 16,4%
(nachrichtlich: Nettokreditaufnahme	3 067	Mill. DM)
6. Sonstige Einnahmen	486,6	Mill. DM = 1,1%

Ausgaben nach dem Entwurf des Staatshaushaltsplans 1989/90

Planentwurf 1989

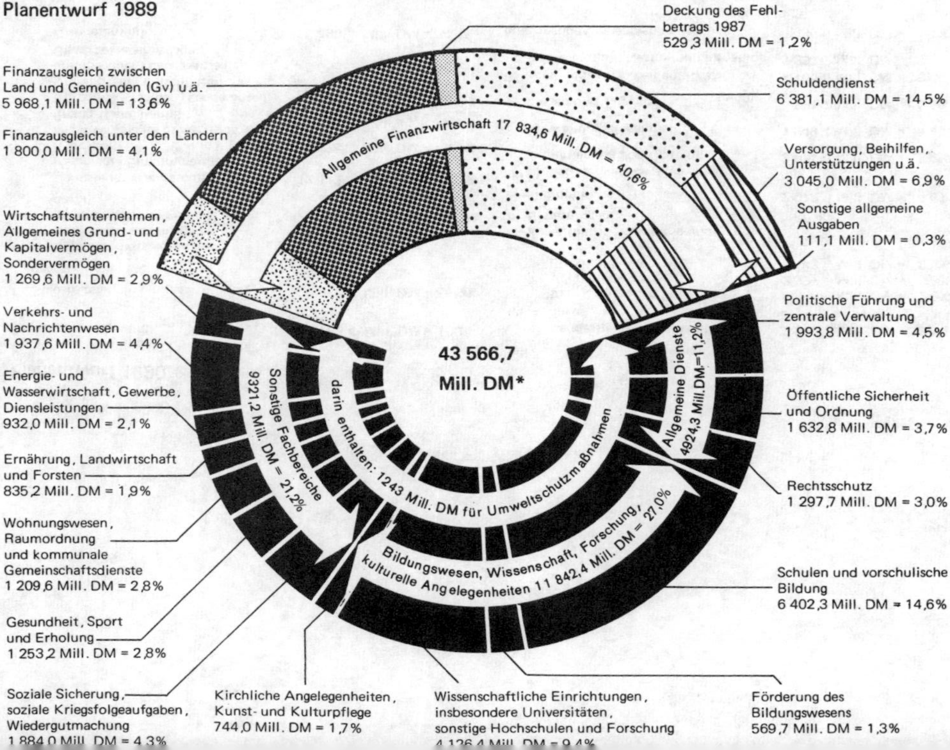
Deckung des Fehlbetrags 1987
529,3 Mill. DM = 1,2%
Finanzausgleich zwischen Land und Gemeinden (Gv) u.ä.
5 968,1 Mill. DM = 13,6%
Schuldendienst
6 381,1 Mill. DM = 14,5%
Finanzausgleich unter den Ländern
1 800,0 Mill. DM = 4,1%
Allgemeine Finanzwirtschaft 17 834,6 Mill. DM = 40,6%
Versorgung, Beihilfen, Unterstützungen u.ä.
3 045,0 Mill. DM = 6,9%
Sonstige allgemeine Ausgaben
111,1 Mill. DM = 0,3%
Wirtschaftsunternehmen, Allgemeines Grund- und Kapitalvermögen, Sondervermögen
1 269,6 Mill. DM = 2,9%
Politische Führung und zentrale Verwaltung
1 993,8 Mill. DM = 4,5%
Verkehrs- und Nachrichtenwesen
1 937,6 Mill. DM = 4,4%
43 566,7
Mill. DM*
Allgemeine Dienste
4924,3 Mill. DM=11,2%
Energie- und Wasserwirtschaft, Gewerbe, Diensleistungen
932,0 Mill. DM = 2,1%
Öffentliche Sicherheit und Ordnung
1 632,8 Mill. DM = 3,7%
Sonstige Fachbereiche
9321,2 Mill. DM = 21,2%
darin enthalten: 1243 Mill. DM für Umweltschutzmaßnahmen
Ernährung, Landwirtschaft und Forsten
835,2 Mill. DM = 1,9%
Rechtsschutz
1 297,7 Mill. DM = 3,0%
Bildungswesen, Wissenschaft, Forschung, kulturelle Angelegenheiten 11 842,4 Mill. DM = 27,0%
Wohnungswesen, Raumordnung und kommunale Gemeinschaftsdienste
1 209,6 Mill. DM = 2,8%
Schulen und vorschulische Bildung
6 402,3 Mill. DM = 14,6%
Gesundheit, Sport und Erholung
1 253,2 Mill. DM = 2,8%
Soziale Sicherung, soziale Kriegsfolgeaufgaben, Wiedergutmachung
1 884,0 Mill. DM = 4,3%
Kirchliche Angelegenheiten, Kunst- und Kulturpflege
744,0 Mill. DM = 1,7%
Wissenschaftliche Einrichtungen, insbesondere Universitäten, sonstige Hochschulen und Forschung
4 126,4 Mill. DM = 9,4%
Förderung des Bildungswesens
569,7 Mill. DM = 1,3%

Planentwurf 1990

Ausgaben insgesamt	**43 783,4 Mill. DM***
1. Allgemeine Dienste insgesamt	5 014,9 Mill. DM = 11,3%
davon:	
a) Politische Führung und zentrale Verwaltung	2 026,3 Mill. DM = 4,6%
b) Öffentliche Sicherheit und Ordnung	1 670,9 Mill. DM = 3,7%
c) Rechtsschutz	1 317,7 Mill. DM = 3,0%
2. Bildungswesen, Wissenschaft, Forschung, kulturelle Angelegenheiten insgesamt	12 036,9 Mill DM = 27,3%
davon:	
a) Schulen und vorschulische Bildung	6 495,7 Mill. DM = 14,7%
b) Wissenschaftliche Einrichtungen, insbesondere Universitäten, sonstige Hochschulen und Forschung	4 123,6 Mill. DM = 9,3%
c) Förderung des Bildungswesens	645,7 Mill. DM = 1,5%
d) Kirchliche Angelegenheiten, Kunst- und Kulturpflege	771,9 Mill. DM = 1,8%
3. Sonstige Fachbereiche insgesamt	9 414,8 Mill DM = 21,3%
davon:	
a) Soziale Sicherung, soziale Kriegsfolgeaufgaben, Wiedergutmachung	1 875,4 Mill. DM = 4,3%
b) Gesundheit, Sport und Erholung	1 235,4 Mill. DM = 2,8%
c) Wohnungswesen, Raumordnung und kommunale Gemeinschaftsdienste	1 209,4 Mill. DM = 2,7%
d) Ernährung, Landwirtschaft und Forsten	837,8 Mill. DM = 1,9%
e) Energie- und Wasserwirtschaft, Gewerbe, Dienstleistungen	948,4 Mill. DM = 2,2%
f) Verkehrs- und Nachrichtenwesen	1 962,9 Mill. DM = 4,4%
g) Wirtschaftsunternehmen, Allgemeines Grund- und Kapitalvermögen, Sondervermögen	1 345,5 Mill. DM = 3,0%

In Ziff. 1 - 3 enthalten: 1 269 Mill. DM für Umweltschutzmaßnahmen.

4. Allgemeine Finanzwirtschaft insgesamt	17 709,7 Mill. DM = 40,1%
davon:	
a) Finanzausgleich unter den Ländern	1 800,0 Mill. DM = 4,1%
b) Finanzausgleich zwischen Land und Gemeinden (Gv) u.ä.	5 904,3 Mill. DM = 13,4%
c) Schuldendienst	6 724,7 Mill. DM = 15,2%
d) Versorgung, Beihilfen, Unterstützungen u.ä.	3 162,6 Mill. DM = 7,2%
e) Sonstige allgemeine Ausgaben	118,1 Mill. DM = 0,2%

*) Folgende global veranschlagte Minderausgaben, die beim Gesamtausgabenvolumen berücksichtigt sind, wurden in den einzelnen Ausgabebereichen nicht abgesetzt: 1989 insgesamt 355,8 Mill. DM (Personalausgaben 55,8 Mill. DM, Sachausgaben 300 Mill. DM), 1990 insgesamt 392,9 Mill. DM (Personalausgaben 92,9 Mill. DM, Sachausgaben 300 Mill. DM). Die ausgewiesenen prozentualen Anteile der einzelnen Bereiche beziehen sich auf das um diese Minderausgaben erhöhte Gesamtvolumen.
Pro Jahr sind beim Finanzausgleich zwischen Land und Gemeinden (Gv) u.ä. bereits 370 Mill. DM globale Minderausgaben berücksichtigt.

Verfassung des Landes Baden-Württemberg

vom 11. November 1953
(GBl. S. 173)

Mit Änderungen durch:

Gesetz vom 7. Dezember 1959 (GBl. S. 171)
Gesetz vom 8. Februar 1967 (GBl. S. 7)
Gesetz vom 11. Februar 1969 (GBl. S. 15)
Gesetz vom 17. März 1970 (GBl. S. 83)
Gesetz vom 17. November 1970 (GBl. S. 492)
Gesetz vom 26. Juli 1971 (GBl. S. 313)
Gesetz vom 19. Oktober 1971 (GBl. S. 425)
Gesetz vom 16. Mai 1974 (GBl. S. 186)
Gesetz vom 19. November 1974 (GBl. S. 454)
Gesetz vom 4. November 1975 (GBl. S. 726)
Gesetz vom 10. Februar 1976 (GBl. S. 98)
Gesetz vom 3. März 1976 (GBl. S. 176)
Gesetz vom 6. Februar 1979 (GBl. S. 65)
Gesetz vom 11. April 1983 (GBl. S. 141)
Gesetz vom 14. Mai 1984 (GBl. S. 301)

Landesverfassung

Vorspruch

Im Bewußtsein der Verantwortung vor Gott und den Menschen, von dem Willen beseelt, die Freiheit und Würde des Menschen zu sichern, dem Frieden zu dienen, das Gemeinschaftsleben nach dem Grundsatz der sozialen Gerechtigkeit zu ordnen, den wirtschaftlichen Fortschritt aller zu fördern, und entschlossen, ein neues demokratisches Bundesland als lebendiges Glied der Bundesrepublik Deutschland zu gestalten, hat sich das Volk von Baden-Württemberg in feierlichem Bekenntnis zu den unverletzlichen und unveräußerlichen Menschenrechten und den Grundrechten der Deutschen kraft seiner verfassunggebenden Gewalt durch die Verfassunggebende Landesversammlung diese Verfassung gegeben.

ERSTER HAUPTTEIL

Vom Menschen und seinen Ordnungen

I. Mensch und Staat

Artikel 1

(1) Der Mensch ist berufen, in der ihn umgebenden Gemeinschaft seine Gaben in Freiheit und in der Erfüllung des christlichen Sittengesetzes zu seinem und der anderen Wohl zu entfalten.

(2) Der Staat hat die Aufgabe, den Menschen hierbei zu dienen. Er faßt die in seinem Gebiet lebenden Menschen zu einem geordneten Gemeinwesen zusammen, gewährt ihnen Schutz und Förderung und bewirkt durch Gesetz und Gebot einen Ausgleich der wechselseitigen Rechte und Pflichten.

Artikel 2

(1) Die im Grundgesetz für die Bundesrepublik Deutschland vom 23. Mai 1949 festgelegten Grundrechte und staatsbürgerlichen Rechte sind Bestandteil dieser Verfassung und unmittelbar geltendes Recht.

(2) Das Volk von Baden-Württemberg bekennt sich darüber hinaus zu dem unveräußerlichen Menschenrecht auf die Heimat.

Artikel 3

(1) Die Sonntage und die staatlich anerkannten Feiertage stehen als Tage der Arbeitsruhe und der Erhebung unter Rechtsschutz. Die staatlich anerkannten Feiertage werden durch Gesetz bestimmt. Hierbei ist die christliche Überlieferung zu wahren.

(2) Der 1. Mai ist gesetzlicher Feiertag. Er gilt dem Bekenntnis zu sozialer Gerechtigkeit, Frieden, Freiheit und Völkerverständigung.

II. Religion und Religionsgemeinschaften

Artikel 4

(1) Die Kirchen und die anerkannten Religions- und Weltanschauungsgemeinschaften entfalten sich in der Erfüllung ihrer religiösen Aufgaben frei von staatlichen Eingriffen.

(2) Ihre Bedeutung für die Bewahrung und Festigung der religiösen und sittlichen Grundlagen des menschlichen Lebens wird anerkannt.

Artikel 5

Für das Verhältnis des Staates zu den Kirchen und den anerkannten Religions- und Weltanschauungsgemeinschaften gilt Artikel 140 des Grundgesetzes für die Bundesrepublik Deutschland. Er ist Bestandteil dieser Verfassung.

Artikel 6

Die Wohlfahrtspflege der Kirchen und der anerkannten Religions- und Weltanschauungsgemeinschaften wird gewährleistet.

Artikel 7

(1) Die dauernden Verpflichtungen des Staates zu wiederkehrenden Leistungen an die Kirchen bleiben dem Grunde nach gewährleistet.

(2) Art und Höhe dieser Leistungen werden durch Gesetz oder Vertrag geregelt.

(3) Eine endgültige allgemeine Regelung soll durch Gesetz oder Vertrag getroffen werden.

Artikel 8

Rechte und Pflichten, die sich aus Verträgen mit der evangelischen und katholischen Kirche ergeben, bleiben von dieser Verfassung unberührt.

Artikel 9

Die Kirchen sind berechtigt, für die Ausbildung der Geistlichen Konvikte und Seminare zu errichten und zu führen.

Artikel 10

Die Besetzung der Lehrstühle der theologischen Fakultäten geschieht unbeschadet der in Artikel 8 genannten Verträge und unbeschadet abweichender Übung im Benehmen mit der Kirche.

III. Erziehung und Unterricht

Artikel 11

(1) Jeder junge Mensch hat ohne Rücksicht auf Herkunft oder wirtschaftliche Lage das Recht auf eine seiner Begabung entsprechende Erziehung und Ausbildung.

(2) Das öffentliche Schulwesen ist nach diesem Grundsatz zu gestalten.

(3) Staat, Gemeinden und Gemeindeverbände haben die erforderlichen Mittel, insbesondere auch Erziehungsbeihilfen, bereitzustellen.

(4) Das Nähere regelt ein Gesetz.

Artikel 12

(1) Die Jugend ist in der Ehrfurcht vor Gott, im Geiste der christlichen Nächstenliebe, zur Brüderlichkeit aller Menschen und zur Friedensliebe, in der Liebe zu Volk und Heimat, zu sittlicher und politischer Verantwortlichkeit, zu beruflicher und sozialer Bewährung und zu freiheitlicher demokratischer Gesinnung zu erziehen.

(2) Verantwortliche Träger der Erziehung sind in ihren Bereichen die Eltern, der Staat, die Religionsgemeinschaften, die Gemeinden und die in ihren Bünden gegliederte Jugend.

Artikel 13

Die Jugend ist gegen Ausbeutung und gegen sittliche, geistige und körperliche Gefährdung zu schützen. Staat und Gemeinden schaffen die erforderlichen Einrichtungen. Ihre Aufgaben können auch durch die freie Wohlfahrtspflege wahrgenommen werden.

Artikel 14

(1) Es besteht allgemeine Schulpflicht.

(2) Unterricht und Lernmittel an den öffentlichen Schulen sind unentgeltlich. Die Unentgeltlichkeit wird stufenweise verwirklicht. Auf gemeinnütziger Grundlage arbeitende private mittlere und höhere Schulen, die einem öffentlichen Bedürfnis entsprechen, als pädagogisch wertvoll anerkannt sind und eine gleichartige Befreiung gewähren, haben Anspruch auf Ausgleich der hierdurch entstehenden finanziellen Belastung. Den gleichen Anspruch haben auf gemein-

nütziger Grundlage arbeitende private Volksschulen nach Artikel 15 Absatz 2[1]). Näheres regelt ein Gesetz.

(3) Das Land hat den Gemeinden und Gemeindeverbänden den durch die Schulgeld- und Lernmittelfreiheit entstehenden Ausfall und Mehraufwand zu ersetzen. Die Schulträger können an dem Ausfall und Mehraufwand beteiligt werden. Näheres regelt ein Gesetz.

Artikel 15[2])

(1) Die öffentlichen Volksschulen (Grund- und Hauptschulen) haben die Schulform der christlichen Gemeinschaftsschule nach den Grundsätzen und Bestimmungen, die am 9. Dezember 1951 in Baden für die Simultanschule mit christlichem Charakter gegolten haben.

(2) Öffentliche Volksschulen (Grund- und Hauptschulen) in Südwürttemberg-Hohenzollern, die am 31. März 1966 als Bekenntnisschulen eingerichtet waren, können auf Antrag der Erziehungsberechtigten in staatlich geförderte private Volksschulen desselben Bekenntnisses umgewandelt werden. Das Nähere regelt ein Gesetz, das einer Zweidrittelmehrheit bedarf.

(3) Das natürliche Recht der Eltern, die Erziehung und Bildung ihrer Kinder mitzubestimmen, muß bei der Gestaltung des Erziehungs- und Schulwesens berücksichtigt werden.

Artikel 16

(1) In christlichen Gemeinschaftsschulen werden die Kinder auf der Grundlage christlicher und abendländischer Bildungs- und Kulturwerte erzogen. Der Unterricht wird mit Ausnahme des Religionsunterrichts gemeinsam erteilt.

---

[1]) Artikel 14 Absatz 2 Satz 4 eingefügt durch Gesetz vom 8. Februar 1967 (GBl. S. 7).
[2]) Artikel 15 geändert durch Gesetz vom 8. Februar 1967 (GBl. S. 7).

(2) Bei der Bestellung der Lehrer an den Volksschulen ist auf das religiöse und weltanschauliche Bekenntnis der Schüler nach Möglichkeit Rücksicht zu nehmen. Bekenntnismäßig nicht gebundene Lehrer dürfen jedoch nicht benachteiligt werden.

(3) Ergeben sich bei der Auslegung des christlichen Charakters der Volksschule Zweifelsfragen, so sind sie in gemeinsamer Beratung zwischen dem Staat, den Religionsgemeinschaften, den Lehrern und den Eltern zu beheben.

Artikel 17

(1) In allen Schulen waltet der Geist der Duldsamkeit und der sozialen Ethik.

(2) Die Schulaufsicht wird durch fachmännisch vorgebildete, hauptamtlich tätige Beamte ausgeübt.

(3) Prüfungen, durch die eine öffentlich anerkannte Berechtigung erworben werden soll, müssen vor staatlichen oder staatlich ermächtigten Stellen abgelegt werden.

(4) Die Erziehungsberechtigten wirken durch gewählte Vertreter an der Gestaltung des Lebens und der Arbeit der Schule mit. Näheres regelt ein Gesetz.

Artikel 18

Der Religionsunterricht ist an den öffentlichen Schulen ordentliches Lehrfach. Er wird nach den Grundsätzen der Religionsgemeinschaften und unbeschadet des allgemeinen Aufsichtsrechts des Staates von deren Beauftragten erteilt und beaufsichtigt. Die Teilnahme am Religionsunterricht und an religiösen Schulfeiern bleibt der Willenserklärung der Erziehungsberechtigten, die Erteilung des Religionsunterrichts der des Lehrers überlassen.

Artikel 19[3])

(1) Die Ausbildung der Lehrer für die öffentlichen Grund- und Hauptschulen muß gewährleisten, daß die Lehrer zur Erziehung und zum Unterricht gemäß den in Artikel 15 genannten Grundsätzen befähigt sind. An staatlichen Einrichtungen erfolgt sie mit Ausnahme der in Absatz 2 genannten Fächer gemeinsam.

(2) Die Dozenten für Theologie und Religionspädagogik werden im Einvernehmen mit der zuständigen Kirchenleitung berufen.

Artikel 20

(1) Die Hochschule ist frei in Forschung und Lehre.

(2) Die Hochschule hat unbeschadet der staatlichen Aufsicht das Recht auf eine ihrem besonderen Charakter entsprechende Selbstverwaltung im Rahmen der Gesetze und ihrer staatlich anerkannten Satzungen.

(3) Bei der Ergänzung des Lehrkörpers wirkt sie durch Ausübung ihres Vorschlagsrechts mit.

Artikel 21

(1) Die Jugend ist in den Schulen zu freien und verantwortungsfreudigen Bürgern zu erziehen und an der Gestaltung des Schullebens zu beteiligen.

(2) In allen Schulen ist Gemeinschaftskunde ordentliches Lehrfach.

Artikel 22

Die Erwachsenenbildung ist vom Staat, den Gemeinden und den Landkreisen zu fördern.

---

[3]) Artikel 19 geändert durch Gesetz vom 11. Februar 1969 (GBl. S. 15).

ZWEITER HAUPTTEIL

Vom Staat und seinen Ordnungen

I. Die Grundlagen des Staates

Artikel 23

(1) Das Land Baden-Württemberg ist ein republikanischer, demokratischer und sozialer Rechtsstaat.

(2) Das Land ist ein Glied der Bundesrepublik Deutschland.

Artikel 24

(1) Die Landesfarben sind Schwarz-Gold.

(2) Das Landeswappen wird durch Gesetz bestimmt.

Artikel 25

(1) Die Staatsgewalt geht vom Volke aus. Sie wird vom Volke in Wahlen und Abstimmungen und durch besondere Organe der Gesetzgebung, der vollziehenden Gewalt und der Rechtsprechung ausgeübt.

(2) Die Gesetzgebung ist an die verfassungsmäßige Ordnung in Bund und Land, die vollziehende Gewalt und die Rechtsprechung sind an Gesetz und Recht gebunden.

(3) Die Gesetzgebung steht den gesetzgebenden Organen zu. Die Rechtsprechung wird durch unabhängige Richter ausgeübt. Die Verwaltung liegt in der Hand von Regierung und Selbstverwaltung.

Artikel 26

(1) Wahl- und stimmberechtigt ist jeder Deutsche, der im Lande wohnt oder sich sonst gewöhnlich aufhält und am Tage der Wahl oder Abstimmung das 18. Lebensjahr vollendet hat.[4])

(2) Ausgeschlossen vom Wahl- und Stimmrecht ist,

1. wer infolge Richterspruchs das Wahl- und Stimmrecht nicht besitzt,

2. wer entmündigt ist oder wegen geistigen Gebrechens unter Pflegschaft steht, wenn er nicht durch eine Bescheinigung des Vormundschaftsgerichts nachweist, daß die Pflegschaft mit seiner Einwilligung angeordnet ist[5]).

(3) Die Ausübung des Wahl- und Stimmrechts ist Bürgerpflicht.

(4) Alle nach der Verfassung durch das Volk vorzunehmenden Wahlen und Abstimmungen sind allgemein, frei, gleich, unmittelbar und geheim.

(5) Bei Volksabstimmungen wird mit Ja oder Nein gestimmt.

(6) Der Wahl- oder Abstimmungstag muß ein Sonntag sein.

(7) Das Nähere bestimmt ein Gesetz. Es kann das Wahl- und Stimmrecht von einer bestimmten Dauer des Aufenthalts im Lande und, wenn der Wahl- und Stimmberechtigte mehrere Wohnungen innehat, auch davon abhängig machen, daß seine Hauptwohnung im Lande liegt[6]).

---

[4]) Artikel 26 Absatz 1 geändert durch Gesetz vom 17. März 1970 (GBl. S. 83) und durch Gesetz vom 11. April 1983 (GBl. S. 141).

[5]) Artikel 26 Absatz 2 geändert durch Gesetz vom 16. Mai 1974 (GBl. S. 186) und durch Gesetz vom 11. April 1983 (GBl. S. 141).

[6]) Artikel 26 Absatz 7 geändert durch Gesetz vom 11. April 1983 (GBl. S. 141).

II. Der Landtag

Artikel 27

(1) Der Landtag ist die gewählte Vertretung des Volkes.

(2) Der Landtag übt die gesetzgebende Gewalt aus und überwacht die Ausübung der vollziehenden Gewalt nach Maßgabe dieser Verfassung.

(3) Die Abgeordneten sind Vertreter des ganzen Volkes. Sie sind nicht an Aufträge und Weisungen gebunden und nur ihrem Gewissen unterworfen.

Artikel 28

(1) Die Abgeordneten werden nach einem Verfahren gewählt, das die Persönlichkeitswahl mit den Grundsätzen der Verhältniswahl verbindet.

(2) Wählbar ist jeder Wahlberechtigte. Die Wählbarkeit kann von einer bestimmten Dauer der Staatsangehörigkeit und des Aufenthalts im Lande abhängig gemacht werden[7]).

(3) Das Nähere bestimmt ein Gesetz. Es kann die Zuteilung von Sitzen davon abhängig machen, daß ein Mindestanteil der im Lande abgegebenen gültigen Stimmen erreicht wird. Der geforderte Anteil darf fünf vom Hundert nicht überschreiten.

---

[7]) Artikel 28 Absatz 2 Satz 1 geändert durch Gesetz vom 17. März 1970 (GBl. S. 83), durch Gesetz vom 19. November 1974 (GBl. S. 454), Satz 2 geändert durch Gesetz vom 11. April 1983 (GBl. S. 141).

Artikel 29

(1) Wer sich um einen Sitz im Landtag bewirbt, hat Anspruch auf den zur Vorbereitung seiner Wahl erforderlichen Urlaub.

(2) Niemand darf gehindert werden, das Amt eines Abgeordneten zu übernehmen und auszuüben. Eine Kündigung oder Entlassung aus einem Dienst- oder Arbeitsverhältnis aus diesem Grunde ist unzulässig.

Artikel 30

(1) Die Wahlperiode des Landtags dauert vier Jahre. Sie beginnt mit dem Ablauf der Wahlperiode des alten Landtags, nach einer Auflösung des Landtags mit dem Tage der Neuwahl.

(2) Die Neuwahl muß vor Ablauf der Wahlperiode, im Falle der Auflösung des Landtags binnen sechzig Tagen stattfinden.

(3) Der Landtag tritt spätestens am sechzehnten Tage nach Beginn der Wahlperiode zusammen. Die erste Sitzung wird vom Alterspräsidenten einberufen und geleitet.

(4) Der Landtag bestimmt den Schluß und den Wiederbeginn seiner Sitzungen. Der Präsident kann den Landtag früher einberufen. Er ist dazu verpflichtet, wenn ein Viertel der Mitglieder des Landtags oder die Regierung es verlangt.

Artikel 31

(1) Die Wahlprüfung ist Sache des Landtags. Er entscheidet auch, ob ein Abgeordneter seinen Sitz im Landtag verloren hat.

(2) Die Entscheidungen können beim Staatsgerichtshof angefochten werden.

(3) Das Nähere bestimmt ein Gesetz.

Artikel 32

(1) Der Landtag wählt seinen Präsidenten und dessen Stellvertreter, die zusammen mit weiteren Mitgliedern das Präsidium bilden, sowie die Schriftführer. Der Landtag gibt sich eine Geschäftsordnung, die nur mit einer Mehrheit von zwei Dritteln der anwesenden Abgeordneten geändert werden kann[8]).

(2) Der Präsident übt das Hausrecht und die Polizeigewalt im Sitzungsgebäude aus. Ohne seine Zustimmung darf im Sitzungsgebäude keine Durchsuchung oder Beschlagnahme stattfinden.

(3) Der Präsident verwaltet die wirtschaftlichen Angelegenheiten des Landtags nach Maßgabe des Haushaltsgesetzes. Er vertritt das Land im Rahmen der Verwaltung des Landtags. Ihm steht die Einstellung und Entlassung der Angestellten und Arbeiter sowie im Einvernehmen mit dem Präsidium die Ernennung und Entlassung der Beamten des Landtags zu. Der Präsident ist oberste Dienstbehörde für die Beamten, Angestellten und Arbeiter des Landtags.

(4) Bis zum Zusammentritt eines neugewählten Landtags führt der bisherige Präsident die Geschäfte fort.

Artikel 33

(1) Der Landtag verhandelt öffentlich. Die Öffentlichkeit wird ausgeschlossen, wenn der Landtag es auf Antrag von zehn Abgeordneten oder eines Mitglieds der Regierung mit einer Mehrheit von zwei Dritteln der anwesenden Abgeordneten beschließt. Über den Antrag wird in nichtöffentlicher Sitzung entschieden.

(2) Der Landtag beschließt mit der Mehrheit der abgegebenen Stimmen, sofern die Verfassung nichts anderes bestimmt. Für die vom Landtag vorzunehmenden Wahlen kann die Geschäftsordnung Ausnahmen zulassen. Der Landtag gilt als beschlußfähig, solange nicht auf Antrag eines seiner Mitglieder vom Präsidenten festge-

---

[8]) Artikel 32 Absatz 1 geändert durch Gesetz vom 14. Mai 1984 (GBl. S. 301).

stellt wird, daß weniger als die Hälfte der Abgeordneten anwesend sind.

(3) Für wahrheitsgetreue Berichte über die öffentlichen Sitzungen des Landtags und seiner Ausschüsse darf niemand zur Verantwortung gezogen werden.

Artikel 34

(1) Der Landtag und seine Ausschüsse können die Anwesenheit eines jeden Mitglieds der Regierung verlangen.

(2) Die Mitglieder der Regierung und ihre Beauftragten haben zu den Sitzungen des Landtags und seiner Ausschüsse Zutritt und müssen jederzeit gehört werden. Sie unterstehen der Ordnungsgewalt des Präsidenten und der Vorsitzenden der Ausschüsse. Der Zutritt der Mitglieder der Regierung und ihrer Beauftragten zu den Sitzungen der Untersuchungsausschüsse und ihr Rederecht in diesen Sitzungen wird durch Gesetz geregelt[9]).

Artikel 35[10])

(1) Der Landtag hat das Recht und auf Antrag von einem Viertel seiner Mitglieder die Pflicht, Untersuchungsausschüsse einzusetzen. Der Gegenstand der Untersuchung ist im Beschluß genau festzulegen.

(2) Die Ausschüsse erheben in öffentlicher Verhandlung die Beweise, welche sie oder die Antragsteller für erforderlich erachten. Beweise sind zu erheben, wenn sie von einem Viertel der Mitglieder des Ausschusses beantragt werden. Die Öffentlichkeit kann ausgeschlossen werden.

---

[9]) Artikel 34 Absatz 2 geändert durch Gesetz vom 3. März 1976 (GBl. S. 176).
[10]) Artikel 35 geändert durch Gesetz vom 3. März 1976 (GBl. S. 176).

(3) Gerichte und Verwaltungsbehörden sind zur Rechts- und Amtshilfe verpflichtet.

(4) Das Nähere über die Einsetzung, die Befugnisse und das Verfahren der Untersuchungsausschüsse wird durch Gesetz geregelt. Das Briefgeheimnis sowie das Post- und Fernmeldegeheimnis bleiben unberührt.

(5) Die Gerichte sind frei in der Würdigung und Beurteilung des Sachverhalts, welcher der Untersuchung zugrunde liegt.

Artikel 35a[11])

(1) Der Landtag bestellt einen Petitionsausschuß, dem die Behandlung der nach Artikel 2 Abs. 1 dieser Verfassung und Artikel 17 des Grundgesetzes an den Landtag gerichteten Bitten und Beschwerden obliegt. Nach Maßgabe der Geschäftsordnung des Landtags können Bitten und Beschwerden auch einem anderen Ausschuß überwiesen werden.

(2) Die Befugnisse des Petitionsausschusses zur Überprüfung von Bitten und Beschwerden werden durch Gesetz geregelt.

Artikel 36

(1) Der Landtag bestellt einen Ständigen Ausschuß, der die Rechte des Landtags gegenüber der Regierung vom Ablauf der Wahlperiode oder von der Auflösung des Landtags an bis zum Zusammentritt eines neugewählten Landtags wahrt. Der Ausschuß hat in dieser Zeit auch die Rechte eines Untersuchungsausschusses.

(2) Weiter gehende Befugnisse, insbesondere das Recht der Gesetzgebung, der Wahl des Ministerpräsidenten sowie der Anklage von Abgeordneten und von Mitgliedern der Regierung, stehen dem Ausschuß nicht zu.

---

11) Artikel 35a eingefügt durch Gesetz vom 6. Februar 1979 (GBl. S. 65).

Artikel 37

Ein Abgeordneter darf zu keiner Zeit wegen seiner Abstimmung oder wegen einer Äußerung, die er im Landtag, in einem Ausschuß, in einer Fraktion oder sonst in Ausübung seines Mandats getan hat, gerichtlich oder dienstlich verfolgt oder anderweitig außerhalb des Landtags zur Verantwortung gezogen werden.

Artikel 38

(1) Ein Abgeordneter kann nur mit Einwilligung des Landtags wegen einer mit Strafe bedrohten Handlung oder aus sonstigen Gründen zur Untersuchung gezogen, festgenommen, festgehalten oder verhaftet werden, es sei denn, daß er bei Verübung einer strafbaren Handlung oder spätestens im Laufe des folgenden Tages festgenommen wird.

(2) Jedes Strafverfahren gegen einen Abgeordneten und jede Haft oder sonstige Beschränkung seiner persönlichen Freiheit ist auf Verlangen des Landtags für die Dauer der Wahlperiode aufzuheben.

Artikel 39

Die Abgeordneten können über Personen, die ihnen in ihrer Eigenschaft als Abgeordnete oder denen sie als Abgeordnete Tatsachen anvertraut haben, sowie über diese Tatsachen selbst das Zeugnis verweigern. Personen, deren Mitarbeit ein Abgeordneter in Ausübung seines Mandats in Anspruch nimmt, können das Zeugnis über die Wahrnehmungen verweigern, die sie anläßlich dieser Mitarbeit gemacht haben. Soweit Abgeordnete und ihre Mitarbeiter dieses Recht haben, ist die Beschlagnahme von Schriftstücken unzulässig.

Artikel 40

Die Abgeordneten haben Anspruch auf eine angemessene Entschädigung, die ihre Unabhängigkeit sichert. Sie haben innerhalb des Landes das Recht der freien Benutzung aller staatlichen Verkehrsmittel. Näheres bestimmt ein Gesetz.

Artikel 41

(1) Wer zum Abgeordneten gewählt ist, erwirbt die rechtliche Stellung eines Abgeordneten mit der Annahme der Wahl. Der Gewählte kann die Wahl ablehnen.

(2) Ein Abgeordneter kann jederzeit auf sein Mandat verzichten. Der Verzicht ist von ihm selbst dem Präsidenten des Landtags schriftlich zu erklären. Die Erklärung ist unwiderruflich.

(3) Verliert ein Abgeordneter die Wählbarkeit, so erlischt sein Mandat.

Artikel 42

(1) Erhebt sich der dringende Verdacht, daß ein Abgeordneter seine Stellung als solcher in gewinnsüchtiger Absicht mißbraucht habe, so kann der Landtag beim Staatsgerichtshof ein Verfahren mit dem Ziel beantragen, ihm sein Mandat abzuerkennen.

(2) Der Antrag auf Erhebung der Anklage muß von mindestens einem Drittel der Mitglieder des Landtags gestellt werden. Der Beschluß auf Erhebung der Anklage erfordert bei Anwesenheit von mindestens zwei Dritteln der Mitglieder des Landtags eine Zweidrittelmehrheit, die jedoch mehr als die Hälfte der Mitglieder des Landtags betragen muß.

Artikel 43

(1) Der Landtag ist vor Ablauf der Wahlperiode durch die Regierung aufzulösen, wenn es von einem Sechstel der Wahlberechtigten verlangt wird und bei einer binnen sechs Wochen vorzunehmenden Volksabstimmung die Mehrheit der Stimmberechtigten diesem Verlangen beitritt[12]).

(2) Die Neuwahl findet binnen sechzig Tagen nach der Volksabstimmung statt.

Artikel 44

Die Vorschriften der Artikel 29 Absatz 2, 37, 38, 39 und 40 gelten für die Mitglieder des Präsidiums und des Ständigen Ausschusses sowie deren erste Stellvertreter auch für die Zeit nach Ablauf der Wahlperiode oder nach Auflösung des Landtags bis zum Zusammentritt eines neugewählten Landtags.

III. Die Regierung

Artikel 45

(1) Die Regierung übt die vollziehende Gewalt aus.

(2) Die Regierung besteht aus dem Ministerpräsidenten und den Ministern. Als weitere Mitglieder der Regierung können Staatssekretäre und ehrenamtliche Staatsräte ernannt werden. Die Zahl der Staatssekretäre darf ein Drittel der Zahl der Minister nicht übersteigen. Staatssekretären und Staatsräten kann durch Beschluß des Landtags Stimmrecht verliehen werden.

(3) Die Regierung beschließt unbeschadet des Gesetzgebungsrechts des Landtags über die Geschäftsbereiche ihrer Mitglieder.

---

12) Artikel 43 Absatz 1 geändert durch Gesetz vom 16. Mai 1974 (GBl. S. 186).

Der Beschluß bedarf der Zustimmung des Landtags[13]).

(4) Der Ministerpräsident kann einen Geschäftsbereich selbst übernehmen.

Artikel 46

(1) Der Ministerpräsident wird vom Landtag mit der Mehrheit seiner Mitglieder ohne Aussprache in geheimer Abstimmung gewählt. Wählbar ist, wer zum Abgeordneten gewählt werden kann und das 35. Lebensjahr vollendet hat.

(2) Der Ministerpräsident beruft und entläßt die Minister, Staatssekretäre und Staatsräte. Er bestellt seinen Stellvertreter.

(3) Die Regierung bedarf zur Amtsübernahme der Bestätigung durch den Landtag. Der Beschluß muß mit mehr als der Hälfte der abgegebenen Stimmen gefaßt werden.

(4) Die Berufung eines Mitglieds der Regierung durch den Ministerpräsidenten nach der Bestätigung bedarf der Zustimmung des Landtags.

Artikel 47

Wird die Regierung nicht innerhalb von drei Monaten nach dem Zusammentritt des neugewählten Landtags oder nach der sonstigen Erledigung des Amtes des Ministerpräsidenten gebildet und bestätigt, so ist der Landtag aufgelöst.

Artikel 48

Die Mitglieder der Regierung leisten beim Amtsantritt den Amtseid vor dem Landtag. Er lautet:

„Ich schwöre, daß ich meine Kraft dem Wohle des Volkes widmen,

[13]) Artikel 45 Absatz 3 geändert durch Gesetz vom 17. November 1970 (GBl. S. 492).

seinen Nutzen mehren, Schaden von ihm wenden, Verfassung und Recht wahren und verteidigen, meine Pflichten gewissenhaft erfüllen und Gerechtigkeit gegen jedermann üben werde. So wahr mir Gott helfe."
Der Eid kann auch ohne religiöse Beteuerung geleistet werden.

Artikel 49

(1) Der Ministerpräsident bestimmt die Richtlinien der Politik und trägt dafür die Verantwortung. Er führt den Vorsitz in der Regierung und leitet ihre Geschäfte nach einer von der Regierung zu beschließenden Geschäftsordnung. Die Geschäftsordnung ist zu veröffentlichen. Innerhalb der Richtlinien der Politik leitet jeder Minister seinen Geschäftsbereich selbständig unter eigener Verantwortung.

(2) Die Regierung beschließt insbesondere über Gesetzesvorlagen, über die Stimmabgabe des Landes im Bundesrat, über Angelegenheiten, in denen ein Gesetz dies vorschreibt, über Meinungsverschiedenheiten, die den Geschäftskreis mehrerer Ministerien berühren, und über Fragen von grundsätzlicher oder weittragender Bedeutung.

(3) Die Regierung beschließt mit Mehrheit der anwesenden stimmberechtigten Mitglieder. Jedes Mitglied hat nur eine Stimme, auch wenn es mehrere Geschäftsbereiche leitet.

Artikel 50

Der Ministerpräsident vertritt das Land nach außen. Der Abschluß von Staatsverträgen bedarf der Zustimmung der Regierung und des Landtags.

Artikel 51

Der Ministerpräsident ernennt die Richter und Beamten des Landes. Dieses Recht kann durch Gesetz auf andere Behörden übertragen werden.

Artikel 52

(1) Der Ministerpräsident übt das Gnadenrecht aus. Er kann dieses Recht, soweit es sich nicht um schwere Fälle handelt, mit Zustimmung der Regierung auf andere Behörden übertragen.

(2) Ein allgemeiner Straferlaß und eine allgemeine Niederschlagung anhängiger Strafverfahren können nur durch Gesetz ausgesprochen werden.

Artikel 53

(1) Das Amtsverhältnis der Mitglieder der Regierung, insbesondere die Besoldung und Versorgung der Minister und Staatssekretäre, regelt ein Gesetz.

(2) Die hauptamtlichen Mitglieder der Regierung dürfen kein anderes besoldetes Amt, kein Gewerbe und keinen Beruf ausüben. Kein Mitglied der Regierung darf der Leitung oder dem Aufsichtsorgan eines auf wirtschaftliche Betätigung gerichteten Unternehmens angehören. Ausnahmen kann der Landtag zulassen.

Artikel 54

(1) Der Landtag kann dem Ministerpräsidenten das Vertrauen nur dadurch entziehen, daß er mit der Mehrheit seiner Mitglieder einen Nachfolger wählt und die von diesem gebildete Regierung gemäß Artikel 46 Absatz 3 bestätigt.

(2) Zwischen dem Antrag auf Abberufung und der Wahl müssen mindestens drei Tage liegen.

Artikel 55

(1) Die Regierung und jedes ihrer Mitglieder können jederzeit ihren Rücktritt erklären.

(2) Das Amt des Ministerpräsidenten und der übrigen Mitglieder der Regierung endet mit dem Zusammentritt eines neuen Landtags, das Amt eines Ministers, eines Staatssekretärs und eines Staatsrats auch mit jeder anderen Erledigung des Amtes des Ministerpräsidenten.

(3) Im Falle des Rücktritts oder einer sonstigen Beendigung des Amtes haben die Mitglieder der Regierung bis zur Amtsübernahme der Nachfolger ihr Amt weiterzuführen.

Artikel 56

Auf Beschluß von zwei Dritteln der Mitglieder des Landtags muß der Ministerpräsident ein Mitglied der Regierung entlassen.

Artikel 57

(1) Die Mitglieder der Regierung können wegen vorsätzlicher oder grobfahrlässiger Verletzung der Verfassung oder eines anderen Gesetzes auf Beschluß des Landtags vor dem Staatsgerichtshof angeklagt werden.

(2) Der Antrag auf Erhebung der Anklage muß von mindestens einem Drittel der Mitglieder des Landtags unterzeichnet werden. Der Beschluß erfordert bei Anwesenheit von mindestens zwei Dritteln der Mitglieder des Landtags eine Zweidrittelmehrheit, die jedoch mehr als die Hälfte der Mitglieder des Landtags betragen muß. Der Staatsgerichtshof kann einstweilen anordnen, daß das

angeklagte Mitglied der Regierung sein Amt nicht ausüben darf. Die Anklage wird durch den vor oder nach ihrer Erhebung erfolgten Rücktritt des Mitglieds der Regierung oder durch dessen Abberufung oder Entlassung nicht berührt.

(3) Befindet der Staatsgerichtshof im Sinne der Anklage, so kann er dem Mitglied der Regierung sein Amt aberkennen; Versorgungsansprüche können ganz oder teilweise entzogen werden.

(4) Wird gegen ein Mitglied der Regierung in der Öffentlichkeit ein Vorwurf im Sinne des Absatzes 1 erhoben, so kann es mit Zustimmung der Regierung die Entscheidung des Staatsgerichtshofs beantragen.

IV. Die Gesetzgebung

Artikel 58

Niemand kann zu einer Handlung, Unterlassung oder Duldung gezwungen werden, wenn nicht ein Gesetz oder eine auf Gesetz beruhende Bestimmung es verlangt oder zuläßt.

Artikel 59[14)]

(1) Gesetzesvorlagen werden von der Regierung, von Abgeordneten oder vom Volk durch Volksbegehren eingebracht.

(2) Dem Volksbegehren muß ein ausgearbeiteter und mit Gründen versehener Gesetzentwurf zugrunde liegen. Das Volksbegehren ist zustande gekommen, wenn es von mindestens einem Sechstel der Wahlberechtigten gestellt wird. Das Volksbegehren ist von der Regierung mit ihrer Stellungnahme unverzüglich dem Landtag zu unterbreiten.

---

14) Artikel 59 geändert durch Gesetz vom 16. Mai 1974 (GBl. S. 186).

(3) Die Gesetze werden vom Landtag oder durch Volksabstimmung beschlossen.

Artikel 60[15])

(1) Eine durch Volksbegehren eingebrachte Gesetzesvorlage ist zur Volksabstimmung zu bringen, wenn der Landtag der Gesetzesvorlage nicht unverändert zustimmt. In diesem Fall kann der Landtag dem Volk einen eigenen Gesetzentwurf zur Entscheidung mitvorlegen.

(2) Die Regierung kann ein vom Landtag beschlossenes Gesetz vor seiner Verkündung zur Volksabstimmung bringen, wenn ein Drittel der Mitglieder des Landtags es beantragt. Die angeordnete Volksabstimmung unterbleibt, wenn der Landtag mit Zweidrittelmehrheit das Gesetz erneut beschließt. Wenn ein Drittel der Mitglieder des Landtags es beantragt, kann die Regierung eine von ihr eingebrachte, aber vom Landtag abgelehnte Gesetzesvorlage zur Volksabstimmung bringen.

(4) Der Antrag nach Absatz 2 und Absatz 3 ist innerhalb von zwei Wochen nach der Schlußabstimmung zu stellen. Die Regierung hat sich innerhalb von zehn Tagen nach Eingang des Antrags zu entscheiden, ob sie die Volksabstimmung anordnen will.

(5) Bei der Volksabstimmung entscheidet die Mehrheit der abgegebenen gültigen Stimmen. Das Gesetz ist beschlossen, wenn mindestens ein Drittel der Stimmberechtigten zustimmt.

(6) Über Abgabengesetze, Besoldungsgesetze und das Staatshaushaltsgesetz findet keine Volksabstimmung statt.

Artikel 61

(1) Die Ermächtigung zum Erlaß von Rechtsverordnungen kann nur durch Gesetz erteilt werden. Dabei müssen Inhalt, Zweck und Aus-

[15]) Artikel 60 geändert durch Gesetz vom 16. Mai 1974 (GBl. S. 186).

maß der erteilten Ermächtigung bestimmt werden. Die Rechtsgrundlage ist in der Verordnung anzugeben.

(2) Die zur Ausführung der Gesetze erforderlichen Rechtsverordnungen und Verwaltungsvorschriften erläßt, soweit die Gesetze nichts anderes bestimmen, die Regierung.

Artikel 62[16])

(1) Ist bei drohender Gefahr für den Bestand oder die freiheitliche demokratische Ordnung des Landes oder für die lebensnotwendige Versorgung der Bevölkerung sowie bei einem Notstand infolge einer Naturkatastrophe oder eines besonders schweren Unglücksfalls der Landtag verhindert, sich alsbald zu versammeln, so nimmt ein Ausschuß des Landtags als Notparlament die Rechte des Landtags wahr. Die Verfassung darf durch ein von diesem Ausschuß beschlossenes Gesetz nicht geändert werden. Die Befugnis, dem Ministerpräsidenten das Vertrauen zu entziehen, steht dem Ausschuß nicht zu.

(2) Solange eine Gefahr für den Bestand oder die freiheitliche demokratische Grundordnung des Landes droht, finden durch das Volk vorzunehmende Wahlen und Abstimmungen nicht statt. Die Feststellung, daß Wahlen und Abstimmungen nicht stattfinden, trifft der Landtag mit einer Mehrheit von zwei Dritteln seiner Mitglieder. Ist der Landtag verhindert, sich alsbald zu versammeln, so trifft der in Absatz 1 Satz 1 genannte Ausschuß die Feststellung mit einer Mehrheit von zwei Dritteln seiner Mitglieder. Die verschobenen Wahlen und Abstimmungen sind innerhalb von sechs Monaten, nachdem der Landtag festgestellt hat, daß die Gefahr beendet ist, durchzuführen. Die Amtsdauer der in Betracht kommenden Personen und Körperschaften verlängert sich bis zum Ablauf des Tages der Neuwahl.

(3) Die Feststellung, daß der Landtag verhindert ist, sich alsbald zu versammeln, trifft der Präsident des Landtags.

---

16) Artikel 62 geändert durch Gesetz vom 4. November 1975 (GBl. S. 726).

Artikel 63

(1) Die verfassungsmäßig zustandegekommenen Gesetze werden durch den Ministerpräsidenten ausgefertigt und binnen Monatsfrist im Gesetzblatt des Landes verkündet. Sie werden vom Ministerpräsidenten und mindestens der Hälfte der Minister unterzeichnet. Wenn der Landtag die Dringlichkeit beschließt, müssen sie sofort ausgefertigt und verkündet werden.

(2) Rechtsverordnungen werden von der Stelle, die sie erläßt, ausgefertigt und, soweit das Gesetz nichts anderes bestimmt, im Gesetzblatt verkündet.

(3) Gesetze nach Artikel 62 werden, falls eine rechtzeitige Verkündung im Gesetzblatt nicht möglich ist, auf andere Weise öffentlich bekanntgemacht. Die Verkündung im Gesetzblatt ist nachzuholen, sobald die Umstände es zulassen[17]).

(4) Gesetze und Rechtsverordnungen sollen den Tag bestimmen, an dem sie in Kraft treten. Fehlt eine solche Bestimmung, so treten sie mit dem vierzehnten Tage nach Ablauf des Tages in Kraft, an dem das Gesetzblatt ausgegeben worden ist.

Artikel 64

(1) Die Verfassung kann durch Gesetz geändert werden. Ein Änderungsantrag darf den Grundsätzen des republikanischen, demokratischen und sozialen Rechtsstaats nicht widersprechen. Die Entscheidung, ob ein Änderungsantrag zulässig ist, trifft auf Antrag der Regierung oder eines Viertels der Mitglieder des Landtags der Staatsgerichtshof.

(2) Die Verfassung kann vom Landtag geändert werden, wenn bei Anwesenheit von mindestens zwei Dritteln seiner Mitglieder eine Zweidrittelmehrheit, die jedoch mehr als die Hälfte seiner Mitglieder betragen muß, es beschließt.

---

17) Artikel 63 Absatz 3 geändert durch Gesetz vom 4. November 1975 (GBl. S. 726).

(3) Die Verfassung kann durch Volksabstimmung geändert werden, wenn mehr als die Hälfte der Mitglieder des Landtags dies beantragt hat. Sie kann ferner durch eine Volksabstimmung nach Artikel 60 Absatz 1 geändert werden. Das verfassungsändernde Gesetz ist beschlossen, wenn die Mehrheit der Stimmberechtigten zustimmt[18]).

(4) Ohne vorherige Änderung der Verfassung können Gesetze, welche Bestimmungen der Verfassung durchbrechen, nicht beschlossen werden.

V. Die Rechtspflege

Artikel 65

(1) Die rechtsprechende Gewalt wird im Namen des Volkes durch die Gerichte ausgeübt, die gemäß den Gesetzen des Bundes und des Landes errichtet sind.

(2) Die Richter sind unabhängig und nur dem Gesetz unterworfen.

Artikel 66

(1) Die hauptamtlich und planmäßig endgültig angestellten Richter können wider ihren Willen nur kraft richterlicher Entscheidung und nur aus Gründen und unter den Formen, welche die Gesetze bestimmen, vor Ablauf ihrer Amtszeit entlassen oder dauernd oder zeitweise ihres Amtes enthoben oder an eine andere Stelle oder in den Ruhestand versetzt werden. Die Gesetzgebung kann Altersgrenzen festsetzen, bei deren Erreichung auf Lebenszeit angestellte Richter in den Ruhestand treten. Bei Veränderung der Einrichtung der Gerichte oder ihrer Bezirke können Richter an ein anderes Ge-

[18]) Artikel 64 Absatz 3 geändert durch Gesetz vom 16. Mai 1974 (GBl. S. 186).

richt versetzt oder aus dem Amte entfernt werden, jedoch nur unter Belassung des vollen Gehaltes.

(2) Verstößt ein Richter im Amt oder außerhalb des Amtes gegen die verfassungsmäßige Ordnung, so kann auf Antrag der Mehrheit der Mitglieder des Landtags das Bundesverfassungsgericht mit Zweidrittelmehrheit anordnen, daß der Richter in ein anderes Amt oder in den Ruhestand zu versetzen ist. Im Falle eines vorsätzlichen Verstoßes kann auf Entlassung erkannt werden.

(3) Im übrigen wird die Rechtsstellung der Richter durch ein besonderes Gesetz geregelt. Das Gesetz bestimmt auch den Amtseid der Richter.

Artikel 67

(1) Wird jemand durch die öffentliche Gewalt in seinen Rechten verletzt, so steht ihm der Rechtsweg offen.

(2) Über Streitigkeiten im Sinne des Absatzes 1 sowie über sonstige öffentlich-rechtliche Streitigkeiten entscheiden Verwaltungsgerichte, soweit nicht die Zuständigkeit eines anderen Gerichtes gesetzlich begründet ist.

(3) Gegen Entscheidungen der Verwaltungsgerichte im ersten Rechtszug ist ein Rechtsmittel zulässig.

(4) Das Nähere bestimmt ein Gesetz.

Artikel 68

(1) Es wird ein Staatsgerichtshof gebildet. Er entscheidet

1. über die Auslegung dieser Verfassung aus Anlaß von Streitigkeiten über den Umfang der Rechte und Pflichten eines obersten Landesorgans oder anderer Beteiligter, die durch die Verfassung oder in der Geschäftsordnung des Landtags oder der Regierung mit eigener Zuständigkeit ausgestattet sind,

2. bei Zweifeln oder Meinungsverschiedenheiten über die Vereinbarkeit von Landesrecht mit dieser Verfassung,

3. über die Vereinbarkeit eines Landesgesetzes mit dieser Verfassung, nachdem ein Gericht das Verfahren gemäß Artikel 100 Absatz 1 des Grundgesetzes für die Bundesrepublik Deutschland ausgesetzt hat,

4. in den übrigen durch diese Verfassung oder durch Gesetz ihm zugewiesenen Angelegenheiten.

(2) Antragsberechtigt sind in den Fällen

1. des Absatzes 1 Nr. 1 die obersten Landesorgane oder die Beteiligten im Sinne des Absatzes 1 Nr. 1,

2. des Absatzes 1 Nr. 2 ein Viertel der Mitglieder des Landtags oder die Regierung.

(3) Der Staatsgerichtshof besteht aus neun Mitgliedern, und zwar

drei Berufsrichtern,
drei Mitgliedern mit der Befähigung zum Richteramt und
drei Mitgliedern, bei denen diese Voraussetzung nicht vorliegt.

Die Mitglieder des Staatsgerichtshofs werden vom Landtag auf die Dauer von neun Jahren gewählt. Aus jeder Gruppe ist ein Mitglied alle drei Jahre neu zu bestellen. Scheidet ein Richter vorzeitig aus, so wird für den Rest seiner Amtszeit ein Nachfolger gewählt. Zum Vorsitzenden ist einer der Berufsrichter zu bestellen. Die Mitglieder dürfen weder dem Bundestag, dem Bundesrat, der Bundesregierung noch entsprechenden Organen eines Landes angehören.

(4) Ein Gesetz regelt das Nähere, insbesondere Verfassung und Verfahren des Staatsgerichtshofs. Es bestimmt, in welchen Fällen seine Entscheidungen Gesetzeskraft haben.

VI. Die Verwaltung

Artikel 69

Die Verwaltung wird durch die Regierung, die ihr unterstellten Behörden und durch die Träger der Selbstverwaltung ausgeübt.

Artikel 70

(1) Aufbau, räumliche Gliederung und Zuständigkeiten der Landesverwaltung werden durch Gesetz geregelt. Aufgaben, die von nachgeordneten Verwaltungsbehörden zuverlässig und zweckmäßig erfüllt werden können, sind diesen zuzuweisen.

(2) Die Einrichtung der staatlichen Behörden im einzelnen obliegt der Regierung, auf Grund der von ihr erteilten Ermächtigung den Ministern.

Artikel 71

(1) Das Land gewährleistet den Gemeinden und Gemeindeverbänden sowie den Zweckverbänden das Recht der Selbstverwaltung. Sie verwalten ihre Angelegenheiten im Rahmen der Gesetze unter eigener Verantwortung. Das gleiche gilt für sonstige öffentlichrechtliche Körperschaften und Anstalten in den durch Gesetz gezogenen Grenzen.

(2) Die Gemeinden sind in ihrem Gebiet die Träger der öffentlichen Aufgaben, soweit nicht bestimmte Aufgaben im öffentlichen Interesse durch Gesetz anderen Stellen übertragen sind. Die Gemeindeverbände haben innerhalb ihrer Zuständigkeit die gleiche Stellung.

(3) Den Gemeinden und Gemeindeverbänden kann durch Gesetz die Erledigung bestimmter öffentlicher Aufgaben übertragen werden. Dabei sind Bestimmungen über die Deckung der Kosten zu treffen. Führen diese Aufgaben zu einer Mehrbelastung der Ge-

meinden oder Gemeindeverbände, so ist ein entsprechender finanzieller Ausgleich zu schaffen.

(4) Bevor durch Gesetz oder Verordnung allgemeine Fragen geregelt werden, welche die Gemeinden und Gemeindeverbände berühren, sind diese oder ihre Zusammenschlüsse rechtzeitig zu hören.

Artikel 72

(1) In den Gemeinden und Kreisen muß das Volk eine Vertretung haben, die aus allgemeinen, unmittelbaren, freien, gleichen und geheimen Wahlen hervorgegangen ist. Wird in einer Gemeinde mehr als eine gültige Wahlvorschlagsliste eingereicht, so muß die Wahl unter Berücksichtigung der Grundsätze der Verhältniswahl erfolgen. Durch Gemeindesatzung kann Teilorten eine Vertretung im Gemeinderat gesichert werden. In kleinen Gemeinden kann an die Stelle einer gewählten Vertretung die Gemeindeversammlung treten.

(2) Das Nähere regelt ein Gesetz.

Artikel 73

(1) Das Land sorgt dafür, daß die Gemeinden und Gemeindeverbände ihre Aufgaben erfüllen können.

(2) Die Gemeinden und Kreise haben das Recht, eigene Steuern und andere Abgaben nach Maßgabe der Gesetze zu erheben.

(3) Die Gemeinden und Gemeindeverbände werden unter Berücksichtigung der Aufgaben des Landes an dessen Steuereinnahmen beteiligt. Näheres regelt ein Gesetz.

Artikel 74[19])

(1) Das Gebiet von Gemeinden und Gemeindeverbänden kann aus Gründen des öffentlichen Wohls geändert werden.

(2) Das Gemeindegebiet kann durch Vereinbarung der beteiligten Gemeinden mit staatlicher Genehmigung, durch Gesetz oder auf Grund eines Gesetzes geändert werden. Die Auflösung von Gemeinden gegen deren Willen bedarf eines Gesetzes. Vor einer Änderung des Gemeindegebiets muß die Bevölkerung der unmittelbar betroffenen Gebiete gehört werden.

(3) Das Gebiet von Gemeindeverbänden kann durch Gesetz oder auf Grund eines Gesetzes geändert werden. Die Auflösung von Landkreisen bedarf eines Gesetzes.

(4) Das Nähere wird durch Gesetz geregelt.

Artikel 75

(1) Das Land überwacht die Gesetzmäßigkeit der Verwaltung der Gemeinden und Gemeindeverbände. Durch Gesetz kann bestimmt werden, daß die Übernahme von Schuldverpflichtungen und Gewährschaften sowie die Veräußerung von Vermögen von der Zustimmung der mit der Überwachung betrauten Staatsbehörde abhängig gemacht werden, und daß diese Zustimmung unter dem Gesichtspunkt einer geordneten Wirtschaftsführung erteilt oder versagt werden kann.

(2) Bei der Übertragung staatlicher Aufgaben kann sich das Land ein Weisungsrecht nach näherer gesetzlicher Vorschrift vorbehalten.

---

[19]) Artikel 74 geändert durch Gesetz vom 26. Juli 1971 (GBl. S. 313).

Artikel 76

Gemeinden und Gemeindeverbände können den Staatsgerichtshof mit der Behauptung anrufen, daß ein Gesetz die Vorschriften der Artikel 71 bis 75 verletze.

Artikel 77

(1) Die Ausübung hoheitsrechtlicher Befugnisse ist als ständige Aufgabe in der Regel Angehörigen des öffentlichen Dienstes zu übertragen, die in einem öffentlich-rechtlichen Dienst- und Treueverhältnis stehen.

(2) Alle Angehörigen des öffentlichen Dienstes sind Sachwalter und Diener des ganzen Volkes.

Artikel 78

Jeder Beamte leistet folgenden Amtseid:

„Ich schwöre, daß ich mein Amt nach bestem Wissen und Können führen, Verfassung und Recht achten und verteidigen und Gerechtigkeit gegen jedermann üben werde. So wahr mir Gott helfe."

Der Eid kann auch ohne religiöse Beteuerung geleistet werden.

VII. Das Finanzwesen

Artikel 79[20])

(1) Alle Einnahmen und Ausgaben des Landes sind in den Haushaltsplan einzustellen; bei Landesbetrieben und bei Sondervermögen brauchen nur die Zuführungen oder die Ablieferungen einge-

[20]) Artikel 79 geändert durch Gesetz vom 19. Oktober 1971 (GBl. S. 425).

stellt zu werden. Der Haushaltsplan soll in Einnahme und Ausgabe ausgeglichen sein.

(2) Der Haushaltsplan wird für ein Rechnungsjahr oder mehrere Rechnungsjahre, nach Jahren getrennt, durch das Haushaltsgesetz festgestellt. Die Feststellung soll vor Beginn des Rechnungsjahres, bei mehreren Rechnungsjahren vor Beginn des ersten Rechnungsjahres, erfolgen.

(3) In das Haushaltsgesetz dürfen nur Vorschriften aufgenommen werden, die sich auf die Einnahmen und die Ausgaben des Landes und auf den Zeitraum beziehen, für den das Haushaltsgesetz beschlossen wird. Das Haushaltsgesetz kann vorschreiben, daß die Vorschriften erst mit der Verkündung des nächsten Haushaltsgesetzes oder bei Ermächtigung nach Artikel 84 zu einem späteren Zeitpunkt außer Kraft treten.

(4) Das Vermögen und die Schulden sind in einer Anlage des Haushaltsplans nachzuweisen.

Artikel 80

(1) Ist bis zum Schluß eines Rechnungsjahres weder der Haushaltsplan für das folgende Rechnungsjahr festgestellt worden noch ein Nothaushaltsgesetz ergangen, so kann bis zur gesetzlichen Regelung die Regierung diejenigen Ausgaben leisten, die nötig sind, um

1. gesetzlich bestehende Einrichtungen zu erhalten und gesetzlich beschlossene Maßnahmen durchzuführen,
2. die rechtlich begründeten Verpflichtungen des Landes zu erfüllen,
3. Bauten, Beschaffungen und sonstige Leistungen fortzusetzen oder Beihilfen für diese Zwecke weiter zu gewähren, sofern durch den Haushaltsplan eines Vorjahres bereits Beträge bewilligt worden sind.

(2) Soweit die auf besonderem Gesetz beruhenden Einnahmen aus Steuern, Abgaben und sonstigen Quellen oder die Betriebsmittel-

rücklage die in Absatz 1 genannten Ausgaben nicht decken, kann die Regierung den für eine geordnete Haushaltsführung erforderlichen Kredit beschaffen. Dieser darf ein Viertel der Endsumme des letzten Haushaltsplans nicht übersteigen.

Artikel 81

Über- und außerplanmäßige Ausgaben bedürfen der Zustimmung des Finanzministers. Sie darf nur im Falle eines unvorhergesehenen und unabweisbaren Bedürfnisses erteilt werden. Die Genehmigung des Landtags ist nachträglich einzuholen.

Artikel 82[21])

(1) Beschlüsse des Landtags, welche die im Haushaltsplan festgesetzten Ausgaben erhöhen oder neue Ausgaben mit sich bringen, bedürfen der Zustimmung der Regierung. Das gleiche gilt für Beschlüsse des Landtags, die Einnahmeminderungen mit sich bringen. Die Deckung muß gesichert sein.

(2) Die Regierung kann verlangen, daß der Landtag die Beschlußfassung nach Absatz 1 aussetzt. In diesem Fall hat die Regierung innerhalb von sechs Wochen dem Landtag eine Stellungnahme zuzuleiten.

Artikel 83[22])

(1) Der Finanzminister hat dem Landtag über alle Einnahmen und Ausgaben sowie über das Vermögen und die Schulden des Landes zur Entlastung der Regierung jährlich Rechnung zu legen.

(2) Die Rechnung sowie die gesamte Haushalts- und Wirtschaftsführung des Landes werden durch den Rechnungshof geprüft.

---

21) Artikel 82 geändert durch Gesetz vom 19. Oktober 1971 (GBl. S. 425).

22) Artikel 83 geändert durch Gesetz vom 19. Oktober 1971 (GBl. S. 425).

Seine Mitglieder besitzen die gleiche Unabhängigkeit wie die Richter. Die Ernennung des Präsidenten und des Vizepräsidenten des Rechnungshofs bedarf der Zustimmung des Landtags. Der Rechnungshof berichtet jährlich unmittelbar dem Landtag und unterrichtet gleichzeitig die Regierung. Im übrigen werden Stellung und Aufgaben des Rechnungshofs durch Gesetz geregelt.

Artikel 84[23])

Die Aufnahme von Krediten sowie jede Übernahme von Bürgschaften, Garantien oder sonstigen Gewährleistungen bedürfen einer Ermächtigung durch Gesetz. Die Einnahmen aus Krediten dürfen die Summe der im Haushaltsplan veranschlagten Ausgaben für Investitionen nicht überschreiten; Ausnahmen sind nur zulässig zur Abwehr einer Störung des gesamtwirtschaftlichen Gleichgewichts. Das Nähere wird durch Gesetz geregelt.

Schlußbestimmungen

Artikel 85

Die Universitäten und Hochschulen mit Promotionsrecht bleiben in ihrem Bestand erhalten.

Artikel 86[24])

Die natürlichen Lebensgrundlagen, die Landschaft sowie die Denkmale der Kunst, der Geschichte und der Natur genießen öffentlichen Schutz und die Pflege des Staates und der Gemeinden.

---

23) Artikel 84 geändert durch Gesetz vom 19. Oktober 1971 (GBl. S. 425).
24) Artikel 86 geändert durch Gesetz vom 10. Februar 1976 (GBl. S. 98).

Artikel 87

Die Wohlfahrtspflege der freien Wohlfahrtsverbände wird gewährleistet.

Artikel 88

Landesrecht im Sinne der Artikel 68 Absatz 1 Nr. 2 und 3 und 76 ist auch das vor Inkrafttreten dieser Verfassung geltende Recht.

Artikel 89

Bei der ersten Wahl der gemäß Artikel 68 Absatz 3 zu bestellenden Mitglieder des Staatsgerichtshofs wird je ein Mitglied der genannten drei Gruppen auf die Dauer von sechs Jahren, je ein weiteres Mitglied auf die Dauer von drei Jahren gewählt.

Artikel 90

Die Organisation der Polizei bleibt im Grundsatz bis zu einer gesetzlichen Neuregelung bestehen.

Artikel 91

Bei den Ministerien und sonstigen obersten Landesbehörden sollen Beamte aus den bisherigen Ländern in angemessenem Verhältnis verwendet werden.

Artikel 92

Mehrheiten oder Minderheiten der „Mitglieder des Landtags" im Sinne dieser Verfassung werden nach der gesetzlichen Zahl der Mitglieder des Landtags berechnet.

Artikel 93

(1) Die Abgeordneten der nach § 13 des Zweiten Gesetzes über die Neugliederung in den Ländern Baden, Württemberg-Baden und Württemberg-Hohenzollern vom 4. Mai 1951 (BGBl. I S. 283ff.) gewählten Verfassunggebenden Landesversammlung bilden nach Inkrafttreten dieser Verfassung den ersten Landtag.

(2) Die Wahlperiode dieses Landtags endet am 31. März 1956.

Artikel 93a[25])

Die wegen Ablaufs der am 1. April 1956 begonnenen Wahlperiode notwendige Neuwahl des Landtags kann abweichend von Artikel 30 Absatz 2 spätestens am sechzigsten Tag nach Ablauf dieser Wahlperiode stattfinden. Wird von dieser Möglichkeit Gebrauch gemacht, so beginnt die neue Wahlperiode am 1. Juni 1960.

Artikel 94

(1) Die von der Verfassunggebenden Landesversammlung beschlossene Verfassung ist von ihrem Präsidenten auszufertigen und von der vorläufigen Regierung im Gesetzblatt des Landes zu verkünden.

---

[25]) Artikel 93a eingefügt durch Gesetz vom 7. Dezember 1959 (GBl. S. 171).

(2) Die Verfassung tritt am Tage ihrer Verkündung in Kraft. Zum gleichen Zeitpunkt treten die Verfassungen der bisherigen Länder Baden, Württemberg-Baden und Württemberg-Hohenzollern außer Kraft.

(3) Sonstiges Recht der bisherigen Länder bleibt, soweit es dieser Verfassung nicht widerspricht, in seinem Geltungsbereich bestehen. Soweit in Gesetzen oder Verordnungen Organe der bisherigen Länder genannt sind, treten an ihre Stelle die entsprechenden Organe des Landes Baden-Württemberg.

Gemeindeordnung für Baden-Württemberg – GemO –

in der Fassung vom 3. Oktober 1983 (GBl. S. 578, 720), zuletzt geändert durch Gesetz vom 18. Mai 1987 (GBl. S. 161)

INHALTSÜBERSICHT

ERSTER TEIL

Wesen und Aufgaben der Gemeinde

1. Abschnitt: Rechtsstellung

2. Abschnitt: Gemeindegebiet

3. Abschnitt: Einwohner und Bürger

ZWEITER TEIL

Verfassung und Verwaltung der Gemeinde

1. Abschnitt: Organe

2. Abschnitt: Gemeinderat

3. Abschnitt: Bürgermeister

DRITTER TEIL

Gemeindewirtschaft

1. Abschnitt: Haushaltswirtschaft

2. Abschnitt: Sondervermögen, Treuhandvermögen

6. Abschnitt: Unwirksame und nichtige Rechtsgeschäfte

VIERTER TEIL

Aufsicht

FÜNFTER TEIL

Übergangs- und Schlußbestimmungen

1. Abschnitt: Allgemeine Übergangsbestimmungen

2. Abschnitt:

Vorläufige Angleichung des Rechts der Gemeindebeamten

3. Abschnitt: Schlußbestimmungen

ERSTER TEIL

Wesen und Aufgaben der Gemeinde

1. ABSCHNITT

Rechtsstellung

§ 1 Begriff der Gemeinde

(1) Die Gemeinde ist Grundlage und Glied des demokratischen Staates.

(2) Die Gemeinde fördert in bürgerschaftlicher Selbstverwaltung das gemeinsame Wohl ihrer Einwohner und erfüllt die ihr von Land und Bund zugewiesenen Aufgaben.

(3) Die verantwortliche Teilnahme an der bürgerschaftlichen Verwaltung der Gemeinde ist Recht und Pflicht des Bürgers.

(4) Die Gemeinde ist Gebietskörperschaft.

§ 2 Wirkungskreis

(1) Die Gemeinden verwalten in ihrem Gebiet alle öffentlichen Aufgaben allein und unter eigener Verantwortung, soweit die Gesetze nichts anderes bestimmen.

(2) Die Gemeinden können durch Gesetz zur Erfüllung bestimmter öffentlicher Aufgaben verpflichtet werden (Pflichtaufgaben). Werden neue Pflichtaufgaben auferlegt, sind dabei Bestimmungen über die Deckung der Kosten zu treffen. Führen diese Aufgaben zu einer Mehrbelastung der Gemeinden, ist ein entsprechender finanzieller Ausgleich zu schaffen.

(3) Pflichtaufgaben können den Gemeinden zur Erfüllung nach

Weisung auferlegt werden (Weisungsaufgaben); das Gesetz bestimmt den Umfang des Weisungsrechts.

(4) In die Rechte der Gemeinden kann nur durch Gesetz eingegriffen werden. Verordnungen zur Durchführung solcher Gesetze bedürfen, sofern sie nicht von der Landesregierung oder dem Innenministerium erlassen werden, der Zustimmung des Innenministeriums.

§ 3 Stadtkreise, Große Kreisstädte

(1) Durch Gesetz können Gemeinden auf ihren Antrag zu Stadtkreisen erklärt werden.

(2) Gemeinden mit mehr als 20000 Einwohnern können auf ihren Antrag von der Landesregierung zu Großen Kreisstädten erklärt werden. Die Erklärung zur Großen Kreisstadt ist im Gesetzblatt bekanntzumachen.

§ 4 Satzungen

(1) Die Gemeinden können die weisungsfreien Angelegenheiten durch Satzung regeln, soweit die Gesetze keine Vorschriften enthalten. Bei Weisungsaufgaben können Satzungen nur erlassen werden, wenn dies im Gesetz vorgesehen ist.

(2) Wenn nach den Vorschriften dieses Gesetzes eine Hauptsatzung zu erlassen ist, muß sie mit der Mehrheit der Stimmen aller Mitglieder des Gemeinderats beschlossen werden.

(3) Satzungen sind öffentlich bekanntzumachen. Sie treten am Tage nach der Bekanntmachung in Kraft, wenn kein anderer Zeitpunkt bestimmt ist. Satzungen sind der Rechtsaufsichtsbehörde anzuzeigen.

(4) Satzungen, die unter Verletzung von Verfahrens- oder Formvorschriften dieses Gesetzes oder auf Grund dieses Gesetzes zustande

gekommen sind, gelten ein Jahr nach der Bekanntmachung als von Anfang an gültig zustande gekommen. Dies gilt nicht, wenn

1. die Vorschriften über die Öffentlichkeit der Sitzung, die Genehmigung oder die Bekanntmachung der Satzung verletzt worden sind,
2. der Bürgermeister dem Beschluß nach § 43 wegen Gesetzwidrigkeit widersprochen hat oder wenn vor Ablauf der in Satz 1 genannten Frist die Rechtsaufsichtsbehörde den Beschluß beanstandet hat oder die Verletzung der Verfahrens- oder Formvorschrift gegenüber der Gemeinde unter Bezeichnung des Sachverhalts, der die Verletzung begründen soll, schriftlich geltend gemacht worden ist.

Ist eine Verletzung nach Satz 2 Nr. 2 geltend gemacht worden, so kann auch nach Ablauf der in Satz 1 genannten Frist jedermann diese Verletzung geltend machen. Bei der Bekanntmachung der Satzung ist auf die Voraussetzungen für die Geltendmachung der Verletzung von Verfahrens- oder Formvorschriften und die Rechtsfolgen hinzuweisen.

(5) Absatz 4 gilt für anderes Ortsrecht und Flächennutzungspläne entsprechend.

§ 5 Name und Bezeichnung

(1) Die Gemeinden führen ihre bisherigen Namen. Die Bestimmung, Feststellung oder Änderung des Namens einer Gemeinde bedarf der Zustimmung des Regierungspräsidiums.

(2) Die Bezeichnung „Stadt" führen die Gemeinden, denen diese Bezeichnung nach bisherigem Recht zusteht. Die Landesregierung kann auf Antrag die Bezeichnung „Stadt" an Gemeinden verleihen, die nach Einwohnerzahl, Siedlungsform und ihren kulturellen und wirtschaftlichen Verhältnissen städtisches Gepräge tragen. Wird eine Gemeinde mit der Bezeichnung „Stadt" in eine andere Gemeinde eingegliedert oder mit anderen Gemeinden zu einer neuen

Gemeinde vereinigt, kann die aufnehmende oder neugebildete Gemeinde diese Bezeichnung als eigene Bezeichnung weiterführen.

(3) Die Gemeinden können auch sonstige überkommene Bezeichnungen weiterführen. Die Landesregierung kann auf Antrag an Gemeinden für diese selbst oder für einzelne Ortsteile (Absatz 4) sonstige Bezeichnungen verleihen, die auf der geschichtlichen Vergangenheit, der Eigenart oder der heutigen Bedeutung der Gemeinden oder der Ortsteile beruhen. Wird eine Gemeinde mit einer sonstigen Bezeichnung in eine andere Gemeinde eingegliedert oder mit anderen Gemeinden zu einer neuen Gemeinde vereinigt, kann diese Bezeichnung für den entsprechenden Ortsteil der aufnehmenden oder neugebildeten Gemeinde weitergeführt werden.

(4) Die Benennung von bewohnten Gemeindeteilen (Ortsteile) sowie der innerhalb dieser dem öffentlichen Verkehr dienenden Straßen, Wege, Plätze und Brücken ist Angelegenheit der Gemeinden. Gleichlautende Benennungen innerhalb derselben Gemeinde sind unzulässig.

§ 6 Wappen, Flaggen, Dienstsiegel

(1) Die Gemeinden haben ein Recht auf ihre bisherigen Wappen und Flaggen. Die Rechtsaufsichtsbehörde kann einer Gemeinde auf ihren Antrag das Recht verleihen, ein neues Wappen und eine neue Flagge zu führen.

(2) Die Gemeinden führen Dienstsiegel. Gemeinden mit eigenem Wappen führen dieses, die übrigen Gemeinden das kleine Landeswappen mit der Bezeichnung und dem Namen der Gemeinde als Umschrift in ihrem Dienstsiegel.

2. ABSCHNITT

Gemeindegebiet

§ 7 Gebietsbestand

(1) Das Gebiet der Gemeinde bilden die Grundstücke, die nach geltendem Recht zu ihr gehören. Grenzstreitigkeiten entscheidet die Rechtsaufsichtsbehörde.

(2) Das Gebiet der Gemeinde soll so bemessen sein, daß die örtliche Verbundenheit der Einwohner und die Leistungsfähigkeit der Gemeinde zur Erfüllung ihrer Aufgaben gesichert ist.

(3) Jedes Grundstück soll zu einer Gemeinde gehören. Aus besonderen Gründen können Grundstücke außerhalb einer Gemeinde verbleiben (gemeindefreie Grundstücke).

§ 8 Gebietsänderungen

(1) Gemeindegrenzen können aus Gründen des öffentlichen Wohls geändert werden.

(2) Gemeindegrenzen können freiwillig durch Vereinbarung der beteiligten Gemeinden mit Genehmigung der zuständigen Rechtsaufsichtsbehörde geändert werden. Die Vereinbarung muß von den Gemeinderäten der beteiligten Gemeinden mit der Mehrheit der Stimmen aller Mitglieder beschlossen werden. Vor der Beschlußfassung sind die Bürger zu hören, die in dem unmittelbar betroffenen Gebiet wohnen; dies gilt nicht, wenn über die Eingliederung einer Gemeinde in eine andere Gemeinde oder die Neubildung einer Gemeinde durch Vereinigung von Gemeinden ein Bürgerentscheid (§ 21) durchgeführt wird.

(3) Gegen den Willen der beteiligten Gemeinden können Gemeindegrenzen nur durch Gesetz geändert werden. Das gleiche gilt für die Neubildung einer Gemeinde aus Teilen einer oder mehrerer Ge-

meinden. Vor Erlaß des Gesetzes müssen die beteiligten Gemeinden und die Bürger gehört werden, die in dem unmittelbar betroffenen Gebiet wohnen. Die Durchführung der Anhörung der Bürger obliegt den Gemeinden als Pflichtaufgabe.

(4) Wird durch die Änderung von Gemeindegrenzen das Gebiet von Landkreisen betroffen, sind diese zu hören.

(5) Das Nähere über die Anhörung der Bürger, die in dem unmittelbar betroffenen Gebiet wohnen, wird durch das Kommunalwahlgesetz geregelt.

(6) Grenzänderungen nach Absatz 3 Satz 1, die nur Gebietsteile betreffen, durch deren Umgliederung der Bestand der beteiligten Gemeinden nicht gefährdet wird, können durch Rechtsverordnung des Innenministeriums erfolgen. Absatz 3 Sätze 3 und 4 sowie Absatz 4 gelten entsprechend.

§ 9 Rechtsfolgen, Auseinandersetzung

(1) In der Vereinbarung nach § 8 Abs. 2 ist der Umfang der Grenzänderung zu regeln und sind Bestimmungen über den Tag der Rechtswirksamkeit und, soweit erforderlich, über das neue Ortsrecht, die neue Verwaltung sowie die Rechtsnachfolge und Auseinandersetzung zu treffen. Wird eine neue Gemeinde gebildet, muß die Vereinbarung auch Bestimmungen über den Namen und die vorläufige Wahrnehmung der Aufgaben der Verwaltungsorgane der neuen Gemeinde enthalten. Wird eine Gemeinde in eine andere Gemeinde eingegliedert, muß die Vereinbarung auch Bestimmungen über die vorläufige Vertretung der Bevölkerung der eingegliederten Gemeinde durch Gemeinderäte der eingegliederten Gemeinde im Gemeinderat der aufnehmenden Gemeinde bis zur nächsten regelmäßigen Wahl oder einer Neuwahl nach § 34 Abs. 2 des Kommunalwahlgesetzes treffen; dem Gemeinderat der aufnehmenden Gemeinde muß mindestens ein Gemeinderat der eingegliederten Gemeinde angehören, im übrigen sind bei der Bestimmung der Zahl der Gemeinderäte der eingegliederten Gemeinde im Gemeinderat der aufnehmenden Gemeinde die örtlichen Verhältnisse und der

Bevölkerungsanteil zu berücksichtigen. Im Falle des Satzes 3 muß die Vereinbarung ferner Bestimmungen über eine befristete Vertretung der eingegliederten Gemeinde bei Streitigkeiten über die Vereinbarung treffen.

(2) Sollen nicht alle Gemeinderäte der einzugliedernden Gemeinde dem Gemeinderat der aufnehmenden Gemeinde angehören, werden die Mitglieder vor Eintritt der Rechtswirksamkeit der Vereinbarung vom Gemeinderat der einzugliedernden Gemeinde bestimmt. Sind mehrere Gemeinderäte zu bestimmen, gelten hierfür die Vorschriften über die Wahl der Mitglieder der beschließenden Ausschüsse des Gemeinderats mit der Maßgabe entsprechend, daß die nicht gewählten Bewerber in der Reihenfolge der Benennung als Ersatzleute festzustellen sind. Scheidet ein Gemeinderat der eingegliederten Gemeinde vorzeitig aus dem Gemeinderat der aufnehmenden Gemeinde aus, gilt § 31 Abs. 2 entsprechend; gehören nicht alle Gemeinderäte der eingegliederten Gemeinde dem Gemeinderat der aufnehmenden Gemeinde an, sind außer den im Wahlergebnis festgestellten Ersatzleuten auch die anderen Gemeinderäte Ersatzleute im Sinne von § 31 Abs. 2. Für die Bestimmung der Vertreter nach Absatz 1 Satz 4 gilt Satz 1 entsprechend.

(3) Enthält die Vereinbarung keine erschöpfende Regelung oder kann wegen einzelner Bestimmungen die Genehmigung nicht erteilt werden, ersucht die zuständige Rechtsaufsichtsbehörde die Gemeinden, die Mängel binnen angemessener Frist zu beseitigen. Kommen die Gemeinden einem solchen Ersuchen nicht nach, trifft die zuständige Rechtsaufsichtsbehörde die im Interesse des öffentlichen Wohls erforderlichen Bestimmungen.

(4) Bei einer Änderung der Gemeindegrenzen durch Gesetz werden die Rechtsfolgen und die Auseinandersetzung im Gesetz oder durch Rechtsverordnung geregelt. Das Gesetz kann dies auch der Regelung durch Vereinbarung überlassen, die der Genehmigung der zuständigen Rechtsaufsichtsbehörde bedarf. Kommt diese Vereinbarung nicht zustande, gilt Absatz 3 entsprechend. Wird die Grenzänderung durch Rechtsverordnung ausgesprochen, sind gleichzeitig die Rechtsfolgen und die Auseinandersetzung zu regeln; Sätze 2 und 3 gelten entsprechend.

(5) Die Regelung nach den Absätzen 1, 3 und 4 begründet Rechte und Pflichten der Beteiligten und bewirkt den Übergang, die Beschränkung oder die Aufhebung von dinglichen Rechten. Die Rechtsaufsichtsbehörde ersucht die zuständigen Behörden um die Berichtigung der öffentlichen Bücher. Sie kann Unschädlichkeitszeugnisse ausstellen.

(6) Für Rechtshandlungen, die aus Anlaß der Änderung des Gemeindegebiets erforderlich sind, werden öffentliche Abgaben, die auf Landesrecht beruhen, nicht erhoben; Auslagen werden nicht ersetzt.

3. ABSCHNITT

Einwohner und Bürger

§ 10 Rechtsstellung des Einwohners

(1) Einwohner der Gemeinde ist, wer in der Gemeinde wohnt.

(2) Die Gemeinde schafft in den Grenzen ihrer Leistungsfähigkeit die für das wirtschaftliche, soziale und kulturelle Wohl ihrer Einwohner erforderlichen öffentlichen Einrichtungen. Die Einwohner sind im Rahmen des geltenden Rechts berechtigt, die öffentlichen Einrichtungen der Gemeinde nach gleichen Grundsätzen zu benützen. Sie sind verpflichtet, die Gemeindelasten zu tragen.

(3) Personen, die in der Gemeinde ein Grundstück besitzen oder ein Gewerbe betreiben und nicht in der Gemeinde wohnen, sind in derselben Weise berechtigt, die öffentlichen Einrichtungen zu benützen, die in der Gemeinde für Grundbesitzer oder Gewerbetreibende bestehen, und verpflichtet, für ihren Grundbesitz oder Gewerbebetrieb zu den Gemeindelasten beizutragen.

(4) Für juristische Personen und nicht rechtsfähige Personenvereinigungen gelten Absätze 2 und 3 entsprechend.

(5) Durch Satzung können die Gemeinden ihre Einwohner und die

ihnen gleichgestellten Personen und Personenvereinigungen (Absätze 3 und 4) für eine bestimmte Zeit zur Mitwirkung bei der Erfüllung vordringlicher Pflichtaufgaben und für Notfälle zu Gemeindediensten (Hand- und Spanndienste) verpflichten. Der Kreis der Verpflichteten, die Art, der Umfang und die Dauer der Dienstleistung sowie die etwa zu gewährende Vergütung oder die Zahlung einer Ablösung sind durch die Satzung zu bestimmen.

§ 11 Anschluß- und Benutzungszwang

(1) Die Gemeinde kann bei öffentlichem Bedürfnis durch Satzung für die Grundstücke ihres Gebiets den Anschluß an Wasserleitung, Abwasserbeseitigung, Straßenreinigung und ähnliche der Volksgesundheit dienende Einrichtungen (Anschlußzwang) und die Benutzung dieser Einrichtungen sowie der Schlachthöfe (Benutzungszwang) vorschreiben. In gleicher Weise kann die Benutzung der Bestattungseinrichtungen vorgeschrieben werden.

(2) Die Gemeinde kann durch Satzung für die Grundstücke ihres Gebiets den Anschluß an eine Fernwärmeversorgung und deren Benutzung vorschreiben, wenn ein öffentliches Bedürfnis besteht.

(3) Die Satzung kann bestimmte Ausnahmen vom Anschluß- und Benutzungszwang zulassen. Sie kann den Zwang auf bestimmte Teile des Gemeindegebiets oder auf bestimmte Gruppen von Grundstücken, Gewerbebetrieben oder Personen beschränken.

§ 12 Bürgerrecht

(1) Bürger der Gemeinde sind Deutsche im Sinne von Artikel 116 des Grundgesetzes, die das 18. Lebensjahr vollendet haben und seit mindestens sechs Monaten in der Gemeinde wohnen. Bürgermeister und Beigeordnete erwerben das Bürgerrecht mit dem Amtsantritt in der Gemeinde.

(2) Wer in mehreren Gemeinden wohnt, ist Bürger nur in der Gemeinde des Landes, in der er seit mindestens sechs Monaten seine

Hauptwohnung hat. War in der Gemeinde, in der sich die Hauptwohnung befindet, die bisherige einzige Wohnung, wird die bisherige Wohndauer in dieser Gemeinde angerechnet.

(3) Bei einer Grenzänderung werden Bürger, die in dem betroffenen Gebiet wohnen, Bürger der aufnehmenden Gemeinde; im übrigen gilt für Einwohner, die in dem betroffenen Gebiet wohnen, das Wohnen in der Gemeinde als Wohnen in der aufnehmenden Gemeinde.

§ 13 Verlust des Bürgerrechts

(1) Das Bürgerrecht verliert, wer aus der Gemeinde wegzieht, seine Hauptwohnung in eine andere Gemeinde verlegt oder nicht mehr Deutscher im Sinne von Artikel 116 des Grundgesetzes ist.

(2) Das Bürgerrecht wird verwirkt durch Aberkennung nach den Vorschriften dieses Gesetzes.

§ 14 Wahlrecht

(1) Die Bürger sind im Rahmen der Gesetze zu den Gemeindewahlen wahlberechtigt und haben das Stimmrecht in sonstigen Gemeindeangelegenheiten.

(2) Ausgeschlossen vom Wahlrecht und vom Stimmrecht sind Bürger,

1. die infolge Richterspruchs das Wahlrecht oder Stimmrecht nicht besitzen,
2. die entmündigt sind oder wegen geistigen Gebrechens unter Pflegschaft stehen, wenn sie nicht durch eine Bescheinigung des Vormundschaftsgerichts nachweisen, daß die Pflegschaft mit ihrer Einwilligung angeordnet ist.

§ 15 Bestellung zu ehrenamtlicher Tätigkeit

(1) Die Bürger haben die Pflicht, eine ehrenamtliche Tätigkeit in der Gemeinde (eine Wahl in den Gemeinderat oder Ortschaftsrat, ein gemeindliches Ehrenamt und eine Bestellung zu ehrenamtlicher Mitwirkung) anzunehmen und diese Tätigkeit während der bestimmten Dauer auszuüben.

(2) Der Gemeinderat bestellt die Bürger zu ehrenamtlicher Tätigkeit; die Bestellung kann jederzeit zurückgenommen werden. Mit dem Verlust des Bürgerrechts endet jede ehrenamtliche Tätigkeit.

§ 16 Ablehnung ehrenamtlicher Tätigkeit

(1) Der Bürger kann eine ehrenamtliche Tätigkeit aus wichtigen Gründen ablehnen oder sein Ausscheiden verlangen. Als wichtiger Grund gilt insbesondere, wenn der Bürger

1. ein geistliches Amt verwaltet,
2. ein öffentliches Amt verwaltet und die oberste Dienstbehörde feststellt, daß die ehrenamtliche Tätigkeit mit seinen Dienstpflichten nicht vereinbar ist,
3. zehn Jahre lang dem Gemeinderat oder Ortschaftsrat angehört oder ein öffentliches Ehrenamt verwaltet hat,
4. häufig oder langdauernd von der Gemeinde beruflich abwesend ist,
5. anhaltend krank ist,
6. mehr als 62 Jahre alt ist oder
7. durch die Ausübung der ehrenamtlichen Tätigkeit in der Fürsorge für die Familie erheblich behindert wird.

Ferner kann ein Bürger sein Ausscheiden aus dem Gemeinderat oder Ortschaftsrat verlangen, wenn er aus der Partei oder Wählervereinigung ausscheidet, auf deren Wahlvorschlag er in den Gemeinderat oder Ortschaftsrat gewählt wurde.

(2) Ob ein wichtiger Grund vorliegt, entscheidet bei Gemeinderäten der Gemeinderat, bei Ortschaftsräten der Ortschaftsrat.

(3) Der Gemeinderat kann einem Bürger, der ohne wichtigen Grund eine ehrenamtliche Tätigkeit ablehnt oder aufgibt, ein Ordnungsgeld bis zu 1000 Deutsche Mark auferlegen oder das Bürgerrecht bis zur Dauer von vier Jahren aberkennen. Das Ordnungsgeld wird nach den Vorschriften des Landesverwaltungsvollstreckungsgesetzes beigetrieben. Die Aberkennung des Bürgerrechts kann von der Gemeinde unter Anführung der Gründe ortsüblich bekanntgegeben werden. Diese Bestimmung findet keine Anwendung auf ehrenamtliche Bürgermeister und ehrenamtliche Ortsvorsteher.

§ 17 Pflichten ehrenamtlich tätiger Bürger

(1) Wer zu ehrenamtlicher Tätigkeit bestellt wird, muß die ihm übertragenen Geschäfte uneigennützig und verantwortungsbewußt führen.

(2) Der ehrenamtlich tätige Bürger ist zur Verschwiegenheit verpflichtet über alle Angelegenheiten, deren Geheimhaltung gesetzlich vorgeschrieben, besonders angeordnet oder ihrer Natur nach erforderlich ist. Er darf die Kenntnis von geheimzuhaltenden Angelegenheiten nicht unbefugt verwerten. Diese Verpflichtungen bestehen auch nach Beendigung der ehrenamtlichen Tätigkeit fort. Die Geheimhaltung kann nur aus Gründen des öffentlichen Wohls oder zum Schutze berechtigter Interessen einzelner besonders angeordnet werden. Die Anordnung ist aufzuheben, sobald sie nicht mehr gerechtfertigt ist.

(3) Der ehrenamtlich tätige Bürger darf Ansprüche und Interessen eines Anderen gegen die Gemeinde nicht geltend machen, soweit er nicht als gesetzlicher Vertreter handelt. Dies gilt für einen ehrenamtlich mitwirkenden Bürger nur, wenn die vertretenen Ansprüche oder Interessen mit der ehrenamtlichen Tätigkeit in Zusammenhang stehen. Ob die Voraussetzungen dieses Verbots vorliegen, entscheidet bei Gemeinderäten und Ortschaftsräten der Gemeinderat, im übrigen der Bürgermeister.

(4) Übt ein zu ehrenamtlicher Tätigkeit bestellter Bürger diese Tätigkeit nicht aus oder verletzt er seine Pflichten nach Absatz 1 gröblich oder handelt er seiner Verpflichtung nach Absatz 2 zuwider oder übt er entgegen der Entscheidung des Gemeinderats oder Bürgermeisters eine Vertretung nach Absatz 3 aus, gilt § 16 Abs. 3.

§ 18 Ausschluß wegen Befangenheit

(1) Der ehrenamtlich tätige Bürger darf weder beratend noch entscheidend mitwirken, wenn die Entscheidung einer Angelegenheit ihm selbst oder folgenden Personen einen unmittelbaren Vorteil oder Nachteil bringen kann:

1. dem Ehegatten, früheren Ehegatten oder dem Verlobten,
2. einem in gerader Linie oder in der Seitenlinie bis zum dritten Grade Verwandten,
3. einem in gerader Linie oder in der Seitenlinie bis zum zweiten Grade Verschwägerten oder
4. einer von ihm kraft Gesetzes oder Vollmacht vertretenen Person.

(2) Dies gilt auch, wenn der Bürger, im Falle der Nummer 2 auch die in Absatz 1 Nr. 1 genannten Personen oder Verwandten ersten Grades,

1. gegen Entgelt bei jemand beschäftigt ist, dem die Entscheidung der Angelegenheit einen unmittelbaren Vorteil oder Nachteil bringen kann, es sei denn, daß nach den tatsächlichen Umständen der Beschäftigung anzunehmen ist, daß sich der Bürger deswegen nicht in einem Interessenwiderstreit befindet,
2. Gesellschafter einer Handelsgesellschaft oder Mitglied des Vorstandes, des Aufsichtsrats oder eines gleichartigen Organs eines rechtlich selbständigen Unternehmens ist, denen die Entscheidung der Angelegenheit einen unmittelbaren Vorteil oder Nachteil bringen kann, sofern er diesem Organ nicht als Vertreter oder auf Vorschlag der Gemeinde angehört,
3. Mitglied eines Organs einer juristischen Person des öffentlichen

Rechts ist, der die Entscheidung der Angelegenheit einen unmittelbaren Vorteil oder Nachteil bringen kann und die nicht Gebietskörperschaft ist, sofern er diesem Organ nicht als Vertreter oder auf Vorschlag der Gemeinde angehört, oder

4. in der Angelegenheit in anderer als öffentlicher Eigenschaft ein Gutachten abgegeben hat oder sonst tätig geworden ist.

(3) Diese Vorschriften gelten nicht, wenn die Entscheidung nur die gemeinsamen Interessen einer Berufs- oder Bevölkerungsgruppe berührt. Sie gelten ferner nicht für Wahlen zu einer ehrenamtlichen Tätigkeit.

(4) Der ehrenamtlich tätige Bürger, bei dem ein Tatbestand vorliegt, der Befangenheit zur Folge haben kann, hat dies vor Beginn der Beratung über diesen Gegenstand dem Vorsitzenden, sonst dem Bürgermeister mitzuteilen. Ob ein Ausschließungsgrund vorliegt, entscheidet in Zweifelsfällen in Abwesenheit des Betroffenen bei Gemeinderäten und bei Ehrenbeamten der Gemeinderat, bei Ortschaftsräten der Ortschaftsrat, bei Mitgliedern von Ausschüssen der Ausschuß, sonst der Bürgermeister.

(5) Wer an der Beratung und Entscheidung nicht mitwirken darf, muß die Sitzung verlassen.

(6) Ein Beschluß ist rechtswidrig, wenn bei der Beratung oder Beschlußfassung die Bestimmungen der Absätze 1, 2 oder 5 verletzt worden sind oder ein ehrenamtlich tätiger Bürger ohne einen der Gründe der Absätze 1 und 2 ausgeschlossen war. Der Beschluß gilt jedoch ein Jahr nach der Beschlußfassung oder, wenn eine öffentliche Bekanntmachung erforderlich ist, ein Jahr nach dieser als von Anfang an gültig zustande gekommen, es sei denn, daß der Bürgermeister dem Beschluß nach § 43 wegen Gesetzwidrigkeit widersprochen oder die Rechtsaufsichtsbehörde den Beschluß vor Ablauf der Frist beanstandet hat. Die Rechtsfolge nach Satz 2 tritt nicht gegenüber demjenigen ein, der vor Ablauf der Jahresfrist einen förmlichen Rechtsbehelf eingelegt hat, wenn in dem Verfahren die Rechtsverletzung festgestellt wird. Für Beschlüsse über Satzungen, anderes Ortsrecht und Flächennutzungspläne bleibt § 4 Abs. 4 und 5 unberührt.

§ 19 Entschädigung für ehrenamtliche Tätigkeit

(1) Ehrenamtlich Tätige haben Anspruch auf Ersatz ihrer Auslagen und ihres Verdienstausfalls; durch Satzung können Höchstbeträge festgesetzt werden. Bei Personen, die keinen Verdienst haben und den Haushalt führen, gilt als Verdienstausfall das entstandene Zeitversäumnis; durch Satzung ist hierfür ein bestimmter Stundensatz festzustellen.

(2) Durch Satzung können Durchschnittssätze festgesetzt werden.

(3) Durch Satzung kann bestimmt werden, daß Gemeinderäten, Ortschaftsräten, sonstigen Mitgliedern der Ausschüsse des Gemeinderats und Ortschaftsrats und Ehrenbeamten eine Aufwandsentschädigung gewährt wird.

(4) Durch Satzung kann bestimmt werden, daß neben einem Durchschnittssatz für Auslagen oder einer Aufwandsentschädigung Reisekostenvergütung nach den für Beamte geltenden Bestimmungen gewährt wird.

(5) Ehrenamtlich Tätigen kann Ersatz für Sachschäden nach den für Beamte geltenden Bestimmungen gewährt werden.

(6) Die Ansprüche nach den Absätzen 1 bis 5 sind nicht übertragbar.

§ 20 Unterrichtung der Einwohner

(1) Der Gemeinderat unterrichtet die Einwohner durch den Bürgermeister über die allgemein bedeutsamen Angelegenheiten der Gemeinde und sorgt für die Förderung des allgemeinen Interesses an der Verwaltung der Gemeinde.

(2) Bei wichtigen Planungen und Vorhaben der Gemeinde, die unmittelbar raum- oder entwicklungsbedeutsam sind oder das wirtschaftliche, soziale und kulturelle Wohl ihrer Einwohner nachhaltig berühren, sollen die Einwohner möglichst frühzeitig über die Grundlagen sowie die Ziele, Zwecke und Auswirkungen unterrichtet werden. Sofern dafür ein besonderes Bedürfnis besteht, soll den

Bürgern allgemein Gelegenheit zur Äußerung gegeben werden. Vorschriften über eine förmliche Beteiligung oder Anhörung bleiben unberührt.

§ 20a Bürgerversammlung

(1) Wichtige Gemeindeangelegenheiten sollen mit den Einwohnern erörtert werden. Zu diesem Zweck soll der Gemeinderat in der Regel einmal im Jahr, im übrigen nach Bedarf eine Bürgerversammlung anberaumen. Bürgerversammlungen können in größeren Gemeinden und in Gemeinden mit Bezirksverfassung oder Ortschaftsverfassung auf Ortsteile, Gemeindebezirke und Ortschaften beschränkt werden. Die Teilnahme an der Bürgerversammlung kann auf die Einwohner beschränkt werden. Die Bürgerversammlung wird vom Bürgermeister unter rechtzeitiger ortsüblicher Bekanntgabe von Zeit, Ort und Tagesordnung einberufen. Den Vorsitz führt der Bürgermeister oder ein von ihm bestimmter Vertreter. In Ortschaften können Bürgerversammlungen auch vom Ortschaftsrat anberaumt werden, die entsprechend den Sätzen 5 und 6 vom Ortsvorsteher einberufen und geleitet werden; die Tagesordnung muß sich auf die Ortschaft beziehen; die Teilnahme kann auf die in der Ortschaft wohnenden Einwohner beschränkt werden; der Bürgermeister ist in jedem Fall teilnahmeberechtigt; bei Teilnahme ist dem Bürgermeister vom Vorsitzenden auf Verlangen jederzeit das Wort zu erteilen.

(2) Der Gemeinderat hat eine Bürgerversammlung anzuberaumen, wenn dies von der Bürgerschaft beantragt wird. Der Antrag muß schriftlich eingereicht werden und die zu erörternden Angelegenheiten angeben; der Antrag darf nur Angelegenheiten angeben, die innerhalb des letzten Jahres nicht bereits Gegenstand einer Bürgerversammlung waren. Er muß von mindestens 10 vom Hundert der Bürger unterzeichnet sein, höchstens jedoch in Gemeinden

mit nicht mehr als 50000 Einwohnern von 1500 Bürgern,

mit mehr als 50000 Einwohnern, aber nicht mehr als 100000 Einwohnern von	3000 Bürgern,
mit mehr als 100000 Einwohnern, aber nicht mehr als 200000 Einwohnern von	6000 Bürgern,
mit mehr als 200000 Einwohnern von	12000 Bürgern;

das Nähere wird durch das Kommunalwahlgesetz geregelt. Über die Zulässigkeit des Antrags entscheidet der Gemeinderat. Ist der Antrag zulässig, muß die Bürgerversammlung innerhalb von drei Monaten nach Eingang des Antrags abgehalten werden. Sätze 1 bis 5 gelten entsprechend für Ortsteile, Gemeindebezirke und Ortschaften; für die erforderliche Zahl der Unterschriften sind in diesem Fall die Zahlen der dort wohnenden Bürger und Einwohner maßgebend; die zu erörternden Angelegenheiten müssen sich auf den Ortsteil, Gemeindebezirk oder die Ortschaft beziehen.

(3) In der Bürgerversammlung können nur Einwohner das Wort erhalten. Der Vorsitzende kann auch anderen Personen das Wort erteilen.

(4) Die Vorschläge und Anregungen der Bürgerversammlung sollen innerhalb einer Frist von drei Monaten von dem für die Angelegenheit zuständigen Organ der Gemeinde behandelt werden.

§ 20b Bürgerantrag

(1) Die Bürgerschaft kann beantragen, daß der Gemeinderat eine bestimmte Angelegenheit behandelt (Bürgerantrag). Ein Bürgerantrag darf nur Angelegenheiten des Wirkungskreises der Gemeinde zum Gegenstand haben, für die der Gemeinderat zuständig ist, und in denen innerhalb des letzten Jahres nicht bereits ein Bürgerantrag gestellt worden ist. Ein Bürgerantrag ist in den in § 21 Abs. 2 genannten Angelegenheiten ausgeschlossen; das gleiche gilt bei Angelegenheiten, über die der Gemeinderat oder ein beschließender Ausschuß nach Durchführung eines gesetzlich bestimmten Beteiligungs- oder Anhörungsverfahrens beschlossen hat.

(2) Der Bürgerantrag muß schriftlich eingereicht werden; richtet er

sich gegen einen Beschluß des Gemeinderats oder eines beschließenden Ausschusses, muß er innerhalb von zwei Wochen nach der Bekanntgabe des Beschlusses eingereicht sein. Der Bürgerantrag muß hinreichend bestimmt sein und eine Begründung enthalten. Er muß mindestens von 30 vom Hundert der nach § 21 Abs. 3 Satz 5 erforderlichen Anzahl von Bürgern unterzeichnet sein; das Nähere wird durch das Kommunalwahlgesetz geregelt.

(3) Über die Zulässigkeit des Bürgerantrags entscheidet der Gemeinderat. Ist der Bürgerantrag zulässig, hat der Gemeinderat oder der zuständige beschließende Ausschuß innerhalb von drei Monaten nach seinem Eingang die Angelegenheit zu behandeln; er soll hierbei Vertreter des Bürgerantrags hören.

§ 21 Bürgerentscheid, Bürgerbegehren

(1) Der Gemeinderat kann mit einer Mehrheit von zwei Dritteln der Stimmen aller Mitglieder beschließen, daß eine wichtige Gemeindeangelegenheit der Entscheidung der Bürger unterstellt wird (Bürgerentscheid). Wichtige Angelegenheiten sind:

1. die Errichtung, wesentliche Erweiterung und Aufhebung einer öffentlichen Einrichtung, die der Gesamtheit der Einwohner zu dienen bestimmt ist,
2. die Änderung von Gemeindegrenzen und Landkreisgrenzen,
3. die Einführung und Aufhebung der unechten Teilortswahl,
4. die Einführung und Aufhebung der Bezirksverfassung und
5. die Einführung und, ausgenommen den Fall des § 73, die Aufhebung der Ortschaftsverfassung.

Durch die Hauptsatzung kann bestimmt werden, was darüber hinaus als wichtige Gemeindeangelegenheit gilt.

(2) Ein Bürgerentscheid findet nicht statt über

1. Weisungsaufgaben und Angelegenheiten, die kraft Gesetzes dem Bürgermeister obliegen,
2. Fragen der inneren Organisation der Gemeindeverwaltung,

3. die Rechtsverhältnisse der Gemeinderäte, des Bürgermeisters und der Gemeindebediensteten,
4. die Haushaltssatzung (einschließlich der Wirtschaftspläne der Eigenbetriebe), die Gemeindeabgaben und die Tarife der Versorgungs- und Verkehrsbetriebe der Gemeinde,
5. die Feststellung der Jahresrechnung der Gemeinde und der Jahresabschlüsse der Eigenbetriebe,
6. Entscheidungen in Rechtsmittelverfahren sowie über
7. Anträge, die ein gesetzwidriges Ziel verfolgen.

(3) Über eine wichtige Gemeindeangelegenheit kann die Bürgerschaft einen Bürgerentscheid beantragen (Bürgerbegehren). Ein Bürgerbegehren darf nur Angelegenheiten zum Gegenstand haben, über die innerhalb der letzten drei Jahre nicht bereits ein Bürgerentscheid auf Grund eines Bürgerbegehrens durchgeführt worden ist. Das Bürgerbegehren muß schriftlich eingereicht werden; richtet es sich gegen einen Beschluß des Gemeinderats, muß es innerhalb von vier Wochen nach der Bekanntgabe des Beschlusses eingereicht sein. Das Bürgerbegehren muß die zur Entscheidung zu bringende Frage, eine Begründung und einen nach den gesetzlichen Bestimmungen durchführbaren Vorschlag für die Deckung der Kosten der verlangten Maßnahme enthalten. Es muß von mindestens 15 vom Hundert der Bürger unterzeichnet sein, höchstens jedoch in Gemeinden

mit nicht mehr als 50000 Einwohnern von	3000 Bürgern,
mit mehr als 50000 Einwohnern, aber nicht mehr als 100000 Einwohnern von	6000 Bürgern,
mit mehr als 100000 Einwohnern, aber nicht mehr als 200000 Einwohnern von	12000 Bürgern,
mit mehr als 200000 Einwohnern von	24000 Bürgern.

(4) Über die Zulässigkeit eines Bürgerbegehrens entscheidet der Gemeinderat. Der Bürgerentscheid entfällt, wenn der Gemeinderat die Durchführung der mit dem Bürgerbegehren verlangten Maßnahme beschließt.

(5) Wird ein Bürgerentscheid durchgeführt, muß den Bürgern die innerhalb der Gemeindeorgane vertretene Auffassung dargelegt werden.

(6) Bei einem Bürgerentscheid ist die gestellte Frage in dem Sinne entschieden, in dem sie von der Mehrheit der gültigen Stimmen beantwortet wurde, sofern diese Mehrheit mindestens 30 vom Hundert der Stimmberechtigten beträgt. Bei Stimmengleichheit gilt die Frage als mit Nein beantwortet. Ist die nach Satz 1 erforderliche Mehrheit nicht erreicht worden, hat der Gemeinderat die Angelegenheit zu entscheiden.

(7) Der Bürgerentscheid hat die Wirkung eines endgültigen Beschlusses des Gemeinderats. Er kann innerhalb von drei Jahren nur durch einen neuen Bürgerentscheid abgeändert werden.

(8) Das Nähere wird durch das Kommunalwahlgesetz geregelt.

§ 22 Ehrenbürgerrecht

(1) Die Gemeinde kann Personen, die sich besonders verdient gemacht haben, das Ehrenbürgerrecht verleihen.

(2) Das Ehrenbürgerrecht kann wegen unwürdigen Verhaltens entzogen werden. Mit der Verwirkung des Bürgerrechts wird auch das Ehrenbürgerrecht verwirkt.

ZWEITER TEIL

Verfassung und Verwaltung der Gemeinde

1. ABSCHNITT

Organe

§ 23

Verwaltungsorgane der Gemeinde sind der Gemeinderat und der Bürgermeister.

2. ABSCHNITT

Gemeinderat

§ 24 Rechtsstellung und Aufgaben

(1) Der Gemeinderat ist die Vertretung der Bürger und das Hauptorgan der Gemeinde. Er legt die Grundsätze für die Verwaltung der Gemeinde fest und entscheidet über alle Angelegenheiten der Gemeinde, soweit nicht der Bürgermeister kraft Gesetzes zuständig ist oder ihm der Gemeinderat bestimmte Angelegenheiten überträgt. Der Gemeinderat überwacht die Ausführung seiner Beschlüsse und sorgt beim Auftreten von Mißständen in der Gemeindeverwaltung für deren Beseitigung durch den Bürgermeister.

(2) Der Gemeinderat entscheidet im Einvernehmen mit dem Bürgermeister über die Ernennung, Einstellung und Entlassung der Gemeindebediensteten; das gleiche gilt für die nicht nur vorübergehende Übertragung einer anders bewerteten Tätigkeit bei einem Angestellten oder Arbeiter sowie für die Festsetzung der Vergütung

oder des Lohnes, sofern kein Anspruch auf Grund eines Tarifvertrags besteht. Kommt es zu keinem Einvernehmen, entscheidet der Gemeinderat mit einer Mehrheit von zwei Dritteln der Stimmen der Anwesenden allein. Der Bürgermeister ist zuständig, soweit der Gemeinderat ihm die Entscheidung überträgt oder diese zur laufenden Verwaltung gehört. Rechte des Staates bei der Ernennung und Entlassung von Beamten und Angestellten, die sich aus anderen Gesetzen ergeben, bleiben unberührt.

(3) Ein Viertel der Gemeinderäte kann in allen Angelegenheiten der Gemeinde und ihrer Verwaltung verlangen, daß der Bürgermeister den Gemeinderat unterrichtet, und daß diesem oder einem von ihm bestellten Ausschuß Akteneinsicht gewährt wird. In dem Ausschuß müssen die Antragsteller vertreten sein.

(4) Jeder Gemeinderat kann an den Bürgermeister schriftliche oder in einer Sitzung des Gemeinderats mündliche Anfragen über einzelne Angelegenheiten im Sinne von Absatz 3 Satz 1 richten, die binnen angemessener Frist zu beantworten sind. Das Nähere ist in der Geschäftsordnung des Gemeinderats zu regeln.

(5) Absätze 3 und 4 gelten nicht bei den nach § 44 Abs. 3 Satz 3 geheimzuhaltenden Angelegenheiten.

§ 25 Zusammensetzung

(1) Der Gemeinderat besteht aus dem Bürgermeister als Vorsitzendem und den ehrenamtlichen Mitgliedern (Gemeinderäte). In Städten führen die Gemeinderäte die Bezeichnung Stadtrat.

(2) Die Zahl der Gemeinderäte beträgt

in Gemeinden mit nicht mehr als	1 000 Einwohnern	8,
in Gemeinden mit mehr als aber nicht mehr als	1 000 Einwohnern 2 000 Einwohnern	10,
in Gemeinden mit mehr als aber nicht mehr als	2 000 Einwohnern 3 000 Einwohnern	12,

in Gemeinden mit mehr als aber nicht mehr als	3000 Einwohnern 5000 Einwohnern	14,
in Gemeinden mit mehr als aber nicht mehr als	5000 Einwohnern 10000 Einwohnern	18,
in Gemeinden mit mehr als aber nicht mehr als	10000 Einwohnern 20000 Einwohnern	22,
in Gemeinden mit mehr als aber nicht mehr als	20000 Einwohnern 30000 Einwohnern	26,
in Gemeinden mit mehr als aber nicht mehr als	30000 Einwohnern 50000 Einwohnern	32,
in Gemeinden mit mehr als aber nicht mehr als	50000 Einwohnern 150000 Einwohnern	40,
in Gemeinden mit mehr als aber nicht mehr als	150000 Einwohnern 400000 Einwohnern	48,
in Gemeinden mit mehr als	400000 Einwohnern	60.

In Gemeinden mit unechter Teilortswahl (§ 27 Abs. 2) kann durch die Hauptsatzung bestimmt werden, daß für die Zahl der Gemeinderäte die nächsthöhere Gemeindegrößengruppe maßgebend ist. Ergibt sich aus der Verteilung der Sitze im Verhältnis der auf die Wahlvorschläge gefallenen Gesamtstimmenzahlen innerhalb des Wahlgebiets, daß einem Wahlvorschlag außer den in den Wohnbezirken bereits zugewiesenen Sitzen weitere zustehen, erhöht sich die Zahl der Gemeinderäte für die auf die Wahl folgende Amtszeit entsprechend.

(3) Änderung der für die Zusammensetzung des Gemeinderats maßgebenden Einwohnerzahl sind erst bei der nächsten regelmäßigen Wahl zu berücksichtigen.

§ 26 Wahlgrundsätze

(1) Die Gemeinderäte werden in allgemeiner, unmittelbarer, freier, gleicher und geheimer Wahl von den Bürgern gewählt.

(2) Gewählt wird aufgrund von Wahlvorschlägen unter Berücksich-

tigung der Grundsätze der Verhältniswahl. Die Wahlvorschläge dürfen höchstens so viel Bewerber enthalten, wie Gemeinderäte zu wählen sind. Die Verbindung von Wahlvorschlägen ist unzulässig. Jeder Wahlberechtigte hat so viel Stimmen, wie Gemeinderäte zu wählen sind. Der Wahlberechtigte kann Bewerber aus anderen Wahlvorschlägen übernehmen und einem Bewerber bis zu drei Stimmen geben.

(3) Wird nur ein gültiger oder kein Wahlvorschlag eingereicht, findet Mehrheitswahl ohne Bindung an die vorgeschlagenen Bewerber und ohne das Recht der Stimmenhäufung auf einen Bewerber statt. Der Wahlberechtigte kann dabei nur so vielen Personen eine Stimme geben, wie Gemeinderäte zu wählen sind.

§ 27 Wahlgebiet, Unechte Teilortswahl

(1) Die Gemeinde bildet das Wahlgebiet.

(2) In Gemeinden mit räumlich getrennten Ortsteilen können durch die Hauptsatzung aus jeweils einem oder mehreren benachbarten Ortsteilen bestehende Wohnbezirke mit der Bestimmung gebildet werden, daß die Sitze im Gemeinderat nach einem bestimmten Zahlenverhältnis mit Vertretern der verschiedenen Wohnbezirke zu besetzen sind (unechte Teilortswahl). Die Bewerber müssen im Wohnbezirk wohnen. Das Recht der Bürger zur gleichmäßigen Teilnahme an der Wahl sämtlicher Gemeinderäte wird hierdurch nicht berührt. Bei der Bestimmung der auf die einzelnen Wohnbezirke entfallenden Anzahl der Sitze sind die örtlichen Verhältnisse und der Bevölkerungsanteil zu berücksichtigen.

(3) Bei unechter Teilortswahl sind die Bewerber in den Wahlvorschlägen getrennt nach Wohnbezirken aufzuführen. Die Wahlvorschläge dürfen für jeden Wohnbezirk, für den nicht mehr als drei Vertreter zu wählen sind, einen Bewerber mehr und für jeden Wohnbezirk, für den mehr als drei Vertreter zu wählen sind, höchstens so viele Bewerber enthalten, wie Vertreter zu wählen sind. Findet Verhältniswahl statt, kann der Wahlberechtigte für den einzelnen Wohnbezirk Bewerber, die auf anderen Wahlvorschlägen als

Vertreter für den gleichen Wohnbezirk vorgeschlagen sind, übernehmen und einem Bewerber bis zu drei Stimmen geben. Der Wahlberechtigte kann dabei nur so vielen Bewerbern im Wohnbezirk Stimmen geben, wie für den Wohnbezirk Vertreter zu wählen sind.

(4) Findet bei unechter Teilortswahl Mehrheitswahl statt, muß der Stimmzettel erkennen lassen, welche Personen der Wahlberechtigte als Vertreter der einzelnen Wohnbezirke in den Gemeinderat wählen wollte; Absatz 3 Satz 4 gilt entsprechend.

(5) Ist die unechte Teilortswahl aufgrund einer Vereinbarung nach § 8 Abs. 2 und § 9 Abs. 4 auf unbestimmte Zeit eingeführt worden, kann sie durch Änderung der Hauptsatzung aufgehoben werden, frühestens jedoch zur übernächsten regelmäßigen Wahl der Gemeinderäte nach ihrer erstmaligen Anwendung.

§ 28 Wählbarkeit

(1) Wählbar in den Gemeinderat sind Bürger der Gemeinde.

(2) Nicht wählbar sind Bürger,

1. die vom Wahlrecht ausgeschlossen sind (§ 14 Abs. 2),
2. die infolge Richterspruchs die Wählbarkeit oder die Fähigkeit zur Bekleidung öffentlicher Ämter nicht besitzen.

§ 29 Hinderungsgründe

(1) Gemeinderäte können nicht sein

1. a) Beamte und Angestellte der Gemeinde,

   b) Beamte und Angestellte eines Gemeindeverwaltungsverbands, eines Nachbarschaftsverbands und eines Zweckverbands, dessen Mitglied die Gemeinde ist, sowie der erfüllenden Gemeinde einer vereinbarten Verwaltungsgemeinschaft, der die Gemeinde angehört,

c) leitende Beamte und leitende Angestellte einer sonstigen Körperschaft des öffentlichen Rechts, wenn die Gemeinde in einem beschließenden Kollegialorgan der Körperschaft mehr als die Hälfte der Stimmen hat.

d) Beamte und Angestellte einer Stiftung des öffentlichen Rechts, die von der Gemeinde verwaltet wird,

2. leitende Beamte und leitende Angestellte der Rechtsaufsichtsbehörde, der oberen und der obersten Rechtsaufsichtsbehörde sowie der Gemeindeprüfungsanstalt und

3. in kreisangehörigen Gemeinden leitende Beamte und leitende Angestellte des Landratsamts und des Landkreises.

(2) Personen, die als persönlich haftende Gesellschafter an derselben Handelsgesellschaft beteiligt sind, und in Gemeinden mit nicht mehr als 20000 Einwohnern auch Personen, die zueinander in einem die Befangenheit begründenden Verhältnis nach § 18 Abs. 1 Nr. 1 bis 3 stehen, können nicht gleichzeitig Gemeinderäte sein. Werden solche Personen gleichzeitig gewählt, tritt der Bewerber mit der höheren Stimmenzahl in den Gemeinderat ein. Bei gleicher Stimmenzahl entscheidet das Los.

(3) Wer mit einem Gemeinderat in einem ein Hindernis begründenden Verhältnis nach Absatz 2 steht, kann nicht nachträglich in den Gemeinderat eintreten.

(4) Personen, die mit dem Bürgermeister oder einem Beigeordneten in einem die Befangenheit begründenden Verhältnis nach § 18 Abs. 1 Nr. 1 bis 3 stehen oder als persönlich haftende Gesellschafter an derselben Handelsgesellschaft beteiligt sind, können nicht in den Gemeinderat eintreten.

(5) Der Gemeinderat stellt fest, ob ein Hinderungsgrund nach den Absätzen 1 bis 4 gegeben ist; nach regelmäßigen Wahlen erfolgt die Feststellung vor der Einberufung der ersten Sitzung des neuen Gemeinderats.

§ 30 Amtszeit

(1) Die Amtszeit der Gemeinderäte beträgt fünf Jahre.

(2) Die Amtszeit endet mit Ablauf des Monats, in dem die regelmäßigen Wahlen der Gemeinderäte stattfinden. Wenn die Wahl von der Wahlprüfungsbehörde nicht beanstandet wurde, ist die erste Sitzung des Gemeinderats unverzüglich nach der Zustellung des Wahlprüfungsbescheids oder nach ungenutztem Ablauf der Wahlprüfungsfrist, sonst nach Eintritt der Rechtskraft der Wahl anzuberaumen; dies gilt auch, wenn eine Entscheidung nach § 29 Abs. 5 Halbsatz 2 noch nicht rechtskräftig ist. Bis zum Zusammentreten des neugebildeten Gemeinderats führt der bisherige Gemeinderat die Geschäfte weiter.

(3) Ist die Wahl von Gemeinderäten, die ihr Amt bereits angetreten haben, rechtskräftig für ungültig erklärt worden, so führen diese im Falle des § 32 Abs. 1 des Kommunalwahlgesetzes die Geschäfte bis zum Zusammentreten des aufgrund einer Wiederholungs- oder Neuwahl neugebildeten Gemeinderats, in den Fällen des § 32 Abs. 2 und 3 des Kommunalwahlgesetzes bis zum Ablauf des Tages weiter, an dem das berichtigte Wahlergebnis öffentlich bekanntgemacht wird. Die Rechtswirksamkeit der Tätigkeit dieser Gemeinderäte wird durch die Ungültigkeit ihrer Wahl nicht berührt.

§ 31 Ausscheiden, Nachrücken, Ergänzungswahl

(1) Aus dem Gemeinderat scheiden die Mitglieder aus, die die Wählbarkeit (§ 28) verlieren. Das gleiche gilt für Mitglieder, bei denen ein Hinderungsgrund (§ 29) im Laufe der Amtszeit entsteht; § 29 Abs. 2 Sätze 2 und 3 gilt entsprechend. Die Bestimmungen über das Ausscheiden aus einem wichtigen Grunde bleiben unberührt. Der Gemeinderat stellt fest, ob eine dieser Voraussetzungen gegeben ist. Für Beschlüsse, die unter Mitwirkung von Personen nach Satz 1 oder nach § 29 zustande gekommen sind, gilt § 18 Abs. 6 entsprechend. Ergibt sich nachträglich, daß ein in den Gemeinderat

Gewählter im Zeitpunkt der Wahl nicht wählbar war, ist dies vom Gemeinderat festzustellen.

(2) Tritt ein Gewählter nicht in den Gemeinderat ein, scheidet er im Laufe der Amtszeit aus oder wird festgestellt, daß er nicht wählbar war, rückt der als nächster Ersatzmann festgestellte Bewerber nach. Satz 1 gilt entsprechend, wenn ein Gewählter, dem ein Sitz nach § 26 Abs. 2 Satz 4 des Kommunalwahlgesetzes zugeteilt worden war, als Ersatzmann nach Satz 1 nachrückt.

(3) Ist die Zahl der Gemeinderäte dadurch, daß nichteintretende oder ausgeschiedene Gemeinderäte nicht durch Nachrücken ersetzt oder bei einer Wahl Sitze nicht besetzt werden konnten, auf weniger als zwei Drittel der gesetzlichen Mitgliederzahl herabgesunken, ist eine Ergänzungswahl für den Rest der Amtszeit nach den für die Hauptwahl geltenden Vorschriften durchzuführen.

§ 32 Rechtsstellung der Gemeinderäte

(1) Die Gemeinderäte sind ehrenamtlich tätig. Der Bürgermeister verpflichtet die Gemeinderäte in der ersten Sitzung öffentlich auf die gewissenhafte Erfüllung ihrer Amtspflichten.

(2) Niemand darf gehindert werden, das Amt eines Gemeinderats zu übernehmen und auszuüben. Eine Kündigung oder Entlassung aus einem Dienst- oder Arbeitsverhältnis, eine Versetzung an einen anderen Beschäftigungsort und jede sonstige berufliche Benachteiligung aus diesem Grunde sind unzulässig. Steht der Gemeinderat in einem Dienst- oder Arbeitsverhältnis, ist ihm die für seine Tätigkeit erforderliche freie Zeit zu gewähren.

(3) Die Gemeinderäte entscheiden im Rahmen der Gesetze nach ihrer freien, nur durch das öffentliche Wohl bestimmten Überzeugung. An Verpflichtungen und Aufträge, durch die diese Freiheit beschränkt wird, sind sie nicht gebunden.

(4) Erleidet ein Gemeinderat einen Dienstunfall, hat er dieselben Rechte wie ein Ehrenbeamter.

(5) Auf Gemeinderäte, die als Vertreter der Gemeinde in Organen

eines wirtschaftlichen Unternehmens (§ 105) Vergütungen erhalten, finden die für den Bürgermeister der Gemeinde geltenden Vorschriften über die Ablieferungspflicht entsprechende Anwendung.

§ 33 Mitwirkung im Gemeinderat

(1) Die Beigeordneten nehmen an den Sitzungen des Gemeinderats mit beratender Stimme teil.

(2) Der Vorsitzende kann den Vortrag in den Sitzungen des Gemeinderats einem Beamten oder Angestellten der Gemeinde übertragen; auf Verlangen des Gemeinderats muß er einen solchen Bediensteten zu sachverständigen Auskünften zuziehen.

(3) Der Gemeinderat kann sachkundige Einwohner und Sachverständige zu den Beratungen einzelner Angelegenheiten zuziehen.

(4) Der Gemeinderat kann bei öffentlichen Sitzungen Einwohnern und den ihnen gleichgestellten Personen und Personenvereinigungen nach § 10 Abs. 3 und 4 die Möglichkeit einräumen, Fragen zu Gemeindeangelegenheiten zu stellen oder Anregungen und Vorschläge zu unterbreiten (Fragestunde); zu den Fragen nimmt der Vorsitzende Stellung. Der Gemeinderat kann betroffenen Personen und Personengruppen Gelegenheit geben, ihre Auffassung im Gemeinderat vorzutragen (Anhörung); das gleiche gilt für die Ausschüsse. Das Nähere regelt die Geschäftsordnung.

§ 33a Ältestenrat

(1) Durch die Hauptsatzung kann bestimmt werden, daß der Gemeinderat einen Ältestenrat bildet, der den Bürgermeister in Fragen der Tagesordnung und des Gangs der Verhandlungen des Gemeinderats berät. Vorsitzender des Ältestenrats ist der Bürgermeister.

(2) Das Nähere über die Zusammensetzung, den Geschäftsgang und die Aufgaben des Ältestenrats ist in der Geschäftsordnung des

Gemeinderats zu regeln; zu der Regelung der Aufgaben ist das Einvernehmen des Bürgermeisters erforderlich.

§ 34 Einberufung der Sitzungen, Teilnahmepflicht

(1) Der Bürgermeister beruft den Gemeinderat schriftlich mit angemessener Frist ein und teilt rechtzeitig die Verhandlungsgegenstände mit; dabei sind die für die Verhandlung erforderlichen Unterlagen beizufügen, soweit nicht das öffentliche Wohl oder berechtigte Interessen einzelner entgegenstehen. Der Gemeinderat ist einzuberufen, wenn es die Geschäftslage erfordert; er soll jedoch mindestens einmal im Monat einberufen werden. Der Gemeinderat ist unverzüglich einzuberufen, wenn es ein Viertel der Gemeinderäte unter Angabe des Verhandlungsgegenstands beantragt. Auf Antrag eines Viertels der Gemeinderäte ist ein Verhandlungsgegenstand auf die Tagesordnung spätestens der übernächsten Sitzung des Gemeinderats zu setzen. Die Verhandlungsgegenstände müssen zum Aufgabengebiet des Gemeinderats gehören. Sätze 3 und 4 gelten nicht, wenn der Gemeinderat den gleichen Verhandlungsgegenstand innerhalb der letzten sechs Monate bereits behandelt hat. Zeit, Ort und Tagesordnung der öffentlichen Sitzungen sind rechtzeitig ortsüblich bekanntzugeben.

(2) In Notfällen kann der Gemeinderat ohne Frist, formlos und nur unter Angabe der Verhandlungsgegenstände einberufen werden; Absatz 1 Satz 7 findet keine Anwendung.

(3) Die Gemeinderäte sind verpflichtet, an den Sitzungen teilzunehmen.

§ 35 Öffentlichkeit der Sitzungen

(1) Die Sitzungen des Gemeinderats sind öffentlich. Nichtöffentlich darf nur verhandelt werden, wenn es das öffentliche Wohl oder berechtigte Interessen einzelner erfordern; über Gegenstände, bei denen diese Voraussetzungen vorliegen, muß nichtöffentlich verhan-

delt werden. Über Anträge aus der Mitte des Gemeinderats, einen Verhandlungsgegenstand entgegen der Tagesordnung in öffentlicher oder nichtöffentlicher Sitzung zu behandeln, wird in nichtöffentlicher Sitzung beraten und entschieden. In nichtöffentlicher Sitzung nach Satz 2 gefaßte Beschlüsse sind nach Wiederherstellung der Öffentlichkeit oder, wenn dies ungeeignet ist, in der nächsten öffentlichen Sitzung bekanntzugeben, sofern nicht das öffentliche Wohl oder berechtigte Interessen einzelner entgegenstehen.

(2) Die Gemeinderäte sind zur Verschwiegenheit über alle in nichtöffentlicher Sitzung behandelten Angelegenheiten so lange verpflichtet, bis sie der Bürgermeister von der Schweigepflicht entbindet; dies gilt nicht für Beschlüsse, soweit sie nach Absatz 1 Satz 4 bekanntgegeben worden sind.

§ 36 Verhandlungsleitung, Geschäftsgang

(1) Der Vorsitzende eröffnet, leitet und schließt die Verhandlungen des Gemeinderats. Er handhabt die Ordnung und übt das Hausrecht aus.

(2) Der Gemeinderat regelt seine inneren Angelegenheiten, insbesondere den Gang seiner Verhandlungen, im Rahmen der gesetzlichen Vorschriften durch eine Geschäftsordnung.

(3) Bei grober Ungebühr oder wiederholten Verstößen gegen die Ordnung kann ein Gemeinderat vom Vorsitzenden aus dem Beratungsraum verwiesen werden; mit dieser Anordnung ist der Verlust des Anspruchs auf die auf den Sitzungstag entfallende Entschädigung verbunden. Bei wiederholten Ordnungswidrigkeiten nach Satz 1 kann der Gemeinderat ein Mitglied für mehrere, höchstens jedoch für sechs Sitzungen ausschließen. Entsprechendes gilt für sachkundige Einwohner, die zu den Beratungen zugezogen sind.

§ 37 Beschlußfassung

(1) Der Gemeinderat kann nur in einer ordnungsmäßig einberufenen und geleiteten Sitzung beraten und beschließen. Über Gegenstände einfacher Art kann im Wege der Offenlegung oder im schriftlichen Verfahren beschlossen werden; ein hierbei gestellter Antrag ist angenommen, wenn kein Mitglied widerspricht.

(2) Der Gemeinderat ist beschlußfähig, wenn mindestens die Hälfte aller Mitglieder anwesend und stimmberechtigt ist. Bei Befangenheit von mehr als der Hälfte aller Mitglieder ist der Gemeinderat beschlußfähig, wenn mindestens ein Viertel aller Mitglieder anwesend und stimmberechtigt ist.

(3) Ist der Gemeinderat wegen Abwesenheit oder Befangenheit von Mitgliedern nicht beschlußfähig, muß eine zweite Sitzung stattfinden, in der er beschlußfähig ist, wenn mindestens drei Mitglieder anwesend und stimmberechtigt sind; bei der Einberufung der zweiten Sitzung ist hierauf hinzuweisen. Die zweite Sitzung entfällt, wenn weniger als drei Mitglieder stimmberechtigt sind.

(4) Ist keine Beschlußfähigkeit des Gemeinderats gegeben, entscheidet der Bürgermeister anstelle des Gemeinderats nach Anhörung der nicht befangenen Gemeinderäte. Ist auch der Bürgermeister befangen, findet § 124 entsprechende Anwendung; dies gilt nicht, wenn der Gemeinderat ein stimmberechtigtes Mitglied für die Entscheidung zum Stellvertreter des Bürgermeisters bestellt.

(5) Der Gemeinderat beschließt durch Abstimmungen und Wahlen.

(6) Der Gemeinderat stimmt in der Regel offen ab. Die Beschlüsse werden mit Stimmenmehrheit gefaßt. Der Bürgermeister hat Stimmrecht; bei Stimmengleichheit ist der Antrag abgelehnt.

(7) Wahlen werden geheim mit Stimmzetteln vorgenommen; es kann offen gewählt werden, wenn kein Mitglied widerspricht. Der Bürgermeister hat Stimmrecht. Gewählt ist, wer mehr als die Hälfte der Stimmen der anwesenden Stimmberechtigten erhalten hat. Wird eine solche Mehrheit bei der Wahl nicht erreicht, findet zwischen den beiden Bewerbern mit den meisten Stimmen Stichwahl statt, bei der die einfache Stimmenmehrheit entscheidet. Bei

Stimmengleichheit entscheidet das Los. Steht nur ein Bewerber zur Wahl, findet im Falle des Satzes 4 ein zweiter Wahlgang statt, für den Satz 3 gilt. Der zweite Wahlgang soll frühestens eine Woche nach dem ersten Wahlgang durchgeführt werden. Über die Ernennung und Einstellung von Gemeindebediensteten ist durch Wahl Beschluß zu fassen; das gleiche gilt für die nicht nur vorübergehende Übertragung einer höher bewerteten Tätigkeit bei einem Angestellten oder Arbeiter.

§ 38 Niederschrift

(1) Über den wesentlichen Inhalt der Verhandlungen des Gemeinderats ist eine Niederschrift zu fertigen; sie muß insbesondere den Namen des Vorsitzenden, die Zahl der anwesenden und die Namen der abwesenden Gemeinderäte unter Angabe des Grundes der Abwesenheit, die Gegenstände der Verhandlung, die Anträge, die Abstimmungs- und Wahlergebnisse und den Wortlaut der Beschlüsse enthalten. Der Vorsitzende und jedes Mitglied können verlangen, daß ihre Erklärung oder Abstimmung in der Niederschrift festgehalten wird.

(2) Die Niederschrift ist vom Vorsitzenden, zwei Gemeinderäten, die an der Verhandlung teilgenommen haben, und dem Schriftführer zu unterzeichnen. Sie ist innerhalb eines Monats zur Kenntnis des Gemeinderats zu bringen. Mehrfertigungen von Niederschriften über nichtöffentliche Sitzungen dürfen nicht ausgehändigt werden. Über die gegen die Niederschrift vorgebrachten Einwendungen entscheidet der Gemeinderat. Die Einsichtnahme in die Niederschriften über die öffentlichen Sitzungen ist den Bürgern gestattet.

§ 39 Beschließende Ausschüsse

(1) Durch die Hauptsatzung kann der Gemeinderat beschließende Ausschüsse bilden und ihnen bestimmte Aufgabengebiete zur dauernden Erledigung übertragen. Durch Beschluß kann der Gemein-

derat einzelne Angelegenheiten auf bestehende beschließende Ausschüsse übertragen oder für ihre Erledigung beschließende Ausschüsse bilden.

(2) Auf beschließende Ausschüsse kann nicht übertragen werden die Beschlußfassung über

1. die Bestellung der Mitglieder von Ausschüssen des Gemeinderats, der Stellvertreter des Bürgermeisters, der Beigeordneten sowie Angelegenheiten nach § 24 Abs. 2 Satz 1 bei leitenden Beamten und Angestellten,
2. die Übernahme freiwilliger Aufgaben,
3. den Erlaß von Satzungen und Rechtsverordnungen,
4. die Änderung des Gemeindegebiets,
5. die Entscheidung über die Durchführung eines Bürgerentscheids oder die Zulässigkeit eines Bürgerbegehrens,
6. die Verleihung und den Entzug des Ehrenbürgerrechts,
7. die Regelung der allgemeinen Rechtsverhältnisse der Gemeindebediensteten,
8. die Übertragung von Aufgaben auf den Bürgermeister,
9. die Zustimmung zur Abgrenzung der Geschäftskreise der Beigeordneten,
10. die Verfügung über Gemeindevermögen, die für die Gemeinde von erheblicher wirtschaftlicher Bedeutung ist,
11. die Errichtung, wesentliche Erweiterung und Aufhebung von öffentlichen Einrichtungen und wirtschaftlichen Unternehmen sowie die Beteiligung an solchen,
12. die Umwandlung der Rechtsform von wirtschaftlichen Unternehmen der Gemeinde und von solchen, an denen die Gemeinde beteiligt ist,
13. die Bestellung von Sicherheiten, die Übernahme von Bürgschaften und von Verpflichtungen aus Gewährverträgen und den Abschluß der ihnen wirtschaftlich gleichkommenden Rechtsge-

schäfte, soweit sie für die Gemeinde von erheblicher wirtschaftlicher Bedeutung sind,

14. den Erlaß der Haushaltssatzung und der Nachtragssatzungen, die Feststellung der Jahresrechnung, die Wirtschaftspläne und die Feststellung des Jahresabschlusses von Sondervermögen,

15. die allgemeine Festsetzung von Abgaben und Tarifen,

16. den Verzicht auf Ansprüche der Gemeinde und die Niederschlagung solcher Ansprüche, die Führung von Rechtsstreiten und den Abschluß von Vergleichen, soweit sie für die Gemeinde von erheblicher wirtschaftlicher Bedeutung sind,

17. den Beitritt zu Zweckverbänden und den Austritt aus diesen und

18. die Übertragung von Aufgaben auf das Rechnungsprüfungsamt.

(3) Im Rahmen ihrer Zuständigkeit entscheiden die beschließenden Ausschüsse selbständig an Stelle des Gemeinderats. Ergibt sich, daß eine Angelegenheit für die Gemeinde von besonderer Bedeutung ist, können die beschließenden Ausschüsse die Angelegenheit dem Gemeinderat zur Beschlußfassung unterbreiten. In der Hauptsatzung kann bestimmt werden, daß ein Viertel aller Mitglieder eines beschließenden Ausschusses eine Angelegenheit dem Gemeinderat zur Beschlußfassung unterbreiten kann, wenn sie für die Gemeinde von besonderer Bedeutung ist. Lehnt der Gemeinderat eine Behandlung ab, weil er die Voraussetzungen für die Verweisung als nicht gegeben ansieht, entscheidet der zuständige beschließende Ausschuß. In der Hauptsatzung kann weiter bestimmt werden, daß der Gemeinderat allgemein oder im Einzelfalle Weisungen erteilen, jede Angelegenheit an sich ziehen und Beschlüsse der beschließenden Ausschüsse, solange sie noch nicht vollzogen sind, ändern oder aufheben kann.

(4) Angelegenheiten, deren Entscheidung dem Gemeinderat vorbehalten ist, sollen den beschließenden Ausschüssen innerhalb ihres Aufgabengebiets zur Vorberatung zugewiesen werden. Durch die Hauptsatzung kann bestimmt werden, daß Anträge, die nicht vorberaten worden sind, auf Antrag des Vorsitzenden oder eines

Fünftels aller Mitglieder des Gemeinderats den zuständigen beschließenden Ausschüssen zur Vorberatung überwiesen werden müssen.

(5) Für den Geschäftsgang der beschließenden Ausschüsse gelten die §§ 33 und 34 bis 38 entsprechend. Sitzungen, die der Vorberatung nach Absatz 4 dienen, sind in der Regel nichtöffentlich. Ist ein beschließender Ausschuß wegen Befangenheit von Mitgliedern nicht beschlußfähig im Sinne von § 37 Abs. 2 Satz 1, entscheidet der Gemeinderat an seiner Stelle ohne Vorberatung.

§ 40 Zusammensetzung der beschließenden Ausschüsse

(1) Die beschließenden Ausschüsse bestehen aus dem Vorsitzenden und mindestens vier Mitgliedern. Der Gemeinderat bestellt die Mitglieder und Stellvertreter in gleicher Zahl widerruflich aus seiner Mitte. Nach jeder Wahl der Gemeinderäte sind die beschließenden Ausschüsse neu zu bilden. In die beschließenden Ausschüsse können durch den Gemeinderat sachkundige Einwohner widerruflich als beratende Mitglieder berufen werden; ihre Zahl darf die der Gemeinderäte in den einzelnen Ausschüssen nicht erreichen; sie sind ehrenamtlich tätig.

(2) Kommt eine Einigung über die Zusammensetzung eines beschließenden Ausschusses nicht zustande, werden die Mitglieder von den Gemeinderäten aufgrund von Wahlvorschlägen nach den Grundsätzen der Verhältniswahl unter Bindung an die Wahlvorschläge gewählt. Wird nur ein gültiger oder kein Wahlvorschlag eingereicht, findet Mehrheitswahl ohne Bindung an die vorgeschlagenen Bewerber statt.

(3) Vorsitzender der beschließenden Ausschüsse ist der Bürgermeister; er kann einen seiner Stellvertreter, einen Beigeordneten oder, wenn alle Stellvertreter oder Beigeordneten verhindert sind, ein Mitglied des Ausschusses, das Gemeinderat ist, mit seiner Vertretung beauftragen.

§ 41 Beratende Ausschüsse

(1) Zur Vorberatung seiner Verhandlungen oder einzelner Verhandlungsgegenstände kann der Gemeinderat beratende Ausschüsse bestellen. Sie werden aus der Mitte des Gemeinderats gebildet. In die beratenden Ausschüsse können durch den Gemeinderat sachkundige Einwohner widerruflich als Mitglieder berufen werden; ihre Zahl darf die der Gemeinderäte in den einzelnen Ausschüssen nicht erreichen; sie sind ehrenamtlich tätig.

(2) Den Vorsitz in den beratenden Ausschüssen führt der Bürgermeister. Er kann einen seiner Stellvertreter, einen Beigeordneten oder ein Mitglied des Ausschusses, das Gemeinderat ist, mit seiner Vertretung beauftragen; ein Beigeordneter hat als Vorsitzender Stimmrecht.

(3) Für den Geschäftsgang der beratenden Ausschüsse gelten die Vorschriften der §§ 33, 34, 36 bis 38 und § 39 Abs. 5 Satz 2 und 3 entsprechend.

3. ABSCHNITT

Bürgermeister

§ 42 Rechtsstellung des Bürgermeisters

(1) Der Bürgermeister ist Vorsitzender des Gemeinderats und Leiter der Gemeindeverwaltung. Er vertritt die Gemeinde.

(2) In Gemeinden mit weniger als 2000 Einwohnern ist der Bürgermeister Ehrenbeamter auf Zeit; in Gemeinden mit mehr als 500 Einwohnern kann durch die Hauptsatzung bestimmt werden, daß er hauptamtlicher Beamter auf Zeit ist. In den übrigen Gemeinden ist der Bürgermeister hauptamtlicher Beamter auf Zeit.

(3) Die Amtszeit des Bürgermeisters beträgt acht Jahre. Die Amts-

zeit beginnt mit dem Amtsantritt, im Falle der Wiederwahl schließt sich die neue Amtszeit an das Ende der vorangegangenen an.

(4) In Stadtkreisen und Großen Kreisstädten führt der Bürgermeister die Amtsbezeichnung Oberbürgermeister.

(5) Der Bürgermeister führt nach Freiwerden seiner Stelle die Geschäfte bis zum Amtsantritt des neu gewählten Bürgermeisters weiter; sein Dienstverhältnis besteht so lange weiter. Satz 1 gilt nicht, wenn der Bürgermeister

1. vor dem Freiwerden seiner Stelle der Gemeinde schriftlich mitgeteilt hat, daß er die Weiterführung der Geschäfte ablehne,
2. des Dienstes vorläufig enthoben ist, oder wenn gegen ihn öffentliche Klage wegen eines Verbrechens erhoben ist, oder
3. ohne Rücksicht auf Wahlprüfung und Wahlanfechtung nach Feststellung des Gemeindewahlausschusses nicht wiedergewählt ist; ist im ersten Wahlgang kein Bewerber gewählt worden, so ist das Ergebnis der Neuwahl (§ 45 Abs. 2) entscheidend.

(6) Ein vom Gemeinderat gewähltes Mitglied vereidigt und verpflichtet den Bürgermeister in öffentlicher Sitzung im Namen des Gemeinderats.

§ 43 Stellung im Gemeinderat

(1) Der Bürgermeister bereitet die Sitzungen des Gemeinderats und der Ausschüsse vor und vollzieht die Beschlüsse.

(2) Der Bürgermeister muß Beschlüssen des Gemeinderats widersprechen, wenn er der Auffassung ist, daß sie gesetzwidrig sind; er kann widersprechen, wenn er der Auffassung ist, daß sie für die Gemeinde nachteilig sind. Der Widerspruch muß unverzüglich, spätestens jedoch binnen einer Woche nach Beschlußfassung gegenüber den Gemeinderäten ausgesprochen werden. Der Widerspruch hat aufschiebende Wirkung. Gleichzeitig ist unter Angabe der Widerspruchsgründe eine Sitzung einzuberufen, in der erneut über die Angelegenheit zu beschließen ist; diese Sitzung hat spätestens drei

Wochen nach der ersten Sitzung stattzufinden. Ist nach Ansicht des Bürgermeisters auch der neue Beschluß gesetzwidrig, muß er ihm erneut widersprechen und unverzüglich die Entscheidung der Rechtsaufsichtsbehörde herbeiführen.

(3) Absatz 2 gilt entsprechend für Beschlüsse, die durch beschließende Ausschüsse gefaßt werden. In diesen Fällen hat der Gemeinderat auf den Widerspruch zu entscheiden.

(4) In dringenden Angelegenheiten des Gemeinderats, deren Erledigung auch nicht bis zu einer ohne Frist und formlos einberufenen Gemeinderatssitzung (§ 34 Abs. 2) aufgeschoben werden kann, entscheidet der Bürgermeister anstelle des Gemeinderats. Die Gründe für die Eilentscheidung und die Art der Erledigung sind den Gemeinderäten unverzüglich mitzuteilen. Das gleiche gilt für Angelegenheiten, für deren Entscheidung ein beschließender Ausschuß zuständig ist.

(5) Der Bürgermeister hat den Gemeinderat über alle wichtigen, die Gemeinde und ihre Verwaltung betreffenden Angelegenheiten zu unterrichten; bei wichtigen Planungen ist der Gemeinderat möglichst frühzeitig über die Absichten und Vorstellungen der Gemeindeverwaltung und laufend über den Stand und den Inhalt der Planungsarbeiten zu unterrichten. Über wichtige Angelegenheiten, die nach § 44 Abs. 3 Satz 3 geheimzuhalten sind, ist der nach § 55 gebildete Beirat zu unterrichten. Die Unterrichtung des Gemeinderats über die in Satz 2 genannten Angelegenheiten ist ausgeschlossen.

§ 44 Leitung der Gemeindeverwaltung

(1) Der Bürgermeister leitet die Gemeindeverwaltung. Er ist für die sachgemäße Erledigung der Aufgaben und den ordnungsmäßigen Gang der Verwaltung verantwortlich, regelt die innere Organisation der Gemeindeverwaltung und grenzt im Einvernehmen mit dem Gemeinderat die Geschäftskreise der Beigeordneten ab.

(2) Der Bürgermeister erledigt in eigener Zuständigkeit die Geschäfte der laufenden Verwaltung und die ihm sonst durch Gesetz

oder vom Gemeinderat übertragenen Aufgaben. Die dauernde Übertragung der Erledigung bestimmter Aufgaben auf den Bürgermeister ist durch die Hauptsatzung zu regeln. Der Gemeinderat kann die Erledigung von Angelegenheiten, die er nicht auf beschließende Ausschüsse übertragen kann (§ 39 Abs. 2), auch nicht dem Bürgermeister übertragen.

(3) Weisungsaufgaben erledigt der Bürgermeister in eigener Zuständigkeit, soweit gesetzlich nichts anderes bestimmt ist; abweichend hiervon ist der Gemeinderat für den Erlaß von Satzungen und Rechtsverordnungen zuständig, soweit Vorschriften anderer Gesetze nicht entgegenstehen. Dies gilt auch, wenn die Gemeinde in einer Angelegenheit angehört wird, die aufgrund einer Anordnung der zuständigen Behörde geheimzuhalten ist. Bei der Erledigung von Weisungsaufgaben, die aufgrund einer Anordnung der zuständigen Behörde geheimzuhalten sind, sowie in den Fällen des Satzes 2 hat der Bürgermeister die für die Behörden des Landes geltenden Geheimhaltungsvorschriften zu beachten.

(4) Der Bürgermeister ist Vorgesetzter, Dienstvorgesetzter und oberste Dienstbehörde der Gemeindebediensteten.

§ 45 Wahlgrundsätze

(1) Der Bürgermeister wird von den Bürgern in allgemeiner, unmittelbarer, freier, gleicher und geheimer Wahl gewählt. Die Wahl ist nach den Grundsätzen der Mehrheitswahl durchzuführen. Gewählt ist, wer mehr als die Hälfte der gültigen Stimmen erhalten hat.

(2) Entfällt auf keinen Bewerber mehr als die Hälfte der gültigen Stimmen, findet frühestens am zweiten und spätestens am vierten Sonntag nach der Wahl Neuwahl statt. Für die Neuwahl gelten die Grundsätze der ersten Wahl; es entscheidet die höchste Stimmenzahl und bei Stimmengleichheit das Los. Eine nochmalige Stellenausschreibung ist nicht erforderlich.

§ 46 Wählbarkeit, Hinderungsgründe

(1) Wählbar zum Bürgermeister sind Deutsche im Sinne von Artikel 116 des Grundgesetzes, die am Wahltag das 25., aber noch nicht das 65. Lebensjahr vollendet haben und die Gewähr dafür bieten, daß sie jederzeit für die freiheitliche demokratische Grundordnung im Sinne des Grundgesetzes eintreten. § 28 Abs. 2 gilt entsprechend.

(2) Bedienstete der Rechtsaufsichtsbehörde, der oberen und obersten Rechtsaufsichtsbehörde, des Landratsamts und des Landkreises können nicht gleichzeitig Bürgermeister sein.

(3) Der Bürgermeister kann nicht gleichzeitig eine andere Planstelle in der Gemeinde innehaben oder deren sonstiger Bediensteter sein.

§ 47 Zeitpunkt der Wahl, Stellenausschreibung

(1) Wird die Wahl des Bürgermeisters wegen Ablaufs der Amtszeit oder wegen Eintritts in den Ruhestand oder Verabschiedung infolge Erreichens der Altersgrenze notwendig, ist sie frühestens drei Monate und spätestens einen Monat vor Freiwerden der Stelle, in anderen Fällen spätestens drei Monate nach Freiwerden der Stelle durchzuführen. Die Wahl kann bis zu einem Jahr nach Freiwerden der Stelle aufgeschoben werden, wenn die Auflösung der Gemeinde bevorsteht.

(2) Die Stelle des hauptamtlichen Bürgermeisters ist spätestens zwei Monate vor dem Wahltag öffentlich auszuschreiben. Die Gemeinde kann den Bewerbern, deren Bewerbungen zugelassen worden sind, Gelegenheit geben, sich den Bürgern in einer öffentlichen Versammlung vorzustellen.

§ 48 Stellvertreter des Bürgermeisters

(1) In Gemeinden ohne Beigeordnete (§ 49) bestellt der Gemeinderat aus seiner Mitte einen oder mehrere Stellvertreter des Bürger-

meisters. § 46 Abs. 2 findet keine Anwendung. Die Stellvertretung beschränkt sich auf die Fälle der Verhinderung. Die Stellvertreter werden nach jeder Wahl der Gemeinderäte neu bestellt. Sie werden in der Reihenfolge der Stellvertretung je in einem besonderen Wahlgang gewählt. Sind alle bestellten Stellvertreter vorzeitig ausgeschieden oder sind im Fall der Verhinderung des Bürgermeisters auch alle Stellvertreter verhindert, hat der Gemeinderat unverzüglich einen oder mehrere Stellvertreter neu oder für die Dauer der Verhinderung zusätzlich zu bestellen; § 37 Abs. 4 Satz 2 bleibt unberührt. Bis zu dieser Bestellung nimmt das an Lebensjahren älteste, nicht verhinderte Mitglied des Gemeinderats die Aufgaben des Stellvertreters des Bürgermeisters wahr.

(2) Ist in Gemeinden ohne Beigeordnete die Stelle des Bürgermeisters voraussichtlich längere Zeit unbesetzt oder der Bürgermeister voraussichtlich längere Zeit an der Ausübung seines Amtes verhindert, kann der Gemeinderat mit der Mehrheit der Stimmen aller Mitglieder einen Amtsverweser bestellen. Der Amtsverweser muß zum Bürgermeister wählbar sein; § 46 Abs. 2 findet keine Anwendung. Der Amtsverweser muß zum Beamten der Gemeinde bestellt werden.

(3) Ein zum Bürgermeister der Gemeinde gewählter Bewerber kann vom Gemeinderat mit der Mehrheit der Stimmen aller Mitglieder nach Feststellung der Gültigkeit der Wahl durch die Wahlprüfungsbehörde oder nach ungenutztem Ablauf der Wahlprüfungsfrist im Falle der Anfechtung der Wahl vor der rechtskräftigen Entscheidung über die Gültigkeit der Wahl zum Amtsverweser bestellt werden. Der Amtsverweser ist in Gemeinden mit hauptamtlichem Bürgermeister als hauptamtlicher Beamter auf Zeit, in Gemeinden mit ehrenamtlichem Bürgermeister als Ehrenbeamter auf Zeit zu bestellen. Seine Amtszeit beträgt zwei Jahre; Wiederbestellung ist zulässig. Die Amtszeit endet vorzeitig mit der Rechtskraft der Entscheidung über die Gültigkeit der Wahl zum Bürgermeister. Der Amtsverweser führt die Bezeichnung Bürgermeister (Oberbürgermeister). Er erhält in einer Gemeinde mit ehrenamtlichem Bürgermeister dessen Aufwandsentschädigung. Die Amtszeit als Bürgermeister verkürzt sich um die Amtszeit als Amtsverweser.

§ 49 Beigeordnete

(1) In Gemeinden mit mehr als 10000 Einwohnern können, in Stadtkreisen müssen als Stellvertreter des Bürgermeisters ein oder mehrere hauptamtliche Beigeordnete bestellt werden. Ihre Zahl wird entsprechend den Erfordernissen der Gemeindeverwaltung durch die Hauptsatzung bestimmt. Außerdem können Stellvertreter des Bürgermeisters nach § 48 Abs. 1 bestellt werden, die den Bürgermeister im Falle seiner Verhinderung vertreten, wenn auch alle Beigeordneten verhindert sind.

(2) Einer der Beigeordneten muß die Befähigung zum höheren oder gehobenen Verwaltungs- oder Justizdienst oder zum Richteramt, in Stadtkreisen zum höheren Verwaltungsdienst oder zum Richteramt haben, sofern nicht der Bürgermeister oder ein Bediensteter der Gemeinde diese Voraussetzung erfüllen.

(3) Die Beigeordneten vertreten der Bürgermeister ständig in ihrem Geschäftskreis. Der Bürgermeister kann ihnen allgemein oder im Einzelfall Weisungen erteilen.

(4) Der Erste Beigeordnete ist der ständige allgemeine Stellvertreter des Bürgermeisters. Er führt in Stadtkreisen und Großen Kreisstädten die Amtsbezeichnung Bürgermeister. Die weiteren Beigeordneten sind nur allgemeine Stellvertreter des Bürgermeisters, wenn der Bürgermeister und der Erste Beigeordnete verhindert sind; die Reihenfolge der allgemeinen Stellvertretung bestimmt der Gemeinderat. In Stadtkreisen und Großen Kreisstädten kann der Gemeinderat den weiteren Beigeordneten die Amtsbezeichnung Bürgermeister verleihen.

(5) Wird ein Beigeordneter mit der Verwaltung des Finanzwesens betraut, muß er die für den Fachbeamten für das Finanzwesen in § 116 vorgesehene Vorbildung haben.

§ 50 Rechtsstellung und Bestellung der Beigeordneten

(1) Die Beigeordneten sind als hauptamtliche Beamte zu bestellen. Ihre Amtszeit beträgt acht Jahre.

(2) Die Beigeordneten werden vom Gemeinderat je in einem besonderen Wahlgang gewählt. Der Gemeinderat kann beschließen, daß der Erste Beigeordnete gewählt wird, nachdem für jede zu besetzende Beigeordnetenstelle ein Bewerber gewählt ist. Sieht die Hauptsatzung mehrere Beigeordnete vor, sollen die Parteien und Wählervereinigungen gemäß ihren Vorschlägen nach dem Verhältnis ihrer Sitze im Gemeinderat berücksichtigt werden.

(3) Für den Zeitpunkt der Bestellung gilt § 47 Abs. 1 entsprechend. Die Stellen der Beigeordneten sind spätestens zwei Monate vor der Besetzung öffentlich auszuschreiben.

(4) Wird bei der Eingliederung einer Gemeinde in eine andere Gemeinde oder bei der Neubildung einer Gemeinde durch Vereinigung von Gemeinden in der Vereinbarung nach § 9 bestimmt, daß der Bürgermeister oder ein Beigeordneter der eingegliederten oder einer vereinigten Gemeinde zum Beigeordneten der aufnehmenden oder neugebildeten Gemeinde bestellt wird, finden Absätze 2 und 3 keine Anwendung.

§ 51 Hinderungsgründe

(1) Beigeordnete können nicht gleichzeitig andere Planstellen der Gemeinde innehaben oder deren Bedienstete sein. Sie können auch nicht Bedienstete der Rechtsaufsichtsbehörde, der oberen und obersten Rechtsaufsichtsbehörde sowie des Landratsamts und des Landkreises sein.

(2) Beigeordnete dürfen weder miteinander noch mit dem Bürgermeister in einem die Befangenheit begründenden Verhältnis nach § 18 Abs. 1 Nr. 1 bis 3 stehen oder als persönlich haftende Gesellschafter an derselben Handelsgesellschaft beteiligt sein. Entsteht ein solches Verhältnis zwischen dem Bürgermeister und einem Bei-

geordneten, ist der Beigeordnete, im übrigen der an Dienstjahren Jüngere in den einstweiligen Ruhestand zu versetzen.

§ 52 Besondere Dienstpflichten

Für den Bürgermeister und die Beigeordneten gelten die Bestimmungen des § 17 Abs. 1 bis 3 und des § 18 entsprechend.

§ 53 Beauftragung, rechtsgeschäftliche Vollmacht

(1) Der Bürgermeister kann Beamte und Angestellte mit seiner Vertretung auf bestimmten Aufgabengebieten oder in einzelnen Angelegenheiten der Gemeindeverwaltung beauftragen. Er kann diese Befugnis auf Beigeordnete für deren Geschäftskreis übertragen.

(2) Der Bürgermeister kann in einzelnen Angelegenheiten rechtsgeschäftliche Vollmacht erteilen. Absatz 1 Satz 2 gilt entsprechend.

§ 54 Verpflichtungserklärungen

(1) Erklärungen, durch welche die Gemeinde verpflichtet werden soll, bedürfen der Schriftform. Sie sind vom Bürgermeister handschriftlich zu unterzeichnen.

(2) Im Falle der Vertretung des Bürgermeisters müssen Erklärungen durch dessen Stellvertreter, den vertretungsberechtigten Beigeordneten oder durch zwei vertretungsberechtigte Beamte oder Angestellte handschriftlich unterzeichnet werden.

(3) Den Unterschriften soll die Amtsbezeichnung und im Falle des Absatzes 2 ein das Vertretungsverhältnis kennzeichnender Zusatz beigefügt werden.

(4) Die Formvorschriften der Absätze 1 bis 3 gelten nicht für Erklärungen in Geschäften der laufenden Verwaltung oder auf Grund einer in der Form der Absätze 1 bis 3 ausgestellten Vollmacht.

§ 55 Beirat für geheimzuhaltende Angelegenheiten

(1) Der Gemeinderat kann einen Beirat bilden, der den Bürgermeister in allen Angelegenheiten des § 44 Abs. 3 Satz 2 berät.

(2) Der Beirat besteht in Gemeinden mit nicht mehr als 1000 Einwohnern aus den Stellvertretern des Bürgermeisters nach § 48 Abs. 1 Satz 1. Er besteht

in Gemeinden mit mehr als	1000 Einwohnern
aber nicht mehr als	10000 Einwohnern
aus zwei,	
in Gemeinden mit mehr als	10000 Einwohnern
aber nicht mehr als	30000 Einwohnern
aus zwei oder drei,	

aus mindestens drei und höchstens fünf Mitgliedern,

die vom Gemeinderat aus seiner Mitte bestellt werden. Dem Beirat können nur Mitglieder des Gemeinderats angehören, die auf die für die Behörden des Landes geltenden Geheimhaltungsvorschriften verpflichtet sind.

(3) Vorsitzender des Beirats ist der Bürgermeister. Er beruft den Beirat ein, wenn es die Geschäftslage erfordert. Fällt die Angelegenheit in den Geschäftskreis eines Beigeordneten, nimmt dieser an der Sitzung teil. Die Sitzungen des Beirats sind nicht öffentlich. Für die Beratungen des Beirats gelten § 34 Abs. 3, § 36 Abs. 1 und 3, § 37 Abs. 1 Satz 1 und Abs. 2 und § 38 entsprechend.

4. ABSCHNITT

Gemeindebedienstete

§ 56 Einstellung, Ausbildung

(1) Die Gemeinde ist verpflichtet, die zur Erfüllung ihrer Aufgaben erforderlichen geeigneten Beamten, Angestellten und Arbeiter einzustellen.

(2) Bei der Ausbildung der im Vorbereitungsdienst befindlichen Beamten für den Dienst in der Verwaltung des Landes und der Träger der Selbstverwaltung wirken die Gemeinden mit den zuständigen Landesbehörden zusammen. Für den persönlichen Aufwand, der den Gemeinden entsteht, ist unter ihnen ein entsprechender finanzieller Ausgleich zu schaffen.

(3) Die Gemeinde fördert die Fortbildung ihrer Bediensteten.

§ 57 Stellenplan

Die Gemeinde bestimmt im Stellenplan die Stellen ihrer Beamten sowie ihrer nicht nur vorübergehend beschäftigten Angestellten und Arbeiter, die für die Erfüllung der Aufgaben im Haushaltsjahr erforderlich sind. Für Sondervermögen, für die Sonderrechnungen geführt werden, sind besondere Stellenpläne aufzustellen. Beamte in Einrichtungen solcher Sondervermögen sind auch im Stellenplan nach Satz 1 aufzuführen und dort besonders zu kennzeichnen.

§ 58 Gemeindefachbeamter

(1) Zur fachgemäßen Erledigung der Verwaltungsgeschäfte müssen die Gemeinden mindestens einen Beamten mit der Befähigung zum gehobenen oder höheren Verwaltungsdienst (Gemeindefachbeamter) haben. Satz 1 findet keine Anwendung auf Gemeinden, die einer Verwaltungsgemeinschaft angehören, wenn diese der Gemeinde einen Gemeindefachbeamten zur Erledigung der Verwaltungsgeschäfte zur Verfügung stellt.

(2) Wenn der Bürgermeister nichts anderes bestimmt, kommen die Aufgaben des Ratschreibers auf dem Gebiet der freiwilligen Gerichtsbarkeit in Gemeinden mit einem eigenen Fachbeamten diesem, sonst dem Bürgermeister zu.

(3) Soweit die Bearbeitung der technischen Aufgaben der Ge-

meinde ihrem Umfang oder ihrer Bedeutung nach es erfordert, soll sie dafür besonders vorgebildeten technischen Beamten übertragen werden.

5. ABSCHNITT

Besondere Verwaltungsformen

1. Verwaltungsgemeinschaft

§ 59 Rechtsformen der Verwaltungsgemeinschaft

Benachbarte Gemeinden desselben Landkreises können eine Verwaltungsgemeinschaft als Gemeindeverwaltungsverband bilden oder vereinbaren, daß eine Gemeinde (erfüllende Gemeinde) die Aufgaben eines Gemeindeverwaltungsverbands erfüllt (vereinbarte Verwaltungsgemeinschaft). Eine Gemeinde kann nur einer Verwaltungsgemeinschaft angehören. Die Verwaltungsgemeinschaft soll nach der Zahl der Gemeinden und ihrer Einwohner sowie nach der räumlichen Ausdehnung unter Berücksichtigung der örtlichen Verhältnisse und landesplanerischer Gesichtspunkte so abgegrenzt werden, daß sie ihre Aufgaben zweckmäßig und wirtschaftlich erfüllen kann.

§ 60 Anwendung von Rechtsvorschriften und besondere Bestimmungen für die Verwaltungsgemeinschaft

(1) Für die Verwaltungsgemeinschaft gelten die Vorschriften des Gesetzes über kommunale Zusammenarbeit, soweit nichts anderes bestimmt ist.

(2) Der Genehmigung bedürfen auch Änderungen der Verbandssatzung und der Vereinbarung wegen der Aufnahme einer Ge-

meinde. Die Rechtsaufsichtsbehörde entscheidet über alle erforderlichen Genehmigungen nach pflichtgemäßem Ermessen.

(3) Die Verbandsversammlung des Gemeindeverwaltungsverbands besteht nach näherer Bestimmung der Verbandssatzung aus dem Bürgermeister und mindestens einem weiteren Vertreter einer jeden Mitgliedsgemeinde. Die weiteren Vertreter werden nach jeder regelmäßigen Wahl der Gemeinderäte vom Gemeinderat aus seiner Mitte gewählt; scheidet ein weiterer Vertreter vorzeitig aus dem Gemeinderat oder der Verbandsversammlung aus, wird für den Rest der Amtszeit ein neuer weiterer Vertreter gewählt. Für jeden weiteren Vertreter ist mindestens ein Stellvertreter zu bestellen, der diesen im Verhinderungsfall vertritt.

(4) Bei der vereinbarten Verwaltungsgemeinschaft ist ein gemeinsamer Ausschuß aus Vertretern der beteiligten Gemeinden zu bilden. Der gemeinsame Ausschuß entscheidet anstelle des Gemeinderats der erfüllenden Gemeinde über die Erfüllungsaufgaben (§ 61), soweit nicht der Bürgermeister der erfüllenden Gemeinde kraft Gesetzes zuständig ist oder ihm der gemeinsame Ausschuß bestimmte Angelegenheiten überträgt; eine dauernde Übertragung ist abweichend von § 44 Abs. 2 Satz 2 durch Satzung zu regeln. Für den gemeinsamen Ausschuß gelten die Vorschriften über die Verbandsversammlung des Gemeindeverwaltungsverbands entsprechend; keine Gemeinde darf mehr als 60 vom Hundert aller Stimmen haben; Vorsitzender ist der Bürgermeister der erfüllenden Gemeinde.

(5) Gegen Beschlüsse des gemeinsamen Ausschusses kann eine beteiligte Gemeinde binnen zwei Wochen nach der Beschlußfassung Einspruch einlegen, wenn der Beschluß für sie von besonderer Wichtigkeit oder erheblicher wirtschaftlicher Bedeutung ist. Der Einspruch hat aufschiebende Wirkung. Auf einen Einspruch hat der gemeinsame Ausschuß erneut zu beschließen. Der Einspruch ist zurückgewiesen, wenn der neue Beschluß mit einer Mehrheit von zwei Dritteln der Stimmen der vertretenen Gemeinden, mindestens jedoch mit der Mehrheit aller Stimmen, gefaßt wird.

§ 61 Aufgaben der Verwaltungsgemeinschaft

(1) Der Gemeindeverwaltungsverband berät seine Mitgliedsgemeinden bei der Wahrnehmung ihrer Aufgaben. Bei Angelegenheiten, die andere Mitgliedsgemeinden berühren und eine gemeinsame Abstimmung erfordern, haben sich die Mitgliedsgemeinden der Beratung durch den Gemeindeverwaltungsverband zu bedienen.

(2) Der Gemeindeverwaltungsverband kann seinen Mitgliedsgemeinden Gemeindefachbeamte und sonstige Bedienstete zur Wahrnehmung ihrer Aufgaben zur Verfügung stellen. Die Gemeindefachbeamten gelten als solche der Mitgliedsgemeinden im Sinne von § 58 Abs. 1 und 2. Der Bürgermeister einer jeden Gemeinde kann die zur Verfügung gestellten Bediensteten nach § 53 Abs. 1 Satz 1 mit seiner Vertretung beauftragen.

(3) Der Gemeindeverwaltungsverband erledigt für seine Mitgliedsgemeinden in deren Namen die folgenden Angelegenheiten und Geschäfte der Gemeindeverwaltung nach den Beschlüssen und Anordnungen der Gemeindeorgane (Erledigungsaufgaben):

1. die technischen Angelegenheiten bei der verbindlichen Bauleitplanung und der Durchführung von Bodenordnungsmaßnahmen sowie von Maßnahmen nach dem Städtebauförderungsgesetz,
2. die Planung, Bauleitung und örtliche Bauaufsicht bei den Vorhaben des Hoch- und Tiefbaus,
3. die Unterhaltung und den Ausbau der Gewässer zweiter Ordnung,
4. die Abgaben-, Kassen- und Rechnungsgeschäfte.

Die Rechtsaufsichtsbehörde kann von Satz 1 Ausnahmen zulassen, soweit dies, insbesondere bei den Abgaben-, Kassen- und Rechnungsgeschäften, zweckmäßig ist.

(4) Der Gemeindeverwaltungsverband erfüllt an Stelle seiner Mitgliedsgemeinden in eigener Zuständigkeit die folgenden Aufgaben (Erfüllungsaufgaben):

1. die vorbereitende Bauleitplanung und

2. die Aufgaben des Trägers der Straßenbaulast für die Gemeindeverbindungsstraßen.

Die Rechtsaufsichtsbehörde kann in besonderen Fällen von Satz 1 Nr. 2 Ausnahmen zulassen.

(5) Die Mitgliedsgemeinden können einzeln oder gemeinsam weitere Aufgaben als Erledigungs- und Erfüllungsaufgaben auf den Gemeindeverwaltungsverband übertragen; dazu bedarf es der Änderung der Verbandssatzung. Erledigungs- und Erfüllungsaufgaben können auch alle Weisungsaufgaben sein, soweit Bundesrecht nicht entgegensteht.

(6) Soweit für die Wahrnehmung von Erfüllungsaufgaben bereits Zweckverbände bestehen oder öffentlich-rechtliche Vereinbarungen gelten, tritt der Gemeindeverwaltungsverband in die Rechtsstellung seiner daran beteiligten Mitgliedsgemeinden ein. § 23 Abs. 2 des Gesetzes über kommunale Zusammenarbeit gilt entsprechend.

(7) Absätze 1 bis 6 gelten entsprechend für die vereinbarte Verwaltungsgemeinschaft.

§ 62 Auflösung der Verwaltungsgemeinschaft und Ausscheiden beteiligter Gemeinden

(1) Verwaltungsgemeinschaften können aus Gründen des öffentlichen Wohls aufgelöst werden. Die Auflösung bedarf einer Rechtsverordnung des Innenministeriums, wenn alle beteiligten Gemeinden, bei einem Gemeindeverwaltungsverband auch dieser, zustimmen. Gegen den Willen eines der Beteiligten kann die Auflösung nur durch Gesetz nach Anhörung der Beteiligten erfolgen. Das gleiche gilt für das Ausscheiden von Gemeinden aus einer Verwaltungsgemeinschaft. § 8 bleibt unberührt.

(2) Im Falle der Auflösung einer Verwaltungsgemeinschaft oder des Ausscheidens einer beteiligten Gemeinde regeln die Beteiligten die dadurch erforderliche Auseinandersetzung durch Vereinbarung. Diese bedarf der Genehmigung der Rechtsaufsichtsbehörde.

Kommt eine Vereinbarung nicht zustande, trifft die Rechtsaufsichtsbehörde auf Antrag eines Beteiligten nach Anhörung der Beteiligten die im Interesse des öffentlichen Wohls erforderlichen Bestimmungen. § 9 Abs. 5 gilt entsprechend.

2. Bürgermeister in mehreren Gemeinden

§ 63

Benachbarte kreisangehörige Gemeinden können dieselbe Person zum Bürgermeister wählen. Die Wahl des Bürgermeisters ist in jeder Gemeinde getrennt durchzuführen. Die Amtszeit bestimmt sich für jede Gemeinde nach den hierfür geltenden Vorschriften.

3. Bezirksverfassung

§ 64 Gemeindebezirk

(1) Durch die Hauptsatzung können in Gemeinden mit mehr als 100000 Einwohnern und in Gemeinden mit räumlich getrennten Ortsteilen Gemeindebezirke (Stadtbezirke) eingerichtet werden. Mehrere benachbarte Ortsteile können zu einem Gemeindebezirk zusammengefaßt werden.

(2) In den Gemeindebezirken können Bezirksbeiräte gebildet werden.

(3) In den Gemeindebezirken kann eine örtliche Verwaltung eingerichtet werden.

§ 65 Bezirksbeirat

(1) Die Mitglieder des Bezirksbeirats (Bezirksbeiräte) werden vom Gemeinderat aus dem Kreise der im Gemeindebezirk wohnenden wählbaren Bürger nach jeder regelmäßigen Wahl der Gemeinderäte bestellt. Die Zahl der Bezirksbeiräte wird durch die Hauptsatzung bestimmt. Bei der Bestellung der Bezirksbeiräte soll das von den im Gemeinderat vertretenen Parteien und Wählervereinigungen bei der letzten regelmäßigen Wahl der Gemeinderäte im Gemeindebezirk erzielte Wahlergebnis berücksichtigt werden; bei unechter Teilortswahl ist das Wahlergebnis für die Besetzung der Sitze aller Wohnbezirke zugrunde zu legen.

(2) Der Bezirksbeirat ist zu wichtigen Angelegenheiten, die den Gemeindebezirk betreffen, zu hören. Der Bezirksbeirat hat ferner die Aufgabe, die örtliche Verwaltung des Gemeindebezirks in allen wichtigen Angelegenheiten zu beraten. Sofern in den Ausschüssen des Gemeinderats wichtige Angelegenheiten, die den Gemeindebezirk betreffen, auf der Tagesordnung stehen, kann der Bezirksbeirat eines seiner Mitglieder zu den Ausschußsitzungen entsenden. Das entsandte Mitglied nimmt an den Ausschußsitzungen mit beratender Stimme teil. Der Termin, an dem sich der Ausschuß des Gemeinderats mit der Angelegenheit befaßt, ist dem Bezirksbeirat über dessen Vorsitzenden rechtzeitig bekanntzugeben.

(3) Vorsitzender des Bezirksbeirats ist der Bürgermeister oder ein von ihm Beauftragter. Innerhalb eines Jahres sind mindestens drei Sitzungen des Bezirksbeirats durchzuführen. Im übrigen finden auf den Geschäftsgang die für beratende Ausschüsse geltenden Vorschriften entsprechende Anwendung.

§ 66 Aufhebung der Bezirksverfassung

Ist die Bezirksverfassung auf Grund einer Vereinbarung nach § 8 Abs. 2 und § 9 Abs. 4 auf unbestimmte Zeit eingeführt worden, kann sie durch Änderung der Hauptsatzung aufgehoben werden, frühestens jedoch zur übernächsten regelmäßigen Wahl der Gemeinderäte nach ihrer Einführung.

4. Ortschaftsverfassung

§ 67 Einführung der Ortschaftsverfassung

In Gemeinden mit räumlich getrennten Ortsteilen kann die Ortschaftsverfassung eingeführt werden. Für die Ortschaftsverfassung gelten die §§ 68 bis 73.

§ 68 Ortschaften

(1) Durch die Hauptsatzung werden Ortschaften eingerichtet. Mehrere benachbarte Ortsteile können zu einer Ortschaft zusammengefaßt werden.

(2) In den Ortschaften werden Ortschaftsräte gebildet.

(3) Für die Ortschaften werden Ortsvorsteher bestellt.

(4) In den Ortschaften kann eine örtliche Verwaltung eingerichtet werden.

§ 69 Ortschaftsrat

(1) Die Mitglieder des Ortschaftsrats (Ortschaftsräte) werden nach den für die Wahl der Gemeinderäte geltenden Vorschriften gewählt. Wird eine Ortschaft während der laufenden Amtszeit der Gemeinderäte neu eingerichtet, werden die Ortschaftsräte erstmals nach der Einrichtung der Ortschaft für die Dauer der restlichen Amtszeit der Gemeinderäte, im übrigen gleichzeitig mit den Gemeinderäten gewählt. Wahlgebiet ist die Ortschaft; wahlberechtigt und wählbar sind die in der Ortschaft wohnenden Bürger. Im Falle einer Eingemeindung kann in der Hauptsatzung bestimmt werden, daß erst-

mals nach Einrichtung der Ortschaft die bisherigen Gemeinderäte der eingegliederten Gemeinde die Ortschaftsräte sind; scheidet ein Ortschaftsrat vorzeitig aus, gilt § 31 Abs. 2 entsprechend.

(2) Die Zahl der Ortschaftsräte wird durch die Hauptsatzung bestimmt. Ihre Amtszeit richtet sich nach der der Gemeinderäte. § 25 Abs. 2 Satz 3 gilt entsprechend.

(3) Vorsitzender des Ortschaftsrats ist der Ortsvorsteher.

(4) Nimmt der Bürgermeister an der Sitzung des Ortschaftsrats teil, ist ihm vom Vorsitzenden auf Verlangen jederzeit das Wort zu erteilen. Gemeinderäte, die in der Ortschaft wohnen und nicht Ortschaftsräte sind, können an den Verhandlungen des Ortschaftsrats mit beratender Stimme teilnehmen. In Gemeinden mit unechter Teilortswahl können die als Vertreter eines Wohnbezirks gewählten Gemeinderäte an den Verhandlungen des Ortschaftsrats der Ortschaften im Wohnbezirk mit beratender Stimme teilnehmen.

§ 70 Aufgaben des Ortschaftsrats

(1) Der Ortschaftsrat hat die örtliche Verwaltung zu beraten. Er ist zu wichtigen Angelegenheiten, die die Ortschaft betreffen, zu hören. Er hat ein Vorschlagsrecht in allen Angelegenheiten, die die Ortschaft betreffen.

(2) Der Gemeinderat kann durch die Hauptsatzung dem Ortschaftsrat bestimmte Angelegenheiten, die die Ortschaft betreffen, zur Entscheidung übertragen. Dies gilt nicht für vorlage- und genehmigungspflichtige Beschlüsse und für die in § 39 Abs. 2 genannten Angelegenheiten.

§ 71 Ortsvorsteher

(1) Der Ortsvorsteher und ein oder mehrere Stellvertreter werden nach der Wahl der Ortschaftsräte (§ 69 Abs. 1) vom Gemeinderat auf Vorschlag des Ortschaftsrats aus dem Kreis der zum Ortschaftsrat

wählbaren Bürger, die Stellvertreter aus der Mitte des Ortschaftsrats gewählt. Der Gemeinderat kann mit einer Mehrheit von zwei Dritteln der Stimmen aller Mitglieder beschließen, daß weitere Bewerber aus der Mitte des Ortschaftsrats in die Wahl einbezogen werden; in diesem Fall ist der Ortschaftsrat vor der Wahl anzuhören. Der Ortsvorsteher ist zum Ehrenbeamten auf Zeit zu ernennen. Seine Amtszeit endet mit der der Ortschaftsräte. Er ist zu verabschieden, wenn er die Wählbarkeit verliert. Bis zur Ernennung des gewählten Ortsvorstehers nimmt das an Lebensjahren älteste Mitglied des Ortschaftsrats die Aufgaben des Ortsvorstehers wahr, wenn nicht der Ortsvorsteher nach Freiwerden seiner Stelle die Geschäfte in entsprechender Anwendung des § 42 Abs. 5 weiterführt.

(2) Für Ortschaften mit einer örtlichen Verwaltung kann die Hauptsatzung bestimmen, daß ein Gemeindebeamter vom Gemeinderat im Einvernehmen mit dem Ortschaftsrat für die Dauer der Amtszeit der Ortschaftsräte zum Ortsvorsteher bestellt wird.

(3) Der Ortsvorsteher vertritt den Bürgermeister, in Gemeinden mit Beigeordneten auch den Beigeordneten ständig bei dem Vollzug der Beschlüsse des Ortschaftsrats und bei der Leitung der örtlichen Verwaltung. Der Bürgermeister und die Beigeordneten können dem Ortsvorsteher allgemein oder im Einzelfall Weisungen erteilen, soweit er sie vertritt. Der Bürgermeister kann dem Ortsvorsteher ferner in den Fällen des § 43 Abs. 2 und 4 Weisungen erteilen.

(4) Ortsvorsteher können an den Verhandlungen des Gemeinderats und seiner Ausschüsse mit beratender Stimme teilnehmen.

§ 72 Anwendung von Rechtsvorschriften

Die Vorschriften des 2. und 3. Abschnittes des Zweiten Teils und § 126 finden auf den Ortschaftsrat und den Ortsvorsteher entsprechende Anwendung, soweit in den §§ 67 bis 71 nichts Abweichendes bestimmt ist; § 33a findet keine Anwendung. Abweichend von § 46 Abs. 3 können Beamte, Angestellte und Arbeiter der Gemeinde Ortsvorsteher nach § 71 Abs. 1 sein. § 37 findet mit der Maßgabe Anwendung, daß der Ortsvorsteher, der nicht Mitglied des Ortschaftsrats ist, im Ortschaftsrat kein Stimmrecht hat. § 46 Abs. 1 findet mit der Maßgabe Anwendung, daß Altersgrenzen nicht bestehen. § 46 Abs. 2 findet mit der Maßgabe Anwendung, daß die Hinderungsgründe nur für leitende Bedienstete gelten.

§ 73 Aufhebung der Ortschaftsverfassung

Ist die Ortschaftsverfassung auf Grund einer Vereinbarung nach § 8 Abs. 2 und § 9 Abs. 4 auf unbestimmte Zeit eingeführt worden, kann sie durch Änderung der Hauptsatzung mit Zustimmung des Ortschaftsrats aufgehoben werden, frühestens jedoch zur übernächsten regelmäßigen Wahl der Gemeinderäte nach Einführung der Ortschaftsverfassung. Der Beschluß des Ortschaftsrats bedarf der Mehrheit der Stimmen aller Mitglieder.

§§ 74–76 entfallen

DRITTER TEIL

Gemeindewirtschaft

1. ABSCHNITT

Haushaltswirtschaft

§ 77 Allgemeine Haushaltsgrundsätze

(1) Die Gemeinde hat ihre Haushaltswirtschaft so zu planen und zu führen, daß die stetige Erfüllung ihrer Aufgaben gesichert ist. Dabei

ist den Erfordernissen des gesamtwirtschaftlichen Gleichgewichts grundsätzlich Rechnung zu tragen.

(2) Die Haushaltswirtschaft ist sparsam und wirtschaftlich zu führen.

§ 78 Grundsätze der Einnahmebeschaffung

(1) Die Gemeinde erhebt Abgaben nach den gesetzlichen Vorschriften.

(2) Die Gemeinde hat die zur Erfüllung ihrer Aufgaben erforderlichen Einnahmen

1. soweit vertretbar und geboten aus Entgelten für ihre Leistungen,
2. im übrigen aus Steuern

zu beschaffen, soweit die sonstigen Einnahmen nicht ausreichen. Sie hat dabei auf die wirtschaftlichen Kräfte ihrer Abgabepflichtigen Rücksicht zu nehmen.

(3) Die Gemeinde darf Kredit nur aufnehmen, wenn eine andere Finanzierung nicht möglich ist oder wirtschaftlich unzweckmäßig wäre.

§ 79 Haushaltssatzung

(1) Die Gemeinde hat für jedes Haushaltsjahr eine Haushaltssatzung zu erlassen. Die Haushaltssatzung kann für zwei Haushaltsjahre, nach Jahren getrennt, erlassen werden.

(2) Die Haushaltssatzung enthält die Festsetzung

1. des Haushaltsplans unter Angabe des Gesamtbetrags
   a) der Einnahmen und der Ausgaben des Haushaltsjahres,
   b) der vorgesehenen Kreditaufnahmen für Investitionen und Investitionsförderungsmaßnahmen (Kreditermächtigung),
   c) der vorgesehenen Ermächtigungen zum Eingehen von Ver-

pflichtungen, die künftige Haushaltsjahre mit Ausgaben für Investitionen und Investitionsförderungsmaßnahmen belasten (Verpflichtungsermächtigungen),

2. des Höchstbetrags der Kassenkredite,
3. der Steuersätze, die für jedes Haushaltsjahr neu festzusetzen sind.

Sie kann weitere Vorschriften enthalten, die sich auf die Einnahmen und Ausgaben und den Stellenplan für das Haushaltsjahr beziehen.

(3) Die Haushaltssatzung tritt mit Beginn des Haushaltsjahres in Kraft und gilt für das Haushaltsjahr.

(4) Haushaltsjahr ist das Kalenderjahr, soweit durch Gesetz oder Rechtsverordnung nichts anderes bestimmt ist.

§ 80 Haushaltsplan

(1) Der Haushaltsplan ist Teil der Haushaltssatzung. Er enthält alle im Haushaltsjahr für die Erfüllung der Aufgaben der Gemeinde voraussichtlich

1. eingehenden Einnahmen,
2. zu leistenden Ausgaben,
3. notwendigen Verpflichtungsermächtigungen.

Der Haushaltsplan enthält ferner den Stellenplan nach § 57 Satz 1. Die Vorschriften über die Einnahmen, Ausgaben und Verpflichtungsermächtigungen der Sondervermögen der Gemeinde bleiben unberührt.

(2) Der Haushaltsplan ist in einen Verwaltungshaushalt und einen Vermögenshaushalt zu gliedern. Er ist unter Berücksichtigung von Fehlbeträgen aus Vorjahren in Einnahme und Ausgabe anzugleichen.

(3) Der Haushaltsplan ist nach Maßgabe dieses Gesetzes und der auf Grund dieses Gesetzes erlassenen Vorschriften für die Führung

der Haushaltswirtschaft verbindlich. Ansprüche und Verbindlichkeiten werden durch ihn weder begründet noch aufgehoben.

§ 81 Erlaß der Haushaltssatzung

(1) Der Entwurf der Haushaltssatzung ist nach ortsüblicher Bekanntgabe an sieben Tagen öffentlich auszulegen. Einwohner und Abgabepflichtige können bis zum Ablauf des siebenten Tages nach dem letzten Tag der Auslegung Einwendungen gegen den Entwurf erheben; in der ortsüblichen Bekanntgabe der Auslegung ist auf diese Frist hinzuweisen. Über fristgemäß erhobene Einwendungen beschließt der Gemeinderat in öffentlicher Sitzung.

(2) Die Haushaltssatzung ist vom Gemeinderat in öffentlicher Sitzung zu beraten und zu beschließen.

(3) Die vom Gemeinderat beschlossene Haushaltssatzung ist der Rechtsaufsichtsbehörde vorzulegen; sie soll ihr spätestens einen Monat vor Beginn des Haushaltsjahres vorliegen.

(4) Mit der öffentlichen Bekanntmachung der Haushaltssatzung ist der Haushaltsplan an sieben Tagen öffentlich auszulegen; in der Bekanntmachung ist auf die Auslegung hinzuweisen. Enthält die Haushaltssatzung genehmigungspflichtige Teile, kann sie erst nach der Genehmigung öffentlich bekanntgemacht werden.

§ 82 Nachtragssatzung

(1) Die Haushaltssatzung kann nur bis zum Ablauf des Haushaltsjahres durch Nachtragssatzung geändert werden. Für die Nachtragssatzung gelten die Vorschriften für die Haushaltssatzung entsprechend.

(2) Die Gemeinde hat unverzüglich eine Nachtragssatzung zu erlassen, wenn

1. sich zeigt, daß ein erheblicher Fehlbetrag entstehen würde und dieser sich nicht durch andere Maßnahmen vermeiden läßt,

2. bisher nicht veranschlagte oder zusätzliche Ausgaben bei einzelnen Haushaltsstellen in einem im Verhältnis zu den Gesamtausgaben des Haushaltsplans erheblichen Umfang geleistet werden müssen,
3. Ausgaben des Vermögenshaushalts für bisher nicht veranschlagte Investitionen oder Investitionsförderungsmaßnahmen geleistet werden sollen,
4. Beamte, Angestellte oder Arbeiter eingestellt, angestellt, befördert oder in eine höhere Vergütungs- oder Lohngruppe eingestuft werden sollen und der Stellenplan die entsprechenden Stellen nicht enthält.

(3) Absatz 2 Nr. 2 bis 4 findet keine Anwendung auf

1. unbedeutende Investitionen und Investitionsförderungsmaßnahmen sowie unabweisbare Ausgaben,
2. die Umschuldung von Krediten,
3. Abweichungen vom Stellenplan und die Leistung höherer Personalausgaben, die sich unmittelbar aus einer Änderung des Besoldungs- oder Tarifrechts ergeben,
4. eine Vermehrung oder Hebung von Stellen für Beamte im Rahmen der Besoldungsgruppen A 1 bis A 10, für Angestellte und für Arbeiter, wenn sie im Verhältnis zur Gesamtzahl der Stellen für diese Bediensteten unerheblich ist.

§ 83 Vorläufige Haushaltsführung

(1) Ist die Haushaltssatzung bei Beginn des Haushaltsjahres noch nicht erlassen, darf die Gemeinde

1. Ausgaben leisten, zu deren Leistung sie rechtlich verpflichtet ist oder die für die Weiterführung notwendiger Aufgaben unaufschiebbar sind; sie darf insbesondere Bauten, Beschaffungen und sonstige Leistungen des Vermögenshaushalts, für die im Haushaltsplan eines Vorjahres Beträge vorgesehen waren, fortsetzen,

2. Abgaben vorläufig nach den Sätzen des Vorjahres erheben,

3. Kredite umschulden.

(2) Reichen die Deckungsmittel für die Fortsetzung von Bauten, Beschaffungen und sonstigen Leistungen des Vermögenshaushalts nach Absatz 1 Nr. 1 nicht aus, darf die Gemeinde mit Genehmigung der Rechtsaufsichtsbehörde Kredite für Investitionen und Investitionsförderungsmaßnahmen bis zu einem Viertel des durchschnittlichen Betrags der Kreditermächtigungen für die beiden Vorjahre aufnehmen. § 87 Abs. 2 Satz 2 gilt entsprechend.

(3) Der Stellenplan des Vorjahres gilt weiter, bis die Haushaltssatzung für das neue Jahr erlassen ist.

§ 84 Überplanmäßige und außerplanmäßige Ausgaben

(1) Überplanmäßige und außerplanmäßige Ausgaben sind nur zulässig, wenn ein dringendes Bedürfnis besteht und die Deckung gewährleistet ist oder wenn die Ausgabe unabweisbar ist und kein erheblicher Fehlbetrag entsteht. Sind die Ausgaben nach Umfang oder Bedeutung erheblich, bedürfen sie der Zustimmung des Gemeinderats. § 82 Abs. 2 bleibt unberührt.

(2) Für Investitionen, die im folgenden Jahr fortgesetzt werden, sind überplanmäßige Ausgaben auch dann zulässig, wenn ihre Deckung im folgenden Jahr gewährleistet ist; sie bedürfen der Zustimmung des Gemeinderats.

(3) Absätze 1 und 2 gelten entsprechend für Maßnahmen, durch die überplanmäßige oder außerplanmäßige Ausgaben entstehen können.

§ 85 Finanzplanung

(1) Die Gemeinde hat ihrer Haushaltswirtschaft eine fünfjährige Finanzplanung zugrunde zu legen. Das erste Planungsjahr der Finanzplanung ist das laufende Haushaltsjahr.

(2) In der Finanzplanung sind Umfang und Zusammensetzung der voraussichtlichen Ausgaben und die Deckungsmöglichkeiten darzustellen.

(3) Als Grundlage für die Finanzplanung ist ein Investitionsprogramm aufzustellen.

(4) Der Finanzplan ist mit dem Investitionsprogramm dem Gemeinderat spätestens mit dem Entwurf der Haushaltssatzung vorzulegen.

(5) Der Finanzplan und das Investitionsprogramm sind jährlich der Entwicklung anzupassen und fortzuführen.

§ 86 Verpflichtungsermächtigungen

(1) Verpflichtungen zur Leistung von Ausgaben für Investitionen und Investitionsförderungsmaßnahmen in künftigen Jahren dürfen unbeschadet des Absatzes 5 nur eingegangen werden, wenn der Haushaltsplan hierzu ermächtigt.

(2) Die Verpflichtungsermächtigungen dürfen zu Lasten der dem Haushaltsjahr folgenden drei Jahre veranschlagt werden, erforderlichenfalls bis zum Abschluß einer Maßnahme; sie sind nur zulässig, wenn durch sie der Ausgleich künftiger Haushalte nicht gefährdet wird.

(3) Die Verpflichtungsermächtigungen gelten weiter, bis die Haushaltssatzung für das folgende Jahr erlassen ist.

(4) Der Gesamtbetrag der Verpflichtungsermächtigungen bedarf im Rahmen der Haushaltssatzung insoweit der Genehmigung der Rechtsaufsichtsbehörde, als in den Jahren, in denen voraussichtlich Ausgaben aus den Verpflichtungen zu leisten sind, Kreditaufnahmen vorgesehen sind.

(5) Verpflichtungen im Sinne des Absatzes 1 dürfen überplanmäßig oder außerplanmäßig eingegangen werden, wenn ein dringendes Bedürfnis besteht und der in der Haushaltssatzung festgesetzte Ge-

samtbetrag der Verpflichtungsermächtigungen nicht überschritten wird.

§ 87 Kreditaufnahmen

(1) Kredite dürfen unter den Voraussetzungen des § 78 Abs. 3 nur im Vermögenshaushalt und nur für Investitionen, Investitionsförderungsmaßnahmen und zur Umschuldung aufgenommen werden.

(2) Der Gesamtbetrag der vorgesehenen Kreditaufnahmen für Investitionen und Investitionsförderungsmaßnahmen bedarf im Rahmen der Haushaltssatzung der Genehmigung der Rechtsaufsichtsbehörde (Gesamtgenehmigung). Die Genehmigung soll unter dem Gesichtspunkt einer geordneten Haushaltswirtschaft erteilt oder versagt werden; sie kann unter Bedingungen erteilt und mit Auflagen verbunden werden. Sie ist in der Regel zu versagen, wenn die Kreditverpflichtungen mit der dauernden Leistungsfähigkeit der Gemeinde nicht im Einklang stehen.

(3) Die Kreditermächtigung gilt weiter, bis die Haushaltssatzung für das übernächste Jahr erlassen ist.

(4) Die Aufnahme der einzelnen Kredite, deren Gesamtbetrag nach Absatz 2 genehmigt worden ist, bedarf der Genehmigung der Rechtsaufsichtsbehörde (Einzelgenehmigung), sobald nach § 19 des Gesetzes zur Förderung der Stabilität und des Wachstums der Wirtschaft die Kreditaufnahmen beschränkt worden sind. Die Einzelgenehmigung kann nach Maßgabe der Kreditbeschränkungen versagt werden.

(5) Die Begründung einer Zahlungsverpflichtung, die wirtschaftlich einer Kreditaufnahme gleichkommt, bedarf der Genehmigung der Rechtsaufsichtsbehörde. Absatz 2 Sätze 2 und 3 gilt entsprechend. Eine Genehmigung ist nicht erforderlich für die Begründung von Zahlungsverpflichtungen im Rahmen der laufenden Verwaltung. Das Innenministerium kann die Genehmigung für Rechtsgeschäfte, die zur Erfüllung bestimmter Aufgaben dienen oder den Haushalt der Gemeinde nicht besonders belasten, allgemein erteilen.

(6) Die Gemeinde darf zur Sicherung des Kredits keine Sicherheiten bestellen. Die Rechtsaufsichtsbehörde kann Ausnahmen zulassen, wenn die Bestellung von Sicherheiten der Verkehrsübung entspricht.

§ 88 Sicherheiten und Gewährleistung für Dritte

(1) Die Gemeinde darf keine Sicherheiten zugunsten Dritter bestellen. Die Rechtsaufsichtsbehörde kann Ausnahmen zulassen.

(2) Die Gemeinde darf Bürgschaften und Verpflichtungen aus Gewährverträgen nur zur Erfüllung ihrer Aufgaben übernehmen. Die Rechtsgeschäfte bedürfen der Genehmigung der Rechtsaufsichtsbehörde, wenn sie nicht im Rahmen der laufenden Verwaltung abgeschlossen werden. § 87 Abs. 2 Sätze 2 und 3 gilt entsprechend.

(3) Absatz 2 gilt entsprechend für Rechtsgeschäfte, die den in Absatz 2 genannten Rechtsgeschäften wirtschaftlich gleichkommen, insbesondere für die Zustimmung zu Rechtsgeschäften Dritter, aus denen der Gemeinde in künftigen Haushaltsjahren Verpflichtungen zur Leistung von Ausgaben erwachsen können.

(4) Das Innenministerium kann die Genehmigung allgemein erteilen für Rechtsgeschäfte, die

1. von der Gemeinde zur Förderung des Städte- und Wohungsbaus eingegangen werden,
2. den Haushalt der Gemeinde nicht besonders belasten.

§ 89 Kassenkredite

(1) Zur rechtzeitigen Leistung ihrer Ausgaben kann die Gemeinde Kassenkredite bis zu dem in der Haushaltssatzung festgelegten Höchstbetrag aufnehmen, soweit für die Kasse keine anderen Mittel zur Verfügung stehen. Die Ermächtigung gilt weiter, bis die Haushaltssatzung für das folgende Jahr erlassen ist.

(2) Der Höchstbetrag der Kassenkredite bedarf im Rahmen der

Haushaltssatzung der Genehmigung der Rechtsaufsichtsbehörde, wenn er ein Fünftel der im Verwaltungshaushalt veranschlagten Einnahmen übersteigt.

§ 90 Rücklagen

Die Gemeinde hat zur Sicherung der Haushaltswirtschaft und für Zwecke des Vermögenshaushalts Rücklagen in angemessener Höhe zu bilden. Rücklagen für andere Zwecke sind zulässig.

§ 91 Erwerb und Verwaltung von Vermögen

(1) Die Gemeinde soll Vermögensgegenstände nur erwerben, wenn dies zur Erfüllung ihrer Aufgaben erforderlich ist.

(2) Die Vermögensgegenstände sind pfleglich und wirtschaftlich zu verwalten und ordnungsgemäß nachzuweisen. Bei Geldanlagen ist auf eine ausreichende Sicherheit zu achten; sie sollen einen angemessenen Ertrag bringen.

(3) Besondere Rechtsvorschriften für die Bewirtschaftung des Gemeindewalds bleiben unberührt.

§ 92 Veräußerung von Vermögen

(1) Die Gemeinde darf Vermögensgegenstände, die sie zur Erfüllung ihrer Aufgaben nicht braucht, veräußern. Vermögensgegenstände dürfen in der Regel nur zu ihrem vollen Wert veräußert werden.

(2) Für die Überlassung der Nutzung eines Vermögensgegenstandes gilt Absatz 1 entsprechend.

(3) Will die Gemeinde ein Grundstück oder ein grundstücksgleiches Recht veräußern, hat sie den Beschluß der Rechtsaufsichtsbehörde

vorzulegen. Das gleiche gilt für andere Vermögensgegenstände, wenn diese unter ihrem vollen Wert veräußert werden sollen.

(4) Die Veräußerung von

1. Waldgrundstücken,

2. Kulturdenkmalen (§ 2 Abs. 1 des Denkmalschutzgesetzes), die insbesondere wegen ihrer Ortsbezogenheit besondere Bedeutung für die Gemeinde haben,

bedarf der Genehmigung der Rechtsaufsichtsbehörde. Die Genehmigung ist zu erteilen, wenn die Veräußerung mit einer geordneten Haushaltswirtschaft vereinbar ist. Über sie soll unverzüglich, in den Fällen des Satzes 1 Nr. 1 spätestens innerhalb eines Monats, in den Fällen des Satzes 1 Nr. 2 spätestens innerhalb von zwei Monaten, entschieden werden.

(5) Das Innenministerium kann die Genehmigung allgemein erteilen und von der Vorlagepflicht nach Absatz 3 allgemein freistellen, wenn die Rechtsgeschäfte zur Erfüllung bestimmter Aufgaben dienen oder ihrer Natur nach regelmäßig wiederkehren oder wenn bestimmte Wertgrenzen oder Grundstücksgrößen nicht überschritten werden.

§ 93 Gemeindekasse

(1) Die Gemeindekasse erledigt alle Kassengeschäfte der Gemeinde; § 98 bleibt unberührt. Die Buchführung kann von den Kassengeschäften abgetrennt werden.

(2) Die Gemeinde hat, wenn sie ihre Kassengeschäfte nicht durch eine Stelle außerhalb der Gemeindeverwaltung besorgen läßt, einen Kassenverwalter und einen Stellvertreter zu bestellen. Der Leiter und die Prüfer des Rechungsprüfungsamts sowie ein Rechnungsprüfer können nicht gleichzeitig Kassenverwalter oder dessen Stellvertreter sein.

(3) Der Kassenverwalter, sein Stellvertreter und andere Bedienstete der Gemeindekasse dürfen untereinander, zum Bürgermeister, zu

einem Beigeordneten, einem Stellvertreter des Bürgermeisters, zum Fachbeamten für das Finanzwesen, zum Leiter und zu den Prüfern des Rechungsprüfungsamts sowie zu einem Rechtungsprüfer nicht in einem die Befangenheit begründenden Verhältnis nach § 18 Abs. 1 Nr. 1 bis 3 stehen. In Gemeinden mit nicht mehr als 2000 Einwohnern kann der Gemeinderat bei Vorliegen besonderer Umstände mit den Stimmen aller Mitglieder, die nicht befangen sind, Ausnahmen vom Verbot des Satzes 1 zulassen.

§ 94 Übertragung von Kassengeschäften, Automation

(1) Die Gemeinde kann die Kassengeschäfte ganz oder zum Teil von einer Stelle außerhalb der Gemeindeverwaltung besorgen lassen, wenn die ordnungsmäßige Erledigung und die Prüfung nach den für die Gemeinde geltenden Vorschriften gewährleistet sind. Der Beschluß hierüber ist der Rechtsaufsichtsbehörde anzuzeigen. Die Vorschriften des Gesetzes über kommunale Zusammenarbeit bleiben unberührt.

(2) Werden die Kassengeschäfte oder andere Arbeiten im Bereich des Finanzwesens ganz oder zum Teil automatisiert, sind die Programme und ihre wesentlichen Änderungen von der Gemeindeprüfungsanstalt zu prüfen; die Vorschriften über die überörtliche Prüfung finden Anwendung mit Ausnahme des § 114 Abs. 3 und Abs. 4 Satz 2. Bei Gemeinden mit einer örtlichen Prüfung durch ein Rechnungsprüfungsamt kann der Bürgermeister dieses mit einer örtlichen Prüfung vor der Prüfung nach Satz 1 beauftragen. Im übrigen wirkt das Rechungsprüfungsamt an der Prüfung durch die Gemeindeprüfungsanstalt mit. Die Gemeindeprüfungsanstalt kann im Einvernehmen mit der Gemeinde die Prüfung auch durch das Rechnungsprüfungsamt vornehmen lassen. Der Gemeindeprüfungsanstalt ist Gelegenheit zu geben, die Programme und die Programmänderungen vor ihrer Anwendung zu prüfen. Bei Programmen, die für mehrere Gemeinden Anwendung finden sollen, genügt eine Prüfung. Die Gemeindeprüfungsanstalt und dem beteiligten Rech-

nungsprüfungsamt ist zu ermöglichen, die Ordnungsmäßigkeit der Programmanwendung an Ort und Stelle zu überprüfen.

§ 95 Jahresrechnung

(1) In der Jahresrechnung ist das Ergebnis der Haushaltswirtschaft einschließlich des Standes des Vermögens und der Schulden zu Beginn und am Ende des Haushaltsjahres nachzuweisen. Die Jahresrechnung ist durch einen Rechenschaftsbericht zu erläutern.

(2) Die Jahresrechnung ist innerhalb von sechs Monaten nach Ende des Haushaltsjahres aufzustellen und vom Gemeinderat innerhalb eines Jahres nach Ende des Haushaltsjahres festzustellen.

(3) Der Beschluß über die Feststellung der Jahresrechnung ist der Rechtsaufsichtsbehörde unverzüglich mitzuteilen und ortsüblich bekanntzugeben. Gleichzeitig ist die Jahresrechnung mit Rechenschaftsbericht an sieben Tagen öffentlich auszulegen; in der Bekanntgabe ist auf die Auslegung hinzuweisen.

2. ABSCHNITT

Sondervermögen, Treuhandvermögen

§ 96 Sondervermögen

(1) Sondervermögen der Gemeinden sind

1. das Gemeindegliedervermögen,
2. das Vermögen der rechtlich unselbständigen örtlichen Stiftungen,
3. wirtschaftliche Unternehmen ohne eigene Rechtspersönlichkeit und öffentliche Einrichtungen, für die auf Grund gesetzlicher Vorschriften Sonderrechnungen geführt werden,

4. rechtlich unselbständige Versorgungs- und Versicherungseinrichtungen für Bedienstete der Gemeinde.

(2) Sondervermögen nach Absatz 1 Nr. 1 und 2 unterliegen den Vorschriften über die Haushaltswirtschaft. Sie sind im Haushalt der Gemeinde gesondert nachzuweisen.

(3) Für Sondervermögen nach Absatz 1 Nr. 3 gelten die Vorschriften der §§ 77, 78, § 81 Abs. 3 sowie der §§ 85 bis 89, 91 und 92 entsprechend.

(4) Für Sondervermögen nach Absatz 1 Nr. 4 sind besondere Haushaltspläne aufzustellen und Sonderrechnungen zu führen. Die Vorschriften über die Haushaltswirtschaft gelten entsprechend mit der Maßgabe, daß an die Stelle der Haushaltssatzung der Beschluß über den Haushaltsplan tritt und von der ortsüblichen Bekanntgabe und Auslegung nach § 81 Abs. 1 und § 95 Abs. 3 abgesehen werden kann. Anstelle eines Haushaltsplans können ein Wirtschaftsplan aufgestellt und die für die Wirtschaftsführung und das Rechnungswesen der Eigenbetriebe geltenden Vorschriften entsprechend angewendet werden; in diesem Fall gilt Absatz 3 entsprechend.

§ 97 Treuhandvermögen

(1) Für rechtlich selbständige örtliche Stiftungen sowie für Vermögen, die die Gemeinde nach besonderem Recht treuhänderisch zu verwalten hat, sind besondere Haushaltspläne aufzustellen und Sonderrechnungen zu führen. § 96 Abs. 4 Sätze 2 und 3 gilt entsprechend.

(2) Unbedeutendes Treuhandvermögen kann im Haushalt der Gemeinde gesondert nachgewiesen werden; es unterliegt den Vorschriften über die Haushaltswirtschaft.

(3) Mündelvermögen sind abweichend von den Absätzen 1 und 2 nur in der Jahresrechnung gesondert nachzuweisen.

(4) Für rechtlich selbständige örtliche Stiftungen bleiben Bestimmungen des Stifters, für andere Treuhandvermögen besondere gesetzliche Vorschriften unberührt.

§ 98 Sonderkassen

Für Sondervermögen und Treuhandvermögen, für die Sonderrechnungen geführt werden, sind Sonderkassen einzurichten. Sie sollen mit der Gemeindekasse verbunden werden. § 94 gilt entsprechend.

§ 99 Freistellung von der Finanzplanung

Das Innenministerium kann durch Rechtsverordnung Sondervermögen und Treuhandvermögen von den Verpflichtungen des § 85 freistellen, soweit die Finanzplanung weder für die Haushalts- oder Wirtschaftsführung noch für die Finanzstatistik benötigt wird.

§ 100 Gemeindegliedervermögen

(1) Gemeindegliedervermögen darf nicht in Privatvermögen der Nutzungsberechtigten, Gemeindevermögen nicht in Gemeindegliedervermögen umgewandelt werden. Bei aufgeteilten Nutzungsrechten, die mit dem Eigentum an bestimmten Grundstücken verbunden sind, kann der Nutzungsberechtigte gegen angemessenes Entgelt die Übereignung der mit dem Nutzungsrecht belasteten landwirtschaftlichen Grundstücke verlangen, es sei denn, daß die Grundstücke unmittelbar oder mittelbar für öffentliche Aufgaben benötigt werden oder nach der Bauleitplanung der Gemeinde nicht zur landwirtschaftlichen Nutzung bestimmt sind.

(2) Eine Aufnahme in das Nutzungsbürgerrecht und eine Zulassung zur Teilnahme an den Gemeindenutzungen finden nicht mehr statt. Die Rechte der Nutzungsberechtigten bleiben erhalten; auf diese Rechte ist das bisherige Recht weiter anzuwenden. Der Wert des einzelnen Nutzungsanteils darf nicht erhöht werden; ein Vorrücken in höhere Nutzungsklassen unterbleibt. Freiwerdende Lose fallen der Gemeinde zu.

(3) Die Nutzungsberechtigten sind zur ordnungsgemäßen Nutzung verpflichtet. Verletzt ein Nutzungsberechtigter trotz schriftlicher

Mahnung gröblich seine Pflicht zur ordnungsgemäßen Nutzung, so kann ihm sein Nutzungsrecht entschädigungslos entzogen werden.

(4) Gemeindegliedervermögen kann gegen angemessene Entschädigung in Geld in freies Gemeindevermögen umgewandelt werden, wenn es zum Wohl der Allgemeinheit, insbesondere zur Erfüllung von Aufgaben der Gemeinde oder zur Verbesserung der Agrarstruktur erforderlich ist. In ein Verfahren nach dem Flurbereinigungsgesetz einbezogenes Gemeindegliedervermögen ist unter den Voraussetzungen des Satzes 1 in freies Gemeindevermögen umzuwandeln.

(5) Bisher landwirtschaftlich genutztes Gemeindegliedervermögen, das freies Gemeindevermögen wird, ist gegen angemessenes Entgelt der privaten landwirtschaftlichen Nutzung zu überlassen; Gemeinschaftsweiden sind als öffentliche Einrichtungen fortzuführen, solange hierfür ein Bedürfnis besteht. Dies gilt nicht, soweit die Grundstücke unmittelbar oder mittelbar für öffentliche Aufgaben benötigt werden oder ihre landwirtschaftliche Nutzung die Durchführung der Bauleitplanung der Gemeinde behindert.

§ 101 Örtliche Stiftungen

(1) Die Gemeinde verwaltet die örtlichen Stiftungen nach den Vorschriften dieses Gesetzes, soweit durch Gesetz oder Stifter nichts anderes bestimmt ist. § 96 Abs. 1 Nr. 2 und Abs. 2 und § 97 Abs. 1, 2 und 4 bleiben unberührt.

(2) Bei nichtrechtsfähigen Stiftungen kann die Gemeinde unter den Voraussetzungen des § 87 Abs. 1 des Bürgerlichen Gesetzbuches den Stiftungszweck ändern, die Stiftung mit einer anderen nichtrechtsfähigen örtlichen Stiftung zusammenlegen oder sie aufgeben, wenn der Stifter nichts anderes bestimmt hat.

(3) Enthält das Stiftungsgeschäft keine Bestimmung über den Vermögensanfall, fällt das Vermögen nichtrechtsfähiger Stiftungen an die Gemeinde. Die Gemeinde hat bei der Verwendung des Vermögens den Stiftungszweck tunlichst zu berücksichtigen.

(4) Gemeindevermögen darf nur im Rahmen der Aufgabenerfüllung der Gemeinde und nur dann in Stiftungsvermögen eingebracht werden, wenn der mit der Stiftung verfolgte Zweck auf andere Weise nicht erreicht werden kann.

3. ABSCHNITT

Wirtschaftliche Betätigung der Gemeinde

§ 102 Wirtschaftliche Unternehmen

(1) Die Gemeinde darf wirtschaftliche Unternehmen nur errichten, übernehmen oder wesentlich erweitern, wenn

1. der öffentliche Zweck das Unternehmen rechtfertigt und
2. das Unternehmen nach Art und Umfang in einem angemessenen Verhältnis zur Leistungsfähigkeit der Gemeinde und zum voraussichtlichen Bedarf steht.

(2) Wirtschaftliche Unternehmen der Gemeinde sind so zu führen, daß der öffentliche Zweck erfüllt wird; sie sollen einen Ertrag für den Haushalt der Gemeinde abwerfen.

(3) Wirtschaftliche Unternehmen im Sinne dieses Abschnitts sind nicht

1. Unternehmen, zu deren Betrieb die Gemeinde gesetzlich verpflichtet ist,
2. Einrichtungen des Unterrichts-, Erziehungs- und Bildungswesens, der Kunstpflege, der körperlichen Ertüchtigung, der Gesundheits- und Wohlfahrtspflege sowie öffentliche Einrichtungen ähnlicher Art und
3. Hilfsbetriebe, die ausschließlich zur Deckung des Eigenbedarfs der Gemeinde dienen.

Auch diese Unternehmen und Einrichtungen sind nach wirtschaftlichen Gesichtspunkten zu führen.

(4) Bankunternehmen darf die Gemeinde nicht betreiben. Für das öffentliche Sparkassenwesen verbleibt es bei den besonderen Vorschriften.

(5) Bei Unternehmen, für die kein Wettbewerb gleichartiger Privatunternehmen besteht, dürfen der Anschluß und die Belieferung nicht davon abhängig gemacht werden, daß auch andere Leistungen oder Lieferungen abgenommen werden.

§ 103 Eigenbetriebe

Die Wirtschaftsführung und Verwaltung der wirtschaftlichen Unternehmen der Gemeinde ohne eigene Rechtspersönlichkeit (Eigenbetriebe) wird durch besonderes Gesetz geregelt.

§ 104 Beteiligung an wirtschaftlichen Unternehmen

(1) Die Gemeinde darf sich an einem rechtlich selbständigen wirtschaftlichen Unternehmen nur beteiligen, wenn

1. die Voraussetzungen des § 102 Abs. 1 vorliegen,
2. der öffentliche Zweck nicht ebensogut durch einen Eigenbetrieb erfüllt wird oder erfüllt werden kann und
3. für die Beteiligung einer Form gewählt wird, bei der die Haftung der Gemeinde auf einen ihrer Leistungsfähigkeit angemessenen Betrag begrenzt wird.

(2) Die Gemeinde darf der Beteiligung eines Unternehmens, an dem sie mit mehr als 50 vom Hundert beteiligt ist, an einem anderen Unternehmen nur zustimmen, wenn die Voraussetzung des § 102 Abs. 1 Nr. 1 vorliegt.

(3) Die Beteiligung der Gemeinde an einem Zweckverband bleibt hiervon unberührt.

§ 105 Vertretung der Gemeinde in wirtschaftlichen Unternehmen

(1) Der Bürgermeister vertritt die Gemeinde in der Gesellschaftsversammlung oder in dem entsprechenden Organ wirtschaftlicher Unternehmen, an denen die Gemeinde beteiligt ist; er kann einen Beamten oder Angestellten der Gemeinde mit seiner Vertretung beauftragen. Die Gemeinde kann weitere Vertreter entsenden und deren Entsendung zurücknehmen. Sie kann ihren Vertretern Weisungen erteilen.

(2) Werden Vertreter der Gemeinde aus ihrer Tätigkeit in einem Organ eines wirtschaftlichen Unternehmens haftbar gemacht, hat ihnen die Gemeinde den Schaden zu ersetzen, es sei denn, daß sie ihn vorsätzlich oder grobfahrlässig herbeigeführt haben. Auch in diesem Fall ist die Gemeinde schadenersatzpflichtig, wenn ihre Vertreter nach Weisung gehandelt haben.

§ 105a Jahresabschluß und Prüfung bei Beteiligungsunternehmen

(1) Gehören der Gemeinde an einem rechtlich selbständigen wirtschaftlichen Unternehmen Anteile in dem in § 53 des Haushaltsgrundsätzegesetzes bezeichneten Umfang, hat sie dafür zu sorgen, daß

1. in der Satzung oder im Gesellschaftsvertrag die Aufstellung des Jahresabschlusses und des Lageberichts in entsprechender Anwendung der Vorschriften des Dritten Buchs des Handelsgesetzbuchs für große Kapitalgesellschaften und deren Prüfung in entsprechender Anwendung dieser Vorschriften oder der Vorschriften über die Jahresabschlußprüfung bei wirtschaftlichen Unternehmen der Gemeinde ohne eigene Rechtspersönlichkeit vorgeschrieben werden, sofern nicht die Vorschriften des Handelsgesetzbuchs bereits unmittelbar gelten oder weitergehende gesetzliche Vorschriften gelten oder andere gesetzliche Vorschriften entgegenstehen,

2. ihr der Prüfungsbericht des Abschlußprüfers übersandt wird, sofern dies nicht bereits gesetzlich vorgesehen ist.

Bei einer geringeren Beteiligung soll die Gemeinde hierauf hinwirken.

(2) Wird der Jahresabschluß nach anderen Vorschriften als den über die Jahresabschlußprüfung bei wirtschaftlichen Unternehmen der Gemeinde ohne eigene Rechtspersönlichkeit geprüft, kann die Gemeinde im Falle des Absatzes 1 Satz 1 die Rechte nach § 53 Abs. 1 Nr. 1 und 2 des Haushaltsgrundsätzegesetzes ausüben und kann die Rechtsaufsichtsbehörde verlangen, daß die Gemeinde ihr den Prüfungsbericht mitteilt.

§ 106 Veräußerung von wirtschaftlichen Unternehmen und Beteiligungen

Die Veräußerung eines wirtschaftlichen Unternehmens, von Teilen eines solchen oder einer Beteiligung an einem wirtschaftlichen Unternehmen sowie andere Rechtsgeschäfte, durch welche die Gemeinde ihren Einfluß auf das wirtschaftliche Unternehmen verliert oder vermindert, sind nur zulässig, wenn die Erfüllung der Aufgaben der Gemeinde nicht beeinträchtigt wird.

§ 107 Energieverträge

(1) Die Gemeinde darf Verträge über die Lieferung von Energie in das Gemeindegebiet sowie Konzessionsverträge, durch die sie einem Energieversorgungsunternehmen die Benützung von Gemeindeeigentum einschließlich der öffentlichen Straßen, Wege und Plätze für Leitungen zur Versorgung der Einwohner überläßt, nur abschließen, wenn die Erfüllung der Aufgaben der Gemeinde nicht gefährdet wird und die berechtigten wirtschaftlichen Interessen der Gemeinde und ihrer Einwohner gewahrt sind. Hierüber soll dem Gemeinderat vor der Beschlußfassung das Gutachten eines unabhängigen Sachverständigen vorgelegt werden.

(2) Dasselbe gilt für eine Verlängerung oder ihre Ablehnung sowie eine wichtige Änderung derartiger Verträge.

§ 108 Vorlagepflicht

Beschlüsse der Gemeinde über Maßnahmen und Rechtsgeschäfte nach § 102 Abs. 1, §§ 104, 106 und 107 sind der Rechtsaufsichtsbehörde unter Nachweis der gesetzlichen Voraussetzungen vorzulegen.

4. ABSCHNITT

Prüfungswesen

1. Örtliche Prüfung

§ 109 Prüfungseinrichtungen

(1) Stadtkreise und Große Kreisstädte müssen ein Rechnungsprüfungsamt als besonderes Amt einrichten, sofern sie sich nicht eines anderen kommunalen Rechnungsprüfungsamts bedienen. Andere Gemeinden können ein Rechnungsprüfungsamt einrichten oder sich eines anderen kommunalen Rechnungsprüfungsamts bedienen. Gemeinden ohne Rechnungsprüfungsamt können einen geeigneten Bediensteten als Rechnungsprüfer bestellen oder sich eines anderen kommunalen Rechnungsprüfers bedienen; §§ 110 bis 112 gelten entsprechend.

(2) Das Rechnungsprüfungsamt ist bei der Erfüllung der ihm zugewiesenen Prüfungsaufgaben unabhängig und an Weisungen nicht gebunden. Es untersteht im übrigen dem Bürgermeister unmittelbar.

(3) Der Leiter des Rechnungsprüfungsamts muß hauptamtlicher

Beamter sein. Er muß die Befähigung zum Gemeindefachbeamten haben oder eine abgeschlossene wirtschaftswissenschaftliche Vorbildung nachweisen und die für sein Amt erforderliche Erfahrung und Eignung besitzen.

(4) Die Leitung des Rechnungsprüfungsamts kann einem Beamten nur durch Beschluß des Gemeinderats und nur dann entzogen werden, wenn die ordnungsgemäße Erfüllung seiner Aufgaben nicht mehr gewährleistet ist. Der Beschluß muß mit einer Mehrheit von zwei Dritteln der Stimmen aller Mitglieder des Gemeinderats gefaßt werden und ist der Rechtsaufsichtsbehörde vorzulegen.

(5) Der Leiter und die Prüfer des Rechnungsprüfungsamts dürfen zum Bürgermeister, zu einem Beigeordneten, einem Stellvertreter des Bürgermeisters, zum Fachbeamten für das Finanzwesen sowie zum Kassenverwalter, zu dessen Stellvertreter und zu anderen Bediensteten der Gemeindekasse nicht in einem die Befangenheit begründenden Verhältnis nach § 18 Abs. 1 Nr. 1 bis 3 stehen. Sie dürfen eine andere Stellung in der Gemeinde nur innehaben, wenn dies mit der Unabhängigkeit und den Aufgaben des Rechnungsprüfungsamts vereinbar ist. Sie dürfen Zahlungen für die Gemeinde weder anordnen noch ausführen.

(6) Für den Rechnungsprüfer gelten die Absätze 2, 4 und 5 entsprechend.

§ 110 Örtliche Prüfung der Jahresrechnung

(1) Das Rechnungsprüfungsamt hat die Jahresrechnung vor der Feststellung durch den Gemeinderat daraufhin zu prüfen, ob

1. bei den Einnahmen und Ausgaben und bei der Vermögensverwaltung nach dem Gesetz und den bestehenden Vorschriften verfahren worden ist,
2. die einzelnen Rechnungsbeträge sachlich und rechnerisch in vorschriftsmäßiger Weise begründet und belegen sind,
3. der Haushaltsplan eingehalten worden ist und

4. das Vermögen und die Schulden richtig nachgewiesen worden sind.

(2) Das Rechnungsprüfungsamt hat die Prüfung innerhalb von vier Monaten nach Aufstellung der Jahresrechnung durchzuführen. Es legt dem Bürgermeister einen Bericht über das Prüfungsergebnis vor. Dieser veranlaßt die Aufklärung von Beanstandungen. Das Rechnungsprüfungsamt faßt seine Bemerkungen in einem Schlußbericht zusammen, der dem Gemeinderat vorzulegen und vom Leiter des Rechnungsprüfungsamts zu erläutern ist.

§ 111 Örtliche Prüfung der Jahresabschlüsse der wirtschaftlichen Unternehmen

Zur Vorbereitung der Beschlußfassung des Gemeinderats über den Jahresabschluß der wirtschaftlichen Unternehmen der Gemeinde ohne eigene Rechtspersönlichkeit hat das Rechnungsprüfungsamt auf Grund der Unterlagen der Gemeinde und der wirtschaftlichen Unternehmen zu prüfen, ob

1. die für die Verwaltung der Gemeinde geltenden, auf die wirtschaftlichen Unternehmen anzuwendenden gesetzlichen Vorschriften und die Beschlüsse des Gemeinderats sowie die Anordnungen des Bürgermeisters eingehalten worden sind,

2. die Vergütung der Leistungen, Lieferungen und Leihgelder der Gemeinde für die wirtschaftlichen Unternehmen, der wirtschaftlichen Unternehmen für die Gemeinde und der wirtschaftlichen Unternehmen untereinander angemessen ist und

3. das von der Gemeinde zur Verfügung gestellte Eigenkapital angemessen verzinst wird.

Bei der Prüfung ist ein vorhandenes Ergebnis der Jahresabschlußprüfung (§ 115) zu berücksichtigen.

§ 112 Weitere Aufgaben des Rechnungsprüfungsamts

(1) Außer der Prüfung der Jahresrechnung (§ 110) und der Jahresabschlüsse der wirtschaftlichen Unternehmen (§ 111) obliegt dem Rechnungsprüfungsamt

1. die laufende Prüfung der Kassenvorgänge bei der Gemeinde zur Vorbereitung der Prüfung der Jahresrechnung,
2. die Kassenüberwachung, insbesondere die Vornahme der Kassenprüfungen bei den Kassen der Gemeinde und Eigenbetriebe,
3. die Prüfung des Nachweises der Vorräte und Vermögensbestände der Gemeinde und ihrer Eigenbetriebe,
4. die Mitwirkung bei der Prüfung der Programme für die Automation im Finanzwesen nach § 94 Abs. 2,
5. die Prüfung der Finanzvorfälle nach § 56 Abs. 3 des Haushaltsgrundsätzegesetzes.

(2) Der Gemeinderat kann dem Rechnungsprüfungsamt weitere Aufgaben übertragen, insbesondere

1. die Prüfung der Organisation und Wirtschaftlichkeit der Verwaltung,
2. die Prüfung der Vergaben,
3. die Prüfung der Wirtschaftsführung der wirtschaftlichen Unternehmen,
4. die laufende Prüfung der Kassenvorgänge bei den Eigenbetrieben,
5. die Prüfung der Betätigung der Gemeinde als Gesellschafter oder Aktionär in Unternehmen mit eigener Rechtspersönlichkeit und
6. die Buch-, Betriebs- und Kassenprüfungen, die sich die Gemeinde bei einer Beteiligung, bei der Hergabe eines Darlehens oder sonst vorbehalten hat.

(3) Gehören der Gemeinde an einem Unternehmen mit eigener Rechtspersönlichkeit Anteile in dem in § 53 des Haushaltsgrundsätzegesetzes bezeichneten Umfang, kann sie darauf hinwirken, daß

für die Prüfung nach Absatz 2 Nr. 5 die in § 54 des Haushaltsgrundsätzegesetzes vorgesehenen Befugnisse eingeräumt werden.

2. Überörtliche Prüfung

§ 113 Prüfungsbehörden

(1) Prüfungsbehörde ist die Rechtsaufsichtsbehörde, bei Gemeinden mit mehr als 4000 Einwohnern die Gemeindeprüfungsanstalt. Die Gemeindeprüfungsanstalt handelt im Auftrag der Rechtsaufsichtsbehörde unter eigener Verantwortung.

(2) Die Zuständigkeiten der Prüfungsbehörden nach Absatz 1 Satz 1 wechseln nur, wenn die Einwohnergrenze in drei aufeinanderfolgenden Jahren jeweils überschritten oder jeweils unterschritten wird. Die Änderung tritt mit dem Beginn des dritten Jahres ein. Ist mit der Prüfung bereits begonnen worden, bleibt die Zuständigkeit bis zu deren Abschluß nach § 114 Abs. 5 unverändert.

§ 114 Aufgaben und Gang der überörtlichen Prüfung

(1) Die überörtliche Prüfung erstreckt sich darauf, ob

1. bei der Haushalts-, Kassen- und Rechnungsführung, der Wirtschaftsführung und dem Rechnungswesen sowie der Vermögensverwaltung der Gemeinde sowie ihrer Sonder- und Treuhandvermögen die gesetzlichen Vorschriften eingehalten und
2. die staatlichen Zuwendungen bestimmungsgemäß verwendet

worden sind. Bei der Prüfung sind vorhandene Ergebnisse der örtlichen Prüfung (§§ 110 und 111) und der Jahresabschlußprüfung (§ 115) zu berücksichtigen.

(2) Auf Antrag der Gemeinde soll die Prüfungsbehörde diese in Fragen der Organisation und Wirtschaftlichkeit der Verwaltung beraten.

(3) Die überörtliche Prüfung soll innerhalb von vier Jahren nach Ende des Haushaltsjahres unter Einbeziehung sämtlicher vorliegender Jahresrechnungen und Jahresabschlüsse vorgenommen werden.

(4) Die Prüfungsbehörde teilt das Ergebnis der überörtlichen Prüfung in Form eines Prüfungsberichts der Gemeinde und, wenn die Gemeindeprüfungsanstalt Prüfungsbehörde ist, der Rechtsaufsichtsbehörde mit. Über den wesentlichen Inhalt des Prüfungsberichts ist der Gemeinderat zu unterrichten (§ 43 Abs. 5); jedem Gemeinderat ist auf Verlangen Einsicht in den Prüfungsbericht zu gewähren.

(5) Die Gemeinde hat zu den Feststellungen des Prüfungsberichts über wesentliche Anstände gegenüber der Rechtsaufsichtsbehörde und, wenn die Gemeindeprüfungsanstalt Prüfungsbehörde ist, gegenüber dieser innerhalb einer dafür bestimmten Frist Stellung zu nehmen; dabei ist mitzuteilen, ob den Feststellungen Rechnung getragen ist. Hat die überörtliche Prüfung keine wesentlichen Anstände ergeben oder sind diese erledigt, bestätigt die Rechtsaufsichtsbehörde dies der Gemeinde zum Abschluß der Prüfung. Soweit wesentliche Anstände nicht erledigt sind, schränkt die Rechtsaufsichtsbehörde die Bestätigung entsprechend ein; ist eine Erledigung noch möglich, veranlaßt sie gleichzeitig die Gemeinde, die erforderlichen Maßnahmen durchzuführen.

3. Jahresabschlußprüfung

§ 115

(1) Der Jahresabschluß und der Lagebericht der wirtschaftlichen Unternehmen der Gemeinde ohne eigene Rechtspersönlichkeit sind vor der Feststellung des Jahresabschlusses durch den Gemeinderat (§ 15 Abs. 3 des Eigenbetriebsgesetzes) zu prüfen. Zuständig für die Jahresabschlußprüfung ist die Gemeindeprüfungsanstalt, die die Prüfung durch einen Wirtschaftsprüfer, eine Wirtschaftsprüfungs-

gesellschaft oder in Einzelfällen durch einen als Wirtschaftsprüfer befähigten eigenen Prüfer (Abschlußprüfer) vornehmen läßt; die Gemeinde kann den Abschlußprüfer bestimmen. Gemeinderäte und Beschäftigte der Gemeinde dürfen nicht Abschlußprüfer sein; im übrigen findet § 319 Abs. 2 und 3 des Handelsgesetzbuchs sinngemäß Anwendung.

(2) In die Prüfung des Jahresabschlusses ist die Buchführung einzubeziehen. Die Prüfung des Jahresabschlusses erstreckt sich darauf, ob die gesetzlichen Vorschriften und die ergänzende Bestimmungen der Betriebssatzung beachten sind. Der Lagebericht ist darauf zu prüfen, ob er mit dem Jahresabschluß in Einklang steht und ob die sonstigen Angaben im Lagebericht nicht falsche Vorstellungen von der Lage des Unternehmens erwecken. Nach Maßgabe des Prüfungsauftrags, der insoweit des Einvernehmens der Gemeinde bedarf, erstreckt sich die Jahresabschlußprüfung ferner auf die Ordnungsmäßigkeit der Geschäftsführung. Im Prüfungsbericht sind auch die wirtschaftlich bedeutsamen Sachverhalte im Sinne des § 53 Abs. 1 Nr. 2 des Haushaltsgrundsätzegesetzes darzustellen.

(3) Bei der Jahresabschlußprüfung ist ein vorhandenes Ergebnis der örtlichen Prüfung (§ 111) zu berücksichtigen.

5. ABSCHNITT

Besorgung des Finanzwesens

§ 116

(1) Die Aufstellung des Haushaltsplans, des Finanzplans und der Jahresrechnung, die Haushaltsüberwachung sowie die Verwaltung des Geldvermögens und der Schulden sollen bei einem Beamten zusammengefaßt werden (Fachbeamter für das Finanzwesen).

(2) Der Fachbeamte für das Finanzwesen muß die Befähigung zum Gemeindefachbeamten haben oder eine abgeschlossene wirtschaftswissenschaftliche Vorbildung nachweisen.

(3) Der Kassenverwalter untersteht dem für die Besorgung des Finanzwesens bestellten Beamten.

6. ABSCHNITT

Unwirksame und nichtige Rechtsgeschäfte

§ 117

(1) Geschäfte des bürgerlichen Rechtsverkehrs sind bis zur Erteilung der nach den Vorschriften des Dritten Teils erforderlichen Genehmigung der Rechtsaufsichtsbehörde unwirksam; wird die Genehmigung versagt, sind sie nichtig.

(2) Rechtsgeschäfte, die gegen das Verbot des § 87 Abs. 6, § 88 Abs. 1 und § 102 Abs. 5 verstoßen, sind nichtig.

VIERTER TEIL

Aufsicht

§ 118 Wesen und Inhalt der Aufsicht

(1) Die Aufsicht in weisungsfreien Angelegenheiten beschränkt sich darauf, die Gesetzmäßigkeit der Verwaltung sicherzustellen, soweit gesetzlich nichts anderes bestimmt ist (Rechtsaufsicht).

(2) Die Aufsicht über die Erfüllung von Weisungsaufgaben bestimmt sich nach den hierüber erlassenen Gesetzen (Fachaufsicht).

(3) Die Aufsicht ist so auszuüben, daß die Entschlußkraft und die Verantwortungsfreudigkeit der Gemeinde nicht beeinträchtigt werden.

§ 119 Rechtsaufsichtsbehörden

Rechtsaufsichtsbehörde ist das Landratsamt als untere Verwaltungsbehörde, für Stadtkreise und Große Kreisstädte das Regierungspräsidium. Obere Rechtsaufsichtsbehörde ist für alle Gemeinden das Regierungspräsidium. Oberste Rechtsaufsichtsbehörde ist das Innenministerium.

§ 120 Informationsrecht

Soweit es zur Erfüllung ihrer Aufgaben erforderlich ist, kann sich die Rechtsaufsichtsbehörde über einzelne Angelegenheiten der Gemeinde in geeigneter Weise unterrichten.

§ 121 Beanstandungsrecht

(1) Die Rechtsaufsichtsbehörde kann Beschlüsse und Anordnungen der Gemeinde, die das Gesetz verletzen, beanstanden und verlangen, daß sie von der Gemeinde binnen einer angemessenen Frist aufgehoben werden. Sie kann ferner verlangen, daß Maßnahmen, die auf Grund derartiger Beschlüsse oder Anordnungen getroffen wurden, rückgängig gemacht werden. Die Beanstandung hat aufschiebende Wirkung.

(2) Ein Beschluß der Gemeinde, der nach gesetzlicher Vorschrift der Rechtsaufsichtsbehörde vorzulegen ist, darf erst vollzogen werden, wenn die Rechtsaufsichtsbehörde die Gesetzmäßigkeit bestätigt oder den Beschluß nicht innerhalb eines Monats beanstandet hat.

§ 122 Anordnungsrecht

Erfüllt die Gemeinde die ihr gesetzlich obliegenden Pflichten nicht, kann die Rechtsaufsichtsbehörde anordnen, daß die Gemeinde innerhalb einer angemessenen Frist die notwendigen Maßnahmen durchführt.

§ 123 Ersatzvornahme

Kommt die Gemeinde einer Anordnung der Rechtsaufsichtsbehörde nach §§ 120 bis 122 nicht innerhalb der bestimmten Frist nach, kann die Rechtsaufsichtsbehörde die Anordnung an Stelle und auf Kosten der Gemeinde selbst durchführen oder die Durchführung einem Dritten übertragen.

§ 124 Bestellung eines Beauftragten

Wenn die Verwaltung der Gemeinde in erheblichem Umfange nicht den Erfordernissen einer gesetzmäßigen Verwaltung entspricht und die Befugnisse der Rechtsaufsichtsbehörde nach §§ 120 bis 123 nicht ausreichen, die Gesetzmäßigkeit der Verwaltung der Gemeinde zu sichern, kann die Rechtsaufsichtsbehörde einen Beauftragten bestellen, der alle oder einzelne Aufgaben der Gemeinde auf deren Kosten wahrnimmt.

§ 125 Rechtsschutz in Angelegenheiten der Rechtsaufsicht

Gegen Verfügungen auf dem Gebiet der Rechtsaufsicht kann die Gemeinde nach Maßgabe des 8. Abschnitts der Verwaltungsgerichtsordnung Anfechtungs- oder Verpflichtungsklage erheben.

§ 126 Geltendmachung von Ansprüchen, Verträge mit der Gemeinde

(1) Ansprüche der Gemeinde gegen Gemeinderäte und gegen den Bürgermeister werden von der Rechtsaufsichtsbehörde geltend gemacht. Die Kosten der Rechtsverfolgung trägt die Gemeinde.

(2) Beschlüsse über Verträge der Gemeinde mit einem Gemeinderat oder dem Bürgermeister sind der Rechtsaufsichtsbehörde vorzulegen. Dies gilt nicht für Beschlüsse über Verträge, die nach feststehendem Tarif abgeschlossen werden oder die für die Gemeinde nicht von erheblicher wirtschaftlicher Bedeutung sind.

§ 127 Zwangsvollstreckung

Zur Einleitung der Zwangsvollstreckung gegen die Gemeinde wegen einer Geldforderung bedarf der Gläubiger einer Zulassungsverfügung der Rechtsaufsichtsbehörde, es sei denn, daß es sich um die Verfolgung dinglicher Rechte handelt. In der Verfügung hat die Rechtsaufsichtsbehörde die Vermögensgegenstände zu bestimmen, in welche die Zwangsvollstreckung zugelassen wird, und über den Zeitpunkt zu befinden, in dem sie stattfinden soll. Die Zwangsvollstreckung regelt sich nach den Vorschriften der Zivilprozeßordnung.

§ 128 Vorzeitige Beendigung der Amtszeit des Bürgermeisters

(1) Wird der Bürgermeister den Anforderungen seines Amts nicht gerecht und treten dadurch so erhebliche Mißstände in der Verwaltung ein, daß eine Weiterführung des Amts im öffentlichen Interesse nicht vertretbar ist, kann, wenn andere Maßnahmen nicht ausreichen, die Amtszeit des Bürgermeisters für beendet erklärt werden.

(2) Die Erklärung der vorzeitigen Beendigung der Amtszeit erfolgt in einem förmlichen Verfahren, das von der oberen Rechtsaufsichtsbehörde eingeleitet wird. Auf dieses Verfahren finden die Vorschriften über das förmliche Disziplinarverfahren und die vorläufige

Dienstenthebung entsprechende Anwendung. Die dem Bürgermeister erwachsenen notwendigen Auslagen trägt die Gemeinde.

(3) Bei vorzeitiger Beendigung seiner Amtszeit wird der Bürgermeister besoldungs- und versorgungsrechtlich so gestellt, wie wenn er im Amt verblieben wäre, jedoch erhält er keine Aufwandsentschädigung. Auf die Dienstbezüge werden zwei Drittel dessen angerechnet, was er durch anderweitige Verwertung seiner Arbeitskraft erwirbt oder zu erwerben schuldhaft unterläßt.

§ 129 Fachaufsichtsbehörden, Befugnisse der Fachaufsicht

(1) Die Zuständigkeit zur Ausübung der Fachaufsicht bestimmt sich nach den hierfür geltenden besonderen Gesetzen.

(2) Den Fachaufsichtsbehörden steht im Rahmen ihrer Zuständigkeit ein Informationsrecht nach den Vorschriften des § 120 zu. Für Aufsichtsmaßnahmen nach den Vorschriften der §§ 121 bis 124, die erforderlich sind, um die ordnungsgemäße Durchführung der Weisungsaufgaben sicherzustellen, ist nur die Rechtsaufsichtsbehörde zuständig, soweit gesetzlich nichts anderes bestimmt ist.

(3) Wird ein Bundesgesetz vom Land im Auftrag des Bundes ausgeführt (Artikel 85 des Grundgesetzes), können die Fachaufsichtsbehörden auch im Einzelfall Weisungen erteilen. In den Fällen des Artikels 84 Abs. 5 des Grundgesetzes können die Fachaufsichtsbehörden insoweit Weisungen erteilen, als dies zum Vollzug von Einzelweisungen der Bundesregierung erforderlich ist; ein durch Landesgesetz begründetes weitergehendes Weisungsrecht bleibt unberührt.

(4) Werden den Gemeinden auf Grund eines Bundesgesetzes durch Rechtsverordnung staatliche Aufgaben als Pflichtaufgaben auferlegt, können durch diese Rechtsverordnung ein Weisungsrecht vorbehalten, die Zuständigkeit zur Ausübung der Fachaufsicht und der Umfang des Weisungsrechts geregelt sowie bestimmt werden, daß für die Verpflichtung zur Leistung von Gebühren sowie Umfang und

Höhe der Gebühren die für die staatlichen Behörden maßgebenden Vorschriften gelten.

(5) Kosten, die den Gemeinden bei der Wahrnehmung von Weisungsaufgaben infolge fehlerhafter Weisungen des Landes entstehen, werden vom Land erstattet.

FÜNFTER TEIL

Übergangs- und Schlußbestimmungen

1. ABSCHNITT

Allgemeine Übergangsbestimmungen

§ 130 Weisungsaufgaben

Bis zum Erlaß neuer Vorschriften sind die den Gemeinden nach bisherigem Recht als Auftragsangelegenheiten übertragenen Aufgaben Weisungsaufgaben im Sinne von § 2 Abs. 3, bei denen ein Weisungsrecht der Fachaufsichtsbehörden in bisherigem Umfang besteht.

§ 131 Rechtsstellung der bisherigen Stadtkreise und unmittelbaren Kreisstädte

(1) Gemeinden, die nach bisherigem Recht nicht kreisangehörig waren (Baden-Baden, Freiburg im Breisgau, Heidelberg, Heilbronn, Karlsruhe, Mannheim, Pforzheim, Stuttgart und Ulm), sind Stadtkreise.

(2) Gemeinden, die nach bisherigem Recht unmittelbare Kreis-

städte waren (Aalen, Esslingen am Neckar, Friedrichshafen, Geislingen an der Steige, Göppingen, Heidenheim, Ludwigsburg, Ravensburg, Reutlingen, Schwäbisch Gmünd, Schwenningen am Neckar, Tübingen und Tuttlingen) sowie die Städte Backnang, Bruchsal, Fellbach, Kirchheim unter Teck, Konstanz, Kornwestheim, Lahr, Lörrach, Offenburg, Rastatt, Singen (Hohentwiel), Villingen und Weinheim sind Große Kreisstädte.

§ 132 (aufgehoben)

§ 133 Frühere badische Stadtgemeinden

Gemeinden im Bereich des früheren Landes Baden und des Landesbezirks Baden des früheren Landes Württemberg-Baden, die nach der Badischen Gemeindeordnung vom 5. Oktober 1921 (GVBl. 1922 S. 247) die Bezeichnung Stadtgemeinde geführt haben, dürfen wieder die Bezeichnung Stadt führen. Soweit diese Gemeinden die Bezeichnung Stadt nicht wieder verliehen bekommen haben, muß der Beschluß über die Wiederaufnahme der Bezeichnung innerhalb eines Jahres vom Inkrafttreten dieses Gesetzes an gefaßt und der obersten Rechtsaufsichtsbehörde vorgelegt werden.

§§ 134 bis 137 (aufgehoben)

§ 138 Gemeinsame Fachbeamte in den württembergischen und hohenzollerischen Landesteilen

(nicht abgedruckt)

§ 139 (aufgehoben)

§ 140 Fortgeltung von Bestimmungen über die Aufsicht

Die Bestimmungen über die Aufsicht auf dem Gebiet des Schulwesens und des Forstwesens werden durch § 119 nicht berührt.

2. ABSCHNITT

Vorläufige Angleichung des Rechts der Gemeindebeamten

§ 141 Versorgung

Die am 1. April 1956 begründeten Ansprüche und vertraglichen Rechte der Gemeindebeamten bleiben gewahrt.

3. ABSCHNITT

Schlußbestimmungen

§ 142 Ordnungswidrigkeiten

(1) Ordnungswidrig handelt, wer vorsätzlich oder fahrlässig

1. einer auf Grund von § 4 Abs. 1 erlassenen Satzung über die Benutzung einer öffentlichen Einrichtung,
2. einer auf Grund von § 10 Abs. 5 erlassenen Satzung über die Leistung von Hand- und Spanndiensten,
3. einer auf Grund von § 11 Abs. 1 oder 2 erlassenen Satzung über den Anschluß- und Benutzungszwang

zuwiderhandelt, soweit die Satzung für einen bestimmten Tatbestand auf diese Bußgeldvorschrift verweist.

(2) Die Ordnungswidrigkeit kann mit einer Geldbuße geahndet werden.

(3) Die Gemeinden und die Verwaltungsgemeinschaften sind Verwaltungsbehörden im Sinne von § 36 Abs. 1 Nr. 1 des Gesetzes über Ordnungswidrigkeiten bei Zuwiderhandlungen gegen ihre Satzungen.

§ 143 Maßgebende Einwohnerzahl

Kommt nach einer gesetzlichen Vorschrift der Einwohnerzahl einer Gemeinde rechtliche Bedeutung zu, ist das auf den 30. Juni des vorangegangenen Jahres fortgeschriebene Ergebnis der jeweils letzten allgemeinen Zählung der Bevölkerung maßgebend, wenn nichts anderes bestimmt ist. Die Eingliederung einer Gemeinde in eine andere Gemeinde und die Neubildung einer Gemeinde sind jederzeit zu berücksichtigen, sonstige Änderungen des Gemeindegebiets nur, wenn sie spätestens zu Beginn des Jahres rechtswirksam geworden sind.

§ 144 Durchführungsbestimmungen

Das Innenministerium erläßt die Verwaltungsvorschriften zur Durchführung dieses Gesetzes, ferner die Rechtsverordnungen zur Regelung

1. der öffentlichen Bekanntmachung,
2. der Voraussetzungen und des Verfahrens für die Verleihung von Bezeichnungen an Gemeinden für diese selbst oder für Ortsteile sowie für die Benennung von Ortsteilen und die Verleihung von Wappen und Flaggen und die Ausgestaltung und Führung des Dienstsiegels,
3. der zuständigen Aufsichtsbehörden bei Grenzstreitigkeiten und Gebietsänderungen,
4. der Verwaltung der gemeindefreien Grundstücke,

5. des Inhalts der Satzung über Hand- und Spanndienste und über Anschluß- und Benutzungszwang,
6. (gestrichen)
7. des Verfahrens bei der Auferlegung eines Ordnungsgeldes und der Höhe des Ordnungsgeldes bei Ablehnung ehrenamtlicher Tätigkeit und der Verletzung der Pflichten ehrenamtlich tätiger Bürger,
8. der Höchstgrenzen der Entschädigung für ehrenamtliche Tätigkeit,
9. des Verfahrens bei der Bildung von Ausschüssen,
10. der Anzeige des Amtsantritts des Bürgermeisters,
11. (gestrichen)
12. des finanziellen Ausgleichs für den persönlichen Aufwand der Gemeinden bei der Ausbildung von Beamten,
13. der Verteilung des persönlichen Aufwands für Bürgermeister in mehreren Gemeinden bei einheitlichen Ansprüchen,
14. des Inhalts und der Gestaltung des Haushaltsplans, des Finanzplans und des Investitionsprogramms sowie der Haushaltsführung und der Haushaltsüberwachung; dabei kann bestimmt werden, daß Einnahmen und Ausgaben, für die ein Dritter Kostenträger ist oder die von einer zentralen Stelle angenommen oder ausgezahlt werden, nicht in den Haushalt der Gemeinde aufzunehmen und daß für Sanierungs-, Entwicklungs- und Umlegungsmaßnahmen Sonderrechnungen zu führen sind,
15. der Veranschlagung von Einnahmen, Ausgaben und Verpflichtungsermächtigungen für einen vom Haushaltsjahr abweichenden Wirtschaftszeitraum,
16. der Bildung, vorübergehenden Inanspruchnahme und Verwendung von Rücklagen sowie deren Mindesthöhe,
17. des Verfahrens der Umwandlung von Gemeindegliedervermögen in freies Gemeindevermögen,
18. der Freistellung von Beschlüssen der Gemeinde von der Vorla-

gepflicht nach § 108, wenn die dort genannten Maßnahmen und Rechtsgeschäfte nur eine unwesentliche Auswirkung auf die Gemeindefinanzen haben,

19. der Erfassung, des Nachweises, der Bewertung und der Abschreibung der Vermögensgegenstände,
20. der Geldanlagen und ihrer Sicherung,
21. der Ausschreibung von Lieferungen und Leistungen sowie der Vergabe von Aufträgen, einschließlich des Abschlusses von Verträgen,
22. des Prüfungswesens, der Zuständigkeiten bei der Prüfung nach § 94 Abs. 2, wenn mehrere Gemeinden beteiligt sind, sowie der Befreiung von der Pflicht nach § 105a Abs. 1 Satz 1 Nr. 1 hinsichtlich der Prüfung des Jahresabschlusses und des Lageberichts und von der Prüfungspflicht nach § 115 Abs. 1, wenn der geringe Umfang des Unternehmens oder des Versorgungsgebiets des Unternehmens dies rechtfertigt,
23. der Stundung, Niederschlagung und des Erlasses von Ansprüchen sowie der Behandlung von Kleinbeträgen,
24. der Aufgaben, Organisation und Beaufsichtigung der Gemeindekasse und der Sonderkassen, der Abwicklung des Zahlungsverkehrs sowie der Buchführung; dabei kann auch die Einrichtung von Gebühren- und Portokassen bei einzelnen Dienststellen sowie die Gewährung von Handvorschüssen geregelt werden,
25. des Inhalts und der Gestaltung der Jahresrechnung sowie der Abdeckung von Fehlbeträgen; dabei kann bestimmt werden, daß vom Nachweis des Sachvermögens in der Jahresrechnung abgesehen werden kann,
26. der Anwendung der Vorschriften zur Durchführung des Gemeindewirtschaftsrechts auf das Sondervermögen und das Treuhandvermögen.

Die Verordnungen nach Nummer 14 ergehen im Benehmen mit dem Finanzministerium.

§ 145 Verbindlichkeit von Mustern

Soweit es für die Vergleichbarkeit der Haushalte erforderlich ist, gibt das Innenministerium Muster insbesondere für

1. die Haushaltssatzung und ihre Bekanntmachung,
2. die Gliederung und Gruppierung des Haushaltsplans und des Finanzplans,
3. die Form des Haushaltsplans und seiner Anlagen, des Finanzplans und des Investitionsprogramms,
4. die Gliederung, Gruppierung und Form der Vermögensnachweise,
5. die Zahlungsanordnungen, Buchführung, Jahresrechnung und ihre Anlagen

im Gemeinsamen Amtsblatt bekannt. Die Gemeinden sind verpflichtet, diese Muster zu verwenden. Die Bekanntgabe zu Satz 1 Nr. 2 und 3 ergeht im Benehmen mit dem Finanzministerium.

§ 146 (aufgehoben)

§ 147[1]) Inkrafttreten

(1) Dieses Gesetz tritt am 1. April 1956 in Kraft, mit Ausnahme des § 148, der mit der Verkündung dieses Gesetzes in Kraft tritt.

Gleichzeiig treten alle Vorschriften, die diesem Gesetz entsprechen oder widersprechen, außer Kraft, sofern sie nicht durch dieses Gesetz ausdrücklich aufrechterhalten werden. Insbesondere treten folgende Vorschriften außer Kraft:

1. Im Bereich des gesamten Landes Baden-Württemberg Kap. I und Art. 30 und 33 des Kap. V des Gesetzes zur vorläufigen Angleichung des Kommunalrechts (GAK) vom 13. Juli 1953 (GBl. S. 97);

---

1) Diese Vorschrift betrifft das Inkrafttreten des Gesetzes in der ursprünglichen Fassung vom 25. Juli 1955 (GBl. S. 129).

2. im Bereich des früheren Landes Württemberg-Baden
   a) die deutsche Gemeindeordnung vom 30. Januar 1935 (RGBl. I S. 49) in der in den beiden früheren Landesbezirken geltenden Fassung und die hierzu ergangenen Durchführungs- und Überleitungsbestimmungen,
   b) das Gesetz Nr. 328 über die Neuwahl der Gemeinderäte und Bürgermeister, Kreistage und Landräte vom 23. Oktober 1947 (Reg. Bl. S. 102) und die Verordnung Nr. 333 des Innenministeriums zur Durchführung des Gesetzes Nr. 328 vom 4. Dezember 1947 (Reg. Bl. S. 185), soweit sich diese Vorschriften auf Gemeinderäte und Bürgermeister beziehen;
3. im Bereich des früheren Landes Baden
   die Badische Gemeindeordnung vom 23. September 1948 (GVBl. S. 177) mit ihren Änderungen und
4. im Bereich des früheren Landes Württemberg-Hohenzollern
   die Gemeindeordnung für Württemberg-Hohenzollern vom 14. März 1947 (Reg. Bl. 1948 S. 1) mit ihren Änderungen und mit den durch sie aufrechterhaltenen früheren Bestimmungen.

Die Landkreisordnung für Baden-Württemberg – LKrO –

in der Fassung vom 19. Juni 1987 (GBl. S. 289)[1]

mit Änd. vom 5. Dezember 1988 (GBl. S. 398)

[1]) Die Neubek. beruht auf Art. 14 Änd. Ges. vom 18. Mai 1987 (GBl. S. 161).

Inhaltsübersicht (geordnet nach Paragraphen)

Erster Teil. Wesen und Aufgaben des Landkreises

1. Abschnitt. Rechtsstellung

§ 1 Wesen des Landkreises

(1) Der Landkreis fördert das Wohl seiner Einwohner, unterstützt die kreisangehörigen Gemeinden in der Erfüllung ihrer Aufgaben und trägt zu einem gerechten Ausgleich ihrer Lasten bei. Er verwaltet sein Gebiet nach den Grundsätzen der gemeindlichen Selbstverwaltung.
(2) Der Landkreis ist Körperschaft des öffentlichen Rechts.
(3) Die Behörde des Landkreises ist das Landratsamt; es ist zugleich untere Verwaltungsbehörde. Als untere Verwaltungsbehörde ist das Landratsamt Staatsbehörde.
(4) Das Gebiet des Landkreises ist zugleich der Bezirk der unteren Verwaltungsbehörde.

§ 2 Wirkungskreis

(1) Der Landkreis verwaltet in seinem Gebiet unter eigener Verantwortung alle die Leistungsfähigkeit der kreisangehörigen Gemeinden übersteigenden öffentlichen Aufgaben, soweit die Gesetze nichts anderes bestimmen. Er hat sich auf die Aufgaben zu beschränken, die der einheitlichen Versorgung und Betreuung der Einwohner des ganzen Landkreises oder eines größeren Teils desselben dienen.
(2) Hat der Landkreis im Rahmen seines Wirkungskreises für die Erfüllung einer Aufgabe ausreichende Einrichtungen geschaffen oder übernommen, kann der Kreistag mit einer Mehrheit von zwei Dritteln der Stimmen aller Mitglieder mit Wirkung gegenüber den Gemeinden beschließen, daß diese Aufgabe für die durch die Einrichtung versorgten Teile des Landkreises zu seiner ausschließlichen Zuständigkeit gehört.
(3) Der Landkreis kann durch Gesetz zur Erfüllung bestimmter öffentlicher Aufgaben verpflichtet werden (Pflichtaufgaben). Werden neue

Pflichtaufgaben auferlegt, sind dabei Bestimmungen über die Deckung der Kosten zu treffen. Führen diese Aufgaben zu einer Mehrbelastung des Landkreises, ist ein entsprechender finanzieller Ausgleich zu schaffen.
(4) Pflichtaufgaben können dem Landkreis zur Erfüllung nach Weisung auferlegt werden (Weisungsaufgaben); das Gesetz bestimmt den Umfang des Weisungsrechts.
(5) In die Rechte des Landkreises kann nur durch Gesetz eingegriffen werden. Verordnungen zur Durchführung solcher Gesetze bedürfen, sofern sie nicht von der Landesregierung oder dem Innenministerium erlassen werden, der Zustimmung des Innenministeriums.

§ 3 Satzungen

(1) Der Landkreis kann die weisungsfreien Angelegenheiten durch Satzung regeln, soweit die Gesetze keine Vorschriften enthalten. Bei Weisungsaufgaben können Satzungen nur dann erlassen werden, wenn dies im Gesetz vorgesehen ist.
(2) Wenn nach den Vorschriften dieses Gesetzes eine Hauptsatzung zu erlassen ist, muß sie mit der Mehrheit der Stimmen aller Mitglieder des Kreistags beschlossen werden.
(3) Satzungen sind öffentlich bekanntzumachen. Sie treten am Tage nach der Bekanntmachung in Kraft, wenn kein anderer Zeitpunkt bestimmt ist. Satzungen sind der Rechtsaufsichtsbehörde anzuzeigen.
(4) Satzungen und andere Rechtsvorschriften des Landkreises, die unter Verletzung von Verfahrens- oder Formvorschriften dieses Gesetzes oder auf Grund dieses Gesetzes zustande gekommen sind, gelten ein Jahr nach der Bekanntmachung als von Anfang an gültig zustande gekommen. Dies gilt nicht, wenn
1. die Vorschriften über die Öffentlichkeit der Sitzung, die Genehmigung oder die Bekanntmachung der Satzung oder der anderen Rechtsvorschriften des Landkreises verletzt worden sind,
2. der Landrat dem Beschluß nach § 41 wegen Gesetzwidrigkeit widersprochen hat oder wenn vor Ablauf der in Satz 1 genannten Frist die Rechtsaufsichtsbehörde den Beschluß beanstandet hat oder die Verletzung der Verfahrens- oder Formvorschrift gegenüber dem

Landkreis unter Bezeichnung des Sachverhalts, der die Verletzung begründen soll, schriftlich geltend gemacht worden ist.

Ist die Verletzung nach Satz 2 Nr. 2 geltend gemacht worden, so kann auch nach Ablauf der in Satz 1 genannten Frist jedermann diese Verletzung geltend machen. Bei der Bekanntmachung der Satzung oder der anderen Rechtsvorschriften des Landkreises ist auf die Voraussetzungen für die Geltendmachung der Verletzung von Verfahrens- und Formvorschriften und die Rechtsfolgen hinzuweisen.

§ 4 Name, Sitz

(1) Die Landkreise führen die in § 1 des Kreisreformgesetzes aufgeführten Namen. Ein Landkreis kann mit Zustimmung der Landesregierung seinen Namen ändern.

(2) Der Sitz des Landratsamts wird durch Gesetz bestimmt.

§ 5 Wappen, Dienstsiegel

(1) Die Rechtsaufsichtsbehörde kann einem Landkreis auf seinen Antrag das Recht verleihen, ein Wappen und eine Flagge zu führen.

(2) Die Landkreise führen Dienstsiegel. Landkreise mit eigenem Wappen führen dieses, die übrigen Landkreise das kleine Landeswappen im Dienstsiegel mit der Bezeichnung und dem Namen des Landkreises als Unterschrift.

2. Abschnitt. Gebiet des Landkreises

§ 6 Gebietsbestand

(1) Das Gebiet des Landkreises besteht aus der Gesamtheit der nach geltendem Recht zum Landkreis gehörenden Gemeinden und gemeindefreien Grundstücke.

(2) Das Gebiet des Landkreises soll so bemessen sein, daß die Verbundenheit der Gemeinden und der Einwohner des Landkreises gewahrt und die Leistungsfähigkeit des Landkreises zur Erfüllung seiner Aufgaben gesichert ist.

§ 7 Gebietsänderungen

(1) Die Grenzen des Landkreises können aus Gründen des öffentlichen Wohls geändert werden.
(2) Die Auflösung und Neubildung eines Landkreises sowie die Änderung der Grenzen eines Landkreises infolge Eingliederung oder Ausgliederung von Gemeinden und gemeindefreien Grundstücken bedürfen eines Gesetzes. Bei der Neubildung einer Gemeinde durch Vereinbarung mit Genehmigung der zuständigen Rechtsaufsichtsbehörde, durch die das Gebiet von Landkreisen betroffen wird, bestimmt die oberste Rechtsaufsichtsbehörde, zu welchem Landkreis die neugebildete Gemeinde gehört.
(3) Vor der Grenzänderung müssen die beteiligten Landkreise und Gemeinden gehört werden.

§ 8 Rechtsfolgen, Auseinandersetzung

(1) In den Fällen des § 7 Abs. 2 Satz 1 werden die Rechtsfolgen und die Auseinandersetzung im Gesetz oder durch Rechtsverordnung geregelt. Das Gesetz kann dies auch der Regelung durch Vereinbarung der beteiligten Landkreise überlassen, die der Genehmigung der Rechtsaufsichtsbehörde bedarf. Enthält diese Vereinbarung keine erschöpfende Regelung oder kann wegen einzelner Bestimmungen die Genehmigung nicht erteilt werden, ersucht die Rechtsaufsichtsbehörde die Landkreise, die Mängel binnen angemessener Frist zu beseitigen. Kommen die Landkreise einem solchen Ersuchen nicht nach, trifft die Rechtsaufsichtsbehörde die im Interesse des öffentlichen Wohls erforderlichen Bestimmungen; dasselbe gilt, wenn die Vereinbarung nicht bis zu einem von der Rechtsaufsichtsbehörde bestimmten Zeitpunkt zustande kommt.

(2) Im Fall des § 7 Abs. 2 Satz 2 und bei sonstigen Änderungen von Gemeindegrenzen durch Vereinbarung, durch die das Gebiet von Landkreises betroffen wird, regeln die beteiligten Landkreise, soweit erforderlich, die Rechtsfolgen der Änderung ihrer Grenzen und die Auseinandersetzung durch Vereinbarung, die der Genehmigung der Rechtsaufsichtsbehörde bedarf. Absatz 1 Satz 3 und 4 gilt entsprechend.
(3) Gehören die Landkreise, zwischen denen eine Vereinbarung abzuschließen ist, verschiedenen Regierungsbezirken an, wird die zuständige Rechtsaufsichtsbehörde von der obersten Rechtsaufsichtsbehörde bestimmt.
(4) Die Regelung nach Absatz 1 und 2 begründet Rechte und Pflichten der Beteiligten und bewirkt den Übergang, die Beschränkung oder die Aufhebung von dinglichen Rechten. Die Rechtsaufsichtsbehörde ersucht die zuständigen Behörden um die Berichtigung der öffentlichen Bücher.
(5) Für Rechtshandlungen, die aus Anlaß der Änderung des Gebiets eines Landkreises erforderlich sind, werden öffentliche Abgaben, die auf Landesrecht beruhen, nicht erhoben; Auslagen werden nicht ersetzt.

3. Abschnitt. Einwohner des Landkreises

§ 9 Einwohner

Einwohner des Landkreises ist, wer in einer Gemeinde oder in einem gemeindefreien Grundstück des Landkreises wohnt.

§ 10 Wahlrecht

(1) Die Einwohner des Landkreises, die Deutsche im Sinne von Artikel 116 des Grundgesetzes sind, das 18. Lebensjahr vollendet haben und seit mindestens sechs Monaten im Gebiet des Landkreises wohnen, sind im Rahmen der Gesetze zu den Kreiswahlen wahlberechtigt (wahlberechtigte Kreiseinwohner).

(2) Wer in mehreren Gemeinden oder gemeindefreien Grundstücken wohnt, ist nur in dem Landkreis des Landes, in dessen Gebiet er seit mindestens sechs Monaten seine Hauptwohnung hat, und dort nur am Ort seiner Hauptwohnung zu den Kreiswahlen wahlberechtigt. War im Gebiet des Landkreises, in dem sich die Hauptwohnung befindet, die bisherige einzige Wohnung, wird die bisherige Wohndauer in diesem Landkreis angerechnet.
(3) Bei einer Grenzänderung werden wahlberechtigte Kreiseinwohner, die in dem betroffenen Gebiet wohnen, wahlberechtigte Kreiseinwohner des aufnehmenden Landkreises; im übrigen gilt für Einwohner des Landkreises, die in dem betroffenen Gebiet wohnen, das Wohnen in dem Landkreis als Wohnen in dem aufnehmenden Landkreis.
(4) Ausgeschlossen vom Wahlrecht sind Kreiseinwohner,
1. die infolge Richterspruchs das Wahlrecht nicht besitzen,
2. die entmündigt sind oder wegen geistigen Gebrechens unter Pflegschaft stehen, wenn sie nicht durch eine Bescheinigung des Vormundschaftsgerichts nachweisen, daß die Pflegschaft mit ihrer Einwilligung angeordnet ist.

(5) Das Wahlrecht verliert, wer aus dem Landkreis wegzieht, seine Hauptwohnung aus dem Landkreis verlegt older nicht mehr Deutscher im Sinne von Artikel 116 des Grundgesetzes ist. Das Wahlrecht wird verwirkt durch Aberkennung nach den Vorschriften dieses Gesetzes.

§ 11 Bestellung zu ehrenamtlicher Tätigkeit

(1) Die wahlberechtigten Kreiseinwohner haben die Pflicht, eine ehrenamtliche Tätigkeit im Landkreis (eine Wahl in den Kreistag, ein Ehrenamt und eine Bestellung zu ehrenamtlicher Mitwirkung) anzunehmen und diese Tätigkeit während der bestimmten Dauer auszuüben.
(2) Der Kreistag bestellt die wahlberechtigten Kreiseinwohner zu ehrenamtlicher Tätigkeit. Die Bestellung kann jederzeit zurückgenommen werden. Mit dem Verlust des Wahlrechts endet jede ehrenamtliche Tätigkeit.

§ 12 Ablehnung ehrenamtlicher Tätigkeit

(1) Der wahlberechtigte Kreiseinwohner kann eine ehrenamtliche Tätigkeit aus wichtigen Gründen ablehnen oder sein Ausscheiden verlangen. Als wichtiger Grund gilt insbesondere, wenn er

1. ein geistliches Amt verwaltet,
2. einem Gemeinderat oder Ortschaftsrat angehört oder zehn Jahre lang angehört hat,
3. ein öffentliches Amt verwaltet und die oberste Dienstbehörde feststellt, daß die ehrenamtliche Tätigkeit mit seinen Dienstpflichten nicht vereinbar ist,
4. zehn Jahre lang dem Kreistag angehört oder ein öffentliches Ehrenamt verwaltet hat,
5. häufig oder langdauernd von dem Landkreis beruflich abwesend ist,
6. anhaltend krank ist,
7. mehr als 62 Jahre alt ist oder
8. durch die Ausübung der ehrenamtlichen Tätigkeit in der Fürsorge für die Familie erheblich behindert wird.

Ferner kann ein Kreisrat sein Ausscheiden aus dem Kreistag verlangen, wenn er aus der Partei oder Wählervereinigung ausscheidet, auf deren Wahlvorschlag er in den Kreistag gewählt wurde.

(2) Ob ein wichtiger Grund vorliegt, entscheidet der Kreistag.

(3) Der Kreistag kann einem wahlberechtigten Kreiseinwohner, der ohne wichtigen Grund eine ehrenamtliche Tätigkeit ablehnt oder aufgibt, ein Ordnungsgeld bis zu eintausend Deutsche Mark auferlegen oder das Wahlrecht zu den Kreiswahlen bis zur Dauer von vier Jahren aberkennen. Das Ordnungsgeld wird nach den Vorschriften des Landesverwaltungsvollstreckungsgesetzes beigetrieben. Die Aberkennung des Wahlrechts kann von dem Landkreis unter Anführung der Gründe bekanntgemacht werden.

§ 13 Pflichten ehrenamtlich tätiger Kreiseinwohner

(1) Wer zu ehrenamtlicher Tätigkeit bestellt wird, muß die ihm übertragenen Geschäfte uneigennützig und verantwortungsbewußt führen.

(2) Der ehrenamtlich tätige Kreiseinwohner ist zur Verschwiegenheit verpflichtet über alle Angelegenheiten, deren Geheimhaltung gesetz-

lich vorgeschrieben, besonders angeordnet oder ihrer Natur nach erforderlich ist. Er darf die Kenntnis von geheimzuhaltenden Angelegenheiten nicht unbefugt verwerten. Diese Verpflichtungen bestehen auch nach Beendigung der ehrenamtlichen Tätigkeit fort. Die Geheimhaltung kann nur aus Gründen des öffentlichen Wohls oder zum Schutze berechtigter Interessen einzelner besonders angeordnet werden. Die Anordnung ist aufzuheben, sobald sie nicht mehr gerechtfertigt ist.

(3) Der ehrenamtlich tätige Kreiseinwohner darf Ansprüche und Interessen eines andern gegen den Landkreis nicht geltend machen, soweit er nicht als gesetzlicher Vertreter handelt. Dies gilt für einen ehrenamtlich mitwirkenden Kreiseinwohner nur, wenn die vertretenen Ansprüche oder Interessen mit der ehrenamtlichen Tätigkeit in Zusammenhang stehen. Ob die Voraussetzungen dieses Verbots vorliegen, entscheidet bei Kreisräten der Kreistag, im übrigen der Landrat.

(4) Übt ein zu ehrenamtlicher Tätigkeit bestellter Kreiseinwohner diese Tätigkeit nicht aus oder verletzt er seine Pflichten nach Absatz 1 gröblich oder handelt er seiner Verpflichtung nach Absatz 2 zuwider oder übt er entgegen der Entscheidung des Kreistags oder Landrats eine Vertretung nach Absatz 3 aus, gilt § 12 Abs. 3.

§ 14 Ausschluß wegen Befangenheit

(1) Der ehrenamtlich tätige Kreiseinwohner darf weder beratend noch entscheidend mitwirken, wenn die Entscheidung einer Angelegenheit ihm selbst oder folgenden Personen einen unmittelbaren Vorteil oder Nachteil bringen kann:

1. dem Ehegatten, früheren Ehegatten oder dem Verlobten,
2. einem in gerader Linie oder in der Seitenlinie bis zum dritten Grade Verwandten,
3. einem in gerader Linie oder in der Seitenlinie bis zum zweiten Grade Verschwägerten oder
4. einer von ihm kraft Gesetzes oder Vollmacht vertretenen Person.

(2) Dies gilt auch, wenn der ehrenamtlich tätige Kreiseinwohner, im Falle der Nummer 2 auch die in Absatz 1 Nr. 1 genannten Personen oder Verwandte ersten Grades,

1. gegen Entgelt bei jemand beschäftigt ist, dem die Entscheidung der Angelegenheit einen unmittelbaren Vorteil oder Nachteil bringen kann, es sei denn, daß nach den tatsächlichen Umständen der

Beschäftigung anzunehmen ist, daß sich der Kreiseinwohner deswegen nicht in einem Interessenwiderstreit befindet,
2. Gesellschafter einer Handelsgesellschaft oder Mitglied des Vorstandes, des Aufsichtsrats oder eines gleichartigen Organs eines rechtlich selbständigen Unternehmens ist, denen die Entscheidung der Angelegenheit einen unmittelbaren Vorteil oder Nachteil bringen kann, sofern er diesem Organ nicht als Vertreter oder auf Vorschlag des Landkreises angehört,
3. Mitglied eines Organs einer juristischen Person des öffentlichen Rechts ist, der die Entscheidung der Angelegenheit einen unmittelbaren Vorteil oder Nachteil bringen kann und die nicht Gebietskörperschaft ist, sofern er diesem Organ nicht als Vertreter oder auf Vorschlag des Landkreises angehört, oder
4. in der Angelegenheit in anderer als öffentlicher Eigenschaft ein Gutachten abgegeben hat oder sonst tätig geworden ist.

(3) Diese Vorschriften gelten nicht, wenn die Entscheidung nur die gemeinsamen Interessen einer Berufs- oder Bevölkerungsgruppe berührt. Sie gelten ferner nicht für Wahlen zu einer ehrenamtlichen Tätigkeit. Absatz 1 Nr. 4 und Absatz 2 Nr. 1 finden auch dann keine Anwendung, wenn die Entscheidung wegen der Wahrnehmung einer Aufgabe des Landkreises eine kreisangehörige Gemeinde betrifft, oder wenn sie Verpflichtungen der kreisangehörigen Gemeinden betrifft, die sich aus der Zugehörigkeit zum Landkreis ergeben und nach gleichen Grundsätzen für die kreisangehörigen Gemeinden festgesetzt werden.

(4) Der ehrenamtlich tätige Kreiseinwohner, bei dem ein Tatbestand vorliegt, der Befangenheit zur Folge haben kann, hat dies vor Beginn der Beratung über diese Gegenstand dem Vorsitzenden, sonst dem Landrat mitzuteilen. Ob ein Ausschließungsgrund vorliegt, entscheidet in Zweifelsfällen in Abwesenheit des Betroffenen bei Kreisräten und bei Ehrenbeamten der Kreistag, bei Mitgliedern von Ausschüssen der Ausschuß, sonst der Landrat.

(5) Wer an der Beratung und Entscheidung nicht mitwirken darf, muß die Sitzung verlassen.

(6) Ein Beschluß ist rechtswidrig, wenn bei der Beratung oder Beschlußfassung die Bestimmungen der Absätze 1, 2 oder 5 verletzt worden sind oder ein ehrenamtlich tätiger Kreiseinwohner ohne einen der Gründe der Absätze 1 und 2 ausgeschlossen war. Der Beschluß gilt jedoch ein Jahr nach der Beschlußfassung oder, wenn eine öffentliche

Bekanntmachung erforderlich ist, ein Jahr nach dieser als von Anfang an gültig zustande gekommen, es sei denn, daß der Landrat dem Beschluß nach § 41 wegen Gesetzwidrigkeit widersprochen oder die Rechtsaufsichtsbehörde den Beschluß vor Ablauf der Frist beanstandet hat. Die Rechtsfolge nach Satz 2 tritt nicht gegenüber demjenigen ein, der vor Ablauf der Jahresfrist einen förmlichen Rechtsbehelf eingelegt hat, wenn in dem Verfahren die Rechtsverletzung festgestellt wird. Für Beschlüsse über Satzungen und andere Rechtsvorschriften des Landkreises bleibt § 3 Abs. 4 unberührt.

§ 15 Entschädigung für ehrenamtliche Tätigkeit

(1) Ehrenamtlich Tätige haben Anspruch auf Ersatz ihrer Auslagen und ihres Verdienstausfalls; durch Satzung können Höchstbeträge festgesetzt werden. Bei Personen, die keinen Verdienst haben und den Haushalt führen, gilt als Verdienstausfall das entstandene Zeitversäumnis; durch Satzung ist hierfür ein bestimmter Stundensatz festzusetzen.
(2) Durch Satzung können Durchschnittssätze festgesetzt werden.
(3) Durch Satzung kann bestimmt werden, daß Kreisräten, sonstigen Mitgliedern der Ausschüsse des Kreistags und Ehrenbeamten eine Aufwandsentschädigung gewährt wird.
(4) Durch Satzung kann bestimmt werden, daß neben einem Durchschnittssatz für Auslagen oder einer Aufwandsentschädigung Reisekostenvergütung nach den für Beamte geltenden Bestimmungen gewährt wird.
(5) Ehrenamtlich Tätigen kann Ersatz für Sachschäden nach den für Beamte geltenden Bestimmungen gewährt werden.
(6) Die Ansprüche nach den Absätzen 1 bis 5 sind nicht übertragbar.

§ 16 Einrichtungen

(1) Der Landkreis schafft innerhalb seines Wirkungskreises (§ 2) und in den Grenzen seiner Leistungsfähigkeit die für das wirtschaftliche, soziale und kulturelle Wohl seiner Einwohner erforderlichen öffentlichen Einrichtungen. Die Kreiseinwohner sind im Rahmen des geltenden Rechts berechtigt, die öffentlichen Einrichtungen des Landkreises

nach gleichen Grundsätzen zu benützen. Sie sind verpflichtet, die sich aus ihrer Zugehörigkeit zum Landkreis ergebenden Lasten zu tragen.
(2) Personen, die in einer Gemeinde oder einem gemeindefreien Grundstück des Landkreises ein Grundstück besitzen oder ein Gewerbe betreiben und nicht im Landkreis wohnen, sind in derselben Weise berechtigt, die öffentlichen Einrichtungen zu benützen, die im Landkreis für Grundbesitzer oder Gewerbetreibende bestehen, und verpflichtet, für ihren Grundbesitz oder Gewerbebetrieb im Gebiet des Landkreises zu den Lasten des Landkreises beizutragen.
(3) Für juristische Personen und nicht rechtsfähige Personenvereinigungen gelten diese Vorschriften entsprechend.

§ 17 Unterrichtung der Einwohner

(1) Der Kreistag unterrichtet die Einwohner des Landkreises durch den Landrat über die allgemein bedeutsamen Angelegenheiten des Landkreises und sorgt für die Förderung des allgemeinen Interesses an der Verwaltung des Landkreises.
(2) Bei wichtigen Planungen und Vorhaben des Landkreises, die unmittelbar raum- oder entwicklungsbedeutsam sind oder das wirtschaftliche, soziale und kulturelle Wohl seiner Einwohner nachhaltig berühren, sollen die Einwohner möglichst frühzeitig über die Grundlagen sowie die Ziele, Zwecke und Auswirkungen unterrichtet werden. Sofern dafür ein besonderes Bedürfnis besteht, soll den wahlberechtigten Kreiseinwohnern allgemein Gelegenheit zur Äußerung gegeben werden. Vorschriften über eine förmliche Beteiligung oder Anhörung bleiben unberührt.

Zweiter Teil. Verfassung und Verwaltung des Landkreises

1. Abschnitt. Organe

§ 18

(1) Verwaltungsorgane des Landkreises sind der Kreistag und der Landrat.

2. Abschnitt. Kreistag

§ 19 Rechtsstellung und Aufgaben

(1) Der Kreistag ist die Vertretung der Einwohner und das Hauptorgan des Landkreises. Er legt die Grundsätze für die Verwaltung des Landkreises fest und entscheidet über alle Angelegenheiten des Landkreises, soweit nicht der Landrat kraft Gesetzes zuständig ist oder ihm der Kreistag bestimmte Angelegenheiten überträgt. Der Kreistag überwacht die Ausführung seiner Beschlüsse und sorgt beim Auftreten von Mißständen in der Verwaltung des Landkreises für deren Beseitigung.

(2) Der Kreistag entscheidet im Einvernehmen mit dem Landrat über die Ernennung, Einstellung und Entlassung der Bediensteten des Landkreises; das gleiche gilt für die nicht nur vorübergehende Übertragung einer anders bewerteten Tätigkeit bei einem Angestellten oder Arbeiter sowie für die Festsetzung der Vergütung oder des Lohnes, sofern kein Anspruch auf Grund eines Tarifvertrags besteht. Kommt es zu keinem Einvernehmen, entscheidet der Kreistag mit einer Mehrheit von zwei Dritteln der Stimmen der Anwesenden allein. Der Landrat ist zuständig, soweit der Kreistag ihm die Entscheidung überträgt oder diese zur laufenden Verwaltung gehört. Rechte des Staates bei der Ernennung und Entlassung von Beamten und Angestellten, die sich aus anderen Gesetzen ergeben, bleiben unberührt.

(3) Ein Viertel der Kreisräte kann in allen Angelegenheiten des Landkreises und seiner Verwaltung verlangen, daß der Landrat den Kreistag unterrichtet und daß diesem oder einem von ihm bestellten Ausschuß Akteneinsicht gewährt wird. In dem Ausschuß müssen die Antragsteller vertreten sein.

(4) Jeder Kreisrat kann an den Landrat schriftliche oder in einer Sitzung des Kreistags mündliche Anfragen über einzelne Angelegenheiten im Sinne von Absatz 3 Satz 1 richten, die binnen angemessener Frist zu beantworten sind. Das Nähere ist in der Geschäftsordnung des Kreistags zu regeln.

(5) Absatz 3 und 4 gilt nicht bei den nach § 42 Abs. 3 Satz 3 geheimzuhaltenden Angelegenheiten.

§ 20 Zusammensetzung

(1) Der Kreistag besteht aus dem Landrat als Vorsitzendem und den ehrenamtlichen Mitgliedern (Kreisräte). Die Kreisräte wählen aus ihrer Mitte einen oder mehrere stellvertretende Vorsitzende, die den Landrat als Vorsitzenden des Kreistags im Verhinderungsfalle vertreten. Die Reihenfolge der Vertretung bestimmt der Kreistag.
(2) Die Zahl der Kreisräte beträgt mindestens 26; in Landkreisen mit mehr als 50 000 Einwohnern erhöht sich diese Zahl für je weitere 10 000 Einwohner um zwei. Ergibt sich bei der Verteilung der Sitze im Verhältnis der auf die Wahlvorschläge der gleichen Partei oder Wählervereinigung gefallenen Gesamtstimmenzahlen innerhalb des Wahlgebiets, daß einer Partei oder Wählervereinigung außer den in den Wahlkreisen bereits zugewiesenen Sitzen weitere zustehen, erhöht sich die Zahl der Kreisräte für die auf die Wahl folgende Amtszeit entsprechend.
(3) Änderungen der für die Zusammensetzung des Kreistags maßgebenden Einwohnerzahl sind erst bei der nächsten regelmäßigen Wahl zu berücksichtigen.

§ 21 Amtszeit

(1) Der Kreistag wird auf die Dauer von fünf Jahren gewählt.
(2) Die Amtszeit endet mit Ablauf des Monats, in dem die regelmäßigen Wahlen zum Kreistag stattfinden. Wenn die Wahl von der Wahlprüfungsbehörde nicht beanstandet wurde, ist die erste Sitzung des Kreistags unverzüglich nach der Zustellung des Wahlprüfungsbescheids oder nach ungenutztem Ablauf der Wahlprüfungsfrist, sonst nach Eintritt der Rechtskraft der Wahl anzuberaumen; dies gilt auch, wenn eine Entscheidung nach § 24 Abs. 2 Halbsatz 2 noch nicht rechtskräftig ist. Bis zum Zusammentreten des neugewählten Kreistags führt der bisherige Kreistag die Geschäfte weiter.
(3) Ist die Wahl von Kreisräten, die ihr Amt bereits angetreten haben, rechtskräftig für ungültig erklärt worden, so führen diese im Falle des § 32 Abs. 1 des Kommunalwahlgesetzes die Geschäfte bis zum Zusammentreten des auf Grund einer Wiederholungs- oder Neuwahl neugewählten Kreistags, in den Fällen des § 32 Abs. 2 und 3 des Kommunalwahlgesetzes bis zum Ablauf des Tages weiter, an dem das berichtigte Wahlergebnis öffentlich bekanntgemacht wird. Die Rechtswirksamkeit

der Tätigkeit dieser Kreisräte wird durch die Ungültigkeit ihrer Wahl nicht berührt.

§ 22 Wahlgrundsätze und Wahlverfahren

(1) Die Kreisräte werden in allgemeiner, unmittelbarer, freier, gleicher und geheimer Wahl gewählt.

(2) Gewählt wird auf Grund von Wahlvorschlägen unter Berücksichtigung der Grundsätze der Verhältniswahl. Die Wahlvorschläge dürfen höchstens eineinhalbmal soviel Bewerber enthalten, wie Kreisräte im Wahlkreis (Absatz 4) zu wählen sind. Die Verbindung von Wahlvorschlägen ist unzulässig. Jeder Wahlberechtigte hat soviel Stimmen, wie Kreisräte im Wahlkreis zu wählen sind. Der Wahlberechtigte kann Bewerber aus anderen Wahlvorschlägen des Wahlkreises übernehmen und einem Bewerber bis zu drei Stimmen geben.

(3) Wird nur ein gültiger oder kein Wahlvorschlag eingereicht, findet Mehrheitswahl ohne Bindung an die vorgeschlagenen Bewerber und ohne das Recht der Stimmenhäufung auf einen Bewerber statt. Der Wahlberechtigte kann dabei nur so vielen Personen eine Stimme geben, wie Kreisräte im Wahlkreis zu wählen sind.

(4) Der Landkreis wird für die Wahl zum Kreistag als Wahlgebiet in Wahlkreise eingeteilt. Für jeden Wahlkreis sind besondere Wahlvorschläge einzureichen; die Bewerber müssen in einer Gemeinde des Wahlkreises wahlberechtigt sein (§ 10 Abs. 1 und 2). Jede Gemeinde, auf die nach ihrer Einwohnerzahl mindestens vier Sitze entfallen, bildet einen Wahlkreis. Kleinere benachbarte Gemeinden, die mit einer solchen Gemeinde eine Verwaltungsgemeinschaft bilden, können mit ihr zu einem Wahlkreis zusammengeschlossen werden. Kein Wahlkreis nach den Sätzen 3 und 4 erhält mehr als zwei Fünftel der Sitze. Gemeinden, die keinen Wahlkreis bilden und auch zu keinem Wahlkreis nach Satz 4 gehören, werden zu Wahlkreisen zusammengeschlossen, auf die mindestens vier und höchstens acht Sitze entfallen. Bei der Bildung der Wahlkreise nach Satz 6 sollen neben der geographischen Lage und der Struktur der Gemeinden auch die örtlichen Verwaltungsräume berücksichtigt werden.

(5) Zur Feststellung der auf die einzelnen Wahlkreise entfallenden Sitze werden die Einwohnerzahlen der Wahlkreise der Reihe nach durch eins,

zwei, drei, vier usw. geteilt; von den dabei gefundenen, der Größe nach zu ordnenden Zahlen werden soviel Höchstzahlen ausgesondert, wie Kreisräte zu wählen sind. Dabei scheiden Wahlkreise von der weiteren Zuteilung aus, sobald auf sie zwei Fünftel aller zu besetzenden Sitze entfallen sind.

(6) Die Sitze werden zunächst innerhalb der einzelnen Wahlkreise im Falle der Verhältniswahl nach dem Verhältnis der auf die Wahlvorschläge entfallenen Gesamtstimmenzahlen, im Falle der Mehrheitswahl in der Reihenfolge der höchsten Stimmenzahlen verteilt. Sodann werden die von den Parteien und Wählervereinigungen in den einzelnen Wahlkreisen auf die Bewerber ihrer Wahlvorschläge vereinigten Gesamtstimmenzahlen durch die Zahl der in diesen zu wählenden Bewerber geteilt, diese gleichwertigen Stimmenzahlen der gleichen Parteien und Wählervereinigungen im Wahlgebiet zusammengezählt und die in den Wahlkreisen, in denen Wahlvorschläge eingereicht wurden, zu besetzenden Sitze auf die Wahlvorschläge der gleichen Parteien und Wählervereinigungen nach dem Verhältnis der ihnen im Wahlgebiet zugefallenen gleichwertigen Gesamtstimmenzahlen verteilt. Auf die danach den Parteien und Wählervereinigungen zukommenden Sitze werden die zugeteilten Sitze angerechnet. Wurden einer Partei oder Wählervereinigung in den Wahlkreisen mehr Sitze zugeteilt, als ihr nach dem Verhältnis der gleichwertigen Gesamtstimmenzahlen im Wahlgebiet zukommen würden, bleibt es bei dieser Zuteilung; in diesem Falle ist mit der Verteilung von Sitzen nach Satz 2 solange fortzufahren, bis den Parteien und Wählervereinigungen, die Mehrsitze erhalten haben, diese auch nach dem Verhältnis der gleichwertigen Gesamtstimmenzahlen zufallen würden. Bei gleicher Höchstzahl fällt der letzte Sitz an die Partei oder Wählervereinigung, die Mehrsitze erlangt hat. Durch die Zuteilung von Sitzen nach Satz 1 bis 4 darf die Zahl der Kreisräte, die sich nach § 20 Abs. 2 Satz 1 ergibt, nicht um mehr als 20 vom Hundert erhöht werden.

§ 23 Wählbarkeit

(1) Wählbar in den Kreistag sind wahlberechtigte Kreiseinwohner.

(2) Nicht wählbar sind Kreiseinwohner,

1. die vom Wahlrecht ausgeschlossen sind (§ 10 Abs. 4),

2. die infolge Richterspruchs die Wählbarkeit oder die Fähigkeit zur Bekleidung öffentlicher Ämter nicht besitzen.

§ 24 Hinderungsgründe

(1) Kreisräte können nicht sein
1. a) Beamte und Angestellte des Landkreises und Beamte des Landratsamts,
   b) Beamte und Angestellte eines Nachbarschaftsverbands und eines Zweckverbands, dessen Mitglied der Landkreis ist,
   c) leitende Beamte und leitende Angestellte einer sonstigen Körperschaft des öffentlichen Rechts, wenn der Landkreis in einem beschließenden Kollegialorgan der Körperschaft mehr als die Hälfte der Stimmen hat,
   d) Beamte und Angestellte einer Stiftung des öffentlichen Rechts, die vom Landkreis verwaltet wird, und
2. leitende Beamte und leitende Angestellte der Rechtsaufsichtsbehörde und der obersten Rechtsaufsichtsbehörde sowie der Gemeindeprüfungsanstalt.

(2) Der Kreistag stellt fest, ob ein Hinderungsgrund nach Absatz 1 gegeben ist; nach regelmäßigen Wahlen wird dies vor der Einberufung der ersten Sitzung des neuen Kreistags festgestellt.

§ 25 Ausscheiden, Nachrücken, Ergänzungswahl

(1) Aus dem Kreistag scheiden die Kreisräte aus, die die Wählbarkeit (§ 23) verlieren oder bei denen im Laufe der Amtszeit ein Hinderungsgrund (§ 24) entsteht. Die Bestimmungen über das Ausscheiden aus einem wichtigen Grunde bleiben unberührt. Der Kreistag stellt fest, ob eine dieser Voraussetzungen gegeben ist. Für Beschlüsse, die unter Mitwirkung von Personen nach Satz 1 oder nach § 24 zustande gekommen sind, gilt § 14 Abs. 6 entsprechend. Ergibt sich nachträglich, daß ein in den Kreistag Gewählter im Zeitpunkt der Wahl nicht wählbar war, ist dies vom Kreistag festzustellen.

(2) Tritt ein Gewählter nicht in den Kreistag ein, scheidet er im Laufe der Amtszeit aus oder wird festgestellt, daß er nicht wählbar war, rückt der Bewerber nach, der bei der Feststellung des Wahlergebnisses als näch-

ster Ersatzmann festgestellt worden ist. Satz 1 gilt entsprechend, wenn ein Gewählter, dem ein Sitz nach § 26 Abs. 3 Satz 3 des Kommunalwahlgesetzes zugeteilt worden war, als Ersatzmann nach Satz 1 nachrückt; ein Ersatzmann wird beim Nachrücken übergangen, wenn sein Wahlkreis nur aus einer Gemeinde besteht und durch sein Nachrücken auf diesen Wahlkreis mehr als zwei Fünftel der im Wahlgebiet insgesamt zu besetzenden Sitze entfallen würden.
(3) Ist die Zahl der Kreisräte dadurch auf weniger als zwei Drittel der gesetzlichen Mitglieder herabgesunken, daß nicht eintretende oder ausgeschiedene Kreisräte nicht durch Nachrücken ersetzt oder bei einer Wahl Sitze nicht besetzt werden konnten, ist eine Ergänzungswahl für den Rest der Amtszeit nach den für die Hauptwahl geltenden Vorschriften durchzuführen.

§ 26 Rechtsstellung der Kreisräte

(1) Die Kreisräte sind ehrenamtlich tätig. Der Landrat verpflichtet die Kreisräte in der ersten Sitzung öffentlich auf die gewissenhafte Erfüllung ihrer Amtspflichten.
(2) Niemand darf gehindert werden, das Amt eines Kreisrats zu übernehmen und auszuüben. Eine Kündigung oder Entlassung aus einem Dienst- oder Arbeitsverhältnis, eine Versetzung an einen anderen Beschäftigungsort und jede sonstige berufliche Benachteiligung aus diesem Grunde sind unzulässig. Steht der Kreisrat in einem Dienst- oder Arbeitsverhältnis, ist ihm die für seine Tätigkeit erforderliche freie Zeit zu gewähren.
(3) Die Kreisräte entscheiden im Rahmen der Gesetze nach ihrer freien, nur durch das öffentliche Wohl bestimmten Überzeugung. An Verpflichtungen und Aufträge, durch die diese Freiheit beschränkt wird, sind sie nicht gebunden.
(4) Erleidet ein Kreisrat einen Dienstunfall, hat er dieselben Rechte wie ein Ehrenbeamter.
(5) Auf Kreisräte, die als Vertreter des Landkreises in Organen eines wirtschaftlichen Unternehmens (§ 48 dieses Gesetzes und § 105 der Gemeindeordnung) Vergütungen erhalten, finden die für den Landrat geltenden Vorschriften über die Ablieferungspflicht entsprechende Anwendung.

§ 27 Mitwirkung im Kreistag

(1) Der ständige allgemeine Stellvertreter des Landrats ist berechtigt, an den Sitzungen des Kreistags teilzunehmen.

(2) Der Vorsitzende kann den Vortrag in den Sitzungen des Kreistags einem Beamten oder Angestellten des Landkreises oder einem Beamten des Landratsamts als unterer Verwaltungsbehörde übertragen; auf Verlangen des Kreistags muß er einen solchen Bediensteten zu sachverständigen Auskünften zuziehen.

(3) Der Kreistag kann sachkundige Kreiseinwohner und Sachverständige zu den Beratungen einzelner Angelegenheiten zuziehen.

(4) Der Kreistag kann bei öffentlichen Sitzungen Kreiseinwohnern und den ihnen gleichgestellten Personen und Personenvereinigungen nach § 16 Abs. 2 und 3 die Möglichkeit einräumen, Fragen zu Angelegenheiten des Landkreises zu stellen oder Anregungen und Vorschläge zu unterbreiten (Fragestunde); zu den Fragen nimmt der Vorsitzende Stellung. Der Kreistag kann betroffenen Personen und Personengruppen Gelegenheit geben, ihre Auffassung im Kreistag vorzutragen (Anhörung); das gleiche gilt für die Ausschüsse. Das Nähere regelt die Geschäftsordnung.

§ 28 Ältestenrat

(1) Durch die Hauptsatzung kann bestimmt werden, daß der Kreistag einen Ältestenrat bildet, der den Landrat in Fragen der Tagesordnung und des Gangs der Verhandlungen des Kreistags berät. Vorsitzender des Ältestenrats ist der Landrat. Im Verhinderungsfall wird der Landrat von seinem Stellvertreter nach § 20 Abs. 1 Satz 2 vertreten.

(2) Das Nähere über die Zusammensetzung, den Geschäftsgang und die Aufgaben des Ältestenrats ist in der Geschäftsordnung des Kreistags zu regeln; zu der Regelung der Aufgaben ist das Einvernehmen des Landrats erforderlich.

§ 29 Einberufung der Sitzungen, Teilnahmepflicht

(1) Der Landrat beruft den Kreistag schriftlich spätestens eine Woche vor dem Sitzungstag ein und teilt rechtzeitig die Verhandlungsgegen-

stände mit; dabei sind die für die Verhandlung erforderlichen Unterlagen beizufügen, soweit nicht das öffentliche Wohl oder berechtigte Interessen einzelner entgegenstehen. Der Kreistag ist einzuberufen, wenn es die Geschäftslage erfordert. Der Kreistag ist unverzüglich einzuberufen, wenn es ein Viertel der Kreisräte unter Angabe des Verhandlungsgegenstands beantragt. Auf Antrag eines Viertels der Kreisräte ist ein Verhandlungsgegenstand auf die Tagesordnung der nächsten Sitzung des Kreistags zu setzen. Die Verhandlungsgegenstände müssen zum Aufgabengebiet des Kreistags gehören. Satz 3 und 4 gilt nicht, wenn der Kreistag den gleichen Verhandlungsgegenstand innerhalb der letzten sechs Monate bereits behandelt hat.
(2) Zeit, Ort und Tagesordnung der öffentlichen Sitzungen sind rechtzeitig bekanntzugeben.
(3) Die Kreisräte sind verpflichtet, an den Sitzungen teilzunehmen.

§ 30 Öffentlichkeit der Sitzungen

(1) Die Sitzungen des Kreistags sind öffentlich. Nichtöffentlich darf nur verhandelt werden, wenn es das öffentliche Wohl oder berechtigte Interessen einzelner erfordern; über Gegenstände, bei denen diese Voraussetzungen vorliegen, muß nichtöffentlich verhandelt werden. Über Anträge aus der Mitte des Kreistags, einen Verhandlungsgegenstand entgegen der Tagesordnung in öffentlicher oder nichtöffentlicher Sitzung zu behandeln, wird in nichtöffentlicher Sitzung beraten und entschieden. In nichtöffentlicher Sitzung nach Satz 2 gefaßte Beschlüsse sind nach Wiederherstellung der Öffentlichkeit oder, wenn dies ungeeignet ist, in der nächsten öffentlichen Sitzung bekanntzugeben, soweit nicht das öffentliche Wohl oder berechtigte Interessen einzelner entgegenstehen.
(2) Die Kreisräte sind zur Verschwiegenheit über alle in nichtöffentlicher Sitzung behandelten Angelegenheiten so lange verpflichtet, bis sie der Landrat von der Schweigepflicht entbindet; dies gilt nicht für Beschlüsse, soweit sie nach Absatz 1 Satz 4 bekanntgegeben worden sind.

§ 31 Verhandlungsleitung, Geschäftsgang

(1) Der Volrsitzende eröffnet, leitet und schließt die Verhandlungen des Kreistags. Er handhabt die Ordnung und übt das Hausrecht aus.
(2) Der Kreistag regelt seine inneren Angelegenheiten, insbesondere den Gang seiner Verhandlungen, im Rahmen der gesetzlichen Vorschriften durch eine Geschäftsordnung.
(3) Bei grober Ungebühr oder wiederholten Verstößen gegen die Ordnung kann ein Kreisrat vom Vorsitzenden aus dem Beratungsraum verwiesen werden; mit dieser Anordnung ist der Verlust des Anspruchs auf die auf den Sitzungstag entfallende Entschädigung verbunden. Bei wiederholten Ordnungswidrigkeiten nach Satz 1 kann der Kreistag ein Mitglied für mehrere, höchstens jedoch für sechs Sitzungen ausschließen. Entsprechendes gilt für sachkundige Kreiseinwohner, die zu den Beratungen zugezogen sind.

§ 32 Beschlußfassung

(1) Der Kreistag kann nur in einer ordnungsmäßig einberufenen und geleiteten Sitzung beraten und beschließen.
(2) Der Kreistag ist beschlußfähig, wenn mindestens die Hälfte aller Mitglieder anwesend und stimmberechtigt ist. Bei Befangenheit von mehr als der Hälfte aller Mitglieder ist der Kreistag beschlußfähig, wenn mindestens ein Viertel aller Mitglieder anwesend und stimmberechtigt ist.
(3) Ist der Kreistag wegen Abwesenheit oder Befangenheit von Mitgliedern nicht beschlußfähig, muß eine zweite Sitzung stattfinden, in der er beschlußfähig ist, wenn mindestens drei Mitglieder anwesend und stimmberechtigt sind; bei der Einberufung der zweiten Sitzung ist hierauf hinzuweisen. Die zweite Sitzung entfällt, wenn weniger als drei Mitglieder stimmberechtigt sind.
(4) Ist keine Beschlußfähigkeit des Kreistags gegeben, entscheidet der Landrat anstelle des Kreistags nach Anhörung der nichtbefangenen Kreisräte. Ist auch der Landrat befangen, findet § 124 der Gemeindeordnung entsprechende Anwendung; dies gilt nicht, wenn der Kreistag ein stimmberechtigtes Mitglied für die Entscheidung zum Stellvertreter des Landrats bestellt.
(5) Der Kreistag beschließt durch Abstimmungen und Wahlen.

(6) Der Kreistag stimmt in der Regel offen ab. Die Beschlüsse werden mit Stimmenmehrheit gefaßt. Der Landrat hat kein Stimmrecht; bei Stimmengleichheit ist der Antrag abgelehnt.
(7) Wahlen werden geheim mit Stimmzetteln vorgenommen; es kann offen gewählt werden, wenn kein Mitglied widerspricht. Der Landrat hat kein Stimmrecht. Gewählt ist, wer mehr als die Hälfte der Stimmen der anwesenden Stimmberechtigten erhalten hat. Wird eine solche Mehrheit bei der Wahl nicht erreicht, findet zwischen den beiden Bewerbern mit den meisten Stimmen Stichwahl statt, bei der die einfache Stimmenmehrheit entscheidet. Bei Stimmengleichheit entscheidet das Los. Steht nur ein Bewerber zur Wahl, findet im Falle des Satzes 4 ein zweiter Wahlgang statt, für den Satz 3 gilt. Der zweite Wahlgang soll frühestens eine Woche nach dem ersten Wahlgang durchgeführt werden. Über die Ernennung und Einstellung der Bediensteten des Landkreises ist durch Wahl Beschluß zu fassen; das gleiche gilt für die nicht nur vorübergehende Übertragung einer höher bewerteten Tätigkeit bei einem Angestellten oder Arbeiter.

§ 33 Niederschrift

(1) Über den wesentlichen Inhalt der Verhandlungen des Kreistags ist eine Niederschrift zu fertigen; sie muß insbesondere den Namen des Vorsitzenden, die Zahl der anwesenden und die Namen der abwesenden Kreisräte unter Angabe des Grundes der Abwesenheit, die Gegenstände der Verhandlung, die Anträge, die Abstimmungs- und Wahlergebnisse und den Wortlaut der Beschlüsse enthalten. Der Vorsitzende und jedes Mitglied können verlangen, daß ihre Erklärung oder Abstimmung in der Niederschrift festhalten wird.
(2) Die Niederschrift ist vom Vorsitzenden, zwei Kreisräten, die an der Verhandlung teilgenommen haben, und dem Schriftführer zu unterzeichnen. Sie ist dem Kreistag in seiner nächsten Sitzung zur Kenntnis zu bringen. Über die hierbei gegen die Niederschrift vorgebrachten Einwendungen entscheidet der Kreistag. Mehrfertigungen von Niederschriften über nichtöffentliche Sitzungen dürfen nicht ausgehändigt werden. Die Einsichtnahme in die Niederschriften über die öffentlichen Sitzungen ist den wahlberechtigten Kreiseinwohnern gestattet.

§ 34 Beschließende Ausschüsse

(1) Durch die Hauptsatzung kann der Kreistag beschließende Ausschüsse bilden und ihnen bestimmte Aufgabengebiete zur dauernden Erledigung übertragen. Durch Beschluß kann der Kreistag einzelne Angelegenheiten auf bestehende beschließende Ausschüsse übertragen oder für ihre Erledigung beschließende Ausschüsse bilden.

(2) Auf beschließende Ausschüsse kann nicht übertragen werden die Beschlußfassung über

1. die Bestellung der Mitglieder von Ausschüssen des Kreistags sowie Angelegenheiten nach § 19 Abs. 2 Satz 1 bei leitenden Beamten und Angestellten,
2. die Übernahme freiwilliger Aufgaben,
3. den Erlaß von Satzungen und Rechtsverordnungen,
4. längerfristige Planungen für Vorhaben im Sinne des § 17 Abs. 2 Satz 1,
5. die Stellungnahmen zur Änderung der Grenzen des Landkreises,
6. die Regelung der allgemeinen Rechtsverhältnisse der Bediensteten des Landkreises,
7. die Übertragung von Aufgaben auf den Landrat,
8. die Verfügung über Vermögen des Landkreises, die für den Landkreis von erheblicher wirtschaftlicher Bedeutung ist,
9. die Errichtung, wesentliche Erweiterung und Aufhebung von öffentlichen Einrichtungen und wirtschaftlichen Unternehmen sowie die Beteiligung an solchen,
10. die Umwandlung der Rechtsform von wirtschaftlichen Unternehmen des Landkreises und von solchen, an denen der Landkreis beteiligt ist,
11. die Bestellung von Sicherheiten, die Übernahme von Bürgschaften und von Verpflichtungen aus Gewährverträgen und den Abschluß der ihnen wirtschaftlich gleichkommenden Rechtsgeschäfte, soweit sie für den Landkreis von erheblicher wirtschaftlicher Bedeutung sind,
12. den Erlaß der Haushaltssatzung und der Nachtragssatzungen, die Feststellung der Jahresrechnung, die Wirtschaftspläne und die Feststellung des Jahresabschlusses von Sondervermögen,
13. die allgemeine Festsetzung von Abgaben und Tarifen,
14. den Verzicht auf Ansprüche des Landkreises und die Niederschla-

gung solcher Ansprüche, die Führung von Rechtsstreiten und den Abschluß von Vergleichen, soweit sie für den Landkreis von erheblicher wirtschaftlicher Bedeutung sind,
15. den Beitritt zu Zweckverbänden und den Austritt aus diesen und
16. die Übertragung von Aufgaben auf das Rechnungsprüfungsamt.

(3) Im Rahmen ihrer Zuständigkeit entscheiden die beschließenden Ausschüsse selbständig an Stelle des Kreistags. Ergibt sich, daß eine Angelegenheit für den Landkreis von besonderer Bedeutung ist, können die beschließenden Ausschüsse die Angelegenheit dem Kreistag zur Beschlußfassung unterbreiten. In der Hauptsatzung kann bestimmt werden, daß ein Viertel aller Mitglieder eines beschließenden Ausschusses eine Angelegenheit dem Kreistag zur Beschlußfassung unterbreiten kann, wenn sie für den Landkreis von besonderer Bedeutung ist. Lehnt der Kreistag eine Behandlung ab, weil er die Voraussetzungen für die Verweisung als nicht gegeben ansieht, entscheidet der zuständige beschließende Ausschuß. In der Hauptsatzung kann weiter bestimmt werden, daß der Kreistag allgemein oder im Einzelfall Weisungen erteilen, jede Angelegenheit an sich ziehen und Beschlüsse der beschließenden Ausschüsse, solange sie noch nicht vollzogen sind, ändern oder aufheben kann.

(4) Angelegenheiten, deren Entscheidung dem Kreistag vorbehalten ist, sollen den beschließenden Ausschüssen innerhalb ihres Aufgabengebietes zur Vorberatung zugewiesen werden. In dringenden Angelegenheiten, deren Erledigung nicht bis zu einer Sitzung des Kreistags aufgeschoben werden kann, entscheidet der zuständige beschließende Ausschuß an Stelle des Kreistags. Die Gründe für die Eilentscheidung und die Art der Erledigung sind den Kreisräten unverzüglich mitzuteilen.

(5) Für den Geschäftsgang der beschließenden Ausschüsse gelten die Vorschriften der §§ 27 und 29 bis 33 entsprechend. Die beschließenden Ausschüsse sind mit angemessener Frist einzuberufen, wenn es die Geschäftslage erfordert; sie sollen jedoch mindestens einmal im Monat einberufen werden. In Notfällen können sie ohne Frist, formlos und nur unter Angabe der Verhandlungsgegenstände einberufen werden. Sitzungen, die der Vorberatung nach Absatz 4 dienen, sind in der Regel nichtöffentlich. Im Falle der Vorberatung nach Absatz 4 hat der Landrat Stimmrecht. Ist ein beschließender Ausschuß wegen Befangenheit von Mitgliedern nicht beschlußfähig im Sinne von § 32 Abs. 2 Satz 1, entscheidet der Kreistag an seiner Stelle ohne Vorberatung.

§ 35 Zusammensetzung der beschließenden Ausschüsse

(1) Die beschließenden Ausschüsse bestehen aus dem Vorsitzenden und mindestens sechs Mitgliedern. Der Kreistag bestellt die Mitglieder und Stellvertreter in gleicher Zahl widerruflich aus seiner Mitte. Nach jeder Wahl der Kreisräte sind die beschließenden Ausschüsse neu zu bilden. In die beschließenden Ausschüsse können durch den Kreistag sachkundige Kreiseinwohner widerruflich als beratende Mitglieder berufen werden; ihre Zahl darf die der Kreisräte in den einzelnen Ausschüssen nicht erreichen; sie sind ehrenamtlich tätig.
(2) Kommt eine Einigung über die Zusammensetzung eines beschließenden Ausschusses nicht zustande, werden die Mitglieder von den Kreisräten auf Grund von Wahlvorschlägen nach den Grundsätzen der Verhältniswahl unter Bindung an die Wahlvorschläge gewählt. Wird nur ein gültiger oder kein Wahlvorschlag eingereicht, findet Mehrheitswahl ohne Bindung an die vorgeschlagenen Bewerber statt.
(3) Vorsitzender der beschließenden Ausschüsse ist der Landrat; er kann seinen ständigen allgemeinen Stellvertreter mit seiner Vertretung im Vorsitz beauftragen. Die Mitglieder der Ausschüsse wählen aus ihrer Mitte einen oder mehrere stellvertretende Vorsitzende, die den Vorsitzenden im Verhinderungsfalle vertreten. Die Reihenfolge der Vertretung bestimmt der Ausschuß.

§ 36 Beratende Ausschüsse

(1) Zur Vorbereitung seiner Verhandlungen oder einzelner Verhandlungsgegenstände kann der Kreistag beratende Ausschüsse bestellen. Sie werden aus der Mitte des Kreistags gebildet. In die beratenden Ausschüsse können durch den Kreistag sachkundige Kreiseinwohner widerruflich als Mitglieder berufen werden; ihre Zahl darf die der Kreisräte in den einzelnen Ausschüssen nicht erreichen; sie sind ehrenamtlich tätig.
(2) Vorsitzender der beratenden Ausschüsse ist der Landrat. Er kann seinen ständigen allgemeinen Stellvertreter oder ein Mitglied des Ausschusses, das Kreisrat ist, mit seiner Vertretung beauftragen.
(3) Für den Geschäftsgang der beratenden Ausschüsse gelten die Vorschriften der §§ 27, 29, 31 bis 33 und § 34 Abs. 5 Satz 2 bis 6 entsprechend.

3. Abschnitt. Landrat

§ 37 Rechtsstellung des Landrats

(1) Der Landrat ist Vorsitzender des Kreistags und leitet das Landratsamt. Er vertritt den Landkreis.

(2) Der Landrat ist Beamter des Landkreises. Die Amtszeit beträgt acht Jahre. Die Amtszeit beginnt mit dem Amtsantritt; im Falle der Wiederwahl schließt sich die neue Amtszeit an das Ende der vorangegangenen an. Die Dienstbezüge des Landrats werden durch Gesetz geregelt.

(3) Der Landrat führt nach Freiwerden seiner Stelle die Geschäfte bis zum Amtsantritt des neu gewählten Landrats weiter; sein Dienstverhältnis besteht so lange weiter. Satz 1 gilt nicht, wenn der Landrat

1. vor dem Freiwerden seiner Stelle dem Landkreis schriftlich mitgeteilt hat, daß er die Weiterführung der Geschäfte ablehne,
2. des Dienstes vorläufig enthoben ist, oder wenn gegen ihn öffentliche Klage wegen eines Verbrechens erhoben ist oder
3. ohne Rücksicht auf gegen die Wahl eingelegte Rechtsbehelfe nach Feststellung des Wahlergebnisses durch den Vorsitzenden des Kreistags nicht wiedergewählt worden ist.

(4) Die Rechtsaufsichtsbehörde vereidigt und verpflichtet den Landrat in öffentlicher Sitzung des Kreistags.

(5) Für den Landrat gelten die Bestimmungen des § 13 Abs. 1 bis 3 und des § 14 entsprechend.

§ 38 Wählbarkeit

Wählbar zum Landkreis sind Deutsche im Sinne von Artikel 116 des Grundgesetzes, die am Wahltag das 30., aber noch nicht das 63. Lebensjahr vollendet haben und die Gewähr dafür bieten, daß sie jederzeit für die freiheitliche demokratische Grundordnung im Sinne des Grundgesetzes eintreten. § 23 Abs. 2 gilt entsprechend.

§ 39 Zeitpunkt der Wahl, Wahlverfahren, Amtsverweser

(1) Wird die Wahl des Landrats wegen Ablaufs der Amtszeit oder wegen Eintritts in den Ruhestand infolge Erreichens der Altersgrenze

notwendig, ist sie frühestens drei Monate und spätestens einen Monat vor Freiwerden der Stelle, in anderen Fällen spätestens sechs Monate nach Freiwerden der Stelle durchzuführen. Die Stelle des Landrats ist spätestens zwei Monate vor der Wahl öffentlich auszuschreiben. Die Frist für die Einreichung der Bewerbung beträgt einen Monat.

(2) Zur Vorbereitung der Wahl des Landrats bildet der Kreistag einen besonderen beschließenden Ausschuß (Ausschuß); dieser wählt aus seiner Mitte den Vorsitzenden und einen oder mehrere Stellvertreter. § 35 Abs. 3 Satz 1 findet keine Anwendung. Der Ausschuß entscheidet über die öffentliche Ausschreibung der Stelle des Landrats. Er ist ferner zuständig für die Verhandlungen nach Absatz 3 über die Benennung von Bewerbern für die Wahl des Landrats.

(3) Der Ausschuß nach Absatz 2 Satz 1 legt dem Innenministerium die eingegangenen Bewerbungen mit den dazugehörigen Unterlagen unverzüglich vor. Das Innenministerium und der Ausschuß benennen gemeinsam mindestens drei für die Leitung des Landratsamts geeignete Bewerber, aus denen der Kreistag den Landrat wählt. Können Innenministerium und Ausschuß keine drei Bewerber nennen, so ist die Stelle erneut auszuschreiben. Dies gilt nicht, wenn der Ausschuß auf die Benennung weiterer Bewerber verzichtet. Können sich Innenministerium und Ausschuß nach der zweiten Ausschreibung nicht einigen und deshalb dem Kreistag nicht die erforderliche Zahl von Bewerbern benennen, entscheidet die Landesregierung nach Anhörung des Ausschusses, aus welchen Bewerbern der Kreistag den Landrat wählt; dabei sind die Bewerber zu berücksichtigen, über deren Benennung sich Innenministerium und der Ausschuß nach der zweiten Ausschreibung geeinigt haben.

(4) Den dem Kreistag zur Wahl vorgeschlagenen Bewerbern ist Gelegenheit zu geben, sich dem Kreistag vor der Wahl vorzustellen.

(5) Die Kreisräte wählen den Landrat in geheimer Wahl nach den Grundsätzen der Mehrheitswahl. Gewählt ist, wer mehr als die Hälfte der Stimmen aller Kreisräte auf sich vereinigt. Wird eine solche Mehrheit bei der Wahl nicht erreicht, findet in derselben Sitzung ein zweiter Wahlgang statt. Erhält auch hierbei kein Bewerber mehr als die Hälfte der Stimmen aller Kreisräte, ist in derselben Sitzung ein dritter Wahlgang durchzuführen, bei welchem der Bewerber gewählt ist, der die höchste Stimmenzahl erreicht; bei Stimmengleichheit entscheidet das Los.

(6) Ein zum Landrat gewählter Bewerber kann vom Kreistag mit der Mehrheit der Stimmen aller Mitglieder zum Amtsverweser bestellt werden, wenn der Vorsitzende des Kreistags festgestellt hat, daß der Bewerber gewählt ist, und wenn der Bewerber deshalb nicht zum Landrat bestellt werden kann, weil eingelegte Rechtsbehelfe dem entgegenstehen. Der Amtsverweser ist als hauptamtlicher Beamter auf Zeit des Landkreises zu bestellen. Seine Amtszeit beträgt zwei Jahre; Wiederbestellung ist zulässig. Die Amtszeit endet vorzeitig mit der Rechtskraft der Entscheidung über die Gültigkeit der Wahl zum Landrat. Der Amtsverweser führt die Bezeichnung Landrat. Die Amtszeit als Landrat verkürzt sich um die Amtszeit als Amtsverweser.

§ 40 Wahrung der Rechte von Landesbeamten

(1) Ein Landesbeamter, der zum Landrat bestellt wird, ist aus dem Landesdienst entlassen.

(2) Nach Ablauf der Amtszeit als Landrat oder bei Vorliegen eines wichtigen Grundes ist ein früherer Landesbeamter auf Antrag mindestens mit der Rechtsstellung in den Landesdienst zu übernehmen, die er im Zeitpunkt des Ausscheidens aus diesem hatte. Der Antrag ist spätestens drei Monate nach Beendigung der Amtszeit als Landrat zu stellen. Die Übernahme kann abgelehnt werden, wenn er ein Dienstvergehen begangen hat, das die Entfernung aus dem Dienst rechtfertigen würde.

(3) Ist keine entsprechende Planstelle verfügbar, wird der bisherige Landrat als Wartestandsbeamter übernommen. Die Bestimmungen über die Versetzung in den Ruhestand bleiben unberührt.

§ 41 Stellung im Kreistag und in den beschließenden Ausschüssen

(1) Der Landrat bereitet die Sitzungen des Kreistags und der Ausschüsse vor und vollzieht die Beschlüse.

(2) Der Landrat muß Beschlüssen des Kreistags widersprechen, wenn er der Auffassung ist, daß sie gesetzwidrig sind; er kann widersprechen, wenn er der Auffassung ist, daß sie für den Landkreis nachteilig sind. Der Widerspruch muß unverzüglich, spätestens jedoch binnen einer Woche nach Beschlußfassung gegenüber den Kreisräten ausgesprochen werden. Der Widerspruch hat aufschiebende Wirkung. Gleichzeitig

ist unter Angabe der Widerspruchsgründe eine Sitzung einzuberufen, in der erneut über die Angelegenheit zu beschließen ist; diese Sitzung hat spätestens vier Wochen nach der ersten Sitzung stattzufinden. Ist nach Ansicht des Landrats der neue Beschluß gesetzwidrig, muß er ihm erneut widersprechen und unverzüglich die Entscheidung der Rechtsaufsichtsbehörde herbeiführen.

(3) Absatz 2 gilt entsprechend für Beschlüsse, die durch beschließende Ausschüsse gefaßt werden. Auf den Widerspruch hat der Kreistag zu entscheiden.

(4) In dringenden Angelegenheiten des Kreistags, deren Erledigung an Stelle des Kreistags (§ 34 Abs. 4 Satz 2) auch nicht bis zu einer ohne Frist und formlos einberufenen Sitzung des zuständigen beschließenden Ausschusses (§ 34 Abs. 5 Satz 3) aufgeschoben werden kann, entscheidet der Landrat an Stelle dieses zuständigen Ausschusses; § 34 Abs. 4 Satz 3 findet Anwendung. Entsprechendes gilt für Angelegenheiten, für deren Entscheidung ein beschließender Ausschuß zuständig ist.

(5) Der Landrat hat den Kreistag über alle wichtigen, den Landkreis und seine Verwaltung betreffenden Angelegenheiten zu unterrichten; bei wichtigen Planungen ist der Kreistag möglichst frühzeitig über die Absichten und Vorstellungen des Landratsamts und laufend über den Stand und den Inhalt der Planungsarbeiten zu unterrichten. Über wichtige Angelegenheiten, die nach § 42 Abs. 3 Satz 3 geheimzuhalten sind, ist der nach § 45 gebildete Beirat zu unterrichten. Die Unterrichtung des Kreistags über die in Satz 2 genannten Angelegenheiten ist ausgeschlossen.

§ 42 Leitung des Landratsamts

(1) Der Landrat ist für die sachgemäße Erledigung der Aufgaben und den ordnungsmäßigen Gang der Verwaltung verantwortlich und regelt die innere Organisation des Landratsamts.

(2) Der Landrat erledigt in eigener Zuständigkeit die Geschäfte der laufenden Verwaltung und die ihm sonst durch Gesetz oder vom Kreistag übertragenen Aufgaben. Die dauernde Übertragung der Erledigung bestimmter Aufgaben ist durch die Hauptsatzung zu regeln. Der Kreistag kann die Erledigung von Angelegenheiten, die er nicht

auf beschließende Ausschüsse übertragen kann (§ 34 Abs. 2), auch nicht dem Landrat übertragen.
(3) Weisungsaufgaben erledigt der Landrat in eigener Zuständigkeit, soweit gesetzlich nichts anderes bestimmt ist; abweichend hiervon ist der Kreistag für den Erlaß von Rechtsverordnungen zuständig, soweit Vorschriften anderer Gesetze nicht entgegenstehen. Dies gilt auch, wenn der Landkreis in einer Angelegenheit angehört wird, die auf Grund einer Anordnung der zuständigen Behörde geheimzuhalten ist. Bei der Erledigung von Weisungsaufgaben, die auf Grund einer Anordnung der zuständigen Behörde geheimzuhalten sind, sowie in den Fällen des Satzes 2 hat der Landrat die für die Behörden des Landes geltenden Geheimhaltungsvorschriften zu beachten.
(4) Der Landrat ist Vorgesetzter, Dienstvorgesetzter und oberste Dienstbehörde der Bediensteten des Landkreises.
(5) Ständiger allgemeiner Stellvertreter des Landrats ist der Erste Landesbeamte beim Landratsamt, der im Benehmen mit dem Landrat bestellt wird. § 20 Abs. 1 Satz 2, § 28 Abs. 1 Satz 3 und § 35 Abs. 3 bleiben unberührt. Für den ständigen allgemeinen Stellvertreter des Landrats gelten die Bestimmungen des § 13 Abs. 1 bis 3 und des § 14 entsprechend.

§ 43 Beauftragung, rechtsgeschäftliche Vollmacht

(1) Der Landrat kann Beamte und Angestellte mit seiner Vertretung auf bestimmten Aufgabengebieten oder in einzelnen Angelegenheiten des Landratsamts beauftragen.
(2) Der Landrat kann in einzelnen Angelegenheiten rechtsgeschäftliche Vollmacht erteilen.

§ 44 Verpflichtungserklärungen

(1) Erklärungen, durch welche der Landkreis verpflichtet werden soll, bedürfen der Schriftform. Sie sind vom Landrat handschriftlich zu unterzeichnen.
(2) Im Falle der Vertretung des Landrats muß die Erklärung durch den ständigen allgemeinen Stellvertreter oder durch zwei vertretungsberechtigte Beamte oder Angestellte handschriftlich unterzeichnet werden.

(3) Den Unterschriften soll die Amtsbezeichnung und im Falle des Absatz 2 ein das Vertretungsverhältnis kennzeichnender Zusatz beigefügt werden.
(4) Diese Formvorschriften gelten nicht für Erklärungen in Geschäften der laufenden Verwaltung oder auf Grund einer in der vorstehenden Form ausgestellten Vollmacht.

§ 45 Beirat für geheimzuhaltende Angelegenheiten

(1) Der Kreistag kann einen aus den stellvertretenden Vorsitzenden des Kreistags (§ 20 Abs. 1 Satz 2) bestehenden Beirat bilden, der den Landrat in allen Angelegenheiten des § 42 Abs. 3 Satz 2 berät. Dem Beirat kann nur angehören, wer auf die für die Behörden des Landes geltenden Geheimhaltungsvorschriften verpflichtet ist.
(2) Vorsitzender des Beirats ist der Landrat. Er hat den Beirat einzuberufen, wenn es die Geschäftslage erfordert. Der ständige allgemeine Stellvertreter des Landrats ist berechtigt, an den Sitzungen teilzunehmen. Die Sitzungen des Beirats sind nichtöffentlich. Für die Beratungen des Beirats gelten die Bestimmungen des § 29 Abs. 3, des § 31 Abs. 1 und 3, des § 32 Abs. 1 und Abs. 2 Satz 1 und des § 33 entsprechend.

4. Abschnitt. Bedienstete des Landkreises

§ 46 Einstellung, Ausbildung

(1) Der Landkreis ist verpflichtet, die zur Erfüllung seiner Aufgaben erforderlichen geeigneten Beamten, Angestellten und Arbeiter einzustellen.
(2) Bei der Ausbildung der im Vorbereitungsdienst befindlichen Beamten für den Dienst in der Verwaltung des Landes und der Träger der Selbstverwaltung wirken die Landkreise mit den zuständigen Landesbehörden zusammen. Für den persönlichen Aufwand, der den Landkreisen entsteht, ist unter ihnen ein entsprechender finanzieller Ausgleich zu schaffen.
(3) Der Landkreis fördert die Fortbildung seiner Bediensteten.

§ 47 Stellenplan.

Der Landkreis bestimmt im Stellenplan die Stellen seiner Beamten sowie seiner nicht nur vorübergehend beschäftigten Angestellten und Arbeiter, die für die Erfüllung der Aufgaben im Haushaltsjahr erforderlich sind. Für Sondervermögen, für die Sonderrechnungen geführt werden, sind besondere Stellenpläne aufzustellen. Beamte in Einrichtungen solcher Sondervermögen sind auch im Stellenplan nach Satz 1 aufzuführen und dort besonders zu kennzeichnen.

Dritter Teil. Wirtschaft des Landkreises

§ 48 Anzuwendende Vorschriften

Auf die Wirtschaftsführung des Landkreises finden die für die Stadtkreise und Großen Kreisstädte geltenden Vorschriften über die Gemeindewirtschaft entsprechende Anwendung, soweit nachstehend keine andere Regelung getroffen ist.

§ 49 Erhebung von Abgaben, Kreisumlage

(1) Der Landkreis hat das Recht, eigene Steuern und sonstige Abgaben nach Maßgabe der Gesetze zu erheben.
(2) Der Landkreis kann, soweit seine sonstigen Einnahmen nicht ausreichen, um seinen Finanzbedarf zu decken, von den kreisangehörigen Gemeinden und gemeindefreien Grundstücken nach den hierfür geltenden Vorschriften eine Umlage erheben (Kreisumlage). Die Höhe der Kreisumlage ist in der Haushaltssatzung für jedes Haushaltsjahr festzusetzen.

§ 50 Fachbeamter für das Finanzwesen

(1) Im Landkreis muß die Aufstellung des Haushaltsplans, des Finanzplans und der Jahresrechnung, die Haushaltsüberwachung sowie die Verwaltung des Geldvermögens und der Schulden bei einem Beamten zusammengefaßt werden (Fachbeamter für das Finanzwesen).
(2) Der Fachbeamte für das Finanzwesen muß die Befähigung zum

Gemeindefachbeamten (§ 58 der Gemeindeordnung) oder eine abgeschlossene wirtschaftswissenschaftliche Vorbildung nachweisen.

Vierter Teil. Aufsicht

§ 51

(1) Rechtsaufsichtsbehörde und obere Rechtsaufsichtsbehörde für den Landkreis ist das Regierungspräsidium, oberste Rechtsaufsichtsbehörde ist das Innenministerium.
(2) Der Vierte Teil der Gemeindeordnung über die Aufsicht findet auf den Landkreis entsprechende Anwendung. Die Bestimmungen über die Aufsicht auf dem Gebiet des Schulwesens bleiben unberührt.

Fünfter Teil. Staatliche Verwaltung im Landkreis

§ 52 Personelle Ausstattung, Sachaufwand

(1) Die für die Aufgaben der unteren Verwaltungsbehörde erforderlichen Beamten (des höheren Dienstes)* werden vom Land, (die übrigen Beamten sowie)* die Angestellten und Arbeiter vom Landkreis gestellt. Jedem Landratsamt wird mindestens ein Landesbeamter mit der Befähigung zum höheren Verwaltungsdienst oder zum Richteramt zugeteilt.
(2) Der Landkreis trägt die unmittelbaren und mittelbaren sächlichen Kosten des Landratsamts als untere Verwaltungsbehörde. Von den mittelbaren sächlichen Kosten sind ausgenommen
1. die Kosten für die Durchführung der Vollstreckung von Verwaltungsakten durch Ersatzvornahme,
2. Kosten der unmittelbaren Ausführung von Maßnahmen zur Abwehr oder Beseitigung gesetzwidriger Zustände,
3. Entschädigung wegen Enteignung oder Aufopferung für das gemeine Wohl, auch wenn sie durch rechtswidrige Eingriffe bewirkt wird,

---

* Die Einschübe in Klammern treten am 1. Januar 1990 in Kraft.

4. im übrigen Kosten, die im Einzelfall 100 000 DM übersteigen;

sie werden vom Land dem Landkreis erstattet, soweit nicht von Dritten Ersatz zu erlangen ist.

§ 53 Rechtsstellung des Landrats als Leiter der unteren Verwaltungsbehörde

(1) Als Leiter der unteren Verwaltungsbehörde ist der Landrat dem Land für die ordnungsmäßige Erledigung ihrer Geschäfte verantwortlich und unterliegt insoweit den Weisungen der Fachaufsichtsbehörden und der Dienstaufsicht des Regierungspräsidiums.

(2) Verletzt der Landrat in Ausübung seiner Tätigkeit nach Absatz 1 die ihm einem Dritten gegenüber obliegende Amtspflicht, haftet das Land.

§ 54 Mitwirkung des Kreistags

(1) Ist eine Entscheidung oder sonstige Mitwirkung gewählter Vertreter bei der Erfüllung der Aufgaben des Landratsamts als unterer Verwaltungsbehörde gesetzlich vorgeschrieben, ist hierfür der Kreistag zuständig.

(2) Der Landrat kann den Kreistag auch zu Angelegenheiten der unteren Verwaltungsbehörde hören, in denen eine Mitwirkung gewählter Vertreter nicht vorgeschrieben ist.

§ 55 *(aufgehoben)*

§ 56 Austausch von Beamten

(1) Der Landrat kann Landesbeamte zur Besorgung von Angelegenheiten des Landkreises und Beamte des Landkreises zur Besorgung von Aufgaben der unteren Verwaltungsbehörde heranziehen.

(2) Verletzt ein Beamter in Ausübung einer Tätigkeit nach Absatz 1 die ihm einem Dritten gegenüber obliegende Amtspflicht, haftet bei Erfüllung der Aufgaben der unteren Verwaltungsbehörde das Land, im übrigen der Landkreis.

§ 56a Prüfer bei der Rechtsaufsichtsbehörde

Für Bedienstete, die überörtliche Prüfungen vornehmen (§§ 113 und 114 der Gemeindeordnung), gilt § 8 Abs. 2 Sätze 2 und 3 sowie Abs. 3 des Gesetzes über die Gemeindeprüfungsanstalt entsprechend.

Sechster Teil. Übergangs- und Schlußbestimmungen

1. Abschnitt. Allgemeine Übergangsbestimmungen

§ 57 Weisungsaufgaben

Bis zum Erlaß neuer Vorschriften sind die den Landkreisen nach bisherigem Recht als Auftragsangelegenheiten übertragenen Aufgaben mit Ausnahme der Aufgaben der unteren Verwaltungsbehörde Weisungsaufgaben im Sinne von § 2 Abs. 4, bei denen ein Weisungsrecht der Fachaufsichtsbehörde in bisherigem Umfang besteht.

§ 58 Einrichtungen und Dienstgebäude

(nicht abgedruckt).

2. Abschnitt. Schlußbestimmungen

§ 59 Sitz des Landratsamts

(nicht abgedruckt)

§ 60 Durchführungsbestimmungen

Das Innenministerium erläßt die Verwaltungsvorschriften zur Durchführung dieses Gesetzes, ferner die Rechtsverordnungen zur Regelung

1. der öffentlichen Bekanntmachung,
2. der Voraussetzungen und des Verfahrens für die Verleihung von Wappen und Flaggen und die Ausgestaltung und Führung des Dienstsiegels,

3. des Verfahrens bei der Auferlegung eines Ordnungsgeldes und der Höhe des Ordnungsgeldes bei Ablehnung ehrenamtlicher Tätigkeit und der Verletzung der Pflichten ehrenamtlich tätiger Kreiseinwohner,
4. der Höchstgrenzen der Entschädigung für ehrenamtliche Tätigkeit,
5. des Verfahrens bei der Bildung von Ausschüssen,
6. der Anzeige des Amtsantritts und des Urlaubs des Landrats,
7. der Ausschreibung der Landratsstellen,
8. der Übernahme früherer Landesbeamter,
9. der Anwendung der Bestimmungen zur Durchführung des Gemeindewirtschaftsrechts auf den Landkreis und
10. der Kassen- und Rechnungsführung für die untere Verwaltungsbehörde und die Sonderbehörden durch den Landkreis.

Die Verordnungen nach Nummer 8 und Nummer 10 ergehen im Einvernehmen mit dem Finanzministerium.

§ 61 Ordnungswidrigkeiten

(1) Ordnungswidrig handelt, wer vorsätzlich oder fahrlässig einer auf Grund von § 3 Abs. 1 erlassenen Satzung über die Benutzung einer öffentlichen Einrichtung zuwiderhandelt, soweit die Satzung für einen bestimmten Tatbestand auf diese Bußgeldvorschrift verweist.
(2) Die Ordnungswidrigkeit kann mit einer Geldbuße geahndet werden.
(3) Verwaltungsbehörden im Sinne von § 36 Abs. 1 Nr. 1 des Gesetzes über Ordnungswidrigkeiten sind die Landkreise.

§ 62 Inkrafttreten

(1) Dieses Gesetz tritt am 1. April 1956 in Kraft mit Ausnahme des § 54 Abs. 2 Satz 2 und des § 62, die mit der Verkündung dieses Gesetzes in Kraft treten.
(2) Gleichzeitig treten alle Vorschriften, die diesem Gesetz entsprechen oder widersprechen, außer Kraft *(im übrigen vom Hrsg. nicht mehr abgedruckt).*

STATISTISCHES LANDESAMT
– LANDESINFORMATIONSSYSTEM –

Strukturdaten der Gemeinden Baden-Württembergs

Hinweis!
Die Anmerkungsziffern [1]) und [2]) auf jeder rechten Seite im Tabellenkopf bedeuten:

[1]) Gemeinsame Wahlvorschläge von Parteien und Wählervereinigungen.

[2]) Wählervereinigungen.

Land (LD) Regierungsbezirk (RB) Regionalverband (RV) Stadtkreis (SKR) Landkreis (LKR)	Katasterfläche am 1. 1. 1988 ha	Wohnbevölkerung am 1. 1. 1988 insgesamt Personen	darunter bis 18 Jahre alt %	darunter 65 u.m. %	Bevölkerungsdichte 1. 1. 1988 Einwohner je qkm	Landw. Betriebe 1987	Versicherungspfl. Beschäftigte Juni 1987 insgesamt Personen	auf 1000 der Bev.	Steuerkraftsumme 1987 DM je Einwohner	Schuldenstand 1987 DM je Einwohner
LD BADEN-WUERTTEMBERG	**3574141**	**9330488**	**19,3**	**14,4**	**261**	**126836**	**3556637**	**381**	**1256**	**1306**
RB STUTTGART	**1055760**	**3509015**	**19,3**	**14,1**	**332**	**40528**	**1439413**	**410**	**1389**	**1230**
RV MITTLERER NECKAR	**365437**	**2374814**	**18,5**	**13,9**	**650**	**14467**	**1037422**	**437**	**1501**	**1241**
SKR STUTTGART	**20736**	**556302**	**15,0**	**16,9**	**2683**	**470**	**365990**	**658**	**2082**	**2200**
STUTTGART,L.-HAUPTST	20736	556302	15,0	16,9	2683	470	365990	658	2082	2200
LKR BOEBLINGEN	**61787**	**317715**	**20,3**	**11,3**	**514**	**2024**	**145950**	**459**	**1845**	**874**
AIDLINGEN	2656	7786	21,0	9,8	293	97	547	70	1025	325
ALTDORF	1747	2864	23,4	7,6	164	44	247	86	1044	541
BOEBLINGEN,STADT	3904	43114	18,4	12,4	1104	28	27345	634	2451	1151
BONDORF	1756	3491	25,1	9,9	199	89	496	142	900	1041
DECKENPFRONN	1141	2081	22,7	8,8	182	76	326	157	953	998
EHNINGEN	1782	6936	20,6	10,2	389	48	1206	174	1136	443
GAERTRINGEN	2020	10267	22,6	8,5	508	56	1253	122	1032	1175
GAEUFELDEN	2008	6389	25,1	9,1	318	125	297	46	920	924
GRAFENAU	1304	5208	19,2	11,5	399	58	366	70	1012	749
HERRENBERG,STADT	6572	26087	21,4	11,5	397	409	7489	287	1221	1947
HILDRIZHAUSEN	1217	2865	21,8	9,0	235	48	350	122	994	891
HOLZGERLINGEN	1339	9006	20,6	10,2	673	50	1154	128	1071	624
JETTINGEN	2111	5392	23,4	9,9	255	98	961	178	1047	891
LEONBERG,STADT	4874	40510	18,4	13,0	831	86	14224	351	1305	1159
MAGSTADT	1912	7631	21,8	11,0	399	33	2033	266	1056	625
MOETZINGEN	815	2677	24,1	10,8	328	47	698	261	878	704
NUFRINGEN	1004	4082	21,7	9,7	407	38	706	173	1117	124
RENNINGEN,STADT	3113	13436	21,4	10,8	432	77	3781	281	1177	1108
RUTESHEIM	1624	8633	21,8	10,7	532	47	3456	400	1140	573
SCHOENAICH	1416	9276	20,9	10,7	655	32	2379	256	1061	1139
SINDELFINGEN,STADT	5085	57005	18,9	12,0	1121	59	65987	1158	4025	230
STEINENBRONN	973	4703	20,4	11,3	483	15	1175	250	1133	162
WALDENBUCH,STADT	2269	7447	21,5	10,3	328	72	2100	282	970	1072
WEIL DER STADT,STADT	4317	16176	21,5	11,0	375	161	2960	183	1034	745
WEIL IM SCHOENBUCH	2614	8447	21,3	9,6	323	73	1329	157	986	1292
WEISSACH	2214	6206	22,2	10,0	280	58	3085	497	2586	26

Landtagswahl 1988					Gemeinderatswahl 1984						
Gültige Stimmen (ohne Briefwahl)	darunter in %				Gültige gleichwertige Stimmen		darunter in %				
	CDU	SPD	FDP/DVP	GRÜNE	Mehrheitswahl	Verhältniswahl	CDU	SPD	FDP/DVP	Gem. WV[1])	WV[2])
4379966	**49,0**	**32,5**	**5,7**	**7,5**	**38049**	**3470051**	**37,9**	**26,3**	**3,9**	**3,3**	**21,6**
1680943	**47,0**	**33,6**	**6,4**	**7,5**	**9723**	**1286645**	**34,7**	**26,5**	**4,2**	**5,2**	**20,1**
1122985	**46,8**	**33,2**	**6,5**	**8,2**	**484**	**850282**	**34,3**	**27,0**	**5,1**	**4,3**	**18,9**
246549	**42,6**	**36,1**	**7,0**	**9,7**	**0**	**194243**	**38,8**	**29,7**	**8,2**	**0,0**	**5,5**
246549	42,6	36,1	7,0	9,7	0	194243	38,8	29,7	8,2	0,0	5,5
150584	**49,8**	**31,5**	**5,6**	**7,9**	**0**	**112298**	**31,8**	**23,2**	**2,7**	**1,2**	**32,4**
3909	47,7	32,8	5,6	7,2	0	3201	32,5	20,2	0,0	0,0	38,1
1550	49,5	29,6	8,1	6,8	0	1228	14,6	15,1	0,0	0,0	70,3
19949	48,3	33,0	5,5	8,3	0	14532	34,8	23,8	3,4	0,0	24,9
1695	57,4	24,2	4,4	5,4	0	1501	22,2	0,0	0,0	0,0	77,8
1107	52,3	30,6	4,4	6,4	0	979	0,0	0,0	0,0	0,0	100,0
3486	49,0	32,3	5,5	8,3	0	3036	28,8	20,7	0,0	0,0	50,5
4817	51,2	29,7	4,5	7,3	0	3271	36,9	18,6	0,0	0,0	34,0
3111	52,7	27,8	4,5	8,0	0	2096	36,3	8,8	0,0	0,0	54,9
2615	52,2	27,9	5,1	9,6	0	2068	32,0	12,8	0,0	0,0	55,2
12710	52,1	27,8	6,0	7,3	0	8092	35,2	20,1	0,0	0,0	33,4
1435	51,8	29,1	5,0	8,9	0	1258	28,2	13,7	0,0	0,0	48,9
4492	49,5	32,7	5,4	8,5	0	3722	28,8	20,0	0,0	0,0	51,2
2662	55,1	26,6	4,4	5,1	0	2100	38,3	11,3	0,0	0,0	50,4
19155	47,2	32,0	7,6	9,3	0	13502	28,8	24,5	6,2	0,0	40,4
3290	51,4	29,9	5,6	7,8	0	2657	33,1	22,4	0,0	0,0	44,6
1223	56,6	24,9	4,3	5,7	0	1073	0,0	9,3	0,0	0,0	90,7
1992	51,2	31,4	5,1	4,7	0	1733	21,2	13,5	0,0	0,0	65,3
6637	47,4	35,0	5,8	7,7	0	4960	28,0	28,9	0,0	0,0	31,9
4130	50,2	33,3	5,5	7,8	0	3371	17,2	16,2	0,0	0,0	66,7
4332	50,0	31,9	5,1	8,8	0	3910	0,0	27,9	0,0	58,4	0,0
25516	48,4	34,8	4,4	7,6	0	17896	36,4	27,7	3,4	0,0	17,9
2261	48,5	33,5	6,1	7,2	0	1910	38,5	25,3	0,0	0,0	36,2
3481	49,9	32,4	7,0	7,9	0	2982	26,6	25,1	0,0	0,0	35,5
7829	52,5	28,3	6,0	8,8	0	5583	40,8	19,4	5,7	0,0	23,2
4105	52,8	28,3	5,1	6,8	0	3205	31,6	13,9	0,0	0,0	54,5
3095	55,0	26,4	6,2	8,9	0	2433	0,0	17,9	0,0	0,0	82,1

Land (LD) Regierungsbezirk (RB) Regionalverband (RV) Stadtkreis (SKR) Landkreis (LKR)	Katasterfläche am 1. 1. 1988 ha	Wohnbevölkerung am 1. 1. 1988 insgesamt Personen	darunter bis 18 Jahre alt %	darunter 65 u.m. Jahre alt %	Bevölkerungsdichte 1. 1. 1988 Einwohner je qkm	Landw. Betriebe 1987	Versicherungspfl. Beschäftigte Juni 1987 insgesamt Personen	Versicherungspfl. Beschäftigte Juni 1987 auf 1000 der Bev.	Steuerkraftsumme 1987 DM je Einwohner	Schuldenstand 1987 DM je Einwohner
LKR ESSLINGEN	**64157**	**462363**	**19,2**	**12,9**	**721**	**2582**	**176454**	**382**	**1250**	**871**
AICHTAL,STADT	2365	8276	20,7	10,1	350	57	1497	181	895	936
AICHWALD	1468	7648	22,1	10,1	521	75	1126	147	1062	230
ALTBACH	335	5561	17,1	12,9	1660	9	1867	336	1413	208
ALTDORF	325	914	25,9	9,7	281	35	50	55	938	163
ALTENRIET	335	1445	23,6	9,8	431	17	120	83	955	475
BALTMANNSWEILER	1854	5277	21,5	10,3	285	47	597	113	973	367
BEMPFLINGEN	627	3101	22,9	12,1	495	22	859	277	1014	143
BEUREN	1170	3251	20,3	13,2	278	82	678	209	827	155
BISSINGEN AN DER TECK	1705	3305	22,9	11,6	194	71	600	182	1056	255
DEIZISAU	517	6059	19,4	10,6	1172	13	2044	337	1294	497
DENKENDORF	1305	9759	20,2	10,4	748	21	2239	229	1214	474
DETTINGEN UNTER TECK	1518	5071	19,1	14,4	334	145	1803	356	1248	487
ERKENBRECHTSWEILER	692	1844	22,7	11,4	266	29	200	108	1002	312
ESSLINGEN A.NECKAR,ST	4643	90524	16,5	16,0	1950	158	48978	541	1550	1305
FILDERSTADT,STADT	3854	36655	20,3	9,4	951	208	10593	289	1168	1163
FRICKENHAUSEN	1136	8649	20,4	12,1	761	79	4022	465	1131	140
GROSZBETTLINGEN	423	3449	21,7	10,8	815	23	637	185	922	158
HOCHDORF	775	4151	19,7	11,0	536	27	436	105	931	914
HOLZMADEN	309	1647	22,3	12,0	533	16	277	168	960	726
KIRCHHEIM U.TECK,STADT	4046	34155	19,4	14,9	844	130	17145	502	1170	1101
KOENGEN	1249	8130	19,8	11,0	651	45	2500	308	1178	224
KOHLBERG	439	2140	21,2	13,0	487	43	329	154	1070	1200
LEINFELD.-ECHTERD.,ST	2990	33851	17,3	12,4	1132	103	16400	484	1386	1138
LENNINGEN	4144	8049	20,5	13,3	194	167	2063	256	1099	16
LICHTENWALD	1080	2449	24,1	8,7	227	17	101	41	917	463
NECKARTAILFINGEN	827	3277	22,5	9,1	396	31	811	247	1130	164
NECKARTENZLINGEN	904	5508	23,0	9,3	609	19	2279	414	1224	799
NEIDLINGEN	1264	1599	21,3	11,5	127	71	415	260	1057	801
NEUFFEN,STADT	1744	5280	21,0	13,4	303	107	1608	305	1112	435
NEUHAUSEN A.D.FILDERN	1247	10439	20,6	10,7	837	17	4447	426	1075	360
NOTZINGEN	770	3108	21,3	10,7	404	28	229	74	950	98
NUERTINGEN,STADT	4690	36589	19,8	13,9	780	167	15579	426	1125	868
OBERBOIHINGEN	631	4553	21,3	10,8	722	27	895	197	991	702
OHMDEN	555	1596	21,4	9,8	288	31	150	94	904	105
OSTFILDERN,STADT	2281	28022	18,8	12,9	1228	59	10189	364	1360	678
OWEN,STADT	970	2950	21,8	13,4	304	49	957	324	1293	4
PLOCHINGEN,STADT	1065	12037	17,4	14,8	1130	12	4817	400	1292	1189
REICHENBACH A.D.FILS	743	7032	17,6	14,4	946	25	3487	496	1036	924
SCHLAITDORF	731	1444	23,5	13,2	198	24	75	52	908	109
UNTERENSINGEN	762	3934	20,6	9,3	516	21	861	219	1141	40

Gültige Stimmen (ohne Briefwahl)	Landtagswahl 1988 darunter in %				Gemeinderatswahl 1984 Gültige gleichwertige Stimmen		darunter in %				
	CDU	SPD	FDP/DVP	GRÜNE	Mehrheitswahl	Verhältniswahl	CDU	SPD	FDP/DVP	Gem. WV[1])	WV[2])
223630	**46,2**	**31,6**	**6,0**	**7,8**	**484**	**168967**	**29,8**	**24,8**	**3,7**	**6,2**	**30,2**
4385	47,4	31,5	6,7	9,4	0	3784	23,5	12,3	5,7	0,0	47,6
4044	50,8	29,0	6,7	8,1	0	3096	0,0	0,0	0,0	59,3	31,0
2810	44,8	33,1	5,2	5,2	0	2531	34,9	22,7	0,0	0,0	32,3
484	52,9	30,0	4,3	7,2	0	421	0,0	15,6	0,0	0,0	84,4
775	46,1	33,5	4,8	8,8	0	663	0,0	0,0	0,0	0,0	100,0
2584	43,9	26,6	4,8	8,0	0	2007	13,2	15,2	0,0	0,0	62,0
1550	47,5	34,2	5,4	7,7	0	1337	0,0	0,0	0,0	25,9	74,1
1713	54,8	28,5	4,3	6,6	0	1502	0,0	30,4	0,0	69,6	0,0
1590	37,8	21,9	5,9	8,1	0	1207	0,0	12,6	0,0	0,0	87,4
3009	46,8	32,5	4,1	6,0	0	2761	32,7	19,9	0,0	0,0	47,4
4567	43,8	36,0	6,7	9,1	0	3900	34,0	31,3	0,0	0,0	34,7
2491	40,8	26,7	5,7	5,4	0	2322	0,0	22,4	0,0	19,3	58,3
938	54,1	25,5	3,3	3,7	0	848	0,0	0,0	0,0	0,0	100,0
40591	46,7	34,4	5,4	8,1	0	28203	46,6	31,8	7,3	0,9	13,4
17288	41,6	37,6	8,4	8,6	0	12581	28,5	28,3	1,6	0,4	29,8
4445	54,8	29,1	3,6	5,9	0	3105	43,6	31,7	0,0	0,0	24,7
1828	55,5	29,1	4,2	6,3	0	1544	28,5	14,4	0,0	0,0	57,1
2197	45,4	32,2	5,0	6,8	0	1837	36,1	35,8	0,0	0,0	28,2
859	41,7	19,8	6,3	6,4	0	799	0,0	0,0	0,0	0,0	100,0
15906	40,8	27,4	5,8	7,2	0	11559	26,6	26,3	7,2	12,5	27,4
4008	41,7	35,1	4,8	7,8	0	3430	0,0	36,4	0,0	35,2	28,4
1087	56,9	27,3	5,9	4,2	484	0	0,0	0,0	0,0	0,0	0,0
17542	44,7	33,0	9,4	9,3	0	11598	29,7	22,6	6,4	0,0	25,6
3917	42,4	25,9	6,5	5,4	0	2816	0,0	0,0	0,0	15,2	84,8
1308	44,5	30,0	5,4	6,2	0	1112	0,0	0,0	0,0	41,5	58,5
1664	57,3	26,4	3,6	7,3	0	1564	0,0	11,4	0,0	43,0	45,7
2433	45,9	38,4	4,5	5,8	0	2082	0,0	28,9	0,0	31,0	40,1
843	42,5	16,6	6,0	5,2	0	730	0,0	0,0	0,0	0,0	100,0
2761	56,2	27,1	4,4	7,1	0	2359	27,8	18,4	0,0	0,0	53,8
5450	42,6	33,0	7,6	12,6	0	4464	0,0	22,5	0,0	43,9	22,5
1734	46,6	24,9	4,7	4,4	0	1446	43,3	0,0	0,0	25,0	31,7
17321	51,9	27,7	5,1	8,8	0	11702	33,1	18,9	5,7	0,3	31,9
2259	47,6	30,9	6,4	8,1	0	1596	0,0	0,0	0,0	0,0	100,0
872	35,7	25,7	4,8	4,8	0	660	0,0	0,0	0,0	0,0	100,0
13831	43,9	33,7	8,0	9,3	0	9825	35,3	26,4	0,0	0,3	27,3
1501	50,0	22,3	4,8	5,1	0	1383	0,0	0,0	0,0	0,0	100,0
5659	43,1	36,6	4,8	4,9	0	4828	0,0	34,7	0,0	34,9	30,4
3613	50,0	31,5	4,6	6,3	0	3228	0,0	22,3	0,0	23,7	47,6
731	45,1	30,6	6,8	12,4	0	706	0,0	0,0	0,0	0,0	100,0
1978	49,4	29,2	4,8	8,7	0	1601	23,6	15,8	0,0	0,0	60,6

Land (LD) Regierungsbezirk (RB) Regionalverband (RV) Stadtkreis (SKR) Landkreis (LKR)	Kataster-fläche am 1. 1. 1988 ha	Wohnbevölkerung am 1. 1. 1988 insgesamt Personen	darunter bis 18 Jahre alt %	darunter 65 u.m. Jahre alt %	Bevölkerungsdichte 1. 1. 1988 Einwohner je qkm	Landw. Betriebe 1987	Versicherungspfl. Beschäftigte Juni 1987 insgesamt Personen	Versicherungspfl. Beschäftigte Juni 1987 auf 1000 der Bev.	Steuerkraftsumme 1987 DM je Einwohner	Schuldenstand 1987 DM je Einwohner
WEILHEIM A.D.TECK,ST	2651	8214	21,4	12,8	310	170	3308	403	1106	650
WENDLINGEN A.NECKAR,ST	1217	14516	19,8	11,9	1193	26	4371	301	1261	1626
WERNAU(NECKAR),STADT	1089	11672	18,3	13,4	1072	20	3459	296	1330	800
WOLFSCHLUGEN	712	5233	21,8	10,4	735	39	1356	259	1180	265
LKR GOEPPINGEN	**64234**	**231284**	**19,7**	**15,4**	**360**	**1961**	**82992**	**359**	**1101**	**1150**
ADELBERG	949	1722	21,5	12,5	181	15	472	274	1269	55
AICHELBERG	401	848	21,1	14,9	211	10	125	147	970	276
ALBERSHAUSEN	650	3723	21,1	12,4	573	19	648	174	972	309
BAD DITZENBACH	2546	2989	19,4	17,1	117	50	959	321	829	561
BAD UEBERKINGEN	2402	3592	19,4	15,5	150	113	1134	316	1004	2284
BIRENBACH	250	1658	20,5	10,9	663	4	74	45	933	879
BOEHMENKIRCH	5108	4675	23,3	12,8	92	199	931	199	1002	1117
BOERTLINGEN	826	1667	20,4	12,8	202	31	77	46	914	838
BOLL	1094	4236	21,8	15,7	387	27	1205	284	931	1475
DEGGINGEN	2270	5523	19,8	14,7	243	50	996	180	928	1482
DONZDORF,STADT	3982	10949	22,1	12,2	275	105	2620	239	1088	734
DRACKENSTEIN	569	339	24,5	13,6	60	33	18	53	1007	354
DUERNAU	537	1528	19,5	13,0	285	23	173	113	894	1433
EBERSBACH A.D.FILS,ST	2627	14782	20,3	13,1	563	95	5727	387	1053	986
EISLINGEN/FILS,STADT	1642	17222	19,0	16,2	1049	55	7317	425	1163	1392
ESCHENBACH	480	1667	21,8	11,3	347	33	92	55	913	169
GAMMELSHAUSEN	331	1493	22,2	10,0	451	18	57	38	918	75
GEISLINGEN A.D.ST.,ST	7583	25984	18,5	17,9	343	175	10998	423	1194	1662
GINGEN AN DER FILS	1001	4181	19,8	15,3	418	35	856	205	979	93
GOEPPINGEN,STADT	5922	52272	17,6	18,7	883	170	29692	568	1273	1529
GRUIBINGEN	2306	1890	24,8	11,0	82	80	615	325	956	846
HATTENHOFEN	764	2713	22,4	10,9	355	35	621	229	966	1003
HEININGEN	1246	4934	22,0	11,5	396	46	750	152	932	196
HOHENSTADT	1163	527	28,1	12,0	45	42	22	42	869	1150
KUCHEN	895	5573	19,4	14,0	623	15	519	93	884	1379
LAUTERSTEIN,STADT	2332	2692	21,7	14,3	115	27	210	78	902	864
MUEHLHAUSEN IM TAELE	633	933	20,5	12,6	147	17	797	854	928	1235
OTTENBACH	1190	2115	23,7	12,8	178	56	251	119	979	520
RECHBERGHAUSEN	640	5042	19,4	14,9	788	12	494	98	998	780
SALACH	832	6788	19,9	16,7	816	24	3199	471	1117	954
SCHLAT	968	1634	20,6	14,4	169	41	87	53	987	287
SCHLIERBACH	1097	3456	22,5	10,8	315	38	1084	314	920	364
SUESZEN	1278	8850	20,6	14,5	692	44	4447	502	1115	1319
UHINGEN	2478	12135	19,6	14,2	490	80	3717	306	1151	609

Gültige Stimmen (ohne Briefwahl)	Landtagswahl 1988 darunter in % CDU	SPD	FDP/DVP	GRÜNE	Gemeinderatswahl 1984 Gültige gleichwertige Stimmen Mehrheitswahl	Verhältniswahl	darunter in % CDU	SPD	FDP/DVP	Gem. WV[1])	WV[2])
3719	47,0	21,6	5,8	5,4	0	3038	0,0	0,0	0,0	0,0	100,0
6900	46,8	32,8	4,8	8,1	0	5660	28,5	24,3	0,0	0,0	36,1
5793	55,5	27,1	3,3	5,2	0	4859	45,3	26,7	0,0	0,0	22,6
2652	46,4	33,2	5,7	9,2	0	2276	20,7	17,3	0,0	0,0	50,6
111347	**45,4**	**35,3**	**6,5**	**6,4**	**0**	**86886**	**35,0**	**28,3**	**1,4**	**7,8**	**25,9**
925	48,5	31,2	7,4	7,5	0	827	0,0	0,0	0,0	0,0	100,0
428	49,8	25,7	12,9	8,6	0	433	0,0	0,0	0,0	0,0	100,0
2000	42,6	38,4	6,1	5,5	0	1667	29,3	28,4	0,0	0,0	42,3
1522	60,7	21,2	4,9	7,8	0	1113	59,7	0,0	0,0	0,0	40,3
1814	51,0	28,9	8,8	4,8	0	1511	39,1	0,0	0,0	0,0	60,9
871	42,6	38,7	6,0	7,2	0	747	12,7	24,1	0,0	0,0	63,2
2269	61,3	22,1	4,8	6,5	0	1845	0,0	0,0	0,0	49,6	50,4
888	45,0	32,7	5,2	8,9	0	792	0,0	0,0	0,0	0,0	100,0
1996	38,1	30,9	8,8	15,9	0	1834	27,4	0,0	0,0	11,8	60,8
2729	58,2	27,1	5,1	5,5	0	2172	47,5	20,5	0,0	0,0	32,0
5318	52,8	29,3	5,8	5,1	0	4091	46,2	22,9	5,5	0,0	25,4
182	55,5	20,9	3,3	12,1	0	197	58,1	0,0	0,0	0,0	41,9
791	37,7	35,5	7,6	10,1	0	583	0,0	0,0	0,0	0,0	100,0
6884	42,6	38,6	5,5	7,2	0	4852	38,4	34,7	0,0	0,0	17,5
8090	45,6	36,4	5,7	4,9	0	6077	42,3	29,9	4,1	0,0	23,7
872	46,9	33,9	7,3	6,8	0	662	0,0	0,0	0,0	0,0	100,0
743	37,4	39,8	7,9	7,0	0	669	0,0	0,0	0,0	0,0	100,0
11567	43,7	39,5	4,6	5,8	0	9847	33,3	35,2	0,0	7,2	17,8
2164	41,9	40,8	5,7	6,7	0	2108	0,0	29,8	0,0	34,3	35,9
24320	41,1	37,8	8,0	6,5	0	15393	38,9	33,2	0,0	16,8	11,1
807	42,5	28,1	13,3	8,4	0	766	0,0	0,0	0,0	0,0	100,0
1348	36,9	35,7	12,3	9,0	0	1309	0,0	0,0	0,0	0,0	100,0
2343	43,7	34,4	7,4	7,6	0	1985	26,6	15,8	0,0	0,0	57,6
244	63,5	22,1	6,6	4,5	0	265	0,0	0,0	0,0	0,0	100,0
2861	40,6	42,1	6,4	5,6	0	2554	33,8	39,1	0,0	0,0	27,2
1357	51,7	29,5	6,4	5,3	0	1369	0,0	0,0	0,0	0,0	100,0
475	52,4	30,7	5,9	7,2	0	405	0,0	0,0	0,0	0,0	100,0
1126	60,1	22,6	4,9	6,7	0	870	63,8	0,0	0,0	0,0	36,2
2634	46,1	36,4	5,7	6,2	0	1898	54,3	34,6	0,0	0,0	11,1
3268	53,6	32,2	4,3	4,4	0	2836	48,1	26,4	0,0	0,0	25,5
862	45,8	32,3	10,6	5,5	0	936	0,0	0,0	0,0	0,0	100,0
1680	48,7	33,0	6,2	5,0	0	1460	47,1	23,7	0,0	0,0	29,3
4270	42,8	38,0	7,0	6,4	0	3726	31,4	33,2	12,7	0,0	22,7
6247	43,3	38,7	5,3	6,4	0	4394	32,4	35,5	7,6	0,0	24,6

Land (LD) Regierungsbezirk (RB) Regionalverband (RV) Stadtkreis (SKR) Landkreis (LKR)	Katasterfläche am 1. 1. 1988 ha	Wohnbevölkerung am 1. 1. 1988 insgesamt Personen	darunter bis 18 Jahre alt %	darunter 65 u.m. Jahre alt %	Bevölkerungsdichte 1. 1. 1988 Einwohner je qkm	Landw. Betriebe 1987	Versicherungspfl. Beschäftigte Juni 1987 insgesamt Personen	Versicherungspfl. Beschäftigte auf 1000 der Bev.	Steuerkraftsumme 1987 DM je Einwohner	Schuldenstand 1987 DM je Einwohner
WAESCHENBEUREN	1295	2899	23,2	12,8	224	51	201	69	887	1402
WANGEN	968	3195	21,1	12,1	330	35	411	129	898	209
WIESENSTEIG,STADT	2340	2452	18,8	14,2	105	24	860	351	1076	391
ZELL UNTER AICHELBERG	639	2406	22,5	11,2	377	34	536	223	953	1740
LKR LUDWIGSBURG	**68717**	**444651**	**19,5**	**12,5**	**647**	**3463**	**145657**	**328**	**1218**	**863**
AFFALTERBACH	1015	4283	23,9	10,1	422	50	852	199	1023	98
ASPERG,STADT	580	11672	17,5	13,9	2012	16	2800	240	1235	1214
BENNINGEN AM NECKAR	487	4770	20,3	11,0	979	14	748	157	896	1086
BESIGHEIM,STADT	1684	9296	20,1	14,4	552	136	3446	371	1183	927
BIETIGHM.-BISSINGEN,ST	3129	37097	19,5	12,6	1186	71	17547	473	1260	774
BOENNIGHEIM,STADT	2013	6273	22,4	11,4	312	150	1776	283	936	413
DITZINGEN,STADT	3042	21950	19,8	10,3	722	125	7764	354	1222	860
EBERDINGEN	2622	5709	23,2	9,6	218	106	830	145	1043	795
ERDMANNHAUSEN	872	4169	22,0	10,4	478	38	597	143	915	294
ERLIGHEIM	619	1990	23,2	9,0	321	69	229	115	904	244
FREIBERG AM NECKAR,ST	1314	13605	18,9	10,3	1035	44	3435	252	1070	558
FREUDENTAL	307	2072	20,2	16,6	675	13	173	83	854	674
GEMMRIGHEIM	823	3425	22,3	11,3	416	72	916	267	1722	429
GERLINGEN,STADT	1700	17914	16,0	14,3	1054	27	5981	334	1422	878
GROSZBOTTWAR,STADT	2584	7128	21,8	12,1	276	223	1259	177	940	1182
HEMMINGEN	1234	6905	21,1	8,7	560	49	1475	214	1270	1327
HESSIGHEIM	503	1793	23,9	12,0	356	123	116	65	936	662
INGERSHEIM	1155	5046	21,3	11,2	437	68	630	125	1016	385
KIRCHHEIM AM NECKAR	852	4202	20,5	12,9	493	63	1236	294	972	461
KORNTAL-MUENCHINGEN,ST	2071	16500	19,3	13,6	797	83	6185	375	1432	190
KORNWESTHEIM,STADT	1455	28061	17,1	14,5	1929	40	10265	366	1281	358
LOECHGAU	1095	4510	21,4	11,0	412	52	527	117	951	403
LUDWIGSBURG,STADT	4366	79045	16,7	15,7	1810	148	39334	498	1403	788
MARBACH AM NECKAR,ST	1805	12578	19,6	14,8	697	70	2890	230	1101	1885
MARKGROENINGEN,STADT	2816	12518	20,5	10,5	445	85	5343	427	1146	1240
MOEGLINGEN	993	10027	19,5	9,5	1010	62	1848	184	1144	170
MUNDELSHEIM	1019	2830	22,8	11,1	278	188	415	147	909	1073
MURR	779	4409	21,5	9,3	566	29	1609	365	980	443
OBERRIEXINGEN,STADT	816	2358	23,4	9,1	289	23	214	91	991	909
OBERSTENFELD	2111	7281	23,7	10,5	345	120	1511	208	1031	321
PLEIDELSHEIM	1018	4373	21,2	10,4	430	47	1553	355	1001	1647
REMSECK AM NECKAR	2260	16416	20,7	9,8	726	90	2858	174	1223	1396
SACHSENHEIM,STADT	5792	14880	21,8	11,6	257	257	2350	158	1067	228
SCHWIEBERDINGEN	1487	8991	20,1	8,9	605	63	5567	619	1857	1005

Gültige Stimmen (ohne Briefwahl)	Landtagswahl 1988 darunter in % CDU	SPD	FDP/ DVP	GRÜNE	Gemeinderatswahl 1984 Gültige gleichwertige Stimmen Mehrheitswahl	Verhältniswahl	darunter in % CDU	SPD	FDP/ DVP	Gem. WV[1])	WV[2])
1538	51,6	29,2	5,7	6,8	0	1425	55,4	44,6	0,0	0,0	0,0
1580	41,9	37,1	7,6	6,4	0	1062	0,0	0,0	0,0	0,0	100,0
1079	55,8	27,2	4,9	5,6	0	1134	40,3	16,6	0,0	0,0	43,1
1255	53,0	21,6	9,5	10,0	0	1074	25,7	0,0	0,0	0,0	74,3
216603	**49,6**	**31,8**	**5,8**	**8,8**	**0**	**161711**	**34,8**	**25,3**	**5,5**	**2,9**	**25,5**
1973	51,3	32,0	5,1	8,4	0	1742	32,3	18,9	0,6	0,0	48,2
5958	47,5	32,3	5,2	9,8	0	4771	30,5	24,3	4,4	0,0	25,2
2363	47,9	37,2	4,5	7,7	0	2018	28,9	21,6	0,0	0,0	49,5
4509	51,7	29,0	6,5	8,7	0	3744	34,4	22,0	12,5	0,0	31,0
17884	50,5	31,3	4,9	9,8	0	12363	41,1	25,6	11,6	0,0	21,7
2922	51,2	30,0	6,0	9,4	0	2426	0,0	12,6	0,0	35,6	45,5
10780	49,4	30,6	7,9	8,6	0	7027	34,8	22,5	5,6	0,0	37,0
2728	47,4	29,6	8,3	9,5	0	2329	37,8	16,1	0,0	8,0	38,1
1932	51,0	32,2	4,3	9,3	0	1580	35,1	35,3	0,0	0,0	29,6
981	58,0	24,1	5,3	8,5	0	716	0,0	0,0	0,0	0,0	100,0
7174	50,2	32,5	4,8	9,2	0	5647	39,6	32,0	0,0	0,0	28,4
1109	47,0	33,7	4,2	10,3	0	914	0,0	21,7	0,0	40,9	37,4
1691	56,9	26,1	6,6	5,9	0	1439	27,9	17,7	0,0	0,0	54,4
9472	52,3	29,4	7,1	8,6	0	7934	32,3	18,7	5,9	0,0	30,8
3463	54,1	29,0	6,2	7,2	0	2627	29,0	21,0	0,0	0,0	42,6
3416	48,4	34,4	6,8	7,3	0	2705	38,1	37,1	6,0	0,0	18,8
900	58,6	18,3	5,7	7,9	0	693	0,0	0,0	0,0	0,0	100,0
2540	49,6	33,7	5,1	8,7	0	2094	22,1	0,0	0,0	26,0	45,0
1905	48,9	33,0	6,1	8,8	0	1764	0,0	17,1	0,0	22,3	60,6
7958	50,8	29,5	7,7	9,2	0	6015	44,1	29,1	7,9	0,0	18,9
13136	46,0	38,7	4,1	6,8	0	10664	43,0	37,7	3,6	0,0	6,7
2354	52,6	32,9	3,6	7,4	0	1887	39,3	30,6	0,0	0,0	30,1
36852	47,1	32,2	5,6	10,1	0	25995	39,8	26,9	7,7	0,0	14,0
6431	49,3	34,3	4,6	9,0	0	5060	37,0	26,3	1,3	0,0	25,3
5608	49,9	31,0	6,3	9,0	0	4606	24,2	23,4	0,0	0,0	44,7
4974	45,1	36,7	5,3	8,8	0	3554	0,0	45,6	5,2	49,3	0,0
1432	61,1	21,0	6,6	6,8	0	1295	24,8	12,3	0,0	0,0	63,0
2262	53,8	30,9	4,6	8,0	0	1839	26,0	25,1	0,0	0,0	49,0
1196	48,5	30,3	6,3	10,0	0	1019	0,0	0,0	0,0	0,0	100,0
3593	55,7	29,3	4,6	7,1	0	2676	38,5	25,4	0,0	0,0	36,0
2031	51,7	28,9	4,6	10,8	0	1693	32,6	30,3	0,0	0,0	37,1
7934	47,8	32,3	7,6	8,5	0	5158	37,8	31,9	9,1	0,0	21,2
7317	53,4	29,5	5,2	7,6	0	4880	37,3	19,6	0,6	0,0	42,5
4514	48,2	35,5	6,7	6,9	0	3457	28,9	28,8	10,0	0,0	32,3

Land (LD) Regierungsbezirk (RB) Regionalverband (RV) Stadtkreis (SKR) Landkreis (LKR)	Katasterfläche am 1. 1. 1988 ha	Wohnbevölkerung am 1. 1. 1988 insgesamt Personen	darunter bis 18 Jahre alt %	darunter 65 u.m. Jahre alt %	Bevölkerungsdichte 1. 1. 1988 Einwohner je qkm	Landw. Betriebe 1987	Versicherungspfl. Beschäftigte Juni 1987 insgesamt Personen	Versicherungspfl. Beschäftigte auf 1000 der Bev.	Steuerkraftsumme 1987 DM je Einwohner	Schuldenstand 1987 DM je Einwohner
SERSHEIM	1148	4209	23,2	10,8	367	47	720	171	985	677
STEINHEIM A.D.MURR,ST	2319	9585	22,1	10,4	413	121	1715	179	1104	1546
TAMM	878	10914	22,7	8,3	1243	35	1572	144	938	1482
VAIHINGEN A.D.ENZ,ST	7340	23258	20,9	12,3	317	369	6651	286	1103	1931
WALHEIM	614	2609	19,7	12,4	425	77	720	276	1205	459
LKR REMS-MURR-KREIS	**85806**	**362499**	**19,4**	**13,4**	**422**	**3967**	**120379**	**332**	**1210**	**1089**
ALFDORF	6850	5955	23,9	12,3	87	268	2000	336	1204	1178
ALLMERSBACH IM TAL	796	4201	21,8	9,2	528	32	447	106	958	531
ALTHUETTE	1816	3515	21,5	14,5	194	76	327	93	897	44
ASPACH	3546	6632	20,4	12,4	187	150	998	150	931	1113
AUENWALD	1976	5376	21,7	11,3	272	102	447	83	947	927
BACKNANG,STADT	3937	30244	18,7	14,9	768	140	14137	467	1682	915
BERGLEN	2587	5338	21,3	11,3	206	158	505	95	971	411
BURGSTETTEN	1029	2968	22,0	11,2	288	49	355	120	922	686
FELLBACH,STADT	2765	39196	16,8	15,7	1418	181	20565	525	1338	1378
GROSZERLACH	2714	2209	15,8	19,2	81	94	232	105	863	1184
KAISERSBACH	2794	2142	22,8	13,4	77	127	260	121	874	430
KERNEN IM REMSTAL	1505	13767	17,7	11,8	915	131	4596	334	1196	974
KIRCHBERG AN DER MURR	1318	3214	21,6	12,0	244	52	796	248	1090	1566
KORB	854	9358	18,3	11,2	1096	137	1508	161	1107	1413
LEUTENBACH	1472	9313	19,9	10,0	633	90	907	97	1025	333
MURRHARDT,STADT	7114	13251	18,9	17,5	186	213	4420	334	1144	21
OPPENWEILER	1983	3732	20,1	13,7	188	61	1243	333	1136	246
PLUEDERHAUSEN	2613	8768	21,2	12,0	336	30	2730	311	1096	913
REMSHALDEN	1515	12867	19,2	12,8	849	142	3072	239	1120	806
RUDERSBERG	3937	9874	21,3	12,6	251	229	2776	281	1045	682
SCHORNDORF,STADT	5686	35796	19,5	14,3	630	198	11858	331	1151	1779
SCHWAIKHEIM	922	7890	20,1	11,5	856	33	1706	216	1063	469
SPIEGELBERG	2822	1748	20,3	16,0	62	82	112	64	901	807
SULZBACH AN DER MURR	4011	4528	19,9	16,0	113	83	1215	268	872	147
URBACH	2077	7098	20,1	13,7	342	58	2984	420	1225	103
WAIBLINGEN,STADT	4269	46059	18,4	13,0	1079	192	19549	424	1410	1776
WEINSTADT,STADT	3171	23229	20,0	11,8	733	472	5844	252	1213	1431
WEISSACH IM TAL	1413	6212	22,6	9,9	440	84	617	99	913	301
WELZHEIM,STADT	3799	8949	21,7	14,3	236	124	3029	338	1193	982
WINNENDEN,STADT	2805	22419	18,8	13,4	799	145	8969	400	1074	1107
WINTERBACH	1710	6651	21,8	12,1	389	34	2175	327	1070	260

Landtagswahl 1988					Gemeinderatswahl 1984						
Gültige Stimmen (ohne Briefwahl)	darunter in %				Gültige gleichwertige Stimmen		darunter in %				
	CDU	SPD	FDP/DVP	GRÜNE	Mehrheitswahl	Verhältniswahl	CDU	SPD	FDP/DVP	Gem. WV[1])	WV[2])
2008	44,3	35,3	5,9	9,0	0	1613	0,0	0,0	0,0	48,7	51,3
4890	50,1	34,7	4,6	7,2	0	3447	33,4	0,0	0,0	39,7	26,9
5518	50,0	32,6	5,0	8,8	0	3472	30,6	24,8	0,0	0,0	29,4
11545	50,7	28,0	7,6	8,7	0	7669	28,4	21,2	7,0	0,0	31,7
1350	51,9	32,5	5,6	6,4	0	1178	0,0	0,0	0,0	0,0	100,0
174272	**48,0**	**32,7**	**7,7**	**6,9**	**0**	**126176**	**26,8**	**25,4**	**0,1**	**18,6**	**25,0**
2717	52,8	27,9	6,3	7,7	0	2152	38,9	13,8	0,0	0,0	47,3
2062	49,6	33,3	5,2	6,3	0	1228	0,0	0,0	0,0	0,0	100,0
1759	50,7	30,4	6,9	6,7	0	1372	0,0	0,0	0,0	0,0	100,0
3209	52,1	29,5	5,3	6,9	0	2453	0,0	0,0	0,0	67,0	26,1
2627	49,8	33,3	7,0	6,2	0	1926	0,0	18,0	0,0	0,0	82,0
14517	45,4	36,4	5,9	6,8	0	9953	43,3	32,6	0,0	10,5	0,0
2619	50,1	28,3	9,0	7,8	0	1840	0,0	19,5	0,0	0,0	80,5
1486	48,9	34,7	6,5	5,6	0	1258	0,0	0,0	0,0	0,0	100,0
19567	48,4	33,5	7,5	6,5	0	12925	42,6	24,1	0,0	0,0	20,6
1112	47,4	33,7	4,3	8,4	0	685	0,0	0,0	0,0	0,0	100,0
951	54,9	26,6	7,7	5,0	0	974	0,0	0,0	0,0	0,0	100,0
6589	47,4	34,0	6,3	8,0	0	5113	30,1	29,0	0,0	0,0	29,2
1544	50,3	32,2	5,0	6,9	0	1370	0,0	0,0	0,0	0,0	100,0
4673	46,8	33,2	8,4	7,5	0	3484	0,0	30,6	0,0	69,4	0,0
4518	42,2	36,2	9,5	7,5	0	3332	0,0	22,9	0,0	29,8	38,3
5809	46,7	36,2	5,6	6,8	0	5360	0,0	0,0	0,0	78,8	21,2
1813	46,4	34,2	6,2	7,5	0	1487	0,0	0,0	0,0	0,0	100,0
4178	48,2	34,1	6,9	5,2	0	3410	33,6	0,0	0,0	56,9	9,6
6856	50,4	29,7	9,1	7,1	0	4956	0,0	26,8	0,0	73,2	0,0
4509	55,5	24,6	7,2	6,6	0	2831	27,8	23,6	0,0	0,0	48,6
16940	49,3	30,9	7,6	6,9	0	11166	28,4	29,7	0,0	24,8	17,0
3798	31,3	32,5	26,3	6,3	0	3445	27,3	34,4	0,0	31,4	0,0
956	48,6	35,3	4,5	5,3	0	928	0,0	0,0	0,0	0,0	100,0
2071	54,8	26,2	7,4	6,7	0	1960	0,0	9,7	0,0	58,7	31,6
3186	48,7	34,5	7,0	5,6	0	2786	22,4	36,2	0,0	0,0	41,4
21491	44,6	35,2	8,1	7,3	0	14164	36,4	33,6	0,0	0,0	29,9
11740	53,2	29,5	6,3	7,4	0	7635	45,4	28,3	0,0	26,3	0,0
3033	47,8	33,5	7,8	6,8	0	2192	0,0	0,0	0,0	38,3	61,7
3907	52,5	32,9	4,9	6,1	0	3455	36,8	30,5	0,0	0,0	32,7
10586	47,5	32,2	9,1	6,1	0	7385	0,0	29,5	1,4	33,3	35,8
3449	48,4	32,3	7,4	7,9	0	2951	21,9	14,8	0,0	0,0	53,3

Land (LD) Regierungsbezirk (RB) Regionalverband (RV) Stadtkreis (SKR) Landkreis (LKR)	Katasterfläche am 1. 1. 1988 ha	Wohnbevölkerung am 1. 1. 1988 insgesamt Personen	darunter bis 18 Jahre alt %	darunter 65 u.m. Jahre alt %	Bevölkerungsdichte 1. 1. 1988 Einwohner je qkm	Landw. Betriebe 1987	Versicherungspfl. Beschäftigte Juni 1987 insgesamt Personen	Versicherungspfl. Beschäftigte Juni 1987 auf 1000 der Bev.	Steuerkraftsumme 1987 DM je Einwohner	Schuldenstand 1987 DM je Einwohner
RV FRANKEN	**476460**	**728341**	**20,7**	**14,8**	**153**	**19471**	**258158**	**354**	**1180**	**1135**
SKR HEILBRONN	**9986**	**111368**	**17,9**	**16,3**	**1115**	**397**	**60219**	**541**	**1493**	**870**
HEILBRONN,STADT	9986	111368	17,9	16,3	1115	397	60219	541	1493	870
LKR HEILBRONN	**109964**	**253972**	**21,1**	**13,2**	**231**	**5505**	**75317**	**297**	**1100**	**808**
ABSTATT	966	2899	23,7	8,7	300	56	699	241	958	710
BAD FRIEDRICHSHALL,ST	2470	11943	19,8	13,9	484	85	3981	333	1219	397
BAD RAPPENAU,STADT	7356	14502	19,3	15,9	197	190	2893	199	935	637
BAD WIMPFEN,STADT	1938	5876	18,6	17,6	303	32	1374	234	956	955
BEILSTEIN,STADT	2526	5286	21,8	11,7	209	140	825	156	866	3266
BRACKENHEIM,STADT	4575	10854	21,8	13,2	237	542	2961	273	1033	822
CLEEBRONN	1710	2061	23,9	12,5	121	128	430	209	945	88
EBERSTADT	1250	2592	22,3	11,0	207	114	524	202	934	881
ELLHOFEN	586	2762	19,2	11,0	471	36	822	298	1108	606
EPPINGEN,STADT	8859	15515	21,1	13,6	175	335	3749	242	1022	1556
ERLENBACH	1273	3819	19,0	13,0	300	156	513	134	939	251
FLEIN	847	5540	18,0	13,6	654	105	967	175	1053	682
GEMMINGEN	1908	4118	21,5	12,0	216	58	814	198	991	937
GUEGLINGEN,STADT	1623	4632	23,9	11,1	285	104	2092	452	1677	555
GUNDELSHEIM,STADT	3845	6524	21,7	15,2	170	153	1298	199	955	302
HARDTHAUSEN AM KOCHER	3556	2885	23,1	12,5	81	115	588	204	938	569
ILSFELD	2616	6767	21,7	11,9	259	172	1425	211	1021	492
ITTLINGEN	1411	1768	20,9	13,2	125	31	298	169	892	832
JAGSTHAUSEN	1767	1318	18,8	16,7	75	49	340	258	919	687
KIRCHARDT	2150	4032	26,3	10,6	188	67	1211	300	894	585
LANGENBRETTACH	2397	2640	24,4	11,5	110	125	434	164	906	298
LAUFFEN AM NECKAR,ST	2263	9098	20,6	13,2	402	214	2230	245	1084	890
LEHRENSTEINSFELD	622	1651	23,1	12,1	265	96	99	60	856	702
LEINGARTEN	2348	8099	21,5	12,5	345	94	2233	276	1074	301
LOEWENSTEIN,STADT	2339	2662	19,1	12,7	114	138	849	319	909	1689
MASSENBACHHAUSEN	876	2823	23,0	9,1	322	24	640	227	865	407
MOECKMUEHL,STADT	4960	5913	20,5	14,1	119	115	1704	288	992	631
NECKARSULM,STADT	2494	21663	20,5	13,5	869	96	22137	1022	1998	387
NECKARWESTHEIM	1397	2355	22,8	10,1	169	55	879	373	1916	5073
NEUDENAU,STADT	3293	4495	20,6	14,0	137	92	554	123	898	656
NEUENSTADT A.KOCHER,ST	4118	7309	24,6	11,0	177	173	1427	195	891	434
NORDHEIM	1271	5719	21,9	12,3	450	136	1156	202	969	999
OBERSULM	3114	11231	21,1	13,8	361	239	1972	176	1019	457
OEDHEIM	2124	4417	21,4	12,4	208	63	415	94	1037	49

Landtagswahl 1988 Gültige Stimmen (ohne Briefwahl)	darunter in % CDU	SPD	FDP/DVP	GRÜNE	Gemeinderatswahl 1984 Gültige gleichwertige Stimmen Mehrheitswahl	Verhältniswahl	darunter in % CDU	SPD	FDP/DVP	Gem. WV[1])	WV[2])
359521	**46,3**	**35,2**	**7,1**	**6,2**	**5295**	**284881**	**35,0**	**25,1**	**2,9**	**5,3**	**25,8**
51725	**42,1**	**45,2**	**3,8**	**4,7**	**0**	**41217**	**39,4**	**35,2**	**7,6**	**0,0**	**5,1**
51725	42,1	45,2	3,8	4,7	0	41217	39,4	35,2	7,6	0,0	5,1
127542	**45,4**	**38,0**	**6,0**	**5,9**	**744**	**102585**	**31,7**	**27,0**	**0,5**	**6,2**	**30,0**
1467	45,4	39,3	5,2	6,1	0	1139	33,9	26,4	0,0	0,0	39,7
5954	46,7	40,0	2,4	6,1	0	4843	42,7	31,0	0,0	0,0	18,5
7563	46,5	37,9	5,3	4,9	0	5598	51,9	34,2	0,0	6,0	0,0
2863	46,6	40,7	4,4	5,3	0	2857	0,0	37,8	0,0	62,2	0,0
2587	48,0	28,6	12,0	6,9	0	2189	0,0	0,0	0,0	43,8	51,0
5363	43,9	30,9	12,4	5,8	0	3953	35,7	26,8	0,0	0,0	37,5
1014	54,4	21,9	9,0	6,8	0	1021	17,1	6,7	0,0	0,0	76,2
1363	39,2	42,6	5,4	6,9	0	1195	0,0	0,0	0,0	86,6	0,0
1515	44,8	40,9	3,0	6,1	0	1193	33,5	39,1	0,0	0,0	27,4
7377	45,3	38,9	5,8	5,8	0	5663	42,3	30,3	0,0	0,0	27,4
2114	62,0	27,2	2,6	3,9	0	1690	39,7	0,0	0,0	0,0	60,3
3057	44,2	35,6	10,5	6,1	0	2809	17,4	25,6	0,0	0,0	57,0
2130	43,0	41,8	6,0	4,2	0	1818	31,2	27,4	0,0	0,0	41,4
1933	43,0	31,5	10,9	6,4	0	1732	4,1	0,0	0,0	28,0	67,9
3399	63,8	25,6	2,7	4,2	0	2455	79,5	18,4	0,0	0,0	2,0
1539	44,8	39,1	5,1	3,9	0	1258	19,9	22,4	0,0	0,0	57,7
3495	49,6	34,2	6,8	5,6	0	2563	0,0	37,4	0,0	62,6	0,0
906	46,5	38,9	5,2	4,7	0	929	0,0	0,0	0,0	0,0	100,0
723	40,8	39,0	6,2	9,7	0	678	0,0	0,0	0,0	0,0	100,0
1875	48,2	36,0	5,0	5,4	0	1605	36,5	26,3	0,0	0,0	37,2
1269	53,0	28,4	4,7	6,2	744	0	0,0	0,0	0,0	0,0	0,0
4578	38,0	43,2	9,3	6,0	0	4066	41,2	38,1	10,6	0,0	0,0
857	39,3	46,3	5,0	7,0	0	903	27,4	44,3	0,0	0,0	28,3
4285	36,7	45,7	7,0	6,3	0	3503	23,0	26,5	0,0	0,0	41,3
1260	41,4	38,4	6,4	8,8	0	1191	0,0	27,2	0,0	0,0	63,2
1426	54,3	34,8	3,6	5,0	0	1446	38,3	21,9	0,0	0,0	39,8
2962	41,3	39,9	5,4	8,6	0	2370	21,6	29,1	0,0	0,0	34,6
9895	46,5	41,5	2,6	5,0	0	7997	47,6	36,0	1,1	0,0	7,2
1144	45,9	35,1	10,1	4,6	0	1065	26,9	38,0	0,0	0,0	35,1
2459	58,0	30,7	2,2	5,0	0	1926	44,1	23,6	0,0	0,0	32,3
3636	49,1	36,4	2,9	6,7	0	2642	38,8	22,6	0,0	0,0	30,9
2837	37,9	43,1	8,8	5,1	0	2130	0,0	36,9	0,0	21,3	41,8
5815	38,3	45,9	4,0	7,6	0	4081	26,4	30,4	0,0	0,0	31,9
2447	55,7	33,3	2,4	4,7	0	2077	50,7	15,8	0,0	0,0	33,5

Land (LD) Regierungsbezirk (RB) Regionalverband (RV) Stadtkreis (SKR) Landkreis (LKR)	Katasterfläche am 1. 1. 1988 ha	Wohnbevölkerung am 1. 1. 1988 insgesamt Personen	darunter bis 18 Jahre alt %	darunter 65 u.m. Jahre alt %	Bevölkerungsdichte 1. 1. 1988 Einwohner je qkm	Landw. Betriebe 1987	Versicherungspfl. Beschäftigte Juni 1987 insgesamt Personen	Versicherungspfl. Beschäftigte Juni 1987 auf 1000 der Bev.	Steuerkraftsumme 1987 DM je Einwohner	Schuldenstand 1987 DM je Einwohner
OFFENAU	565	2337	22,8	9,5	414	16	443	190	1015	1022
PFAFFENHOFEN	1208	2042	22,8	12,8	169	50	522	256	964	832
ROIGHEIM	1401	1365	18,9	17,7	97	26	435	319	910	546
SCHWAIGERN,STADT	4950	8976	22,4	11,5	181	275	1645	183	992	950
SIEGELSBACH	768	1392	21,0	14,5	181	30	318	228	936	24
TALHEIM	1162	3581	19,5	12,8	308	61	1054	294	1032	648
UNTEREISESHEIM	367	3064	24,5	8,8	835	11	200	65	897	548
UNTERGRUPPENBACH	2727	6511	20,9	11,1	239	101	662	102	960	358
WEINSBERG,STADT	2224	8946	19,3	14,1	402	219	3317	371	1054	1958
WIDDERN,STADT	2524	1392	20,3	20,1	55	62	266	191	793	633
WUESTENROT	3002	5704	18,6	21,2	190	183	890	156	841	1348
ZABERFELD	2218	2894	21,6	13,7	130	143	1032	357	1021	341
LKR HOHENLOHEKREIS	**77663**	**86675**	**21,4**	**14,4**	**112**	**3309**	**31093**	**359**	**1032**	**1197**
BRETZFELD	6467	8901	22,5	13,2	138	316	1085	122	934	634
DOERZBACH	3237	1824	22,3	17,3	56	120	286	157	836	1818
FORCHTENBERG,STADT	3807	3944	22,4	13,5	104	134	856	217	876	1604
INGELFINGEN,STADT	4647	5324	21,4	16,0	115	289	1937	364	1152	1249
KRAUTHEIM,STADT	5291	4082	21,3	14,1	77	282	825	202	855	1866
KUENZELSAU,STADT	7516	11663	19,8	15,1	155	323	8723	748	1268	1667
KUPFERZELL	5427	4308	22,7	12,6	79	216	923	214	977	931
MULFINGEN	8004	3354	24,2	14,8	42	353	1191	355	839	1159
NEUENSTEIN,STADT	4783	5347	22,8	14,1	112	223	2262	423	1144	197
NIEDERNHALL,STADT	1771	3322	22,2	12,4	188	33	1123	338	954	695
OEHRINGEN,STADT	6778	17019	20,1	15,5	251	265	7391	434	1102	1310
PFEDELBACH	4127	6811	21,6	12,9	165	238	1334	196	926	871
SCHOENTAL	8164	5295	21,0	14,7	65	321	918	173	934	1201
WALDENBURG,STADT	3157	2453	21,7	12,5	78	54	859	350	1102	1993
WEISZBACH	1277	1656	21,6	12,5	130	39	1156	698	885	1773
ZWEIFLINGEN	3210	1372	20,8	17,1	43	103	224	163	866	735
LKR SCHWAEBISCH HALL	**148392**	**154421**	**21,5**	**15,3**	**104**	**5499**	**50857**	**329**	**1283**	**1646**
BLAUFELDEN	9016	4493	23,6	17,2	50	320	1292	288	933	1406
BRAUNSBACH	5283	2402	21,6	16,8	45	205	212	88	886	1478
BUEHLERTANN	2359	2237	24,8	11,1	95	105	385	172	1002	820
BUEHLERZELL	4932	1759	22,9	16,8	36	141	193	110	887	921
CRAILSHEIM,STADT	10908	26359	20,3	15,8	242	375	11737	445	1159	2048
FICHTENAU	3128	4269	25,6	12,6	136	171	509	119	940	1397
FICHTENBERG	2419	2518	22,0	13,8	104	60	259	103	880	872

Landtagswahl 1988					Gemeinderatswahl 1984						
Gültige Stimmen (ohne Briefwahl)	darunter in %				Gültige gleichwertige Stimmen		darunter in %				
	CDU	SPD	FDP/ DVP	GRÜNE	Mehrheitswahl	Verhältniswahl	CDU	SPD	FDP/ DVP	Gem. WV[1])	WV[2])
1158	51,7	35,8	1,8	5,2	0	991	43,3	29,9	0,0	0,0	26,7
972	39,5	39,5	9,9	5,3	0	932	0,0	0,0	0,0	0,0	100,0
710	45,2	38,0	3,8	7,5	0	830	0,0	0,0	0,0	0,0	100,0
4463	36,5	39,2	13,4	6,1	0	3564	27,9	22,8	0,0	0,0	49,3
735	52,0	30,7	5,4	5,3	0	756	0,0	0,0	0,0	0,0	100,0
1938	47,9	33,3	8,8	5,4	0	1688	35,1	30,8	0,0	0,0	34,0
1577	37,7	48,3	3,2	5,8	0	1233	13,2	37,8	0,0	0,0	48,9
3473	38,9	41,6	7,4	7,9	0	2692	24,9	21,1	0,0	0,0	43,1
4485	46,4	37,2	5,1	7,8	0	3549	32,4	16,9	0,0	0,0	38,1
768	48,4	34,4	3,1	8,1	0	663	0,0	0,0	0,0	37,1	62,9
2712	46,0	39,2	4,9	5,1	0	2035	0,0	41,4	0,0	0,0	58,6
1444	41,9	38,2	7,4	4,6	0	1070	0,0	0,0	0,0	0,0	100,0
43019	**49,4**	**29,2**	**7,6**	**7,1**	**0**	**33207**	**31,9**	**17,8**	**3,3**	**15,5**	**29,9**
4305	43,6	36,2	6,7	6,9	0	2809	0,0	0,0	0,0	98,3	1,7
956	52,0	26,5	8,5	6,5	0	864	0,0	3,8	0,0	0,0	96,2
1940	47,7	32,6	5,6	7,4	0	1460	2,3	0,0	0,0	0,0	97,7
2637	51,3	26,6	7,5	6,5	0	2194	45,6	20,9	0,0	0,0	33,5
2108	63,8	24,7	2,2	4,8	0	1790	75,6	20,9	0,0	0,0	3,5
5822	48,4	30,4	7,2	6,8	0	4471	50,9	25,5	0,0	23,6	0,0
1956	44,6	30,1	10,3	8,6	0	1641	0,0	13,0	0,0	0,0	87,0
1841	63,8	16,2	5,7	8,0	0	1388	80,8	19,2	0,0	0,0	0,0
2616	43,7	32,6	8,9	8,4	0	2113	0,0	0,0	0,0	0,0	92,6
1584	40,0	36,6	7,7	10,4	0	1437	18,7	22,7	0,0	0,0	58,6
8040	45,9	29,5	11,3	6,5	0	5715	42,9	27,1	15,3	0,0	9,2
3478	45,5	30,9	7,7	7,4	0	2505	0,0	30,0	0,0	35,9	34,1
3117	70,9	15,7	3,4	5,4	0	2289	55,4	0,0	0,0	0,0	44,6
1097	44,8	31,6	7,3	9,5	0	1090	0,0	24,1	0,0	0,0	75,9
832	38,0	42,2	5,8	7,7	0	790	0,0	27,9	0,0	0,0	72,1
690	50,3	26,4	11,2	7,7	0	654	0,0	0,0	0,0	0,0	100,0
75155	**40,8**	**34,3**	**12,0**	**7,6**	**4551**	**55418**	**26,1**	**22,2**	**1,9**	**4,3**	**43,3**
2284	47,8	29,5	7,0	9,1	0	1706	0,0	0,0	0,0	74,4	25,6
1262	43,7	31,3	10,0	8,1	0	1089	0,0	0,0	0,0	0,0	100,0
1090	53,9	24,5	10,6	4,9	0	967	0,0	0,0	0,0	0,0	100,0
859	52,5	19,0	17,0	6,3	0	920	0,0	0,0	0,0	67,4	32,6
12237	42,7	36,7	7,4	6,9	0	8729	45,4	38,3	0,0	0,0	16,3
1846	47,3	33,9	9,2	5,4	0	1815	0,0	0,0	0,0	0,0	100,0
1233	34,5	43,3	9,1	6,5	0	1185	0,0	0,0	0,0	0,0	100,0

Land (LD) Regierungsbezirk (RB) Regionalverband (RV) Stadtkreis (SKR) Landkreis (LKR)	Katasterfläche am 1. 1. 1988 ha	Wohnbevölkerung am 1. 1. 1988 insgesamt Personen	darunter bis 18 Jahre alt %	darunter 65 u.m. Jahre alt %	Bevölkerungsdichte 1. 1. 1988 Einwohner je qkm	Landw. Betriebe 1987	Versicherungspfl. Beschäftigte Juni 1987 insgesamt Personen	Versicherungspfl. Beschäftigte Juni 1987 auf 1000 der Bev.	Steuerkraftsumme 1987 DM je Einwohner	Schuldenstand 1987 DM je Einwohner
FRANKENHARDT	6987	3969	24,3	14,3	57	277	427	108	845	1554
GAILDORF,STADT	6256	10595	21,7	13,9	169	181	3504	331	930	1238
GERABRONN,STADT	4037	3693	20,6	16,8	91	163	1166	316	905	2475
ILSHOFEN,STADT	5488	4271	23,4	13,5	78	222	1227	287	938	1721
KIRCHBERG A.D.JAGST,ST	4092	3506	20,3	19,4	86	158	712	203	872	1472
KRESZBERG	4845	3251	22,9	13,8	67	238	322	99	870	2079
LANGENBURG,STADT	3139	1812	17,2	19,3	58	78	659	364	984	1485
MAINHARDT	5869	4313	22,6	16,1	73	226	736	171	872	1489
MICHELBACH AN DER BILZ	1769	2841	24,1	10,2	161	49	241	85	1080	1005
MICHELFELD	3522	2669	22,7	11,6	76	118	358	134	849	523
OBERROT	3791	2936	23,8	13,9	77	140	975	332	1123	1367
OBERSONTHEIM	5482	3696	21,2	15,2	67	205	779	211	884	1423
ROSENGARTEN	3100	4040	20,2	16,0	130	135	730	181	868	1297
ROT AM SEE	7482	4335	23,1	15,8	58	309	937	216	998	1222
SATTELDORF	4621	3837	22,7	14,7	83	175	416	108	892	530
SCHROZBERG,STADT	10518	5266	21,7	17,3	50	361	1243	236	1003	1203
SCHWAEBISCH HALL,STADT	10424	31335	19,3	16,3	301	346	18647	595	2446	2420
STIMPFACH	3336	2443	24,6	13,0	73	136	835	342	1046	2430
SULZBACH-LAUFEN	4396	2225	22,0	13,9	51	116	745	335	1082	721
UNTERMUENKHEIM	2715	2505	22,8	12,0	92	125	486	194	876	914
VELLBERG,STADT	3189	3611	23,4	14,2	113	117	680	188	1063	216
WALLHAUSEN	2547	2023	21,2	16,6	79	129	322	159	939	1289
WOLPERTSHAUSEN	2742	1212	24,5	14,2	44	118	123	101	856	417
LKR MAIN-TAUBER-KREIS	**130455**	**121905**	**20,7**	**16,3**	**93**	**4761**	**40672**	**334**	**1034**	**1363**
AHORN	5403	2165	18,7	18,3	40	150	203	94	972	1331
ASSAMSTADT	1720	1705	26,4	11,3	99	109	295	173	956	721
BAD MERGENTHEIM,STADT	12995	19606	18,6	20,5	151	532	9637	492	1022	1895
BOXBERG,STADT	10176	6383	22,2	16,2	63	362	1610	252	942	518
CREGLINGEN,STADT	11720	4884	20,6	17,9	42	480	976	200	925	1020
FREUDENBERG,STADT	3481	3736	20,9	14,8	107	62	1449	388	731	1038
GROSZRINDERFELD	5663	3446	24,4	13,5	61	181	289	84	855	767
GRUENSFELD,STADT	4472	3309	20,5	13,6	74	167	387	117	882	1110
IGERSHEIM	4284	4674	22,3	13,7	109	154	642	137	880	1138
KOENIGHEIM	6126	3336	22,0	15,2	54	242	346	104	944	760
KUELSHEIM,STADT	8146	5322	23,4	12,6	65	313	835	157	928	1582
LAUDA-KOENIGSHOFEN,ST	9447	14438	21,1	14,8	153	347	3975	275	1016	1455
NIEDERSTETTEN,STADT	10404	5218	21,8	14,9	50	391	1285	246	896	1369
TAUBERBISCHOFSHEIM,ST	6904	11677	20,8	15,5	169	191	6825	584	1161	559
WEIKERSHEIM,STADT	8095	6608	20,1	17,5	82	305	1720	260	993	1041

Gültige Stimmen (ohne Briefwahl)	Landtagswahl 1988 darunter in % CDU	SPD	FDP/ DVP	GRÜNE	Gemeinderatswahl 1984 Gültige gleichwertige Stimmen Mehrheitswahl	Verhältniswahl	darunter in % CDU	SPD	FDP/ DVP	Gem. WV[1])	WV[2])
1872	41,9	32,2	10,9	8,5	0	1827	0,0	0,0	0,0	0,0	100,0
5060	39,7	39,5	11,2	5,5	0	4227	34,1	29,6	0,0	0,0	31,5
1779	32,1	45,8	7,6	9,3	0	1588	15,5	25,4	0,0	0,0	59,1
2157	43,2	28,6	15,3	7,6	0	1871	0,0	20,6	0,0	54,7	21,3
1585	34,3	29,6	12,2	16,7	0	1364	16,2	26,6	0,0	0,0	57,2
1464	48,8	26,0	9,8	7,5	1271	0	0,0	0,0	0,0	0,0	0,0
1067	29,0	44,4	7,4	12,9	0	1014	0,0	13,4	0,0	24,6	62,0
2192	42,9	26,0	18,5	7,5	0	1666	14,5	8,6	0,0	0,0	76,9
1517	33,4	49,0	10,7	4,7	0	1268	37,8	30,4	0,0	0,0	31,8
1382	40,9	31,3	16,6	6,9	0	1072	0,0	0,0	0,0	0,0	100,0
1312	39,4	34,2	12,9	6,9	0	1236	0,0	0,0	0,0	15,2	79,9
1852	40,2	30,1	18,1	7,5	0	1454	0,0	0,0	0,0	0,0	100,0
2064	38,6	36,9	15,3	5,9	0	1437	0,0	0,0	0,0	0,0	100,0
2259	42,8	24,4	11,5	11,8	0	1901	36,0	0,0	0,0	0,0	64,0
1784	39,3	35,7	10,4	7,7	1038	0	0,0	0,0	0,0	0,0	0,0
2555	49,9	25,9	6,9	9,4	0	2269	15,0	0,0	0,0	0,0	85,0
15466	36,8	37,5	15,1	7,2	0	11248	34,7	30,6	6,6	0,0	21,9
1238	53,0	25,4	8,7	6,5	0	1034	0,0	0,0	0,0	0,0	100,0
1178	33,1	36,1	21,0	4,8	971	0	0,0	0,0	0,0	0,0	0,0
1282	43,4	31,1	15,9	5,8	0	1134	0,0	0,0	0,0	0,0	100,0
1631	35,4	34,9	16,5	9,0	0	1397	0,0	0,0	0,0	0,0	100,0
1005	46,4	26,6	11,4	8,7	778	0	0,0	0,0	0,0	0,0	0,0
643	40,4	20,7	20,4	10,7	493	0	0,0	0,0	0,0	0,0	0,0
62080	**56,2**	**26,5**	**5,8**	**5,6**	**0**	**52453**	**45,7**	**15,0**	**1,5**	**5,9**	**26,6**
1245	56,9	24,0	8,1	4,7	0	913	0,0	0,0	0,0	0,0	100,0
1011	75,9	9,7	3,7	4,6	0	944	0,0	0,0	0,0	0,0	100,0
9949	56,6	26,2	7,1	5,7	0	7931	63,6	19,7	0,0	9,7	0,0
3243	45,8	32,7	7,3	8,7	0	2904	0,0	0,0	0,0	0,0	100,0
2482	41,2	28,5	13,2	7,0	0	2287	28,3	14,7	0,0	0,0	57,0
1957	67,1	22,9	2,9	4,7	0	1862	59,4	14,5	0,0	0,0	26,2
1656	57,7	26,0	3,1	5,0	0	1434	53,4	0,0	0,0	0,0	46,6
1885	58,6	25,0	3,6	3,7	0	1729	0,0	10,3	0,0	57,9	31,8
2428	63,8	20,5	5,6	5,1	0	1924	51,0	10,2	0,0	0,0	30,7
1917	70,2	18,5	3,2	3,3	0	1581	74,6	0,0	0,0	0,0	25,4
2844	72,9	13,5	4,1	4,3	0	2442	50,7	6,9	0,0	0,0	42,4
7343	57,8	26,6	4,4	5,7	0	5115	58,4	0,0	0,0	23,9	9,2
2406	50,0	24,9	8,0	6,4	0	2144	20,8	0,0	0,0	0,0	65,0
5968	56,4	24,2	5,7	5,0	0	4803	58,0	18,9	0,0	0,0	16,9
3410	53,5	29,1	6,2	6,0	0	2736	48,1	27,9	0,0	0,0	24,0

Land (LD) Regierungsbezirk (RB) Regionalverband (RV) Stadtkreis (SKR) Landkreis (LKR)	Katasterfläche am 1. 1. 1988 ha	Wohnbevölkerung am 1. 1. 1988 insgesamt Personen	darunter bis 18 Jahre alt %	darunter 65 u.m. Jahre alt %	Bevölkerungsdichte 1. 1. 1988 Einwohner je qkm	Landw. Betriebe 1987	Versicherungspfl. Beschäftigte Juni 1987 insgesamt Personen	Versicherungspfl. Beschäftigte Juni 1987 auf 1000 der Bev.	Steuerkraftsumme 1987 DM je Einwohner	Schuldenstand 1987 DM je Einwohner
WERBACH	4319	3348	22,2	15,8	78	184	549	164	945	892
WERTHEIM,STADT	13863	20346	19,3	17,1	147	482	9463	465	1321	2050
WITTIGHAUSEN	3237	1704	22,7	14,4	53	109	186	109	920	2256
RV OSTWUERTTEMBERG	**213863**	**405860**	**21,5**	**14,5**	**190**	**6590**	**143833**	**354**	**1101**	**1333**
LKR HEIDENHEIM	**62721**	**125502**	**20,6**	**15,1**	**200**	**1404**	**46887**	**374**	**1096**	**1337**
DISCHINGEN	7806	4330	23,2	13,7	55	229	809	187	976	1321
GERSTETTEN	9242	10374	21,8	14,7	112	228	2297	221	978	922
GIENGEN A.D.BRENZ,ST	4406	18315	20,7	14,1	416	139	7965	435	1205	1563
HEIDENHEIM A.D.BR.,ST	10712	47982	18,6	17,9	448	108	24883	519	1175	1631
HERBRECHTINGEN,STADT	5863	12061	21,0	14,0	206	136	3808	316	1110	747
HERMARINGEN	1526	2114	20,2	14,0	139	59	546	258	909	948
KOENIGSBRONN	4553	7291	21,0	14,3	160	47	1192	163	962	1661
NATTHEIM	4500	5604	23,5	10,5	125	95	932	166	928	1317
NIEDERSTOTZINGEN,STADT	2981	4051	23,6	11,8	136	92	825	204	1050	509
SONTHEIM AN DER BRENZ	2892	5301	23,0	12,7	183	131	1943	367	959	450
STEINHEIM AM ALBUCH	8240	8079	23,8	11,9	98	140	1687	209	956	1321
LKR OSTALBKREIS	**151142**	**280358**	**21,9**	**14,2**	**185**	**5186**	**96946**	**346**	**1103**	**1332**
AALEN, STADT	14642	62601	20,4	15,1	428	407	26639	426	1136	1847
ABTSGMUEND	7159	6107	22,6	13,9	85	221	1280	210	990	1142
ADELMANNSFELDEN	2290	1490	20,7	15,3	65	74	266	179	965	728
BARTHOLOMAE	2069	1736	22,9	12,6	84	37	237	137	844	562
BOEBINGEN AN DER REMS	1223	3756	23,8	10,6	307	65	389	104	889	1765
BOPFINGEN,STADT	7700	11332	22,6	14,1	147	238	3141	277	1117	1754
DURLANGEN	1043	2570	24,6	9,3	246	44	667	260	970	485
ELLENBERG	3018	1547	26,0	10,4	51	85	80	52	841	1266
ELLWANGEN(JAGST),STADT	12744	21629	21,6	15,5	170	477	8476	392	1120	2079
ESCHACH	2027	1420	22,8	13,2	70	83	166	117	889	889
ESSINGEN	5850	5221	25,2	9,9	89	111	916	175	1131	1333
GOEGGINGEN	1138	1778	25,4	8,9	156	61	94	53	906	1665
GSCHWEND	5451	4309	20,6	15,2	79	272	828	192	914	1575
HEUBACH,STADT	2580	8970	22,4	13,1	348	71	2856	318	1014	1383
HEUCHLINGEN	904	1596	25,1	10,3	177	40	133	83	871	1259
HUETTLINGEN	1870	5132	24,3	11,1	274	77	585	114	920	583
IGGINGEN	1144	1959	23,0	11,4	171	51	192	98	897	732
JAGSTZELL	3797	2207	27,4	11,0	58	103	220	100	911	1535

Landtagswahl 1988					Gemeinderatswahl 1984						
Gültige Stimmen (ohne Briefwahl)	darunter in %				Gültige gleichwertige Stimmen		darunter in %				
	CDU	SPD	FDP/ DVP	GRÜNE	Mehrheitswahl	Verhältniswahl	CDU	SPD	FDP/ DVP	Gem. WV[1])	WV[2])
1721	55,8	30,2	5,9	4,0	0	1400	42,7	0,0	0,0	0,0	57,3
9750	48,7	35,4	5,5	6,0	0	9434	37,8	30,1	7,3	0,0	16,3
865	66,1	15,7	2,9	4,6	0	871	50,4	0,0	0,0	0,0	49,6
198437	**49,4**	**33,5**	**4,6**	**6,5**	**3945**	**151483**	**37,2**	**25,9**	**0,0**	**11,8**	**18,9**
62142	**43,6**	**36,2**	**3,8**	**7,7**	**0**	**49593**	**21,9**	**26,4**	**0,0**	**21,4**	**26,6**
2478	64,6	19,9	2,4	4,6	0	1942	0,0	0,0	0,0	61,9	38,1
5202	44,0	33,4	4,8	9,4	0	4063	0,0	0,0	0,0	0,0	100,0
8450	44,7	35,1	3,1	7,4	0	6769	0,0	43,6	0,0	47,2	0,0
23189	39,1	39,0	3,9	8,5	0	18204	35,6	31,5	0,0	16,6	11,2
5905	43,9	35,6	3,7	7,1	0	4401	35,7	30,1	0,0	6,9	27,3
1156	43,1	34,3	4,9	9,8	0	1190	0,0	0,0	0,0	30,5	69,5
3879	37,7	47,9	4,3	5,4	0	3337	23,1	0,0	0,0	46,9	30,0
2952	44,7	37,1	2,9	7,0	0	2331	0,0	0,0	0,0	0,0	100,0
1996	59,2	25,1	3,5	6,5	0	1663	0,0	18,8	0,0	51,1	30,0
2687	48,5	31,5	4,3	5,8	0	2388	0,0	33,2	0,0	24,5	42,4
4248	47,6	34,3	4,3	8,1	0	3304	22,7	24,7	0,0	0,0	52,6
136295	**52,0**	**32,2**	**4,9**	**5,9**	**3945**	**101890**	**43,7**	**25,7**	**0,0**	**7,8**	**15,6**
30877	44,1	39,5	5,1	5,6	0	22176	45,2	34,6	0,0	11,5	0,0
3210	52,6	30,4	5,3	6,2	0	2708	0,0	21,7	0,0	59,8	18,4
882	49,9	36,6	5,2	5,3	0	856	0,0	41,2	0,0	58,8	0,0
876	56,1	21,9	14,2	5,8	0	1018	0,0	8,2	0,0	0,0	91,8
1900	50,8	29,4	7,3	6,5	0	1813	46,5	18,8	0,0	0,0	34,7
5416	47,8	38,2	4,3	4,0	0	4471	52,9	33,6	0,0	0,0	9,7
1182	60,9	26,4	2,1	5,8	0	927	50,5	0,0	0,0	0,0	49,5
811	70,0	14,4	2,1	4,3	0	683	0,0	0,0	0,0	0,0	100,0
10852	61,4	23,5	4,5	6,5	0	8618	63,3	19,3	0,0	0,0	11,4
713	41,7	24,1	17,4	9,4	0	675	0,0	0,0	0,0	0,0	100,0
2512	44,4	40,0	6,0	5,9	0	2261	37,9	27,4	0,0	0,0	34,7
820	61,7	25,2	6,0	4,6	0	769	0,0	0,0	0,0	0,0	100,0
2135	49,8	30,8	7,7	6,9	0	1862	0,0	0,0	0,0	0,0	100,0
3983	44,5	32,6	9,4	8,7	0	3311	0,0	20,9	0,0	0,0	65,3
821	64,7	22,2	5,2	3,9	0	726	43,9	13,5	0,0	0,0	42,6
2548	53,5	34,1	4,0	4,6	0	2009	57,3	0,0	0,0	0,0	42,7
1006	58,2	25,8	4,0	6,7	487	0	0,0	0,0	0,0	0,0	0,0
1065	66,8	21,1	3,4	5,1	0	1104	50,5	0,0	0,0	0,0	49,5

Land (LD) Regierungsbezirk (RB) Regionalverband (RV) Stadtkreis (SKR) Landkreis (LKR)	Katasterfläche am 1. 1. 1988 ha	Wohnbevölkerung am 1. 1. 1988 insgesamt Personen	darunter bis 18 Jahre alt %	darunter 65 u.m. Jahre alt %	Bevölkerungsdichte 1. 1. 1988 Einwohner je qkm	Landw. Betriebe 1987	Versicherungspfl. Beschäftigte Juni 1987 insgesamt Personen	Versicherungspfl. Beschäftigte Juni 1987 auf 1000 der Bev.	Steuerkraftsumme 1987 DM je Einwohner	Schuldenstand 1987 DM je Einwohner
KIRCHHEIM AM RIES	2105	1716	25,5	15,3	82	108	126	73	864	844
LAUCHHEIM,STADT	4097	3584	25,1	13,4	87	100	550	153	816	1100
LEINZELL	210	2163	21,3	13,4	1030	15	425	196	990	1372
LORCH,STADT	3425	9905	20,3	14,6	289	95	3303	333	989	540
MOEGGLINGEN	1027	3324	22,5	12,5	324	53	591	178	901	719
MUTLANGEN	878	4839	22,4	10,1	551	32	1593	329	1018	582
NERESHEIM,STADT	11855	7081	24,7	13,0	60	282	1302	184	910	1792
NEULER	3627	2607	28,7	10,5	72	167	218	84	846	1264
OBERGROENINGEN	586	404	23,8	14,4	69	30	.	835	512	205
OBERKOCHEN,STADT	2356	8113	18,2	15,0	344	15	7815	963	1025	556
RAINAU	2544	2632	26,3	11,2	103	106	195	74	925	1338
RIESBUERG	1796	1996	21,9	15,2	111	68	556	279	937	1293
ROSENBERG	4102	2306	23,9	13,4	56	109	537	233	1156	1100
RUPPERTSHOFEN	1422	1283	25,6	12,6	90	77	327	255	774	598
SCHECHINGEN	1187	1623	25,0	10,0	137	43	210	129	945	1836
SCHWAEBISCH GMUEND,ST	11378	57158	20,0	16,7	502	340	26499	464	1263	1029
SPRAITBACH	1239	2924	22,8	9,0	236	52	630	215	954	610
STOEDTLEN	3118	1724	24,4	16,0	55	155	122	71	868	794
TAEFERROT	1200	908	24,0	11,6	76	48	.	940	200	397
TANNHAUSEN	1773	1660	23,5	14,6	94	78	179	108	876	308
UNTERSCHNEIDHEIM	6805	4081	28,8	12,1	60	393	609	149	896	818
WALDSTETTEN	2099	6701	22,5	12,7	319	94	1606	240	949	1786
WESTHAUSEN	3846	5094	25,4	10,8	132	138	1662	326	1766	672
WOERT	1818	1172	31,2	11,7	64	71	703	600	4041	418
RB KARLSRUHE	**691918**	**2407636**	**17,9**	**14,9**	**348**	**18647**	**912064**	**379**	**1285**	**1376**
RV MITTLERER OBERRHEIN	**213737**	**873800**	**17,6**	**15,1**	**409**	**5920**	**337013**	**386**	**1346**	**1144**
SKR BADEN-BADEN	**14021**	**50212**	**13,9**	**22,5**	**358**	**411**	**24889**	**496**	**1345**	**2478**
BADEN-BADEN,STADT	14021	50212	13,9	22,5	358	411	24889	496	1345	2478
SKR KARLSRUHE	**17345**	**262209**	**14,7**	**17,4**	**1512**	**240**	**141875**	**541**	**1701**	**1758**
KARLSRUHE,STADT	17345	262209	14,7	17,4	1512	240	141875	541	1701	1758
LKR KARLSRUHE	**108490**	**366141**	**19,6**	**12,8**	**337**	**3162**	**102378**	**280**	**1147**	**720**
BAD SCHOENBORN	2409	8745	19,0	16,0	363	59	2668	305	963	633

Landtagswahl 1988: Gültige Stimmen (ohne Briefwahl)	Landtagswahl 1988: darunter in % CDU	SPD	FDP/DVP	GRÜNE	Gemeinderatswahl 1984: Gültige gleichwertige Stimmen Mehrheitswahl	Verhältniswahl	Gemeinderatswahl 1984: darunter in % CDU	SPD	FDP/DVP	Gem. WV[1])	WV[2])
844	62,9	24,9	4,9	4,3	0	873	0,0	0,0	0,0	0,0	100,0
1729	57,7	29,7	3,4	5,3	0	1669	46,7	0,0	0,0	29,2	24,2
1029	44,5	41,0	3,7	6,4	0	1088	31,1	0,0	0,0	45,6	23,4
4530	50,1	33,7	5,7	5,8	0	3464	32,4	23,4	0,0	0,0	37,1
1645	54,5	30,2	5,3	5,9	0	1458	38,4	16,9	0,0	0,0	44,7
2386	51,3	32,5	5,7	7,2	0	2051	33,3	21,1	0,0	0,0	45,6
3720	63,4	23,0	3,5	4,8	0	3063	64,3	10,8	0,0	0,0	24,8
1365	71,8	17,3	3,1	5,0	802	0	0,0	0,0	0,0	0,0	0,0
50,7	33,7	2,9	9,3	154	0	0,0	0,0	0,0	0,0	0,0	
4487	45,4	41,5	3,2	4,7	0	4312	37,0	39,2	0,0	0,0	23,8
1334	69,2	19,6	1,9	4,3	578	0	0,0	0,0	0,0	0,0	0,0
1068	63,6	25,2	3,5	2,8	0	971	0,0	0,0	0,0	0,0	100,0
1200	59,2	24,7	4,2	6,9	820	0	0,0	0,0	0,0	0,0	0,0
573	45,4	28,1	11,0	9,6	0	538	0,0	0,0	0,0	0,0	100,0
855	66,1	20,2	2,8	5,8	0	760	0,0	0,0	0,0	0,0	100,0
25932	50,3	33,2	4,4	7,1	0	16573	49,0	25,8	0,0	6,3	6,0
1375	53,7	33,3	2,6	5,6	0	1304	0,0	30,5	0,0	0,0	69,5
788	70,2	15,9	3,4	3,6	704	0	0,0	0,0	0,0	0,0	0,0
48,4	31,2	7,6	6,0	0	383	0,0	0,0	0,0	0,0	100,0	
745	72,1	18,1	2,0	3,6	0	855	74,3	0,0	0,0	25,7	0,0
2034	71,7	15,9	5,1	3,5	0	1467	61,0	0,0	0,0	0,0	39,0
3361	56,7	27,5	5,6	5,8	0	2888	44,9	0,0	0,0	10,5	44,7
2557	56,4	31,7	2,5	5,4	0	2183	47,7	15,6	0,0	0,0	36,7
527	66,2	17,3	4,7	4,7	400	0	0,0	0,0	0,0	0,0	0,0
1115452	**48,5**	**35,2**	**4,8**	**7,4**	**3789**	**925110**	**40,6**	**31,1**	**4,0**	**1,5**	**17,6**
408561	**52,0**	**32,5**	**4,7**	**6,9**	**0**	**328675**	**45,6**	**30,3**	**5,5**	**0,5**	**15,6**
22781	**55,1**	**27,9**	**6,3**	**6,6**	**0**	**19397**	**42,8**	**25,9**	**6,9**	**0,0**	**24,4**
22781	55,1	27,9	6,3	6,6	0	19397	42,8	25,9	6,9	0,0	24,4
112546	**44,9**	**36,2**	**5,7**	**9,2**	**0**	**91359**	**44,4**	**32,8**	**7,9**	**0,0**	**13,9**
112546	44,9	36,2	5,7	9,2	0	91359	44,4	32,8	7,9	0,0	13,9
178954	**53,0**	**32,8**	**4,2**	**6,3**	**0**	**142089**	**47,1**	**29,8**	**3,2**	**0,4**	**13,7**
4182	51,4	33,6	2,7	9,4	0	3223	61,3	26,9	0,0	0,0	11,8

Land (LD) Regierungsbezirk (RB) Regionalverband (RV) Stadtkreis (SKR) Landkreis (LKR)	Kataster-fläche am 1. 1. 1988 ha	Wohnbevölkerung am 1. 1. 1988 insgesamt Personen	darunter bis 18 Jahre alt %	darunter 65 u.m. Jahre alt %	Bevölke-rungs-dichte 1. 1. 1988 Einwohner je qkm	Landw. Betriebe 1987	Versicherungspfl. Beschäftigte Juni 1987 insgesamt Personen	auf 1000 der Bev.	Steuer-kraft-summe 1987 DM je Einwohner	Schul-den-stand 1987 DM je Einwohner
BRETTEN,STADT	7112	23836	20,2	14,2	335	275	8110	340	1073	1348
BRUCHSAL,STADT	9276	36622	18,0	15,0	395	244	17290	472	1275	1115
DETTENHEIM	3090	5866	20,5	11,9	190	72	536	91	953	472
EGGENSTEIN-LEOPOLDSHF	2611	12654	18,8	9,0	485	25	6757	534	1074	51
ETTLINGEN,STADT	5667	37132	17,9	14,0	655	87	16119	434	1250	1037
FORST	1147	6226	19,3	11,1	543	31	1411	227	1035	397
GONDELSHEIM	1486	2461	20,4	12,8	166	38	352	143	855	245
GRABEN-NEUDORF	2880	9402	20,7	11,2	326	80	2285	243	1046	1030
HAMBRUECKEN	1125	4048	21,9	10,3	360	54	474	117	990	216
KARLSBAD	3801	13364	20,9	12,4	352	144	4502	337	1037	543
KARLSDORF-NEUTHARD	1398	7994	21,0	10,2	572	49	1182	148	943	969
KRAICHTAL,STADT	8056	12617	22,2	13,2	157	442	2152	171	966	661
KRONAU	1091	4639	24,0	8,9	425	26	565	122	881	997
KUERNBACH	1267	2404	20,8	13,7	190	75	152	63	886	886
LINKENHEIM-HOCHSTETTEN	2360	9645	20,1	11,2	409	49	955	99	995	27
MALSCH	5124	11876	17,9	14,5	232	143	2317	195	994	520
MARXZELL	3492	4582	17,5	17,0	131	109	502	110	904	1000
OBERDERDINGEN	3357	8205	22,4	12,0	244	169	4653	567	1091	598
OBERHAUSEN-RHEINHAUSEN	1895	8506	20,0	11,2	449	33	1199	141	1034	194
OESTRINGEN,STADT	5322	10799	20,8	12,8	203	159	3530	327	1010	1343
PFINZTAL	3106	14990	17,7	14,2	483	44	2272	152	1015	801
PHILIPPSBURG,STADT	5058	11008	22,1	11,3	218	60	3799	345	3328	647
RHEINSTETTEN	3231	19077	18,5	11,6	590	40	3102	163	1072	234
STUTENSEE	4567	19134	20,2	10,6	419	123	3024	158	1114	1170
SULZFELD	1876	3902	18,9	12,6	208	83	1918	492	1091	1334
UBSTADT-WEIHER	3646	10225	20,3	11,7	280	146	1131	111	955	915
WAGHAEUSEL, STADT	4284	17167	20,6	11,6	401	51	4541	265	1018	38
WALDBRONN	1135	12202	19,8	12,4	1075	35	1796	147	1209	12
WALZBACHTAL	3671	7229	17,9	13,7	197	87	1073	148	1163	365
WEINGARTEN (BADEN)	2939	8171	17,4	15,9	278	75	1725	211	1001	418
ZAISENHAUSEN	1011	1413	19,0	12,7	140	55	286	202	880	37
LKR RASTATT	**73881**	**195238**	**18,7**	**14,3**	**264**	**2107**	**67871**	**348**	**1227**	**774**
AU AM RHEIN	1328	2782	19,6	11,2	209	31	239	86	837	512
BIETIGHEIM	1390	5524	18,7	13,6	397	17	476	86	967	609
BISCHWEIER	459	2651	19,7	10,6	578	21	331	125	801	1566
BUEHL,STADT	7321	23347	19,8	14,4	319	614	12827	549	1376	811
BUEHLERTAL	1767	7914	18,8	13,9	448	90	1252	158	1116	1454
DURMERSHEIM	2616	10365	18,4	11,5	396	20	1520	147	1067	705
ELCHESHEIM-ILLINGEN	1014	2763	20,1	11,8	272	18	287	104	917	351

Landtagswahl 1988					Gemeinderatswahl 1984						
Gültige Stimmen (ohne Briefwahl)	darunter in %				Gültige gleichwertige Stimmen		darunter in %				
	CDU	SPD	FDP/ DVP	GRÜNE	Mehrheitswahl	Verhältniswahl	CDU	SPD	FDP/ DVP	Gem. WV[1])	WV[2])
11109	53,9	30,6	4,7	6,7	0	8691	41,7	28,3	4,7	0,0	17,0
18203	54,5	31,1	4,2	5,8	0	13285	50,9	25,7	3,1	0,0	12,8
2757	49,3	36,7	3,9	4,6	0	2589	32,7	28,2	0,0	0,0	36,0
6228	43,8	33,5	12,2	7,5	0	5439	30,9	32,8	18,7	0,0	17,6
17012	55,9	28,1	4,9	7,6	0	13014	57,7	26,5	3,5	0,0	0,0
3153	56,5	30,2	3,7	5,2	0	2783	50,6	19,8	0,0	0,0	29,6
1286	51,4	31,1	5,1	7,0	0	1203	38,2	29,1	0,0	0,0	32,7
4420	50,7	36,0	3,9	5,7	0	3677	55,0	29,3	0,0	6,6	2,0
2141	66,4	24,7	2,2	4,3	0	2293	49,5	15,2	0,0	0,0	35,3
6557	51,2	34,8	4,8	6,4	0	4771	36,7	37,1	0,0	0,0	26,1
4183	60,9	27,4	3,3	5,0	0	3831	39,4	16,5	0,0	0,0	44,1
5880	52,6	34,0	3,4	5,8	0	4634	56,2	43,8	0,0	0,0	0,0
2388	61,9	27,9	1,5	4,9	0	2151	68,5	22,9	0,0	0,0	8,6
1149	47,8	36,9	6,4	6,2	0	1088	0,0	0,0	0,0	0,0	93,3
4075	45,7	36,7	6,6	7,3	0	3857	29,4	28,7	10,8	0,0	22,4
6015	57,6	28,9	2,7	6,4	0	5086	39,8	27,0	1,6	0,0	31,6
2277	71,9	17,9	2,6	4,8	0	1645	48,3	0,0	0,0	0,0	51,7
3775	57,4	27,5	3,9	6,8	0	2964	46,3	25,0	0,0	0,0	22,3
4164	55,1	30,9	4,5	5,8	0	3272	59,4	40,6	0,0	0,0	0,0
5401	56,7	32,0	1,9	5,9	0	4068	62,8	36,3	0,0	0,0	0,9
7885	45,9	38,7	4,4	7,1	0	5879	46,5	39,2	4,1	0,0	0,0M
4916	56,5	30,6	2,6	6,1	0	3426	43,5	36,9	0,0	0,0	19,6
9561	52,3	34,8	3,3	6,7	0	7369	43,2	37,5	5,0	0,0	5,1
8687	48,3	32,9	5,7	7,7	0	5777	41,3	26,3	3,3	0,0	15,6
2049	42,2	47,2	3,2	4,6	0	1994	29,7	40,0	0,0	0,0	30,3
5461	57,1	31,3	2,2	5,1	0	3848	57,9	37,1	0,0	0,0	5,0
8781	45,0	46,7	1,8	3,9	0	6084	40,6	28,5	0,0	0,0	26,0
6336	56,5	30,6	4,7	5,8	0	5313	53,0	24,9	4,3	0,0	7,7
3770	51,3	35,7	3,9	5,1	0	3695	47,0	38,7	0,0	11,8	0,0
4431	48,7	34,7	5,8	7,7	0	4311	35,8	30,4	13,2	0,0	10,3
722	49,9	32,3	6,8	6,4	0	829	0,0	0,0	0,0	0,0	100,0
94280	**57,8**	**28,7**	**4,0**	**5,3**	**0**	**75831**	**47,5**	**25,8**	**2,1**	**2,3**	**20,7**
1328	57,5	31,2	3,7	4,1	0	1221	40,3	0,0	0,0	0,0	59,7
2871	52,0	34,6	2,9	5,6	0	2937	33,2	26,0	0,0	0,0	40,8
1327	52,6	37,3	2,5	4,1	0	1293	46,6	50,9	0,0	0,0	2,5
10916	64,2	21,0	5,3	5,7	0	7998	56,8	20,3	0,0	14,0	8,8
3767	68,2	19,9	4,4	4,6	0	4042	33,8	14,2	0,0	0,0	52,0
4698	49,4	33,6	4,5	8,4	0	3662	47,4	32,1	4,7	0,0	15,8
1330	57,9	29,7	2,6	7,2	0	1249	54,0	0,0	0,0	46,0	0,0

Land (LD) Regierungsbezirk (RB) Regionalverband (RV) Stadtkreis (SKR) Landkreis (LKR)	Kataster- fläche am 1. 1. 1988 ha	Wohnbevölkerung am 1. 1. 1988 insgesamt Personen	darunter bis 18 Jahre alt %	 65 u.m. %	Bevölke- rungs- dichte 1. 1. 1988 Einwohner je qkm	Landw. Betriebe 1987	Versicherungspfl. Beschäftigte Juni 1987 insgesamt Personen	 auf 1000 der Bev.	Steuer- kraft- summe 1987 DM je Einwohner	Schul- den- stand 1987
FORBACH	13183	5757	18,4	15,2	44	52	1745	303	1216	394
GAGGENAU,STADT	6505	27985	17,9	15,0	430	100	15000	536	1782	713
GERNSBACH,STADT	8209	14144	17,8	16,5	172	28	4577	324	1055	795
HUEGELSHEIM	1497	1515	20,1	11,4	101	54	268	177	1800	0
IFFEZHEIM	1995	4020	21,4	10,9	202	11	1121	279	997	190
KUPPENHEIM,STADT	1808	6883	18,7	14,2	381	45	1645	239	1011	1524
LICHTENAU,STADT	2763	4142	20,6	13,9	150	118	1193	288	982	702
LOFFENAU	1706	2443	17,4	13,6	143	7	198	81	892	914
MUGGENSTURM	1155	5126	19,4	11,5	444	43	1185	231	950	590
OETIGHEIM	1098	3880	19,3	13,0	353	15	329	85	976	882
OTTERSWEIER	2921	5690	19,3	14,4	195	245	1948	342	1009	590
RASTATT,STADT	5902	40128	17,6	16,1	680	166	17922	447	1202	755
RHEINMUENSTER	4248	5048	21,3	12,6	119	138	982	195	1440	686
SINZHEIM	2849	8324	18,5	13,1	292	203	1684	202	983	752
STEINMAUERN	1240	2280	20,4	11,5	184	67	246	108	1023	351
WEISENBACH	907	2527	18,5	14,4	279	4	896	355	1067	1127
RV UNTERER NECKAR	**244190**	**1023717**	**17,2**	**14,8**	**419**	**6024**	**396762**	**388**	**1312**	**1658**
SKR HEIDELBERG	**10883**	**128609**	**13,7**	**16,1**	**1182**	**162**	**67815**	**527**	**1461**	**1266**
HEIDELBERG,STADT	10883	128609	13,7	16,1	1182	162	67815	527	1461	1266
SKR MANNHEIM	**14496**	**297197**	**15,4**	**16,1**	**2050**	**188**	**171017**	**575**	**1738**	**3348**
MANNHEIM,UNIV.-STADT	14496	297197	15,4	16,1	2050	188	171017	575	1738	3348
LKR NECKAR-ODENWALD-KR	**112634**	**130810**	**20,3**	**14,7**	**116**	**2994**	**37973**	**290**	**955**	**1176**
ADELSHEIM,STADT	4384	4679	17,9	15,8	107	81	835	178	1120	938
AGLASTERHAUSEN	2285	3739	21,3	13,7	164	62	640	171	885	1046
BILLIGHEIM	4898	5309	20,6	13,5	108	110	527	99	976	801
BINAU	483	1253	20,0	13,8	259	17	193	154	820	1391
BUCHEN(ODENWALD),STADT	13899	14935	21,4	15,0	107	357	4828	323	1061	1688
ELZTAL	4662	4984	22,0	12,7	107	141	1133	227	967	1151
FAHRENBACH	1642	2471	22,5	13,6	150	79	124	50	880	1159
HARDHEIM	8702	6432	19,9	15,5	74	246	2022	314	927	2183
HASZMERSHEIM	1916	4297	21,0	13,8	224	40	1288	300	737	450
HOEPFINGEN	3047	2781	20,4	12,5	91	123	559	201	873	1160
HUEFFENHARDT	1762	1843	18,8	17,0	105	41	176	95	1071	188

Landtagswahl 1988					Gemeinderatswahl 1984						
Gültige Stimmen (ohne Briefwahl)	darunter in %				Gültige gleichwertige Stimmen		darunter in %				
	CDU	SPD	FDP/ DVP	GRÜNE	Mehrheitswahl	Verhältniswahl	CDU	SPD	FDP/ DVP	Gem. WV[1])	WV[2])
2826	60,7	29,1	4,1	2,9	0	2531	46,6	25,1	0,0	0,0	28,3
13735	55,4	32,7	3,4	4,1	0	9668	48,2	31,2	4,6	0,0	10,4
7008	56,7	30,8	4,7	4,6	0	5048	44,5	26,3	2,1	0,0	18,0
837	64,8	23,4	4,8	5,0	0	830	43,4	14,5	0,0	0,0	42,1
1946	60,9	26,5	3,8	5,6	0	1956	47,7	23,5	0,0	0,0	28,9
3293	57,8	29,3	3,2	5,8	0	2797	48,5	29,1	0,0	0,0	22,4
1937	49,0	32,0	5,4	9,5	0	1627	43,5	23,6	0,0	0,0	25,6
1129	49,6	37,7	5,5	3,8	0	1262	34,4	28,8	0,0	0,0	36,8
2623	50,1	33,1	2,6	4,3	0	2417	32,7	46,0	0,0	0,0	21,3
2158	57,5	30,3	2,7	5,0	0	2046	44,2	22,9	0,0	0,0	32,9
2723	65,5	18,8	6,2	5,9	0	2460	46,9	7,8	0,0	0,0	45,4
18952	55,0	31,2	3,5	5,4	0	13153	43,9	31,7	3,5	0,0	20,8
2329	66,5	20,0	4,6	6,3	0	2015	81,9	18,1	0,0	0,0	0,0
4152	62,4	22,1	4,9	6,0	0	3333	61,1	5,0	0,0	0,0	33,9
1067	62,9	24,5	2,6	5,2	0	956	60,1	0,0	0,0	0,0	39,9
1328	66,0	25,5	2,0	3,4	0	1328	52,8	0,0	0,0	0,0	47,2
471873	**44,3**	**39,3**	**4,6**	**7,9**	**760**	**409811**	**37,3**	**34,2**	**2,9**	**1,7**	**15,7**
55187	**40,7**	**35,9**	**5,0**	**14,8**	**0**	**43841**	**35,8**	**26,9**	**3,3**	**0,0**	**29,2**
55187	40,7	35,9	5,0	14,8	0	43841	35,8	26,9	3,3	0,0	29,2
119674	**38,3**	**47,2**	**3,5**	**6,9**	**0**	**105973**	**35,9**	**42,1**	**2,5**	**0,0**	**6,1**
119674	38,3	47,2	3,5	6,9	0	105973	35,9	42,1	2,5	0,0	6,1
65319	**53,5**	**33,5**	**3,7**	**4,7**	**760**	**54797**	**44,8**	**23,4**	**2,4**	**3,4**	**25,6**
2301	48,3	35,7	6,0	4,4	0	2056	39,0	18,5	0,0	0,0	42,4
1844	45,3	40,9	4,9	5,4	0	1744	23,7	33,2	0,0	0,0	36,7
2998	59,7	30,1	1,7	4,8	0	2222	54,6	0,0	0,0	0,0	45,4
655	33,9	59,8	1,5	3,1	0	618	0,0	52,0	0,0	48,0	0,0
7239	57,5	27,5	5,6	4,5	0	5298	59,2	19,6	0,0	0,0	21,2
2552	44,9	39,9	5,6	5,8	0	2162	38,3	27,3	0,0	0,0	34,4
1362	51,2	36,2	2,9	5,4	0	1403	39,3	0,0	0,0	0,0	60,7
3235	66,4	21,4	3,5	4,9	0	2701	70,1	10,9	0,0	0,0	19,0
2098	45,8	41,7	3,8	5,0	0	1772	0,0	33,9	0,0	48,8	17,4
1432	68,0	21,2	2,9	3,1	0	1376	0,0	0,0	0,0	64,9	35,1
956	38,7	43,2	4,3	5,5	0	1009	0,0	0,0	0,0	0,0	100,0

Land (LD) Regierungsbezirk (RB) Regionalverband (RV) Stadtkreis (SKR) Landkreis (LKR)	Katasterfläche am 1. 1. 1988 ha	Wohnbevölkerung am 1. 1. 1988 insgesamt Personen	darunter bis 18 Jahre alt %	darunter 65 u.m. Jahre alt %	Bevölkerungsdichte 1. 1. 1988 Einwohner je qkm	Landw. Betriebe 1987	Versicherungspfl. Beschäftigte Juni 1987 insgesamt Personen	Versicherungspfl. Beschäftigte Juni 1987 auf 1000 der Bev.	Steuerkraftsumme 1987 DM je Einwohner	Schuldenstand 1987 DM je Einwohner
LIMBACH	4363	4237	21,3	15,0	97	168	1019	241	841	1489
MOSBACH,STADT	6224	23620	19,3	15,0	379	130	12047	510	1020	1055
MUDAU	10756	4752	21,4	15,4	44	279	734	154	1012	1106
NECKARGERACH	1532	2246	19,2	14,6	147	30	267	119	876	969
NECKARZIMMERN	818	1606	22,0	13,0	196	7	318	198	927	988
NEUNKIRCHEN	1595	1560	19,9	15,1	98	37	208	133	821	660
OBRIGHEIM	2427	5137	19,5	13,4	212	49	1348	262	915	307
OSTERBURKEN,STADT	4732	4742	19,9	16,4	100	107	1730	365	906	1221
RAVENSTEIN,STADT	5599	2626	21,7	16,5	47	212	248	94	874	1749
ROSENBERG	4097	1945	19,4	17,1	47	108	380	195	1091	1685
SCHEFFLENZ	3697	4052	20,1	15,2	110	91	594	147	878	601
SCHWARZACH	837	2631	19,9	10,5	314	11	213	81	777	676
SECKACH	2786	3654	23,9	14,3	131	75	657	180	844	2085
WALDBRUNN	4433	4219	19,1	16,3	95	149	377	89	859	876
WALLDUERN,STADT	10588	10350	19,0	15,0	98	240	5181	501	1010	1264
ZWINGENBERG	470	710	20,3	14,9	151	4	327	461	921	1397
LKR RHEIN-NECKAR-KREIS	**106177**	**467101**	**18,4**	**13,7**	**440**	**2680**	**119957**	**257**	**1097**	**829**
ALTLUSZHEIM	1597	4962	17,1	15,1	311	25	602	121	944	581
ANGELBACHTAL	1792	3725	19,4	13,2	208	43	700	188	876	1039
BAMMENTAL	1216	5744	20,2	13,5	472	16	1062	185	954	778
BRUEHL	1019	13554	18,3	12,0	1330	8	1730	128	1044	490
DIELHEIM	2270	7537	20,6	10,7	332	80	493	65	926	760
DOSSENHEIM	1414	9236	15,9	13,5	653	50	1310	142	1000	100
EBERBACH,STADT	8116	15030	17,3	19,4	185	62	6970	464	1077	978
EDINGEN-NECKARHAUSEN	1204	13843	16,6	14,8	1150	33	2976	215	1094	175
EPFENBACH	1297	2196	20,0	11,8	169	31	357	163	917	337
EPPELHEIM	570	13065	16,3	11,6	2292	17	3168	242	968	1213
ESCHELBRONN	824	2293	22,1	12,4	278	12	540	235	966	232
GAIBERG	415	2069	20,1	12,6	499	12	81	39	943	682
HEDDESBACH	821	434	17,1	17,3	53	15	40	92	1026	653
HEDDESHEIM	1471	10707	18,3	11,0	728	71	1475	138	1018	151
HEILIGKREUZSTEINACH	1961	2412	16,8	16,8	123	65	257	107	861	1415
HELMSTADT-BARGEN	2795	3366	22,4	12,0	120	92	734	218	1002	1664
HEMSBACH,STADT	1286	12479	19,3	11,8	970	27	1587	127	1030	1124
HIRSCHBERG A.D.BERGSTR	1236	9529	19,0	12,4	771	70	845	89	1021	476
HOCKENHEIM,STADT	3485	16133	17,7	14,4	463	57	8437	523	1219	399
ILVESHEIM	589	7016	14,9	16,4	1191	12	1099	157	962	267
KETSCH	1653	12073	18,4	12,4	730	24	1786	148	1084	189
LADENBURG,STADT	1883	11429	18,6	13,3	607	36	5397	472	1211	1247

Landtagswahl 1988 Gültige Stimmen (ohne Briefwahl)	Landtagswahl 1988 darunter in % CDU	SPD	FDP/DVP	GRÜNE	Gemeinderatswahl 1984 Gültige gleichwertige Stimmen Mehrheitswahl	Verhältniswahl	Gemeinderatswahl 1984 darunter in % CDU	SPD	FDP/DVP	Gem. WV[1])	WV[2])
2319	64,6	26,8	2,2	3,6	0	1968	57,2	18,2	0,0	0,0	24,6
10988	48,3	38,3	3,8	5,1	0	8888	41,0	31,3	9,3	0,0	18,5
2445	71,8	19,9	1,9	3,2	0	2036	68,0	0,0	0,0	0,0	32,0
1210	44,7	44,7	2,2	4,5	0	1214	48,3	0,0	0,0	45,8	5,9
784	46,0	44,8	2,2	4,5	0	833	0,0	53,2	0,0	46,8	0,0
839	47,7	39,0	3,3	6,4	0	916	30,9	28,4	0,0	0,0	40,6
2560	50,7	40,0	2,2	4,5	0	2286	47,5	52,5	0,0	0,0	0,0
2577	57,8	27,0	4,2	3,8	0	2250	41,3	17,9	0,0	0,0	40,8
1492	71,4	14,9	2,3	5,0	0	1256	82,4	0,0	0,0	0,0	17,6
1057	45,6	36,3	4,6	5,2	760	0	0,0	0,0	0,0	0,0	0,0
1963	45,8	38,5	3,1	5,9	0	1735	0,0	33,0	0,0	0,0	57,6
828	51,0	32,7	5,2	7,5	0	822	0,0	21,2	0,0	0,0	78,8
1767	49,9	34,6	3,3	6,7	0	1487	65,3	30,9	0,0	0,0	0,0
2246	44,5	44,6	3,0	4,6	0	2235	42,3	42,0	0,0	0,0	15,7
5164	57,4	29,8	4,0	3,9	0	4073	60,8	19,0	0,0	0,0	20,2
408	39,0	50,5	2,7	4,9	0	438	0,0	44,0	0,0	0,0	56,0
231693	**45,7**	**37,7**	**5,3**	**7,6**	**0**	**205199**	**37,7**	**31,0**	**3,2**	**3,7**	**18,8**
2614	40,9	47,1	3,4	5,5	0	2416	46,9	53,1	0,0	0,0	0,0
1713	48,7	30,9	7,8	7,9	0	1703	32,1	9,9	0,0	0,0	58,0
2885	47,8	36,4	5,1	8,5	0	2832	0,0	26,9	0,0	39,9	25,2
6704	45,4	40,3	4,5	6,0	0	5721	50,6	39,1	0,0	0,0	10,3
4004	66,9	19,4	2,7	7,6	0	3052	78,0	11,6	0,0	0,0	0,0
4770	52,2	26,8	5,5	13,4	0	4332	44,9	23,0	6,6	0,0	13,8
7353	43,9	41,4	4,1	5,4	0	6744	36,1	37,7	0,0	0,0	18,0
7342	41,9	38,6	7,5	9,0	0	6377	40,5	33,7	0,0	12,8	0,0
1246	43,3	42,7	6,0	5,7	0	1316	37,5	27,0	0,0	0,0	35,4
6287	38,5	45,7	3,8	9,6	0	5569	39,3	40,0	6,5	0,0	2,5
1215	36,7	37,3	3,7	9,2	0	1195	27,7	37,5	0,0	0,0	34,8
1006	44,7	37,0	7,3	8,6	0	1101	42,3	20,1	0,0	0,0	28,7
234	59,4	29,1	3,4	5,1	0	252	0,0	0,0	0,0	0,0	100,0
5403	42,2	40,2	6,6	8,5	0	5135	40,9	35,8	10,1	0,0	0,0
1177	48,3	32,9	5,8	9,8	0	1191	26,2	36,0	0,0	0,0	37,8
1692	50,0	33,1	4,6	7,3	0	1619	34,4	38,2	0,0	0,0	27,4
5729	42,4	42,0	4,7	7,2	0	5232	35,8	38,9	4,6	0,0	20,7
4893	45,2	32,7	9,5	9,4	0	4827	40,7	23,3	0,0	0,0	36,0
7613	44,9	38,9	5,3	7,4	0	7384	37,9	30,0	9,4	0,0	12,0
3738	40,6	42,3	4,5	8,1	0	4033	31,1	37,2	0,0	0,0	20,9
6340	43,5	40,8	4,3	6,2	0	5639	42,2	35,2	0,0	5,8	16,8
5768	45,2	36,9	6,1	8,7	0	5608	41,3	30,6	5,7	0,0	22,5

Land (LD) Regierungsbezirk (RB) Regionalverband (RV) Stadtkreis (SKR) Landkreis (LKR)	Katasterfläche am 1. 1. 1988 ha	Wohnbevölkerung am 1. 1. 1988 insgesamt Personen	darunter bis 18 Jahre alt %	darunter 65 u.m. Jahre alt %	Bevölkerungsdichte 1. 1. 1988 Einwohner je qkm	Landw. Betriebe 1987	Versicherungspfl. Beschäftigte Juni 1987 insgesamt Personen	auf 1000 der Bev.	Steuerkraftsumme 1987 DM je Einwohner	Schuldenstand 1987 DM je Einwohner
LAUDENBACH	1029	5258	21,1	12,1	511	25	551	105	1023	1024
LEIMEN,STADT	2064	18480	17,3	12,2	895	45	3660	198	1046	1327
LOBBACH	1491	2136	20,6	13,4	143	20	210	98	1045	1547
MALSCH	677	2611	19,1	12,8	386	74	455	174	827	1064
MAUER	630	3285	21,8	11,0	521	32	411	125	862	875
MECKESHEIM	1633	4800	19,9	12,6	294	45	1087	226	897	1659
MUEHLHAUSEN	1530	6370	21,1	10,5	416	53	780	122	959	848
NECKARBISCHOFSHEIM,ST	2641	3496	21,0	14,6	132	44	1647	471	1202	1815
NECKARGEMUEND,STADT	2615	13699	18,0	15,4	524	33	2623	191	1013	1289
NEIDENSTEIN	648	1545	18,3	15,5	238	27	588	381	1004	931
NEULUSZHEIM	339	5101	18,3	13,9	1505	9	530	104	965	347
NUSZLOCH	1358	8987	18,7	14,0	662	25	1940	216	1059	655
OFTERSHEIM	1277	10387	17,6	13,6	813	31	839	81	1006	83
PLANKSTADT	839	9053	16,9	16,9	1079	43	1532	169	998	499
RAUENBERG,STADT	1112	6065	20,6	10,8	545	110	777	128	915	1508
REICHARTSHAUSEN	1000	1621	20,5	10,5	162	38	355	219	818	686
REILINGEN	1632	6100	20,0	10,6	374	39	1367	224	952	833
SANDHAUSEN	1455	12499	18,2	11,0	859	26	1842	147	1066	202
SCHOENAU,STADT	2250	4402	16,7	16,7	196	18	642	146	909	1325
SCHOENBRUNN	3448	2639	21,0	13,9	77	64	127	48	860	362
SCHRIESHEIM,STADT	3180	13050	18,6	14,0	410	107	2251	172	1046	1453
SCHWETZINGEN,STADT	2169	17845	16,1	16,0	823	21	5997	336	1180	106
SINSHEIM,STADT	12701	27614	20,6	13,3	217	367	8529	309	1021	699
SPECHBACH	852	1427	19,7	14,0	167	30	118	83	747	443
ST.LEON-ROT	2556	10550	21,3	10,0	413	118	2100	199	1047	519
WAIBSTADT,STADT	2557	5002	20,3	13,6	196	60	744	149	883	1314
WALLDORF,STADT	1991	13035	19,3	11,3	655	28	4022	309	1945	77
WEINHEIM,STADT	5810	41811	17,2	16,6	720	149	19891	476	1301	1972
WIESENBACH	1113	2705	19,8	10,7	243	15	172	64	938	922
WIESLOCH,STADT	3027	21938	18,6	13,8	725	90	11665	532	1451	633
WILHELMSFELD	475	2880	17,2	15,8	606	7	210	73	934	590
ZUZENHAUSEN	1164	1878	20,6	12,1	161	29	649	346	900	1467
RV NORDSCHWARZWALD	**233991**	**510119**	**19,8**	**14,8**	**218**	**6703**	**178289**	**350**	**1125**	**1208**
SKR PFORZHEIM	**9781**	**107524**	**17,0**	**16,8**	**1099**	**104**	**59631**	**555**	**1494**	**1666**
PFORZHEIM,STADT	9781	107524	17,0	16,8	1099	104	59631	555	1494	1666

Landtagswahl 1988					Gemeinderatswahl 1984						
Gültige Stimmen (ohne Briefwahl)	darunter in %				Gültige gleichwertige Stimmen		darunter in %				
	CDU	SPD	FDP/ DVP	GRÜNE	Mehrheitswahl	Verhältniswahl	CDU	SPD	FDP/ DVP	Gem. WV[1])	WV[2])
2482	45,9	38,4	3,4	9,1	0	2462	50,4	49,6	0,0	0,0	0,0
8729	43,2	40,7	4,8	8,4	0	6442	0,0	36,5	0,0	39,5	14,4
1171	53,3	34,9	3,4	6,4	0	936	61,3	38,7	0,0	0,0	0,0
1443	60,1	26,5	2,6	6,5	0	1355	57,2	25,5	0,0	0,0	17,4
1791	55,4	30,7	2,7	7,0	0	1784	54,0	37,6	0,0	0,0	0,0
2430	50,4	35,3	4,6	5,5	0	2311	43,9	34,0	0,0	0,0	22,1
3359	62,1	24,8	2,9	5,4	0	2640	70,1	26,9	0,0	0,0	3,0
1735	48,1	37,2	3,8	7,1	0	1777	0,0	0,0	0,0	100,0	0,0
6622	44,6	34,8	5,1	12,4	0	5387	42,9	27,1	0,0	0,0	14,0
952	47,8	36,3	3,4	6,7	0	864	46,6	40,0	0,0	0,0	13,4
2474	40,8	43,6	4,4	5,9	0	2557	32,9	37,9	2,0	0,0	27,2
4612	42,2	39,6	8,1	6,9	0	4301	38,1	28,8	0,0	25,8	0,0
5282	39,1	44,4	5,8	6,6	0	4622	35,9	41,9	6,9	0,0	15,3
4879	41,9	43,6	5,4	5,8	0	4422	44,1	31,1	0,0	0,0	24,8
3213	60,3	20,0	4,2	7,9	0	2393	54,4	12,5	0,0	0,0	33,1
892	47,6	36,9	5,0	7,5	0	933	18,9	33,6	0,0	0,0	47,5
3163	44,5	39,6	7,0	5,2	0	3073	37,3	29,2	0,0	27,6	0,0
6166	39,7	44,2	6,6	7,0	0	5578	31,2	41,6	17,6	0,0	0,0
2402	40,0	47,7	4,0	6,5	0	2134	30,5	46,9	0,0	0,0	22,6
1443	43,8	40,9	5,2	5,6	0	1216	32,8	0,0	0,0	0,0	67,2
6605	44,1	33,8	8,3	10,9	0	6031	39,6	22,4	2,5	0,0	21,4
8249	42,5	40,1	5,2	8,1	0	7159	36,4	27,8	4,8	0,0	20,5
12830	49,3	35,3	5,7	5,6	0	9961	41,9	24,8	1,7	0,0	24,1
737	47,5	31,2	8,4	9,8	0	763	39,4	20,7	0,0	0,0	39,9
5147	61,7	25,4	3,4	6,0	0	3777	64,2	21,6	0,0	0,0	14,1
2452	59,9	27,0	4,4	5,7	0	2360	55,0	13,4	0,0	0,0	31,6
6137	45,4	36,8	6,7	7,5	0	5384	39,7	23,6	20,6	0,0	6,7
20590	40,1	44,2	5,2	6,7	0	17132	31,3	33,8	2,5	0,0	32,4
1434	51,8	29,2	6,1	9,4	0	1403	29,4	22,3	0,0	0,0	34,9
9830	49,6	33,7	4,9	8,1	0	8253	40,1	24,6	3,5	0,0	23,2
1580	42,2	38,0	8,0	10,1	0	1518	20,1	16,9	0,0	0,0	63,0
1040	52,0	34,9	4,4	5,6	0	995	0,0	27,1	0,0	0,0	72,9
235018	**50,7**	**31,5**	**5,6**	**7,1**	**3029**	**186624**	**36,9**	**25,2**	**3,7**	**3,6**	**27,2**
45714	**47,2**	**35,1**	**5,1**	**7,4**	**0**	**35814**	**44,5**	**30,5**	**7,3**	**0,0**	**16,6**
45714	47,2	35,1	5,1	7,4	0	35814	44,5	30,5	7,3	0,0	16,6

Land (LD) Regierungsbezirk (RB) Regionalverband (RV) Stadtkreis (SKR) Landkreis (LKR)	Kataster-fläche am 1. 1. 1988 ha	Wohnbevölkerung am 1. 1. 1988 insgesamt Personen	darunter bis 18 Jahre alt %	darunter 65 u.m. Jahre alt %	Bevölkerungsdichte 1. 1. 1988 Einwohner je qkm	Landw. Betriebe 1987	Versicherungspfl. Beschäftigte Juni 1987 insgesamt Personen	Versicherungspfl. Beschäftigte Juni 1987 auf 1000 der Bev.	Steuerkraftsumme 1987 DM je Einwohner	Schuldenstand 1987 DM je Einwohner
LKR CALW	**79753**	**134640**	**20,9**	**14,7**	**169**	**2365**	**38982**	**290**	**983**	**1333**
ALTENSTEIG,STADT	5320	9696	22,9	15,1	182	203	2966	306	963	1504
ALTHENGSTETT	1916	5765	24,7	9,8	301	103	1218	211	916	679
BAD HERRENALB,STADT	3303	6318	14,3	25,9	191	78	1261	200	865	888
BAD LIEBENZELL,STADT	3380	6986	18,9	18,5	207	119	1852	265	893	2339
BAD TEINACH-ZAVELST.,ST	2518	2430	18,8	14,6	97	71	765	315	868	687
CALW,STADT	5988	21156	21,0	14,3	353	160	8781	415	1086	1495
DOBEL	1843	1581	15,9	21,4	86	19	336	213	941	1375
EBHAUSEN	2456	3622	23,6	12,6	147	122	617	170	967	851
EGENHAUSEN	1002	1582	22,9	13,2	158	40	207	131	880	78
ENZKLOESTERLE	2020	1238	19,3	17,8	61	15	317	256	819	1744
GECHINGEN	1468	3341	24,1	8,8	228	78	295	88	939	58
HAITERBACH,STADT	2892	4715	23,8	12,9	163	152	1400	297	919	788
HOEFEN AN DER ENZ	908	1555	18,7	14,7	171	1	415	267	938	439
NAGOLD,STADT	6309	20200	20,7	13,4	320	249	7785	385	1100	1526
NEUBULACH,STADT	2469	3970	23,2	13,2	161	136	956	241	981	1161
NEUWEILER	5130	2569	22,7	14,1	50	146	577	225	773	968
OBERREICHENBACH	3599	2409	22,8	12,5	67	83	228	95	843	1119
OSTELSHEIM	923	2054	23,6	9,3	223	36	325	158	893	133
ROHRDORF	393	1807	22,0	12,7	460	6	336	186	854	622
SCHOEMBERG	3722	6807	16,5	17,7	183	64	1788	263	915	952
SIMMERSFELD	4418	1734	24,3	13,4	39	113	272	157	908	1755
SIMMOZHEIM	950	2167	26,1	9,3	228	53	222	102	824	272
UNTERREICHENBACH	630	2122	21,0	17,1	337	16	251	118	913	1045
WILDBAD I.SCHWARZW.,ST	10526	10159	16,7	17,3	97	64	4470	440	1054	2608
WILDBERG,STADT	5670	8657	23,6	11,5	153	238	1342	155	987	1473
LKR ENZKREIS	**57391**	**165623**	**20,3**	**13,1**	**289**	**1649**	**45338**	**274**	**1056**	**798**
BIRKENFELD	1904	9176	17,5	16,7	482	34	3764	410	1114	345
EISINGEN	803	4120	21,7	9,6	513	27	465	113	923	42
ENGELSBRAND	1519	3837	19,0	14,3	253	39	731	191	1065	431
FRIOLZHEIM	854	3102	24,3	7,4	363	22	633	204	1078	150
HEIMSHEIM,STADT	1432	4088	21,9	8,7	285	58	517	126	1040	1422
ILLINGEN	2936	6565	21,1	12,0	224	71	1543	235	989	1614
ISPRINGEN	821	5893	17,9	14,4	718	6	1492	253	1052	399
KAEMPFELBACH	1364	5626	19,5	13,5	412	35	646	115	926	490
KELTERN	2983	7862	18,9	14,7	264	116	1738	221	1040	406
KIESELBRONN	863	2253	19,3	15,9	261	63	263	117	1077	161
KNITTLINGEN,STADT	2633	6149	21,5	11,9	234	87	2349	382	1298	1422
KOENIGSBACH-STEIN	3373	8472	19,7	12,7	251	74	1530	181	1000	725

Landtagswahl 1988					Gemeinderatswahl 1984						
Gültige Stimmen (ohne Briefwahl)	darunter in %				Gültige gleichwertige Stimmen		darunter in %				
	CDU	SPD	FDP/DVP	GRÜNE	Mehrheitswahl	Verhältniswahl	CDU	SPD	FDP/DVP	Gem. WV[1])	WV[2])
60664	**52,9**	**28,4**	**5,2**	**6,5**	**1440**	**48740**	**29,5**	**17,0**	**3,2**	**5,4**	**38,0**
4235	53,0	23,9	5,5	6,4	0	3486	28,7	8,9	1,4	0,0	54,0
2604	46,2	32,7	6,4	7,5	0	1808	12,9	17,9	0,0	0,0	53,9
2988	54,4	29,2	6,2	7,0	0	2747	48,8	10,2	1,0	0,0	29,4
3245	54,2	24,8	5,1	8,3	0	2499	50,7	16,8	0,0	0,0	21,4
1246	53,6	28,8	5,5	5,4	0	913	0,0	0,0	0,0	0,0	100,0
8855	47,0	32,6	5,1	7,7	0	6790	36,2	22,2	8,7	0,0	23,1
727	46,1	38,1	6,9	6,1	0	848	0,0	0,0	0,0	0,0	100,0
1840	55,3	27,7	3,4	4,5	0	1607	0,0	0,0	0,0	66,2	33,8
751	59,1	23,8	3,9	4,3	472	0	0,0	0,0	0,0	0,0	0,0
572	54,7	30,9	6,5	5,1	0	584	0,0	0,0	0,0	0,0	100,0
1586	51,0	30,3	5,5	7,5	0	1593	0,0	24,5	0,0	0,0	75,5
2129	62,7	22,1	3,9	3,3	0	1725	0,0	0,0	0,0	0,0	100,0
741	48,6	31,0	7,6	8,4	0	713	0,0	0,0	0,0	0,0	100,0
8690	55,9	26,8	4,3	5,7	0	7402	31,2	21,3	6,9	0,0	33,6
2051	58,9	22,2	4,2	5,6	0	1855	0,0	0,0	0,0	34,4	65,6
1243	64,4	15,2	5,2	5,9	0	1134	0,0	0,0	0,0	44,0	56,0
1204	48,7	32,5	3,5	8,4	0	892	0,0	7,9	0,0	0,0	92,1
955	50,3	29,8	6,4	6,1	454	0	0,0	0,0	0,0	0,0	0,0
809	60,4	23,4	4,0	4,6	515	0	0,0	0,0	0,0	0,0	0,0
2532	52,9	29,6	4,9	7,0	0	2234	42,1	28,3	0,0	0,0	29,6
844	57,9	15,8	5,9	5,8	0	762	0,0	0,0	0,0	0,0	100,0
961	52,3	33,3	3,7	5,3	0	845	0,0	0,0	0,0	0,0	100,0
1017	47,9	34,7	3,9	8,8	0	793	0,0	0,0	0,0	0,0	100,0
4702	51,4	31,6	7,4	6,5	0	4260	40,7	27,3	0,0	24,0	0,0
4137	52,1	30,1	4,9	6,9	0	3250	42,3	19,2	0,0	0,0	28,0
79337	**47,3**	**33,8**	**6,4**	**8,4**	**0**	**64244**	**32,7**	**29,2**	**0,0**	**5,8**	**28,5**
4649	47,5	35,3	5,7	8,2	0	4020	30,1	45,9	0,0	0,0	24,0
1953	47,3	35,4	5,0	6,8	0	1601	56,8	34,4	0,0	0,0	8,7
1832	44,8	31,7	8,7	10,5	0	1532	50,5	33,9	0,0	0,0	15,6
1367	50,5	30,6	7,8	7,3	0	1179	27,8	29,8	0,0	0,0	42,4
1936	51,4	28,4	8,2	8,3	0	1698	27,5	29,2	0,0	0,0	43,3
3288	47,2	30,9	8,0	9,5	0	2720	32,7	19,4	0,0	6,6	32,0
2992	49,2	32,7	5,2	9,2	0	2726	30,1	31,5	0,0	0,0	38,4
2912	55,2	31,8	3,4	7,0	0	2510	48,6	31,6	0,0	0,0	19,7
4034	50,0	34,2	4,3	8,2	0	3119	47,1	42,4	0,0	0,0	0,0
1201	39,6	43,1	2,8	10,3	0	1133	19,4	45,5	0,0	0,0	35,1
2770	45,1	35,5	5,7	8,0	0	2293	0,0	0,0	0,0	79,3	20,7
4260	46,0	38,8	4,2	6,3	0	3143	32,8	35,7	0,0	0,0	31,5

Land (LD) Regierungsbezirk (RB) Regionalverband (RV) Stadtkreis (SKR) Landkreis (LKR)	Katasterfläche am 1. 1. 1988 ha	Wohnbevölkerung am 1. 1. 1988 insgesamt Personen	darunter bis 18 Jahre alt %	darunter 65 u.m. Jahre alt %	Bevölkerungsdichte 1. 1. 1988 Einwohner je qkm	Landw. Betriebe 1987	Versicherungspfl. Beschäftigte Juni 1987 insgesamt Personen	auf 1000 der Bev.	Steuerkraftsumme 1987 DM je Einwohner	Schuldenstand 1987 DM je Einwohner
MAULBRONN,STADT	2544	5819	22,2	11,7	229	61	2274	391	1156	459
MOENSHEIM	1678	2296	21,2	11,6	137	41	635	277	1353	121
MUEHLACKER,STADT	5432	23948	20,0	13,2	441	143	10488	438	1206	1801
NEUENBUERG,STADT	2817	7036	19,0	16,0	250	45	1552	221	964	501
NEUHAUSEN	2976	4231	22,5	11,9	142	65	709	168	1006	2424
NEULINGEN	2338	4654	21,7	12,8	199	97	522	112	896	881
NIEFERN-OESCHELBRONN	2202	9589	18,0	17,4	435	44	4375	456	1062	2
OELBRONN-DUERRN	1564	2823	21,1	12,5	180	49	419	148	883	892
OETISHEIM	1427	4197	21,4	12,6	294	43	1076	256	972	1409
REMCHINGEN	2404	9422	22,4	11,2	392	80	1950	207	1044	93
STERNENFELS	1732	2316	20,5	12,2	134	47	222	96	886	1434
STRAUBENHARDT	3308	8501	19,8	14,7	257	108	2480	292	1079	375
TIEFENBRONN	1479	4412	21,7	10,7	298	50	1158	262	889	694
WIERNSHEIM	2463	4908	21,8	10,3	199	88	1113	227	938	539
WIMSHEIM	806	2068	22,1	9,8	257	30	271	131	945	179
WURMBERG	736	2260	21,2	11,3	307	26	423	187	948	332
LKR FREUDENSTADT	**87066**	**102332**	**20,7**	**15,4**	**118**	**2585**	**34338**	**336**	**1047**	**1229**
ALPIRSBACH,STADT	6455	6388	19,1	16,0	99	159	2170	340	1072	1369
BAD RIPPOLDSAU-SCHAPB.	7314	2422	22,7	14,9	33	136	571	236	904	2402
BAIERSBRONN	18970	14425	19,5	16,6	76	433	4592	318	961	1008
BETZWEILER-WAELDE	1032	1282	17,2	17,4	124	45	188	147	866	783
DORNSTETTEN,STADT	2421	5923	21,2	13,7	245	47	1980	334	1063	1112
EMPFINGEN	1830	2883	22,8	12,3	158	87	618	214	1117	270
EUTINGEN IM GAEU	3282	4041	24,8	11,0	123	169	479	119	920	582
FREUDENSTADT,STADT	8759	21104	17,4	19,8	241	144	9559	453	1078	1204
GLATTEN	1551	2261	21,3	14,5	146	61	619	274	861	943
GROEMBACH	1218	513	24,2	15,8	42	37	29	57	948	0
HORB AM NECKAR,STADT	11979	21266	22,8	13,2	178	538	6183	291	1087	1557
LOSZBURG	6894	5295	21,9	14,4	77	188	2053	388	1236	1120
PFALZGRAFENWEILER	4472	5353	22,3	14,6	120	166	1743	326	945	1429
SCHOPFLOCH	1704	1975	22,8	15,1	116	111	1166	590	1550	318
SEEWALD	5850	2026	19,1	18,4	35	105	381	188	975	1186
WALDACHTAL	2987	4978	22,7	11,3	167	139	1983	398	974	1735
WOERNERSBERG	348	197	18,8	9,1	57	20	24	122	823	356
RB FREIBURG	**934719**	**1876103**	**19,6**	**14,7**	**201**	**36098**	**653131**	**348**	**1096**	**1522**
RV SUEDL.OBERRHEIN	**406193**	**872783**	**19,4**	**14,4**	**215**	**19797**	**299667**	**343**	**1109**	**1508**

Gültige Stimmen (ohne Briefwahl)	Landtagswahl 1988 darunter in % CDU	SPD	FDP/ DVP	GRÜNE	Gemeinderatswahl 1984 Gültige gleichwertige Stimmen Mehrheitswahl	Verhältniswahl	darunter in % CDU	SPD	FDP/ DVP	Gem. WV[1])	WV[2])
2519	43,6	31,3	7,8	11,8	0	1858	33,7	0,0	0,0	0,0	66,3
1187	51,4	31,0	9,1	6,3	0	1106	0,0	0,0	0,0	0,0	100,0
10750	44,7	35,0	6,5	8,8	0	8063	34,6	32,6	0,0	0,0	21,5
3241	45,6	34,4	6,6	10,7	0	2690	36,6	23,0	0,0	0,0	40,4
1991	56,9	25,3	5,5	7,8	0	1309	48,8	0,0	0,0	0,0	51,2
2229	46,7	36,7	4,4	8,0	0	1648	0,0	39,3	0,0	43,6	17,1
4512	44,3	33,6	8,3	9,8	0	3699	36,6	34,1	0,0	29,3	0,0
1392	48,1	31,0	4,5	9,5	0	1179	0,0	0,0	0,0	0,0	88,8
1899	49,0	34,0	5,7	8,5	0	1822	0,0	35,1	0,0	0,0	64,9
4552	46,4	38,1	4,6	7,1	0	3467	56,6	43,4	0,0	0,0	0,0
1177	38,8	45,1	4,1	6,5	0	1134	21,2	46,0	0,0	0,0	32,8
3927	51,0	31,8	5,2	9,1	0	3309	35,3	26,2	0,0	0,0	30,2
2117	53,7	29,7	6,0	6,6	0	1643	54,5	45,5	0,0	0,0	0,0
2407	40,4	26,7	20,1	8,1	0	1634	0,0	0,0	0,0	0,0	100,0
1029	50,6	29,3	8,7	8,0	0	919	18,2	0,0	0,0	0,0	81,8
1214	47,4	34,4	7,5	7,3	0	1090	24,3	0,0	0,0	0,0	75,7
49303	**56,5**	**28,4**	**5,1**	**5,3**	**1589**	**37826**	**36,5**	**18,5**	**2,3**	**5,7**	**33,5**
3178	44,6	40,2	4,8	5,8	0	2821	30,4	29,9	0,0	0,0	39,7
1335	72,3	18,6	2,5	4,4	0	1128	46,1	0,0	0,0	0,0	53,9
7021	52,4	31,4	8,3	4,4	0	5568	25,7	17,1	0,0	0,0	52,2
733	60,4	26,3	3,5	4,8	0	756	0,0	0,0	0,0	0,0	100,0
2815	59,9	27,8	4,2	5,2	0	2201	0,0	16,3	0,0	78,4	5,3
1497	59,9	25,7	3,9	5,1	0	1241	0,0	0,0	0,0	48,9	51,1
1967	58,8	24,8	4,0	6,0	0	1450	64,8	6,3	0,0	0,0	28,9
9519	52,5	32,9	4,6	5,7	0	7988	29,2	22,4	9,2	0,0	35,1
1079	56,3	29,0	4,6	3,8	665	0	0,0	0,0	0,0	0,0	0,0
241	68,0	14,9	2,9	3,3	228	0	0,0	0,0	0,0	0,0	0,0
10569	58,7	26,5	3,9	5,6	0	7379	62,4	25,4	0,0	0,0	5,4
2549	53,0	28,7	6,9	6,5	0	2440	26,7	15,0	0,0	0,0	58,3
2495	57,6	25,1	7,1	5,4	0	2034	42,4	0,0	0,0	24,7	32,9
914	67,0	16,8	4,6	5,8	596	0	0,0	0,0	0,0	0,0	0,0
894	67,6	18,7	5,3	3,9	0	986	0,0	0,0	0,0	0,0	100,0
2387	66,6	18,9	3,9	4,7	0	1834	52,8	5,4	0,0	0,0	41,8
110	58,2	17,3	12,7	0,9	100	0	0,0	0,0	0,0	0,0	0,0
861614	**49,7**	**31,8**	**5,8**	**7,8**	**6564**	**695764**	**39,9**	**24,0**	**4,3**	**3,1**	**21,1**
408748	**47,7**	**33,1**	**5,4**	**9,2**	**976**	**339128**	**40,1**	**25,2**	**4,3**	**1,9**	**19,3**

Land (LD) Regierungsbezirk (RB) Regionalverband (RV) Stadtkreis (SKR) Landkreis (LKR)	Katasterfläche am 1. 1. 1988 ha	Wohnbevölkerung am 1. 1. 1988 insgesamt Personen	darunter bis 18 Jahre alt %	darunter 65 u.m. Jahre alt %	Bevölkerungsdichte 1. 1. 1988 Einwohner je qkm	Landw. Betriebe 1987	Versicherungspfl. Beschäftigte Juni 1987 insgesamt Personen	auf 1000 der Bev.	Steuerkraftsumme 1987 DM je Einwohner	Schuldenstand 1987 DM je Einwohner
SKR FREIBURG IM BRSG	**15305**	**180528**	**15,0**	**15,8**	**1180**	**501**	**82141**	**455**	**1416**	**2655**
FREIBURG IM BREISG.ST	15305	180528	15,0	15,8	1180	501	82141	455	1416	2655
LKR BREISGAU-HOCHSCHW	**137833**	**204355**	**20,7**	**13,7**	**148**	**6559**	**53068**	**260**	**978**	**1038**
AU	399	1063	20,5	10,1	266	21	141	133	862	1127
AUGGEN	1415	1978	20,1	14,8	140	117	350	177	833	1195
BAD KROZINGEN	3566	12083	17,1	22,8	339	187	3970	329	1087	1771
BADENWEILER	1302	3295	12,8	28,6	253	33	1397	424	925	1187
BALLRECHTEN-DOTTINGEN	662	1716	26,5	11,0	259	78	255	149	916	103
BOETZINGEN	1299	4656	23,5	9,8	358	254	2178	468	1193	34
BOLLSCHWEIL	1642	2062	21,5	10,1	126	79	186	90	934	68
BREISACH AM RHEIN,ST	5459	9981	22,6	11,6	183	210	3418	342	1032	1729
BREITNAU	3989	1627	26,1	13,1	41	111	250	154	861	767
BUCHENBACH	3899	2924	24,1	9,7	75	76	574	196	866	1283
BUGGINGEN	1532	3160	22,9	11,8	206	139	301	95	880	1108
EBRINGEN	818	2043	20,8	12,6	250	83	157	77	880	478
EHRENKIRCHEN	3779	5599	19,7	11,5	148	246	666	119	917	33
EICHSTETTEN	1230	2579	25,8	11,2	210	213	544	211	1711	148
EISENBACH(HOCHSCHW.)	2878	2149	21,9	13,2	75	79	1252	583	1337	1376
ESCHBACH	1002	1412	20,7	8,9	141	42	96	68	846	961
FELDBERG (SCHWARZWALD)	2497	1424	15,0	16,8	57	31	656	461	807	1486
FRIEDENWEILER	2708	1599	21,0	18,8	59	44	220	138	813	1825
GLOTTERTAL	3075	2614	18,9	12,5	85	83	549	210	872	922
GOTTENHEIM	874	2205	21,9	12,1	252	123	193	88	841	855
GUNDELFINGEN	1427	10538	18,9	10,6	738	36	1752	166	1049	174
HARTHEIM	2605	3155	25,5	7,8	121	88	626	198	852	1322
HEITERSHEIM,STADT	1172	4662	22,5	13,8	398	76	1197	257	881	764
HEUWEILER	403	868	20,7	10,8	215	27	63	73	843	412
HINTERZARTEN	3337	2114	19,9	17,8	63	49	879	416	870	3175
HORBEN	875	817	19,3	10,0	93	36	102	125	872	1175
IHRINGEN	2300	4774	20,4	13,0	208	494	756	158	848	2450
KIRCHZARTEN	2114	8348	20,2	14,6	395	80	2087	250	1098	1458
LENZKIRCH	5790	4392	19,0	17,0	76	87	1459	332	781	746
LOEFFINGEN,STADT	8802	6328	21,9	13,6	72	241	1440	228	914	1064
MARCH	1778	7907	21,9	8,7	445	133	1428	181	925	110
MERDINGEN	1439	2222	23,9	10,6	154	212	578	260	1065	802
MERZHAUSEN	278	4133	18,1	13,2	1487	7	1107	268	922	2052
MUELLHEIM,STADT	5791	13742	19,4	17,3	237	319	5604	408	1171	378
MUENSTERTAL/SCHWARZW	6776	4675	18,8	15,8	69	170	708	151	895	775
HEUWEILER	403	868	20,7	10,8	215	27	63	73	843	412

Landtagswahl 1988					Gemeinderatswahl 1984						
Gültige Stimmen (ohne Briefwahl)	darunter in %				Gültige gleichwertige Stimmen		darunter in %				
	CDU	SPD	FDP/DVP	GRÜNE	Mehrheitswahl	Verhältniswahl	CDU	SPD	FDP/DVP	Gem. WV[1])	WV[2])
76739	**36,0**	**37,3**	**4,9**	**15,6**	**0**	**63753**	**36,2**	**26,8**	**6,2**	**0,0**	**13,1**
76739	36,0	37,3	4,9	15,6	0	63753	36,2	26,8	6,2	0,0	13,1
97504	**49,2**	**29,5**	**6,9**	**8,9**	**572**	**86072**	**39,2**	**20,1**	**3,9**	**3,6**	**27,9**
515	50,9	23,9	6,2	13,6	0	534	49,1	0,0	0,0	0,0	50,9
998	43,6	31,9	15,0	5,5	0	958	39,2	28,8	0,0	32,0	0,0
5656	52,8	25,8	8,3	7,6	0	4436	58,2	20,6	14,2	0,0	6,9
1576	53,8	25,8	8,6	7,5	0	1484	44,0	24,4	9,6	0,0	21,9
864	57,6	25,5	5,7	6,6	0	746	76,2	23,8	0,0	0,0	0,0
2100	48,0	33,5	8,5	5,3	0	2023	15,5	17,1	9,0	0,0	58,5
1030	51,7	25,4	5,4	11,6	572	0	0,0	0,0	0,0	0,0	0,0
4543	46,0	33,3	5,5	8,8	0	3799	46,5	31,8	0,0	14,5	0,0
670	66,4	16,6	5,2	5,8	0	688	0,0	0,0	0,0	0,0	100,0
1404	55,9	22,2	5,1	9,8	0	1243	34,0	10,8	0,0	0,0	55,2
1341	37,8	40,7	7,4	8,8	0	1248	25,2	36,0	0,0	0,0	38,9
1102	51,6	28,7	4,8	11,1	0	1097	35,0	12,4	0,0	0,0	52,7
2931	49,6	29,6	6,9	9,4	0	2269	49,8	12,3	4,3	0,0	25,2
1245	44,3	27,5	14,1	7,4	0	1249	0,0	10,0	24,6	0,0	65,4
965	56,4	25,0	4,7	5,7	0	990	0,0	0,0	0,0	0,0	100,0
600	53,3	28,0	4,0	7,3	0	504	46,8	0,0	0,0	0,0	53,2
619	57,2	22,8	6,0	8,7	0	722	57,3	0,0	0,0	0,0	42,7
805	59,0	26,6	4,1	5,8	0	784	0,0	0,0	0,0	0,0	100,0
1446	68,3	16,7	4,8	6,5	0	1348	54,7	0,0	0,0	0,0	45,3
1142	44,8	36,9	4,5	9,7	0	1163	27,0	25,2	0,0	0,0	47,8
5084	37,9	36,3	6,9	12,9	0	4102	29,1	22,8	12,4	0,0	18,0
1542	54,9	24,4	5,8	6,9	0	1308	0,0	0,0	0,0	0,0	100,0
2130	48,6	32,9	5,9	6,5	0	2083	41,4	23,2	8,5	0,0	26,9
481	55,5	25,2	5,6	10,0	0	409	0,0	0,0	0,0	0,0	100,0
883	61,6	18,2	8,4	8,7	0	881	0,0	0,0	0,0	0,0	100,0
403	55,6	21,8	6,7	0,0	0	492	33,9	8,5	0,0	0,0	57,8
2537	40,7	34,4	11,8	8,8	0	2342	35,5	29,5	27,8	0,0	0,0
4210	49,8	25,7	6,3	10,9	0	3868	36,3	17,9	0,0	0,0	40,7
1870	54,8	26,6	7,4	6,9	0	2030	42,7	18,4	0,0	12,4	17,9
2971	49,0	31,6	8,1	7,7	0	2520	45,5	31,0	0,0	16,8	6,7
3836	41,6	36,0	5,0	12,9	0	2713	46,3	23,7	0,0	0,0	14,7
1116	58,7	23,8	7,3	7,2	0	1109	50,3	0,0	0,0	0,0	49,7
2131	42,0	28,9	8,3	16,6	0	2022	46,6	17,3	0,0	0,0	15,5
6180	44,6	33,9	6,9	8,4	0	4752	34,4	25,2	5,5	0,0	34,9
2248	53,0	27,1	9,2	7,7	0	2455	42,5	20,6	0,0	0,0	31,1
481	55,5	25,2	5,6	10,0	0	409	0,0	0,0	0,0	0,0	100,0

Land (LD) Regierungsbezirk (RB) Regionalverband (RV) Stadtkreis (SKR) Landkreis (LKR)	Katasterfläche am 1. 1. 1988 ha	Wohnbevölkerung am 1. 1. 1988 insgesamt Personen	darunter bis 18 Jahre %	darunter 65 u.m. alt %	Bevölkerungsdichte 1. 1. 1988 Einwohner je qkm	Landw. Betriebe 1987	Versicherungspfl. Beschäftigte Juni 1987 insgesamt Personen	Versicherungspfl. Beschäftigte auf 1000 der Bev.	Steuerkraftsumme 1987 DM je Einwohner	Schuldenstand 1987 DM je Einwohner
HINTERZARTEN	3337	2114	19,9	17,8	63	49	879	416	870	3175
HORBEN	875	817	19,3	10,0	93	36	102	125	872	1175
IHRINGEN	2300	4774	20,4	13,0	208	494	756	158	848	2450
KIRCHZARTEN	2114	8348	20,2	14,6	395	80	2087	250	1098	1458
LENZKIRCH	5790	4392	19,0	17,0	76	87	1459	332	781	746
LOEFFINGEN,STADT	8802	6328	21,9	13,6	72	241	1440	228	914	1064
MARCH	1778	7907	21,9	8,7	445	133	1428	181	925	110
MERDINGEN	1439	2222	23,9	10,6	154	212	578	260	1065	802
MERZHAUSEN	278	4133	18,1	13,2	1487	7	1107	268	922	2052
MUELLHEIM,STADT	5791	13742	19,4	17,3	237	319	5604	408	1171	378
MUENSTERTAL/SCHWARZW	6776	4675	18,8	15,8	69	170	708	151	895	775
NEUENBURG A.RHEIN,ST	4412	8064	22,6	10,6	183	139	2900	360	908	127
OBERRIED	6632	2413	21,7	9,3	36	126	290	120	877	789
PFAFFENWEILER	361	2587	22,1	8,4	717	119	163	63	857	541
SCHALLSTADT	1955	4889	21,7	9,9	250	180	870	178	901	1230
SCHLUCHSEE	6944	2316	17,4	14,2	33	82	798	345	885	654
SOELDEN	380	892	23,4	9,3	235	19	288	323	824	374
ST.MAERGEN	3332	1721	24,2	14,8	52	108	295	171	816	2545
ST.PETER	3593	2131	23,3	11,7	59	118	279	131	848	2391
STAUFEN I.BREISGAU,ST	2326	6603	18,9	17,2	284	97	2099	318	1149	1930
STEGEN	2632	3679	23,9	10,0	140	84	441	120	930	1764
SULZBURG,STADT	2273	2283	19,8	16,3	100	85	562	246	867	2043
TITISEE-NEUSTADT,STADT	8966	10755	18,7	17,6	120	186	4312	401	1033	1420
UMKIRCH	872	4728	22,3	7,0	542	23	1600	338	885	1135
VOGTSB.I.KAISERST.,ST	3739	5286	21,2	13,3	141	863	920	174	862	522
WITTNAU	504	1164	23,1	8,6	231	26	112	96	802	977
LKR EMMENDINGEN	**67990**	**133016**	**21,0**	**13,5**	**196**	**3965**	**35041**	**263**	**959**	**1151**
BAHLINGEN	1266	3264	23,2	10,4	258	313	577	177	872	1293
BIEDERBACH	3136	1457	26,4	11,8	46	177	116	80	852	433
DENZLINGEN	1696	11277	20,3	12,1	665	61	1427	127	962	352
ELZACH,STADT	7527	6358	22,1	13,7	84	258	1813	285	975	2436
EMMENDINGEN,STADT	3379	22819	18,6	15,1	675	130	8145	357	1022	836
ENDINGEN,STADT	2671	7247	23,4	13,6	271	509	1929	266	850	796
FORCHHEIM	1078	1042	22,9	12,7	97	102	61	59	816	30
FREIAMT	5292	3845	21,9	13,3	73	256	362	94	881	1835
GUTACH IM BREISGAU	2476	3556	21,0	13,9	144	84	1099	309	899	2232
HERBOLZHEIM,STADT	3548	7762	22,2	13,6	219	307	2542	327	998	2102
KENZINGEN,STADT	3693	7055	20,9	15,9	191	222	1465	208	885	2484
MALTERDINGEN	1114	2281	21,8	12,5	205	113	1088	477	757	116

Gültige Stimmen (ohne Briefwahl)	Landtagswahl 1988 darunter in % CDU	SPD	FDP/DVP	GRÜNE	Gemeinderatswahl 1984 Gültige gleichwertige Stimmen Mehrheitswahl	Verhältniswahl	darunter in % CDU	SPD	FDP/DVP	Gem. WV[1])	WV[2])
883	61,6	18,2	8,4	8,7	0	881	0,0	0,0	0,0	0,0	100,0
403	55,6	24,8	5,7	9,9	0	492	33,9	8,5	0,0	0,0	57,6
2537	40,7	34,4	11,8	8,8	0	2342	35,5	29,5	27,8	0,0	0,0
4210	49,8	25,7	6,3	10,9	0	3868	36,3	17,9	0,0	0,0	40,7
1870	54,8	26,6	7,4	6,9	0	2030	42,7	18,4	0,0	12,4	17,9
2971	49,0	31,6	8,1	7,7	0	2520	45,5	31,0	0,0	16,8	6,7
3836	41,6	36,0	5,0	12,9	0	2713	46,3	23,7	0,0	0,0	14,7
1116	58,7	23,8	7,3	7,2	0	1109	50,3	0,0	0,0	0,0	49,7
2131	42,0	28,9	8,3	16,6	0	2022	46,6	17,3	0,0	0,0	15,5
6180	44,6	33,9	6,9	8,4	0	4752	34,4	25,2	5,5	0,0	34,9
2248	53,0	27,1	9,2	7,7	0	2455	42,5	20,6	0,0	0,0	31,1
3389	50,1	32,5	4,0	7,1	0	2697	46,6	25,8	0,0	0,0	27,7
1326	65,0	20,7	3,4	6,7	0	1263	46,1	14,3	0,0	0,0	39,6
1347	55,5	24,9	5,7	11,1	0	1189	51,1	0,0	0,0	0,0	48,9
2321	38,4	33,9	11,0	10,1	0	1985	27,1	21,1	0,0	0,0	37,2
1023	55,7	28,4	5,5	6,2	0	1033	0,0	24,9	0,0	75,1	0,0
471	52,2	22,9	7,4	12,3	0	455	0,0	0,0	0,0	0,0	100,0
838	69,9	16,1	3,9	4,1	0	894	64,9	0,0	0,0	0,0	35,1
1012	61,3	16,9	5,0	6,3	0	1079	54,0	0,0	0,0	0,0	46,0
3208	49,6	27,2	7,4	10,4	0	3065	35,0	17,8	0,0	0,0	36,4
1791	48,9	21,8	7,0	9,1	0	1524	35,7	19,1	0,0	0,0	45,2
1127	41,3	33,4	10,8	9,0	0	1145	42,9	36,0	21,1	0,0	0,0
4973	46,1	37,8	5,8	6,4	0	4904	45,4	24,6	0,0	12,6	10,6
2116	40,2	36,8	5,5	12,7	0	1636	45,5	31,2	0,0	0,0	0,0
2807	60,3	17,9	7,5	8,6	0	2292	49,4	5,7	0,0	0,0	44,9
581	49,1	23,6	8,8	13,1	0	543	0,0	0,0	0,0	0,0	100,0
64926	**44,2**	**36,8**	**6,4**	**9,1**	**404**	**53673**	**34,9**	**26,4**	**2,8**	**2,6**	**28,3**
1561	28,5	47,0	9,6	10,6	0	1564	29,0	32,0	0,0	0,0	33,9
622	79,9	11,6	2,7	4,3	404	0	0,0	0,0	0,0	0,0	0,0
5222	37,6	38,7	7,8	11,4	0	4257	36,0	28,4	17,3	0,0	0,0
3355	66,8	22,1	3,7	6,1	0	2774	53,6	18,3	0,0	0,0	28,0
10648	35,5	43,9	5,6	11,0	0	7986	30,4	30,5	5,5	0,0	24,6
3617	43,8	31,5	11,1	9,8	0	2871	41,3	18,4	0,0	40,3	0,0
464	41,8	30,8	11,0	11,6	0	526	0,0	0,0	0,0	0,0	100,0
1939	55,7	30,4	4,6	5,3	0	1950	40,3	23,2	0,0	0,0	36,5
1802	59,3	25,5	4,6	7,7	0	1518	38,9	0,0	0,0	0,0	61,1
3787	44,7	36,3	7,6	6,8	0	2926	41,5	28,8	0,0	0,0	23,5
3519	43,7	35,3	10,2	8,7	0	3040	0,0	21,4	0,0	0,0	78,6
1118	35,1	45,5	8,4	7,9	0	1149	27,1	27,3	0,0	0,0	45,6

Land (LD) Regierungsbezirk (RB) Regionalverband (RV) Stadtkreis (SKR) Landkreis (LKR)	Kataster-fläche am 1. 1. 1988 ha	Wohnbevölkerung am 1. 1. 1988 insgesamt Personen	darunter bis 18 Jahre %	darunter 65 u.m. alt %	Bevölke-rungs-dichte 1. 1. 1988 Einwohner je qkm	Landw. Betriebe 1987	Versicherungspfl. Beschäftigte Juni 1987 insgesamt Personen	auf 1000 der Bev.	Steuer-kraft-summe 1987 DM je Einwohner	Schul-den-stand 1987 DM je Einwohner
REUTE	479	2432	25,2	7,9	508	43	195	80	829	133
RHEINHAUSEN	2197	3111	22,1	11,4	142	149	288	93	749	142
RIEGEL	1834	2728	22,6	11,1	149	60	782	287	920	884
SASBACH	2078	2757	22,5	12,7	133	300	465	169	838	956
SEXAU	1630	2745	20,7	11,0	168	92	380	138	895	380
SIMONSWALD	7432	2849	23,4	12,5	38	122	490	172	897	1473
TENINGEN	4028	10602	20,4	11,7	263	237	4094	386	1124	932
VOERSTETTEN	789	2049	21,0	9,4	260	33	188	92	932	661
WALDKIRCH, STADT	4847	18761	19,7	15,9	387	146	6572	350	1049	1385
WEISWEIL	1909	1596	21,7	11,8	84	64	364	228	813	977
WINDEN IM ELZTAL	2196	2547	22,3	13,2	116	77	350	137	874	1616
WYHL	1695	2876	23,8	10,7	170	110	249	87	850	278
LKR ORTENAUKREIS	**185065**	**354884**	**20,3**	**14,5**	**192**	**8772**	**129417**	**365**	**1082**	**1333**
ACHERN,STADT	6525	20346	20,4	15,5	312	557	8452	415	1064	1576
APPENWEIER	3805	8269	20,6	12,4	217	296	1598	193	954	1492
BAD PETERSTAL-GRIESB.	4124	3004	20,4	17,9	73	122	1205	401	1011	1052
BERGHAUPTEN	969	2163	21,2	12,7	223	65	193	89	925	906
BIBERACH	2239	2901	22,0	13,8	130	104	936	323	943	1557
DURBACH	2633	3600	21,9	12,1	137	197	636	177	935	1146
ETTENHEIM,STADT	4890	9047	21,8	13,6	185	275	2543	281	1064	1687
FISCHERBACH	2030	1490	22,6	10,5	73	74	223	150	881	269
FRIESENHEIM	4660	10190	19,6	14,5	219	175	2223	218	1062	1476
GENGENBACH,STADT	6191	10723	19,2	15,5	173	240	4000	373	969	1871
GUTACH(SCHWARZW.-BAHN)	3174	2196	19,9	16,4	69	78	801	365	1055	945
HASLACH I.KINZIGTAL,ST	1870	5977	19,4	17,6	320	68	2500	418	1114	504
HAUSACH,STADT	3607	5150	21,7	14,6	143	84	2738	532	1320	762
HOFSTETTEN	1815	1521	29,1	9,3	84	79	118	78	850	1379
HOHBERG	2896	6879	20,6	12,8	238	156	716	104	927	779
HORNBERG,STADT	5445	4648	19,3	15,8	85	116	1599	344	952	1086
KAPPEL-GRAFENHAUSEN	2572	3616	24,0	12,4	141	137	456	126	939	629
KAPPELRODECK	1791	5597	21,3	14,2	313	247	1055	188	886	489
KEHL,STADT	7506	28510	19,5	13,8	380	297	11626	408	1109	1817
KIPPENHEIM	2086	4187	22,1	11,2	201	99	1778	425	1016	815
LAHR/SCHWARZWALD,STADT	6978	33141	18,3	17,2	475	207	19727	595	1301	2001
LAUF	1501	3799	21,1	12,8	253	173	428	113	901	436
LAUTENBACH	2155	1840	22,8	13,6	85	87	154	84	896	1257
MAHLBERG,STADT	1659	3432	23,7	10,9	207	49	827	241	983	1525
MEISZENHEIM	2133	3003	17,9	14,2	141	136	380	127	911	102
MUEHLENBACH	3122	1495	25,6	11,2	48	110	82	55	883	536

Landtagswahl 1988					Gemeinderatswahl 1984						
Gültige Stimmen (ohne Briefwahl)	darunter in %				Gültige gleichwertige Stimmen		darunter in %				
	CDU	SPD	FDP/ DVP	GRÜNE	Mehrheitswahl	Verhältniswahl	CDU	SPD	FDP/ DVP	Gem. WV[1])	WV[2])
1239	55,8	28,4	4,6	9,0	0	1183	49,5	16,8	0,0	0,0	33,7
1622	59,2	27,4	3,7	6,5	0	1522	44,1	9,4	0,0	0,0	42,6
1265	37,3	42,9	4,9	10,5	0	1202	46,5	39,8	0,0	13,7	0,0
1328	37,3	34,0	11,2	12,0	0	1069	39,8	4,6	0,0	0,0	40,4
1368	41,8	41,2	6,4	7,5	0	1255	24,7	35,7	0,0	0,0	39,6
1416	70,0	16,9	3,7	7,1	0	1331	62,1	0,0	0,0	0,0	37,9
5162	36,5	45,3	5,7	8,8	0	3995	28,1	32,0	0,0	0,0	33,0
1055	30,9	43,5	8,8	13,2	0	976	29,0	32,9	15,2	0,0	22,9
9188	46,3	36,4	5,3	8,7	0	6928	43,3	33,1	0,0	0,0	23,6
891	14,5	70,0	5,5	8,5	0	948	15,4	42,1	0,0	20,2	22,3
1281	56,7	29,7	4,9	6,8	0	1241	43,4	26,6	0,0	0,0	30,1
1457	51,4	30,9	3,8	11,3	0	1463	32,2	0,0	0,0	0,0	67,8
169579	**53,4**	**31,9**	**4,3**	**6,6**	**0**	**135631**	**45,9**	**25,8**	**3,3**	**2,5**	**17,8**
9945	60,3	26,4	3,8	6,3	0	7067	50,7	18,7	1,3	0,0	29,3
3844	54,4	31,4	3,3	7,0	0	3095	49,5	22,6	0,0	0,0	27,9
1553	72,9	19,2	3,4	2,4	0	1696	45,1	14,6	0,0	0,0	40,3
1184	60,4	27,4	2,3	3,7	0	1152	41,0	28,8	0,0	0,0	30,2
1509	64,4	22,1	4,2	5,4	0	1329	40,3	20,0	0,0	0,0	39,7
1928	64,5	24,5	4,5	4,0	0	1606	55,2	17,4	0,0	0,0	27,4
4312	50,6	33,3	4,1	7,5	0	3591	42,6	24,2	0,0	0,0	28,5
783	70,1	20,3	2,0	5,6	0	736	51,8	0,0	0,0	0,0	48,2
5170	55,1	29,7	4,9	6,4	0	3731	51,4	16,5	0,0	0,0	32,1
4888	57,1	28,8	4,2	5,7	0	4270	51,2	20,9	0,0	0,0	16,7
1158	45,3	34,0	11,4	7,1	0	1257	27,2	20,7	22,7	0,0	29,3
3052	60,4	27,3	3,3	6,7	0	2750	49,9	18,7	0,0	0,0	21,6
2487	57,0	30,9	3,3	6,1	0	2070	52,5	18,4	0,0	0,0	29,1
770	77,1	9,9	2,7	7,3	0	705	67,9	0,0	0,0	0,0	32,1
3647	61,1	25,9	3,2	5,7	0	2920	70,1	29,9	0,0	0,0	0,0
2202	47,0	41,6	5,0	3,7	0	2195	43,7	34,5	0,0	0,0	21,7
1631	60,8	25,9	4,4	5,6	0	1448	56,6	0,0	0,0	0,0	43,4
2704	64,5	24,5	3,6	4,8	0	2235	45,5	21,3	0,0	0,0	33,1
12255	37,4	44,1	4,0	8,7	0	9813	37,1	28,8	6,8	0,0	16,2
1947	40,4	41,3	6,5	8,1	0	1630	41,2	21,8	0,0	26,7	1,6
15289	41,6	41,0	6,0	7,5	0	10932	34,2	35,6	8,9	0,0	11,0
1698	64,1	23,2	3,6	5,9	0	1622	45,1	20,5	0,0	0,0	34,4
933	68,2	22,0	2,1	4,3	0	930	51,1	0,0	0,0	0,0	48,9
1472	46,6	36,6	5,4	8,2	0	1299	53,2	31,7	0,0	0,0	15,1
1574	37,8	44,3	7,8	6,4	0	1486	0,0	0,0	0,0	38,0	62,0
773	80,7	11,8	2,1	3,5	0	718	55,8	0,0	0,0	0,0	44,2

Land (LD) Regierungsbezirk (RB) Regionalverband (RV) Stadtkreis (SKR) Landkreis (LKR)	Kataster-fläche am 1. 1. 1988 ha	Wohnbevölkerung am 1. 1. 1988 insgesamt Personen	darunter bis 18 Jahre alt %	darunter 65 u.m. Jahre alt %	Bevölke-rungs-dichte 1. 1. 1988 Einwohner je qkm	Landw. Betriebe 1987	Versicherungspfl. Beschäftigte Juni 1987 insgesamt Personen	Versicherungspfl. Beschäftigte auf 1000 der Bev.	Steuer-kraft-summe 1987 DM je Einwohner	Schul-den-stand 1987 DM je Einwohner
NEURIED	5772	7489	21,5	12,5	130	358	889	119	913	978
NORDRACH	3775	1947	19,5	14,2	52	117	830	426	1032	1192
OBERHARMERSBACH	4091	2351	23,1	13,0	57	129	336	143	843	1673
OBERKIRCH,STADT	6912	16738	21,9	13,5	242	724	5665	338	1109	1229
OBERWOLFACH	5127	2666	26,6	11,6	52	124	626	235	870	756
OFFENBURG,STADT	7839	51344	18,0	15,8	655	357	30727	598	1273	1717
OHLSBACH	1114	2345	20,6	14,2	211	59	216	92	915	1716
OPPENAU,STADT	7304	5000	20,9	16,5	68	209	1312	262	936	682
ORTENBERG	566	2854	18,7	15,3	504	89	671	235	967	1854
OTTENHOEFEN I.SCHWARZW.	2525	3216	21,1	15,0	127	158	839	261	916	761
RENCHEN,STADT	3210	6104	21,4	13,3	190	253	1779	291	1016	741
RHEINAU,STADT	7344	9877	20,9	12,8	134	187	2435	247	708	751
RINGSHEIM	1131	1972	20,8	13,2	174	56	382	194	865	573
RUST	1327	2636	23,8	11,8	199	73	658	250	1039	339
SASBACH	1674	4985	21,8	14,3	298	201	1143	229	1124	112
SASBACHWALDEN	1813	2152	17,8	16,1	119	133	511	237	821	1963
SCHUTTERTAL	5028	3182	23,1	12,4	63	204	340	107	907	797
SCHUTTERWALD	2106	6277	19,8	12,0	298	71	1414	225	1006	1017
SCHWANAU	3833	5394	19,2	17,0	141	181	575	107	966	445
SEEBACH	1905	1430	24,9	13,6	75	88	277	194	903	729
SEELBACH	2991	4598	21,1	14,1	154	90	1106	241	967	1178
STEINACH	3333	3642	23,1	12,3	109	178	746	205	945	1074
WILLSTAETT	5526	7497	21,8	11,3	136	197	4522	603	1696	722
WOLFACH,STADT	6799	5943	19,6	17,4	87	144	1798	303	954	1645
ZELL A.HARMERSBACH,ST	3644	6521	21,7	15,4	179	164	2626	403	1026	1641
RV SCHWARZW.-BAAR-HBG	**252915**	**432611**	**20,4**	**15,0**	**171**	**7464**	**166690**	**385**	**1123**	**1679**
LKR ROTTWEIL	**76949**	**126682**	**20,8**	**15,5**	**165**	**2894**	**45744**	**361**	**1065**	**1945**
AICHHALDEN	2574	3864	23,1	14,3	150	150	599	155	996	1507
BOESINGEN	2245	2748	26,5	9,6	122	112	550	200	858	1385
DEISZLINGEN	3215	4976	20,5	14,1	155	58	1203	242	1032	787
DIETINGEN	4226	3361	22,4	12,0	80	130	387	115	890	803
DORNHAN,STADT	4493	5290	21,4	15,0	118	160	870	164	993	2151
DUNNINGEN	4845	4776	24,0	12,0	99	201	931	195	949	2122
EPFENDORF	2971	3252	20,1	12,8	109	95	454	140	947	1077
ESCHBRONN	1141	1934	21,5	14,1	170	66	216	112	900	881
FLUORN-WINZELN	2459	2986	21,1	12,7	121	112	787	264	966	1041
HARDT	1017	2273	25,1	10,6	224	74	401	176	933	766
LAUTERBACH	1995	3386	19,2	16,6	170	126	702	207	1040	1118

	Landtagswahl 1988				Gemeinderatswahl 1984						
Gültige Stimmen (ohne Briefwahl)	darunter in %				Gültige gleichwertige Stimmen		darunter in %				
	CDU	SPD	FDP/ DVP	GRÜNE	Mehrheitswahl	Verhältniswahl	CDU	SPD	FDP/ DVP	Gem. WV[1])	WV[2])
3534	51,7	31,4	6,2	6,4	0	2925	39,7	24,4	0,0	0,0	35,8
865	60,5	22,3	7,1	5,7	0	924	41,6	0,0	0,0	0,0	58,4
1250	75,4	11,4	3,1	5,0	0	1228	56,8	0,0	0,0	0,0	43,2
8321	62,4	25,2	3,5	5,5	0	6174	64,4	20,2	0,0	0,0	15,4
1485	70,5	16,7	3,4	5,8	0	1441	57,1	0,0	0,0	0,0	42,9
23838	47,9	36,4	4,0	7,5	0	15649	49,7	36,0	6,2	0,0	0,0
1234	56,9	27,7	4,3	7,1	0	1235	38,8	22,1	0,0	0,0	39,1
2562	55,0	36,8	2,7	3,1	0	2330	58,4	25,0	0,0	0,0	16,6
1548	57,4	28,2	3,4	7,6	0	1362	67,5	32,5	0,0	0,0	0,0
1543	77,6	12,6	3,2	4,8	0	1564	57,9	7,0	0,0	0,0	35,1
2746	56,3	30,2	4,0	6,6	0	1988	51,9	33,2	0,0	0,0	14,9
4566	44,2	39,6	4,4	7,6	0	3192	0,0	0,0	0,0	100,0	0,0
1042	54,2	34,5	4,6	3,2	0	1012	46,8	9,6	0,0	0,0	43,7
1306	57,7	29,4	2,4	5,1	0	1388	51,7	26,5	0,0	0,0	21,9
2252	66,0	20,4	3,1	6,7	0	1795	66,2	11,3	0,0	0,0	22,5
1022	71,0	14,5	5,9	4,9	0	983	52,6	12,8	0,0	0,0	34,7
1621	75,6	13,1	3,2	5,5	0	1273	69,0	0,0	0,0	0,0	28,2
3153	54,0	31,7	3,8	7,2	0	2496	55,8	16,2	0,0	0,0	27,9
2526	38,6	45,1	5,6	6,5	0	2156	25,7	27,9	0,0	0,0	46,4
715	78,2	11,3	2,5	5,2	0	796	71,0	0,0	0,0	0,0	29,0
2322	56,0	28,7	4,2	6,8	0	2187	48,1	24,7	0,0	0,0	27,2
1849	71,1	17,7	3,4	5,5	0	1515	52,7	0,0	0,0	0,0	47,3
3414	43,3	39,2	4,9	7,9	0	2609	35,2	25,5	0,0	0,0	39,2
3041	54,3	30,8	4,8	6,6	0	2794	41,0	21,5	0,0	0,0	37,5
3116	61,2	24,5	3,7	6,2	0	2334	43,2	24,9	0,0	0,0	32,0
202916	**53,2**	**27,9**	**6,5**	**5,3**	**3247**	**158832**	**39,3**	**20,2**	**3,6**	**6,6**	**23,7**
62073	**54,2**	**28,5**	**5,1**	**4,9**	**394**	**48960**	**36,4**	**18,6**	**1,2**	**9,9**	**31,1**
1860	58,5	27,4	4,7	3,7	0	1419	0,0	0,0	0,0	62,5	37,5
1379	69,5	13,5	3,4	4,4	0	1061	0,0	0,0	0,0	0,0	100,0
2580	50,6	30,0	5,5	4,3	0	2248	47,5	39,5	13,1	0,0	0,0
1651	64,1	17,5	4,4	3,8	0	975	0,0	0,0	0,0	0,0	98,2
2768	50,9	30,4	6,3	4,6	0	2101	0,0	0,0	0,0	0,0	100,0
2418	63,6	21,6	3,6	4,6	0	1876	0,0	0,0	0,0	52,8	47,2
1701	56,4	26,3	3,3	4,3	0	1258	0,0	0,0	0,0	100,0	0,0
946	53,1	27,4	4,3	5,2	394	0	0,0	0,0	0,0	0,0	0,0
1489	50,1	22,8	3,3	3,8	0	1026	0,0	0,0	0,0	0,0	100,0
1181	68,8	18,6	3,6	3,5	0	1060	0,0	0,0	0,0	0,0	100,0
1694	66,9	22,4	3,9	4,3	0	1887	58,1	0,0	0,0	0,0	41,9

Land (LD) Regierungsbezirk (RB) Regionalverband (RV) Stadtkreis (SKR) Landkreis (LKR)	Katasterfläche am 1. 1. 1988 ha	Wohnbevölkerung am 1. 1. 1988 insgesamt Personen	darunter bis 18 Jahre %	darunter 65 u.m. alt %	Bevölkerungsdichte 1. 1. 1988 Einwohner je qkm	Landw. Betriebe 1987	Versicherungspfl. Beschäftigte Juni 1987 insgesamt Personen	auf 1000 der Bev.	Steuerkraftsumme 1987 DM je Einwohner	Schuldenstand 1987 DM je Einwohner
OBERNDORF A.NECKAR,ST	5593	13986	19,1	17,6	250	192	8040	575	1231	1794
ROTTWEIL,STADT	7176	22902	19,8	17,5	319	187	11715	512	1157	3228
SCHENKENZELL	4214	1912	20,0	14,7	45	72	486	254	885	1378
SCHILTACH,STADT	3422	3834	18,8	18,0	112	58	2197	573	1267	1052
SCHRAMBERG,STADT	4569	18026	19,2	19,5	395	241	9358	519	1137	1948
SULZ AM NECKAR,STADT	8760	10437	21,1	14,8	119	296	2807	269	1021	2017
TENNENBRONN	3501	3705	22,7	12,9	106	198	1102	297	987	1898
VILLINGENDORF	932	2527	22,6	10,1	271	27	222	88	843	1470
VOEHRINGEN	2472	3330	24,3	13,1	135	110	901	271	961	735
WELLENDINGEN	1747	2381	21,1	12,6	136	120	838	352	1093	1006
ZIMMERN OB ROTTWEIL	3382	4796	23,1	11,7	142	109	978	204	911	3653
LKR SCHWARZW.-BAAR-KR	**102528**	**192832**	**19,7**	**14,8**	**188**	**2719**	**77120**	**400**	**1162**	**1603**
BAD DUERRHEIM,STADT	6210	10348	16,3	22,7	167	192	2949	285	1000	1594
BLUMBERG,STADT	9869	10009	23,0	13,0	101	306	3204	320	1088	2735
BRAEUNLINGEN,STADT	6211	5316	23,1	11,8	86	126	2002	377	992	1543
BRIGACHTAL	2280	4753	24,3	7,2	208	64	399	84	946	1982
DAUCHINGEN	1004	2881	20,8	10,9	287	30	433	150	986	1485
DONAUESCHINGEN,STADT	10460	18162	20,4	14,5	174	291	7924	436	1211	824
FURTWANGEN i.SCHW.,ST	8257	9703	18,6	12,7	118	194	4254	438	1586	2651
GUETENBACH	1849	1443	21,3	13,0	78	39	388	269	786	1869
HUEFINGEN,STADT	5855	6504	23,5	12,7	111	211	1399	215	913	329
KOENIGSFELD I.SCHWARZW.	4024	5272	21,2	17,5	131	172	809	153	887	761
MOENCHWEILER	960	2997	20,4	10,8	312	14	938	313	1095	833
NIEDERESCHACH	3307	4621	23,7	9,4	140	89	707	153	919	576
SCHOENWALD I.SCHWARZW.	2781	2214	18,3	16,4	80	88	478	216	777	2270
SCHONACH I.SCHWARZWALD	3671	4398	20,9	12,9	120	101	1570	357	1002	2993
ST.GEORGEN I.SCHW.,ST	5985	14054	19,8	15,2	235	217	6730	479	1072	919
TRIBERG I.SCHWARZW.,ST	3332	5718	18,1	16,9	172	132	2485	435	1022	3584
TUNINGEN	1559	2233	21,1	13,5	143	39	451	202	1091	1450
UNTERKIRNACH	1317	2046	22,3	9,7	155	65	646	316	1080	1004
VILLINGEN-SCHWENN.,ST	16550	76135	18,3	15,8	460	258	38140	501	1286	1591
VOEHRENBACH,STADT	7047	4025	20,8	13,6	57	91	1214	302	1033	2580
LKR TUTTLINGEN	**73438**	**113097**	**21,0**	**14,5**	**154**	**1851**	**43826**	**388**	**1122**	**1509**
ALDINGEN	2217	5576	21,8	13,6	252	70	2078	373	1106	1001
BAERENTHAL	1269	457	24,7	12,7	36	15	69	151	858	1592
BALGHEIM	761	755	25,3	9,9	99	12	140	185	1061	0
BOETTINGEN	1631	1222	22,4	10,9	75	100	434	355	991	546

Gültige Stimmen (ohne Briefwahl)	Landtagswahl 1988 darunter in % CDU	SPD	FDP/DVP	GRÜNE	Gemeinderatswahl 1984 Gültige gleichwertige Stimmen Mehrheitswahl	Verhältniswahl	darunter in % CDU	SPD	FDP/DVP	Gem. WV[1])	WV[2])
6917	51,2	32,2	4,7	4,4	0	5143	43,1	30,6	0,0	0,0	22,7
10583	54,5	28,5	4,6	5,7	0	8091	46,2	25,5	2,7	0,0	17,1
1127	68,2	19,2	4,2	5,2	0	897	57,0	0,0	0,0	0,0	43,0
1883	48,0	38,4	5,4	5,1	0	1715	31,7	18,8	0,0	0,0	49,5
8308	52,2	32,6	5,0	4,7	0	6936	50,4	27,3	0,0	15,7	6,6
5133	37,1	37,9	9,7	6,5	0	3903	24,6	7,9	0,0	0,0	67,5
1880	65,7	22,0	4,9	3,9	0	1920	41,9	14,0	0,0	0,0	44,2
1271	67,0	18,2	3,9	5,2	0	1153	0,0	0,0	0,0	0,0	100,0
1640	40,4	32,7	8,8	3,5	0	1299	0,0	0,0	0,0	100,0	0,0
1248	65,5	22,0	3,6	4,1	0	1145	73,4	0,0	0,0	26,6	0,0
2416	56,3	25,0	5,2	6,2	0	1850	66,3	26,0	0,0	0,0	0,0
86827	**52,3**	**28,3**	**6,4**	**6,0**	**0**	**65285**	**40,6**	**21,9**	**5,4**	**4,6**	**16,9**
5068	51,7	23,2	13,7	5,3	0	3965	49,1	12,1	14,3	0,0	24,6
4291	50,5	31,0	10,1	4,1	0	3321	52,4	25,0	21,2	0,0	0,0
2431	47,5	29,9	9,5	8,1	0	2124	47,3	30,1	9,7	0,0	12,9
2235	58,6	22,8	4,9	7,3	0	1643	34,3	13,1	0,0	0,0	52,6
1523	50,7	29,0	5,5	6,6	0	1478	30,6	0,0	0,0	29,8	39,6
8348	50,8	26,4	9,6	7,3	0	6606	36,4	19,8	0,0	27,8	7,9
4071	56,5	26,7	5,0	7,3	0	3603	48,9	22,8	0,0	15,8	12,5
691	60,9	28,7	3,0	5,5	0	743	0,0	0,0	0,0	100,0	0,0
2853	51,6	22,6	9,5	7,0	0	2228	51,6	23,1	0,0	20,1	0,0
2655	50,5	27,3	7,3	8,2	0	1960	36,2	15,1	0,0	0,0	48,7
1550	51,7	33,2	4,0	5,8	0	1243	37,4	35,7	0,0	0,0	26,9
2286	63,0	21,0	4,7	5,5	0	1550	53,7	10,9	0,0	0,0	35,3
1108	70,1	18,7	3,6	5,4	0	1258	42,9	20,4	0,0	0,0	36,7
2224	69,5	17,0	4,9	4,9	0	2200	64,9	14,9	0,0	0,0	20,2
6328	46,8	33,3	7,1	7,2	0	5031	30,4	24,2	15,7	0,0	18,9
2649	62,1	23,3	5,2	5,2	0	2190	46,9	22,4	0,0	0,0	30,7
1142	45,6	27,6	8,2	7,1	0	1176	26,3	0,0	0,0	0,0	73,7
886	59,8	21,9	6,7	5,1	0	879	0,0	0,0	0,0	61,5	38,5
32745	50,4	31,2	4,2	5,3	0	20468	39,1	23,9	5,0	0,0	14,7
1743	52,7	30,2	4,4	6,8	0	1619	41,6	27,0	0,0	0,0	23,1
54016	**53,5**	**26,7**	**8,2**	**4,6**	**2853**	**44587**	**40,0**	**18,8**	**2,9**	**6,8**	**29,2**
2692	53,9	25,7	7,3	4,2	0	2253	48,6	21,1	0,0	0,0	30,3
250	76,0	13,2	4,4	2,4	163	0	0,0	0,0	0,0	0,0	0,0
360	60,3	20,3	7,5	3,1	267	0	0,0	0,0	0,0	0,0	0,0
623	77,2	12,7	3,9	2,4	455	0	0,0	0,0	0,0	0,0	0,0

Land (LD) Regierungsbezirk (RB) Regionalverband (RV) Stadtkreis (SKR) Landkreis (LKR)	Kataster- fläche am 1. 1. 1988 ha	Wohnbevölkerung am 1. 1. 1988 insgesamt Personen	darunter bis 18 Jahre alt %	darunter 65 u.m. Jahre alt %	Bevölke- rungs- dichte 1. 1. 1988 Einwohner je qkm	Landw. Betriebe 1987	Versicherungspfl. Beschäftigte Juni 1987 insgesamt Personen	auf 1000 der Bev.	Steuer- kraft- summe 1987 DM je Einwohner	Schul- den- stand 1987 DM je Einwohner
BUBSHEIM	829	673	24,1	10,4	81	75	340	505	1379	1190
BUCHHEIM	1830	615	27,0	11,5	34	59	80	130	883	793
DEILINGEN	1092	1435	24,4	11,8	131	66	414	289	973	1261
DENKINGEN	1502	1890	22,4	12,6	126	67	431	228	976	1400
DUERBHEIM	1482	1288	20,5	11,9	87	47	181	141	914	1021
DURCHHAUSEN	899	742	23,3	12,0	83	20	88	119	824	831
EGESHEIM	766	450	27,6	11,1	59	12	162	360	1069	2680
EMMINGEN-LIPTINGEN	5457	3307	22,6	11,4	61	116	1120	339	781	1264
FRIDINGEN A.D.DONAU,ST	2247	3078	22,1	10,2	137	35	1163	378	1468	1439
FRITTLINGEN	879	1739	23,4	12,1	198	30	307	177	894	1089
GEISINGEN,STADT	7376	5177	21,3	18,4	70	157	1365	264	1024	1824
GOSHEIM	932	3163	22,1	10,2	339	27	2112	668	1513	2147
GUNNINGEN	544	536	24,6	14,6	99	21	59	110	841	1199
HAUSEN OB VERENA	588	633	22,1	13,9	108	17	87	137	858	1338
IMMENDINGEN	7403	5212	20,9	12,1	70	118	1338	257	896	1784
IRNDORF	1455	736	19,3	13,7	51	70	189	257	902	807
KOENIGSHEIM	436	506	23,3	10,5	116	42	220	435	900	1059
KOLBINGEN	1649	1090	23,3	11,0	66	51	323	296	1728	1107
MAHLSTETTEN	1220	698	19,2	11,0	57	42	114	163	911	59
MUEHLHEIM A.D.DONAU,ST	2173	3284	23,0	12,5	151	33	1165	355	897	1484
NEUHAUSEN OB ECK	4624	3090	23,0	12,3	67	148	241	78	883	1571
REICHENBACH AM HEUBERG	610	404	18,8	9,7	66	20	254	629	1666	957
RENQUISHAUSEN	771	613	24,1	10,6	80	49	206	336	824	931
RIETHEIM-WEILHEIM	1198	2287	20,3	14,3	191	61	1647	720	1509	560
SEITINGEN-OBERFLACHT	1965	1890	22,9	13,0	96	48	224	119	880	311
SPAICHINGEN,STADT	1850	10016	21,8	14,6	541	23	3810	380	1043	779
TALHEIM	1310	968	19,6	17,1	74	37	129	133	850	906
TROSSINGEN,STADT	2421	11336	18,6	17,4	468	47	4087	361	1065	2112
TUTTLINGEN,STADT	9050	31620	19,5	16,8	349	81	16682	528	1290	1888
WEHINGEN	1459	3161	25,0	10,4	217	17	1503	475	1198	3118
WURMLINGEN	1543	3450	19,4	13,1	224	18	1064	308	1070	58
RV HOCHRHEIN-BODENSEE	**275611**	**570709**	**19,2**	**14,8**	**207**	**8837**	**186774**	**327**	**1056**	**1425**
LKR KONSTANZ	**81810**	**233432**	**17,6**	**15,4**	**285**	**2622**	**77157**	**331**	**1081**	**1226**
AACH,STADT	1069	1380	19,1	14,9	129	26	263	191	870	958
ALLENSBACH	2653	5774	17,3	15,1	218	63	878	152	940	318
BODMAN-LUDWIGSHAFEN	2804	3334	17,4	18,3	119	65	557	167	912	903
BUESINGEN AM HOCHRHEIN	762	1342	14,9	20,2	176	18	83	62	1775	506
EIGELTINGEN	5929	2827	21,1	13,5	48	184	436	154	840	1699

Landtagswahl 1988					Gemeinderatswahl 1984						
Gültige Stimmen (ohne Briefwahl)	darunter in %				Gültige gleichwertige Stimmen		darunter in %				
	CDU	SPD	FDP/ DVP	GRÜNE	Mehrheitswahl	Verhältniswahl	CDU	SPD	FDP/ DVP	Gem. WV[1])	WV[2])
384	84,1	10,2	1,6	2,1	205	0	0,0	0,0	0,0	0,0	0,0
354	73,7	9,3	7,1	5,6	0	339	0,0	0,0	0,0	59,9	40,1
774	78,6	10,9	2,8	2,8	0	699	77,1	0,0	0,0	0,0	22,9
1025	66,5	18,0	3,8	5,6	0	911	0,0	0,0	0,0	0,0	100,0
673	70,3	14,1	5,3	4,6	0	666	0,0	0,0	0,0	0,0	100,0
390	54,4	17,4	13,1	7,7	261	0	0,0	0,0	0,0	0,0	0,0
223	75,8	8,5	2,7	1,3	191	0	0,0	0,0	0,0	0,0	0,0
1606	51,8	24,2	10,8	4,1	0	1384	0,0	0,0	0,0	0,0	100,0
1608	58,0	26,0	4,9	6,7	0	1540	50,4	25,3	0,0	0,0	24,3
871	70,5	15,0	3,7	5,5	0	841	26,9	0,0	0,0	0,0	73,1
2363	56,8	25,0	9,4	4,7	0	1955	53,0	0,0	0,0	47,0	0,0
1386	71,4	16,3	3,4	3,6	0	1344	64,2	0,0	0,0	0,0	35,8
278	63,7	19,8	8,6	3,2	176	0	0,0	0,0	0,0	0,0	0,0
380	35,0	36,8	10,0	9,2	300	0	0,0	0,0	0,0	0,0	0,0
2511	49,0	32,5	6,3	4,7	0	1987	54,3	27,2	0,0	18,5	0,0
465	66,7	16,3	7,5	1,1	0	464	0,0	0,0	0,0	50,2	49,8
285	71,2	13,7	5,6	5,3	0	262	47,2	0,0	0,0	0,0	52,8
627	67,9	20,4	3,3	4,3	486	0	0,0	0,0	0,0	0,0	0,0
419	70,6	19,1	2,4	4,3	215	0	0,0	0,0	0,0	0,0	0,0
1789	49,7	35,3	4,9	4,6	0	1582	0,0	0,0	0,0	100,0	0,0
1636	56,8	24,1	8,3	4,0	0	1348	0,0	0,0	0,0	0,0	100,0
220	78,6	10,5	2,7	4,5	134	0	0,0	0,0	0,0	0,0	0,0
353	67,1	9,1	9,6	6,2	0	357	0,0	0,0	0,0	0,0	100,0
1143	54,2	26,8	8,1	3,9	0	1074	0,0	0,0	0,0	0,0	100,0
1011	60,6	23,7	6,2	4,7	0	984	0,0	0,0	0,0	0,0	100,0
4561	57,7	25,2	5,5	4,9	0	4297	55,5	11,6	0,0	0,0	27,7
523	49,1	36,1	9,2	2,5	0	593	0,0	0,0	0,0	0,0	100,0
5052	35,5	25,2	27,7	5,2	0	4649	27,0	19,8	20,6	0,0	26,2
14001	46,2	33,6	6,4	4,8	0	11938	47,8	27,1	1,4	0,0	21,0
1411	62,2	26,1	3,1	2,6	0	1443	0,0	19,9	0,0	44,6	35,6
1769	48,6	34,8	5,1	3,7	0	1678	61,6	38,4	0,0	0,0	0,0
249950	**50,0**	**32,6**	**6,0**	**7,4**	**2341**	**197803**	**40,0**	**24,5**	**4,6**	**2,7**	**22,5**
101485	**50,8**	**31,6**	**5,6**	**7,5**	**0**	**78039**	**40,0**	**23,7**	**5,1**	**0,0**	**28,1**
718	47,2	39,4	2,8	7,0	0	757	34,6	34,5	0,0	0,0	30,9
2897	54,8	27,8	5,5	8,8	0	2416	46,2	23,0	0,0	0,0	30,8
1537	56,2	24,0	7,4	7,7	0	1421	51,5	15,1	0,0	0,0	33,4
443	67,3	16,9	7,0	5,2	0	589	0,0	0,0	0,0	0,0	100,0
1322	60,7	22,8	5,4	7,1	0	1140	52,9	9,0	0,0	0,0	38,1

Land (LD) Regierungsbezirk (RB) Regionalverband (RV) Stadtkreis (SKR) Landkreis (LKR)	Katasterfläche am 1. 1. 1988 ha	Wohnbevölkerung am 1. 1. 1988 insgesamt Personen	darunter bis 18 Jahre alt %	darunter 65 u.m. Jahre alt %	Bevölkerungsdichte 1. 1. 1988 Einwohner je qkm	Landw. Betriebe 1987	Versicherungspfl. Beschäftigte Juni 1987 insgesamt Personen	Versicherungspfl. Beschäftigte Juni 1987 auf 1000 der Bev.	Steuerkraftsumme 1987 DM je Einwohner	Schuldenstand 1987 DM je Einwohner
ENGEN,STADT	7053	8827	20,1	13,7	125	196	2053	233	995	175
GAIENHOFEN	1255	2768	22,9	15,5	221	58	493	178	822	1237
GAILINGEN	1317	2289	16,6	17,4	174	17	846	370	912	937
GOTTMADINGEN	2359	8518	18,1	17,2	361	53	2945	346	990	1237
HILZINGEN	5302	6352	21,4	12,0	120	160	448	71	928	438
HOHENFELS	3050	1617	29,5	10,4	53	122	125	77	841	891
KONSTANZ,UNIV.-STADT	5408	71132	14,7	16,3	1315	110	25677	361	1208	1823
MOOS	1438	2537	19,6	12,4	176	64	178	70	847	236
MUEHLHAUSEN-EHINGEN	1782	3094	20,9	10,4	174	52	358	116	925	823
MUEHLINGEN	3268	1765	21,6	14,0	54	119	146	83	843	1061
OEHNINGEN	2819	3385	18,7	17,8	120	76	317	94	848	647
ORSINGEN-NENZINGEN	2224	2189	22,3	12,0	98	77	295	135	983	18
RADOLFZELL A.BODENS.,ST	5857	25251	18,2	15,1	431	162	9977	395	1022	992
REICHENAU	1273	4296	18,3	14,1	337	184	1404	327	888	671
RIELASINGEN-WORBLINGEN	1872	9660	18,8	11,9	516	46	1890	196	1020	765
SINGEN (HOHENTWIEL),ST	6177	42438	17,0	16,4	687	175	21430	505	1206	1471
STEISZLINGEN	2452	3286	19,7	12,4	134	85	907	276	980	0
STOCKACH,STADT	6975	13278	21,8	15,1	190	242	4476	337	978	1049
TENGEN,STADT	6197	4112	19,7	17,0	66	246	584	142	851	813
VOLKERTSHAUSEN	515	1981	22,5	12,8	385	22	391	197	1016	510
LKR LOERRACH	**80683**	**191637**	**19,5**	**14,3**	**238**	**2612**	**64427**	**336**	**1069**	**1940**
AITERN	921	498	26,7	10,6	54	38	40	80	869	125
BAD BELLINGEN	1693	2885	17,5	19,5	170	69	673	233	854	2108
BINZEN	586	2186	19,7	12,1	373	29	543	248	898	872
BOELLEN	567	103	18,4	12,6	18	13	.	.	886	0	53
BUERCHAU	612	219	15,1	20,5	36	18	.	891	0	125
EFRINGEN-KIRCHEN	4374	6849	21,6	12,2	157	241	1076	157	1157	1453
EIMELDINGEN	351	1503	20,2	12,1	428	23	268	178	857	968
ELBENSCHWAND	677	185	18,4	17,3	27	20	.	957	0	111
FISCHINGEN	189	552	23,6	9,1	292	17	24	43	890	668
FROEHND	1619	437	22,4	11,4	27	64	18	41	850	529
GRENZACH-WYHLEN	1732	12306	18,0	12,4	711	41	5979	486	1354	4560
HAEG-EHRSBERG	2504	933	22,5	15,0	37	117	36	39	880	1033
HASEL	1167	1010	20,3	12,3	87	31	50	50	919	1130
HAUSEN IM WIESENTAL	514	2205	23,1	12,6	429	6	650	295	934	914
INZLINGEN	948	2383	19,8	11,7	251	16	181	76	879	1529
KANDERN,STADT	6227	6844	20,3	15,8	110	186	899	131	891	1438
LOERRACH,STADT	3942	40773	17,5	16,5	1034	70	20214	496	1082	2577
MALSBURG-MARZELL	2492	1547	20,9	16,2	62	94	244	158	817	993

Gültige Stimmen (ohne Briefwahl)	Landtagswahl 1988 darunter in % CDU	SPD	FDP/DVP	GRÜNE	Gemeinderatswahl 1984 Gültige gleichwertige Stimmen Mehrheitswahl	Verhältniswahl	darunter in % CDU	SPD	FDP/DVP	Gem. WV[1])	WV[2])
4129	53,3	28,3	6,4	5,7	0	3019	46,2	18,4	0,0	0,0	35,5
1189	53,9	24,7	7,3	10,8	0	1196	35,0	0,0	0,0	0,0	65,0
1073	52,9	30,8	5,9	7,1	0	1101	44,5	0,0	0,0	0,0	55,5
4143	49,6	36,9	3,8	6,3	0	3123	39,7	35,4	0,0	0,0	24,9
3018	55,3	27,3	6,0	7,4	0	2351	48,0	0,0	14,2	0,0	24,3
715	59,3	17,6	6,2	6,3	0	652	0,0	0,0	0,0	0,0	100,0
28291	46,4	33,0	6,1	10,9	0	21894	35,1	23,7	6,0	0,0	35,2
1231	59,4	21,9	5,2	8,9	0	1050	35,6	0,0	0,0	0,0	64,4
1552	52,4	33,9	3,9	5,9	0	1363	34,9	23,6	0,0	0,0	41,6
875	60,8	23,1	5,8	4,7	0	680	56,4	0,0	0,0	0,0	43,6
1517	57,7	21,3	5,8	9,2	0	1350	53,1	14,9	0,0	0,0	32,0
1155	60,8	26,1	3,2	4,8	0	1175	52,8	21,1	0,0	0,0	26,1
10707	51,2	30,8	6,1	7,1	0	7064	52,4	22,3	6,6	0,0	7,0
2040	57,6	22,6	6,1	8,7	0	2016	42,6	15,5	1,4	0,0	40,5
4553	52,8	32,5	4,9	5,5	0	3242	48,6	27,2	0,0	0,0	24,1
17649	47,2	38,2	4,6	4,8	0	12109	41,1	34,1	8,1	0,0	7,5
1711	57,5	27,2	6,7	4,3	0	1608	41,5	19,1	0,0	0,0	39,4
6033	54,3	28,6	6,5	6,1	0	4286	47,6	19,2	4,8	0,0	28,4
2068	62,5	25,0	4,3	4,7	0	1512	0,0	0,0	0,7	0,0	99,3
919	44,5	37,9	6,4	6,3	0	928	34,7	31,5	0,0	0,0	33,7
84833	**45,4**	**37,2**	**6,3**	**7,5**	**2178**	**65841**	**33,4**	**28,5**	**4,8**	**7,7**	**16,5**
270	67,4	18,9	3,3	7,0	233	0	0,0	0,0	0,0	0,0	0,0
1427	51,4	30,2	7,9	7,0	0	1299	41,5	24,2	0,0	0,0	34,4
1002	41,4	36,6	9,6	9,3	0	943	18,1	0,0	0,0	20,7	52,6
69,8	20,8	1,9	7,5	52	0	0,0	0,0	0,0	0,0	0,0	
49,6	43,2	2,4	2,4	111	0	0,0	0,0	0,0	0,0	0,0	
3208	41,6	34,4	11,7	9,4	0	2449	0,0	27,1	0,0	72,6	0,3
629	45,2	34,5	9,5	8,1	0	633	18,0	0,0	0,0	33,9	48,1
52,3	36,0	4,5	4,5	111	0	0,0	0,0	0,0	0,0	0,0	
274	36,9	33,6	16,4	8,8	0	245	0,0	10,4	0,0	0,0	89,6
256	71,9	16,0	2,7	5,5	202	0	0,0	0,0	0,0	0,0	0,0
5318	42,0	37,9	7,9	9,2	0	4500	27,4	29,0	28,4	0,0	2,5
445	65,8	21,6	6,5	4,5	454	0	0,0	0,0	0,0	0,0	0,0
465	44,1	37,0	8,2	6,0	0	462	0,0	0,0	0,0	0,0	100,0
982	42,9	42,1	4,7	6,8	0	978	24,2	25,4	0,0	0,0	39,5
1214	51,4	30,7	6,5	8,5	0	1095	65,1	34,9	0,0	0,0	0,0
3149	38,2	36,3	14,4	7,8	0	2503	40,2	31,7	0,0	0,0	16,8
16812	45,4	37,5	5,4	7,8	0	11850	36,3	30,0	4,7	0,0	18,2
661	28,9	57,3	3,9	7,3	0	691	0,0	0,0	0,0	0,0	100,0

Land (LD) Regierungsbezirk (RB) Regionalverband (RV) Stadtkreis (SKR) Landkreis (LKR)	Katasterfläche am 1. 1. 1988 ha	Wohnbevölkerung am 1. 1. 1988 insgesamt Personen	darunter bis 18 Jahre alt %	darunter 65 u.m. Jahre alt %	Bevölkerungsdichte 1. 1. 1988 Einwohner je qkm	Landw. Betriebe 1987	Versicherungspfl. Beschäftigte Juni 1987 insgesamt Personen	Versicherungspfl. Beschäftigte Juni 1987 auf 1000 der Bev.	Steuerkraftsumme 1987 DM je Einwohner	Schuldenstand 1987 DM je Einwohner
MAULBURG	973	3587	21,1	11,9	369	26	2788	777	1639	823
NEUENWEG	1265	348	18,7	14,7	28	32	41	118	890	857
RAICH	936	246	14,2	20,7	26	38	51	207	934	0
RHEINFELDEN(BADEN),ST	6284	27465	20,4	11,8	437	215	8004	291	1104	1728
RUEMMINGEN	445	1272	22,6	8,8	286	10	140	110	863	1409
SALLNECK	460	287	27,2	12,2	62	27	18	63	792	1046
SCHALLBACH	396	595	23,9	9,7	150	30	11	18	841	797
SCHLIENGEN	3746	3902	21,5	15,7	104	226	559	143	868	1049
SCHOENAU I.SCHWARZW.,ST	1471	2254	19,6	17,7	153	9	1172	520	943	1380
SCHOENENBERG	743	335	23,6	10,7	45	34	20	60	950	657
SCHOPFHEIM,STADT	6801	15840	20,1	16,2	233	196	5918	374	1108	1822
SCHWOERSTADT	2008	2333	22,2	11,4	116	48	200	86	963	230
STEINEN	4686	8863	19,1	12,9	189	119	1821	205	1017	1425
TEGERNAU	1014	405	18,0	13,1	40	24	136	336	1070	0
TODTNAU,STADT	6960	4825	19,3	16,4	69	109	1544	320	931	2202
TUNAU	405	181	28,7	13,8	45	12	.	842	450	108
UTZENFELD	740	575	22,3	12,2	78	13	303	527	943	1226
WEIL AM RHEIN,STADT	1947	26106	18,8	14,4	1341	85	7561	290	1076	1920
WEMBACH	180	246	20,7	15,4	137	10	554	2252	1446	1907
WIEDEN	1225	533	24,4	10,5	44	42	158	296	1010	398
WIES	2180	671	20,7	15,4	31	71	31	46	860	0
WIESLET	640	510	19,8	12,4	80	26	89	175	998	172
WITTLINGEN	450	666	21,8	11,9	148	17	73	110	843	353
ZELL IM WIESENTAL,ST	3613	6174	21,4	13,7	171	100	2315	375	956	1014
LKR WALDSHUT	**113118**	**145640**	**21,3**	**14,5**	**129**	**3603**	**45190**	**310**	**1001**	**1063**
ALBBRUCK	3968	6148	22,8	11,9	155	173	1729	281	1130	1159
BAD SAECKINGEN,STADT	2533	14638	18,1	17,5	578	78	6968	476	1080	1986
BERNAU	3805	1730	23,2	13,1	45	145	484	280	884	1169
BONNDORF I.SCHWARZW.,ST	7598	5349	21,8	14,7	70	181	1877	351	1064	781
DACHSBERG (SUEDSCHW.)	3560	1183	21,0	14,7	33	152	102	86	852	10
DETTIGHOFEN	1439	988	21,4	14,2	69	52	64	65	898	896
DOGERN	745	2253	20,9	11,5	302	17	613	272	1189	739
EGGINGEN	1396	1423	24,7	11,9	102	33	193	136	870	27
GOERWIHL	5043	3920	25,3	13,8	78	219	792	202	871	672
GRAFENHAUSEN	4855	1959	23,0	14,2	40	107	471	240	1043	1701
HAEUSERN	888	1071	19,1	13,5	121	26	303	283	947	846
HERRISCHRIED	3750	1987	19,7	15,9	53	174	208	105	795	2077
HOECHENSCHWAND	2956	1926	18,1	14,0	65	77	678	352	810	1991
HOHENTENGEN A.HOCHRH.	2756	2784	22,4	12,4	101	86	391	140	814	1228

Gültige Stimmen (ohne Briefwahl)	Landtagswahl 1988 darunter in % CDU	SPD	FDP/DVP	GRÜNE	Gemeinderatswahl 1984 Gültige gleichwertige Stimmen Mehrheitswahl	Verhältniswahl	darunter in % CDU	SPD	FDP/DVP	Gem. WV[1])	WV[2])
1658	40,3	43,4	6,3	6,4	0	1571	17,0	37,0	0,0	10,3	35,8
180	31,1	55,0	3,3	6,7	157	0	0,0	0,0	0,0	0,0	0,0
123	53,7	30,1	8,9	4,1	130	0	0,0	0,0	0,0	0,0	0,0
12060	49,1	36,7	4,1	7,3	0	9193	45,1	29,5	2,6	0,0	11,7
583	39,6	35,3	10,8	9,8	0	553	15,1	0,0	0,0	0,0	84,9
119	64,7	26,9	1,7	3,4	0	151	0,0	0,0	0,0	0,0	100,0
312	39,7	31,4	17,6	6,1	0	310	0,0	0,0	0,0	100,0	0,0
1908	52,6	28,7	8,1	7,1	0	1672	57,0	24,5	0,0	18,4	0,0
1091	56,3	30,3	4,3	6,8	0	1103	38,9	23,2	0,0	0,0	37,9
179	63,1	26,8	3,4	3,9	128	0	0,0	0,0	0,0	0,0	0,0
6665	40,9	41,8	5,8	8,0	0	5340	0,0	36,8	6,3	43,7	0,0
1070	52,4	28,9	6,6	9,0	0	1051	24,5	7,4	0,0	0,0	68,1
4095	45,0	35,1	7,3	7,2	0	3304	43,1	28,1	0,0	0,0	28,8
196	52,6	28,1	8,7	5,6	0	255	0,0	0,0	0,0	0,0	100,0
2524	57,3	31,3	3,8	5,1	0	2385	50,8	0,0	0,0	33,8	15,5
75,0	13,0	7,4	1,9	97	0	0,0	0,0	0,0	0,0	0,0	0,0
309	60,8	27,2	4,2	5,2	0	285	57,6	0,0	0,0	0,0	42,4
11163	40,9	41,6	5,6	7,4	0	7651	34,6	30,4	5,8	0,0	17,7
143	43,4	37,1	2,8	12,6	0	143	0,0	0,0	0,0	0,0	100,0
283	79,9	14,8	1,4	3,5	0	314	40,2	0,0	0,0	0,0	59,8
333	33,0	49,2	5,7	9,9	326	0	0,0	0,0	0,0	0,0	0,0
208	53,8	29,8	4,3	9,1	178	0	0,0	0,0	0,0	0,0	0,0
296	42,6	34,5	11,1	7,4	0	269	0,0	0,0	0,0	40,9	59,1
2826	45,0	41,4	4,8	5,5	0	2645	40,2	33,9	2,5	0,0	17,7
63632	**54,7**	**28,2**	**6,3**	**7,0**	**163**	**53923**	**50,4**	**19,7**	**3,3**	**0,2**	**21,2**
2800	58,5	25,4	5,0	8,7	0	2455	64,9	24,2	0,0	0,0	0,0
6243	50,1	30,7	8,5	7,8	0	5326	42,5	18,8	12,7	0,0	15,4
786	65,4	14,0	9,0	9,0	0	825	42,3	0,0	0,0	0,0	57,7
2425	49,9	28,7	8,9	6,8	0	2201	30,9	14,0	18,5	0,0	36,5
553	63,5	19,5	6,2	8,5	0	543	70,9	0,0	0,0	0,0	29,1
375	48,0	26,1	5,9	13,6	0	457	0,0	0,0	0,0	0,0	80,0
1109	56,5	24,5	6,0	8,6	0	1029	57,6	11,4	0,0	0,0	30,9
609	55,2	31,2	3,1	6,1	0	581	47,6	11,1	0,0	0,0	41,3
1747	66,9	18,8	5,2	6,9	0	1438	78,9	0,0	0,0	0,0	21,1
972	56,8	27,7	7,1	6,2	0	1028	53,5	25,6	0,0	20,9	0,0
563	59,7	28,8	5,3	4,6	0	567	38,6	0,0	0,0	0,0	61,4
869	63,8	19,3	4,3	9,4	0	749	74,6	0,0	0,0	0,0	25,4
765	63,4	24,8	5,4	4,6	0	754	53,8	23,6	0,0	0,0	22,6
1293	57,0	26,0	5,7	7,2	0	1279	47,0	10,5	0,0	0,0	33,7

Land (LD) Regierungsbezirk (RB) Regionalverband (RV) Stadtkreis (SKR) Landkreis (LKR)	Kataster-fläche am 1. 1. 1988 ha	Wohnbevölkerung am 1. 1. 1988 insgesamt Personen	darunter bis 18 Jahre alt %	darunter 65 u.m. Jahre alt %	Bevölkerungsdichte 1. 1. 1988 Einwohner je qkm	Landw. Betriebe 1987	Versicherungspfl. Beschäftigte Juni 1987 insgesamt Personen	Versicherungspfl. Beschäftigte Juni 1987 auf 1000 der Bev.	Steuerkraftsumme 1987 DM je Einwohner	Schuldenstand 1987 DM je Einwohner
IBACH	2139	360	23,1	8,6	17	41	44	122	823	623
JESTETTEN	2062	4086	18,6	17,0	198	27	1002	245	945	947
KLETTGAU	4587	6639	21,8	13,2	145	154	1480	223	1057	229
KUESSABERG	2616	4630	20,5	12,6	177	79	572	124	889	615
LAUCHRINGEN	1276	6403	23,6	11,2	502	31	1931	302	1061	976
LAUFENBURG (BADEN), ST	2358	7255	22,6	13,3	308	118	2152	297	1366	1127
LOTTSTETTEN	1339	1946	22,5	11,9	145	39	425	218	854	1003
MURG	2090	6444	23,3	13,0	308	107	998	155	1152	781
RICKENBACH	3465	3464	25,2	12,8	100	214	687	198	911	745
ST.BLASIEN,STADT	5436	3896	23,2	17,0	72	66	1876	482	741	976
STUEHLINGEN,STADT	9325	4805	22,4	15,1	52	250	1333	277	799	1065
TODTMOOS	2806	1793	17,8	16,3	64	71	557	311	897	1885
UEHLINGEN-BIRKENDORF	7706	4188	23,1	17,4	54	238	596	142	859	1120
WALDSHUT-TIENGEN,STADT	7799	21269	19,2	16,8	273	227	10017	471	1056	1303
WEHR,STADT	3566	11984	20,5	14,1	336	80	4916	410	959	653
WEILHEIM	3564	2491	22,0	10,8	70	146	213	86	876	1865
WUTACH	3044	1136	23,7	13,6	37	112	135	119	803	784
WUTOESCHINGEN	2648	5492	23,2	11,5	207	83	1383	252	953	200
RB TUEBINGEN	**891744**	**1537734**	**20,9**	**13,8**	**172**	**31563**	**552029**	**359**	**1109**	**1106**
RV NECKAR-ALB	**253101**	**596696**	**20,0**	**13,4**	**236**	**8789**	**215870**	**362**	**1127**	**1184**
LKR REUTLINGEN	**109410**	**245470**	**19,9**	**14,0**	**224**	**3463**	**92399**	**376**	**1142**	**815**
BAD URACH,STADT	5547	11370	18,9	16,2	205	137	5330	469	1066	946
DETTINGEN AN DER ERMS	1582	8567	21,3	12,9	542	74	4262	497	1055	378
ENGSTINGEN	3152	4057	22,2	10,4	129	126	1899	468	926	1392
ENINGEN UNTER ACHALM	2316	9371	19,3	13,4	405	34	4284	457	1204	1112
GOMADINGEN	4585	1993	20,1	14,5	43	70	256	128	870	328
GRABENSTETTEN	1454	1327	22,6	13,0	91	57	129	97	855	177
GRAFENBERG	351	2298	20,5	10,6	655	35	354	154	876	746
GUTSBEZIRK MUENSINGEN	6697	130	19,2	10,8	2	1	0	0	673	0
HAYINGEN,STADT	6334	2012	27,0	12,6	32	138	356	177	913	1415
HOHENSTEIN	6169	3059	25,4	11,1	50	239	994	325	953	297
HUELBEN	640	2623	20,1	14,1	410	28	359	137	988	770
LICHTENSTEIN	3425	8425	21,4	14,0	246	84	1756	208	937	213
MEHRSTETTEN	1710	1204	25,6	13,6	70	73	410	341	1043	770
METZINGEN,STADT	3461	19582	19,6	15,0	566	157	9108	465	1196	812
MUENSINGEN,STADT	11601	11329	21,0	14,7	98	374	3308	292	973	776

Landtagswahl 1988					Gemeinderatswahl 1984						
Gültige Stimmen (ohne Briefwahl)	darunter in %				Gültige gleichwertige Stimmen		darunter in %				
	CDU	SPD	FDP/DVP	GRÜNE	Mehrheitswahl	Verhältniswahl	CDU	SPD	FDP/DVP	Gem. WV[1])	WV[2])
164	68,3	18,9	6,7	6,1	163	0	0,0	0,0	0,0	0,0	0,0
1645	49,2	34,7	6,8	6,6	0	1630	30,6	32,0	7,8	0,0	29,5
2966	57,5	26,3	5,3	6,7	0	2476	59,8	25,8	0,0	0,0	14,3
2133	46,0	31,8	5,3	7,5	0	1465	61,3	25,3	0,0	0,0	13,4
2811	49,8	33,8	5,8	6,0	0	2397	48,1	30,9	0,0	0,0	20,9
2819	53,4	32,2	5,1	6,0	0	2549	51,4	31,8	0,0	0,0	16,8
761	54,1	28,0	8,0	8,3	0	822	50,0	24,3	0,0	0,0	25,6
2456	51,9	31,8	5,5	7,3	0	1969	44,5	23,8	0,0	0,0	31,7
1447	59,8	23,1	6,2	7,5	0	1339	46,3	16,8	0,0	0,0	29,4
1479	61,1	24,7	7,5	4,4	0	1612	56,2	12,2	0,0	0,0	31,6
2163	63,0	21,3	5,7	6,3	0	1877	62,6	0,0	0,0	0,0	30,3
756	64,6	20,4	5,3	8,1	0	876	54,4	0,0	0,0	0,0	45,6
2116	60,2	25,0	5,2	6,0	0	1585	68,2	0,0	0,0	0,0	31,8
9502	50,6	30,8	7,2	6,6	0	6434	51,9	24,9	4,3	0,0	9,3
5114	50,4	33,1	5,8	7,7	0	4252	40,2	24,5	0,0	0,0	24,9
1293	63,8	21,1	5,3	7,5	0	1026	47,9	0,0	0,0	0,0	52,1
606	66,7	14,2	7,9	4,6	0	683	44,5	0,0	0,0	0,0	55,5
2292	57,2	28,0	4,6	5,5	0	1699	55,6	21,5	0,0	0,0	23,0
721957	**54,0**	**26,6**	**5,2**	**7,3**	**17973**	**562532**	**38,6**	**18,7**	**2,2**	**1,7**	**34,6**
279906	**50,6**	**30,3**	**5,7**	**8,5**	**3178**	**210890**	**34,6**	**21,4**	**2,9**	**1,2**	**36,9**
116700	**50,9**	**29,9**	**6,3**	**8,2**	**1508**	**89783**	**33,4**	**23,5**	**3,7**	**2,0**	**35,9**
5286	42,8	34,5	9,5	8,8	0	4556	33,9	28,0	7,8	0,0	30,2
3902	53,0	27,1	6,8	8,0	0	3421	32,0	30,5	0,0	0,0	37,5
2210	61,6	22,9	8,6	4,3	0	1647	31,5	14,5	0,0	0,0	54,0
4693	50,1	33,0	4,8	7,5	0	4301	29,3	28,1	2,4	0,0	40,2
1047	49,3	28,8	8,6	7,9	0	1056	0,0	0,0	0,0	29,0	71,0
691	51,2	23,4	11,9	8,1	0	615	0,0	0,0	0,0	0,0	100,0
1204	49,3	33,1	6,6	7,1	0	1056	36,4	22,3	0,0	0,0	41,3
51	39,2	37,3	15,7	2,0	0	0	0,0	0,0	0,0	0,0	0,0
1104	69,1	14,0	3,9	6,3	0	1032	41,4	8,6	0,0	0,0	50,0
1635	66,8	15,7	7,0	7,3	0	1428	0,0	0,0	0,0	0,0	100,0
1476	47,9	35,2	7,3	5,8	863	0	0,0	0,0	0,0	0,0	0,0
3740	56,3	27,9	4,8	6,8	0	2882	45,7	23,0	0,0	0,0	23,7
636	42,3	23,7	14,3	13,7	0	653	0,0	0,0	0,0	0,0	100,0
9123	48,9	28,7	6,7	9,7	0	7413	32,2	24,2	9,7	0,0	23,5
5461	48,2	30,7	8,6	7,6	0	4586	27,7	26,1	0,0	11,9	34,3

Land (LD) Regierungsbezirk (RB) Regionalverband (RV) Stadtkreis (SKR) Landkreis (LKR)	Kataster- fläche am 1. 1. 1988 ha	Wohnbevölkerung am 1. 1. 1988 insgesamt Personen	darunter bis 18 Jahre %	 65 u.m. alt %	Bevölke- rungs- dichte 1. 1. 1988 Einwohner je qkm	Landw. Betriebe 1987	Versicherungspfl. Beschäftigte Juni 1987 insgesamt Personen	 auf 1000 der Bev.	Steuer- kraft- summe 1987 DM je Einwohner	Schul- den- stand 1987 DM je Einwohner
PFRONSTETTEN	5411	1363	27,1	14,1	25	148	92	67	823	1402
PFULLINGEN,STADT	3014	16418	18,6	14,4	545	55	4994	304	1149	1050
PLIEZHAUSEN	1730	7170	22,7	10,1	414	65	1314	183	951	1095
REUTLINGEN,STADT	8704	99262	18,2	15,0	1140	282	45503	458	1309	765
RIEDERICH	461	3970	21,4	9,2	861	12	1669	420	940	707
ROEMERSTEIN	4602	3492	23,3	12,9	76	224	593	170	879	675
SONNENBUEHL	6127	5931	23,6	11,3	97	334	1393	235	924	742
ST.JOHANN	5896	4488	22,2	13,6	76	273	587	131	921	1299
TROCHTELFINGEN,STADT	7920	5370	22,9	11,5	68	237	1270	236	953	1616
WALDDORFHAESLACH	1444	3703	25,1	8,5	256	86	576	156	862	738
WANNWEIL	534	4617	18,6	15,2	865	18	733	159	1013	235
ZWIEFALTEN	4543	2339	19,5	17,0	51	102	870	372	927	1409
LKR TUEBINGEN	**51918**	**178494**	**20,0**	**11,5**	**344**	**2135**	**52985**	**297**	**1084**	**1200**
AMMERBUCH	4806	9485	23,2	9,2	197	244	1104	116	930	839
BODELSHAUSEN	1382	4698	23,6	10,6	340	30	1890	402	989	1283
DETTENHAUSEN	1102	4793	23,3	9,6	435	34	814	170	1035	447
DUSZLINGEN	1306	4338	18,5	13,0	332	56	1070	247	1184	913
GOMARINGEN	1730	6688	21,7	11,6	387	75	1613	241	928	1988
HIRRLINGEN	1281	2150	24,2	9,8	168	48	392	182	914	287
KIRCHENTELLINSFURT	1100	4866	19,7	11,4	442	28	1128	232	1014	1173
KUSTERDINGEN	2424	6709	21,0	11,5	277	132	852	127	927	758
MOESSINGEN,STADT	5006	15958	24,3	11,3	319	216	4000	251	1033	1517
NEHREN	858	3080	21,5	13,0	359	17	676	219	940	512
NEUSTETTEN	1587	2270	26,2	11,4	143	129	208	92	855	12
OFTERDINGEN	1515	3755	23,5	10,4	248	61	850	226	926	1207
ROTTENBURG A.NECKAR,ST	14227	33464	22,5	11,1	235	649	6117	183	1058	716
STARZACH	2781	3304	21,2	11,4	119	183	304	92	974	1309
TUEBINGEN,UNIV.-STADT	10813	72936	16,2	12,2	675	233	31967	438	1191	1522
LKR ZOLLERNALBKREIS	**91773**	**172732**	**20,2**	**14,4**	**188**	**3191**	**70486**	**408**	**1151**	**1692**
ALBSTADT,STADT	13442	46490	18,0	16,6	346	188	25366	546	1319	1900
BALINGEN,STADT	9034	30434	19,5	15,1	337	374	14010	460	1196	1436
BISINGEN	3284	7431	21,1	12,5	226	59	2337	314	1123	1904
BITZ	882	3512	19,5	13,8	398	30	1051	299	1041	302
BURLADINGEN,STADT	12332	11752	21,4	12,5	95	367	4095	348	999	1733
DAUTMERGEN	454	327	23,5	14,1	72	28	18	55	839	1176
DORMETTINGEN	655	817	23,5	14,2	125	35	218	267	1124	1464
DOTTERNHAUSEN	1000	1478	24,8	8,8	148	32	614	415	1526	1230

Landtagswahl 1988					Gemeinderatswahl 1984						
Gültige Stimmen (ohne Briefwahl)	darunter in %				Gültige gleichwertige Stimmen		darunter in %				
	CDU	SPD	FDP/ DVP	GRÜNE	Mehrheitswahl	Verhältniswahl	CDU	SPD	FDP/ DVP	Gem. WV[1])	WV[2])
817	77,6	9,9	3,8	3,8	644	0	0,0	0,0	0,0	0,0	0,0
7704	51,9	28,9	6,1	8,5	0	6514	29,7	16,9	0,0	0,0	43,7
3513	47,1	34,1	5,4	8,1	0	2332	0,0	8,3	0,0	0,0	91,7
45237	47,6	33,5	5,4	8,8	0	32869	40,3	28,1	4,6	0,0	27,0
1931	53,1	29,4	7,0	6,4	0	1394	0,0	0,0	0,0	0,0	100,0
1889	62,4	16,4	10,5	6,5	0	1574	0,0	0,0	0,0	0,0	100,0
2994	64,5	18,2	6,5	5,7	0	2053	0,0	0,0	0,0	41,7	58,3
2292	52,6	24,0	8,0	9,9	0	1723	0,0	0,0	0,0	0,0	100,0
2707	61,2	22,1	6,4	7,1	0	1960	47,5	0,0	0,0	0,0	52,5
1783	58,7	24,8	5,0	6,7	0	1419	0,0	4,7	0,0	0,0	95,3
2333	48,0	32,4	5,7	8,8	0	2022	29,4	23,1	4,4	0,0	43,1
1241	72,8	14,6	2,7	3,9	0	1277	0,0	0,0	0,0	80,0	20,0
80403	**43,8**	**32,1**	**6,5**	**12,4**	**0**	**63579**	**29,5**	**20,4**	**3,4**	**1,1**	**42,5**
4658	45,0	31,1	6,2	11,5	0	3393	21,9	14,4	0,0	0,0	63,6
1994	47,6	36,9	4,2	5,8	0	1856	31,1	29,9	0,0	0,0	32,8
2334	45,1	34,7	7,7	9,1	0	2244	11,4	18,2	0,0	0,0	60,7
2110	43,4	39,2	4,9	8,5	0	1973	26,4	25,6	0,0	0,0	37,2
3201	51,1	31,4	5,7	7,7	0	2785	32,9	33,2	0,0	0,0	34,0
1094	64,9	20,8	4,6	5,2	0	1057	0,0	0,0	0,0	0,0	100,0
2223	43,9	34,1	4,8	12,3	0	2087	29,5	27,2	0,0	0,0	43,2
3364	42,2	32,6	7,1	13,0	0	2651	0,0	0,0	0,0	31,7	68,3
7327	48,1	32,1	6,6	7,7	0	5693	19,9	18,5	0,0	0,0	52,0
1491	34,1	49,0	4,2	9,7	0	1439	0,0	24,4	0,0	31,8	43,8
1086	47,9	34,0	5,1	7,2	0	993	0,0	0,0	0,0	0,0	100,0
1741	48,7	32,1	7,0	7,3	0	1738	21,8	30,2	0,0	0,0	48,0
15536	58,3	24,3	4,6	7,7	0	10155	61,1	26,2	4,0	0,0	8,7
1686	63,0	22,0	3,6	5,6	0	1081	0,0	0,0	0,0	0,0	100,0
30558	32,4	35,2	8,1	18,8	0	24432	23,7	19,4	4,6	0,0	48,8
82803	**56,8**	**29,1**	**4,2**	**5,1**	**1671**	**57528**	**43,5**	**19,5**	**1,2**	**0,0**	**30,9**
21200	52,8	34,3	3,8	4,3	0	13411	50,1	22,6	0,0	0,0	20,0
14361	50,3	34,9	4,6	6,3	0	10228	39,9	28,7	5,8	0,0	14,9
3652	51,1	33,8	3,8	6,6	0	2600	57,1	32,4	0,0	0,0	10,5
1746	59,3	28,9	4,3	2,5	0	1495	0,0	0,0	0,0	0,0	100,0
5920	62,0	24,2	4,2	4,7	0	3984	54,5	9,9	0,0	0,0	35,6
184	66,3	16,8	4,3	3,8	135	0	0,0	0,0	0,0	0,0	0,0
454	77,3	14,3	1,1	5,7	0	433	0,0	0,0	0,0	0,0	100,0
746	57,9	27,5	3,4	6,6	0	759	0,0	0,0	0,0	0,0	100,0

Land (LD) Regierungsbezirk (RB) Regionalverband (RV) Stadtkreis (SKR) Landkreis (LKR)	Kataster-fläche am 1. 1. 1988 ha	Wohnbevölkerung am 1. 1. 1988 insgesamt Personen	darunter bis 18 Jahre alt %	darunter 65 u.m. Jahre alt %	Bevölke-rungs-dichte 1. 1. 1988 Einwohner je qkm	Landw. Betriebe 1987	Versicherungspfl. Beschäftigte Juni 1987 insgesamt Personen	Versicherungspfl. Beschäftigte Juni 1987 auf 1000 der Bev.	Steuer-kraft-summe 1987 DM je Einwohner	Schul-den-stand 1987 DM je Einwohner
GEISLINGEN,STADT	3195	5021	20,7	13,8	157	76	1027	205	950	1688
GROSSELFINGEN	1615	1623	20,6	13,6	100	37	503	310	940	2457
HAIGERLOCH,STADT	7646	9488	21,3	13,2	124	356	3237	341	988	3049
HAUSEN AM TANN	849	405	26,2	13,8	48	21	9	22	879	844
HECHINGEN,STADT	6643	15970	19,3	15,7	240	186	5936	372	1066	2542
JUNGINGEN	933	1386	17,7	15,2	149	10	1013	731	2266	1140
MESZSTETTEN,STADT	7682	9672	22,1	11,5	126	346	2976	308	1044	1057
NUSPLINGEN	2075	1883	23,5	10,3	91	141	502	267	1098	1434
OBERNHEIM	1501	1483	21,1	11,9	99	99	435	293	978	284
RANGENDINGEN	2168	4471	26,1	9,8	206	190	1378	308	937	707
RATSHAUSEN	577	638	22,7	13,8	111	43	42	66	988	2072
ROSENFELD,STADT	5112	5182	22,3	13,6	101	279	1562	301	1055	1638
SCHOEMBERG,STADT	2327	3629	23,2	12,3	156	83	1430	394	1031	1549
STRASZBERG	2490	2419	20,5	13,9	97	39	717	296	952	984
WEILEN UNTER D.RINNEN	308	459	21,8	10,7	149	36	77	168	968	851
WINTERLINGEN	5064	6366	21,6	13,2	126	101	1903	299	1102	352
ZIMMERN UNTER DER BURG	505	396	24,7	11,6	78	35	30	76	946	728
RV DONAU-ILLER	**288571**	**419219**	**21,5**	**14,0**	**145**	**10139**	**158135**	**377**	**1149**	**1181**
SKR ULM	**11868**	**104556**	**18,1**	**16,1**	**881**	**284**	**70786**	**677**	**1460**	**1789**
ULM,UNIVERSITAETSSTADT	11868	104556	18,1	16,1	881	284	70786	677	1460	1789
LKR ALB-DONAU-KREIS	**135724**	**160508**	**22,6**	**13,0**	**118**	**4697**	**37943**	**236**	**1024**	**905**
ALLMENDINGEN	4592	4120	23,8	11,9	90	157	1025	249	1122	489
ALTHEIM	780	520	27,7	11,5	67	31	63	121	1186	19
ALTHEIM (ALB)	2578	1461	23,8	12,1	57	72	157	107	816	821
AMSTETTEN	4978	3407	24,6	12,2	68	152	1941	570	1635	51
ASSELFINGEN	1284	806	23,6	12,2	63	55	109	135	929	1054
BALLENDORF	1421	607	22,2	13,2	43	51	79	130	959	1007
BALZHEIM	1758	1478	24,9	13,6	84	54	357	242	942	0
BEIMERSTETTEN	1433	1851	19,4	13,1	129	28	511	276	875	926
BERGHUELEN	2615	1709	25,4	11,4	65	117	242	142	835	1167
BERNSTADT	1395	1590	22,4	12,8	114	52	61	38	857	646
BLAUBEUREN,STADT	7916	10805	20,3	17,1	136	244	3903	361	1041	1198
BLAUSTEIN	5561	13144	19,8	13,4	236	147	1547	118	1067	305
BOERSLINGEN	629	154	25,3	21,4	24	18	13	84	827	804
BREITINGEN	289	205	20,0	16,6	71	16	7	34	946	0
DIETENHEIM,STADT	1876	5258	22,4	13,3	280	52	2005	381	936	1186

Landtagswahl 1988: Gültige Stimmen (ohne Briefwahl)	Landtagswahl 1988 darunter in %: CDU	SPD	FDP/DVP	GRÜNE	Gemeinderatswahl 1984: Gültige gleichwertige Stimmen: Mehrheitswahl	Verhältniswahl	Gemeinderatswahl 1984 darunter in %: CDU	SPD	FDP/DVP	Gem. WV[1])	WV[2])
2598	69,8	20,8	2,7	3,1	0	2211	51,2	8,7	0,0	0,0	40,1
842	58,6	25,3	3,6	5,3	568	0	0,0	0,0	0,0	0,0	0,0
4623	68,2	20,3	2,6	5,0	0	2615	54,9	0,0	0,0	0,0	45,1
227	65,2	20,7	3,1	8,8	183	0	0,0	0,0	0,0	0,0	0,0
7601	50,7	31,6	5,9	7,4	0	5680	39,6	27,5	0,0	0,0	32,9
698	48,0	32,7	4,2	6,9	0	670	0,0	21,6	0,0	0,0	78,4
4456	61,5	23,6	4,2	3,9	0	3380	40,4	12,6	0,0	0,0	47,1
988	73,5	13,8	2,4	1,9	0	970	0,0	0,0	0,0	0,0	100,0
724	76,4	13,7	2,8	2,3	382	0	0,0	0,0	0,0	0,0	0,0
2278	54,7	28,8	4,2	6,9	0	1673	0,0	0,0	0,0	0,0	100,0
359	70,8	18,1	1,1	5,3	0	346	0,0	0,0	0,0	0,0	100,0
2594	60,0	21,7	5,3	4,8	0	1942	0,0	0,0	0,0	0,0	100,0
1806	69,4	17,9	4,2	4,2	0	1373	74,2	14,6	0,0	0,0	11,2
1272	60,1	21,5	9,7	4,1	0	1237	47,5	9,1	0,0	0,0	43,3
261	84,3	11,5	0,4	2,7	231	0	0,0	0,0	0,0	0,0	0,0
3017	60,8	25,8	4,7	4,3	0	2525	54,9	0,0	0,0	0,0	45,1
196	80,1	12,2	2,0	2,0	172	0	0,0	0,0	0,0	0,0	0,0
199049	**54,3**	**26,8**	**4,7**	**6,4**	**11800**	**152603**	**35,7**	**18,8**	**1,2**	**3,7**	**34,2**
43659	**43,7**	**36,8**	**5,5**	**7,6**	**0**	**33927**	**30,1**	**24,6**	**2,6**	**0,0**	**30,1**
43659	43,7	36,8	5,5	7,6	0	33927	30,1	24,6	2,6	0,0	30,1
78410	**54,4**	**27,0**	**4,8**	**6,0**	**6275**	**59572**	**39,8**	**20,3**	**0,0**	**4,8**	**33,8**
2017	64,7	20,8	4,1	4,6	0	1830	46,0	14,2	0,0	0,0	39,8
256	70,7	14,1	2,3	2,3	203	0	0,0	0,0	0,0	0,0	0,0
785	53,9	23,2	9,0	6,8	0	720	0,0	0,0	0,0	0,0	100,0
1595	51,0	31,3	4,6	5,6	1009	0	0,0	0,0	0,0	0,0	0,0
466	38,4	28,3	5,2	4,5	322	0	0,0	0,0	0,0	0,0	0,0
316	60,1	16,5	4,4	6,3	0	336	0,0	0,0	0,0	0,0	100,0
648	49,4	30,2	6,8	5,1	0	707	0,0	0,0	0,0	0,0	100,0
972	42,5	33,6	6,1	7,8	0	892	39,9	46,0	0,0	0,0	14,1
765	52,8	23,1	4,8	6,5	627	0	0,0	0,0	0,0	0,0	0,0
759	50,6	30,6	3,2	7,4	0	765	0,0	0,0	0,0	0,0	100,0
5305	42,0	37,5	5,6	7,2	0	4463	30,4	40,0	0,0	0,0	29,6
6490	46,1	35,4	5,2	7,3	0	4723	43,5	34,7	0,0	0,0	21,9
90	58,9	18,9	3,3	7,8	73	0	0,0	0,0	0,0	0,0	0,0
115	48,7	40,9	6,1	1,7	0	146	0,0	0,0	0,0	0,0	100,0
2131	60,5	24,6	3,7	5,3	0	1952	69,5	0,0	0,0	30,5	0,0

Land (LD) Regierungsbezirk (RB) Regionalverband (RV) Stadtkreis (SKR) Landkreis (LKR)	Katasterfläche am 1. 1. 1988 ha	Wohnbevölkerung am 1. 1. 1988 insgesamt Personen	darunter bis 18 Jahre alt %	darunter 65 u.m. Jahre alt %	Bevölkerungsdichte 1. 1. 1988 Einwohner je qkm	Landw. Betriebe 1987	Versicherungspfl. Beschäftigte Juni 1987 insgesamt Personen	Versicherungspfl. Beschäftigte Juni 1987 auf 1000 der Bev.	Steuerkraftsumme 1987 DM je Einwohner	Schuldenstand 1987 DM je Einwohner
DORNSTADT	5924	8358	21,3	13,3	141	182	1183	142	947	1060
EHINGEN(DONAU),STADT	17836	22249	23,3	12,5	125	672	8644	389	1181	811
EMERINGEN	754	132	22,0	20,5	18	18	6	45	916	638
EMERKINGEN	740	648	28,5	11,1	88	49	37	57	900	731
ERBACH	6329	10830	22,9	11,3	171	210	1757	162	998	863
GRIESINGEN	815	741	25,5	11,9	91	52	12	16	859	448
GRUNDSHEIM	370	193	23,8	16,6	52	22	.	913	357	114
HAUSEN AM BUSSEN	352	208	29,3	12,0	59	19	.	934	1200	114
HEROLDSTATT	2181	1816	22,1	12,6	83	95	317	175	892	1275
HOLZKIRCH	814	233	16,3	13,7	29	27	25	107	967	839
HUETTISHEIM	1036	1217	25,2	11,2	117	38	115	94	816	1723
ILLERKIRCHBERG	1145	3888	21,7	11,7	340	50	457	118	922	910
ILLERRIEDEN	1817	2905	25,8	10,0	160	52	164	56	872	682
LAICHINGEN,STADT	6981	8702	22,6	13,1	125	275	2882	331	1111	1072
LANGENAU,STADT	7501	11578	22,0	13,1	154	224	2741	237	1004	1760
LAUTERACH	1376	450	27,3	12,0	33	45	.	903	576	247
LONSEE	4331	3571	23,9	12,3	82	114	301	84	1296	1585
MERKLINGEN	2131	1516	21,4	11,7	71	75	353	233	906	887
MUNDERKINGEN,STADT	1308	4648	22,0	14,4	355	30	1741	375	973	1460
NEENSTETTEN	830	691	23,2	10,4	83	48	126	182	938	442
NELLINGEN	3577	1481	21,2	12,8	41	113	286	193	995	1054
NERENSTETTEN	609	296	30,7	9,8	49	28	8	27	886	526
OBERDISCHINGEN	883	1618	22,1	15,9	183	38	186	115	926	133
OBERMARCHTAL	2656	1158	24,0	17,0	44	97	249	215	771	555
OBERSTADION	1579	1203	27,1	10,2	76	97	135	112	868	743
OELLINGEN	809	400	23,5	10,7	49	31	38	95	903	569
OEPFINGEN	887	1867	25,2	9,1	210	32	124	66	900	798
RAMMINGEN	1403	1059	21,1	12,7	75	42	111	105	817	904
RECHTENSTEIN	377	307	25,4	15,0	81	12	44	143	808	508
ROTTENACKER	1029	1806	22,8	12,7	176	51	644	357	967	858
SCHELKLINGEN,STADT	7523	6254	22,5	14,0	83	205	1791	286	900	483
SCHNUERPFLINGEN	1072	1196	27,9	10,8	112	51	83	69	887	1028
SETZINGEN	842	576	27,4	10,2	68	37	90	156	776	850
STAIG	1773	2744	22,6	9,5	155	66	149	54	911	1596
UNTERMARCHTAL	561	892	15,8	30,3	159	14	141	158	866	343
UNTERSTADION	885	565	26,2	12,2	64	34	98	173	804	952
UNTERWACHINGEN	260	149	26,8	18,8	57	15	.	841	510	88
WEIDENSTETTEN	1721	1047	21,2	11,0	61	43	74	71	909	722
WESTERHEIM	2293	2387	24,9	10,6	104	115	654	274	1122	506
WESTERSTETTEN	1309	1814	24,5	12,4	139	33	139	77	904	472

Gültige Stimmen (ohne Briefwahl)	Landtagswahl 1988 darunter in %				Gemeinderatswahl 1984 Gültige gleichwertige Stimmen		darunter in %				
	CDU	SPD	FDP/ DVP	GRÜNE	Mehrheitswahl	Verhältniswahl	CDU	SPD	FDP/ DVP	Gem. WV[1])	WV[2])
3828	53,0	27,1	6,0	6,7	0	2933	0,0	18,3	0,0	60,0	21,6
10391	61,1	21,9	4,2	4,5	0	7795	67,4	18,8	0,0	0,0	8,1
89	74,2	5,6	3,4	4,5	85	0	0,0	0,0	0,0	0,0	0,0
370	72,2	15,4	2,2	4,9	323	0	0,0	0,0	0,0	0,0	0,0
5107	53,3	30,1	5,4	6,7	0	3835	59,9	23,7	0,0	9,0	7,4
394	70,6	18,3	2,5	4,3	270	0	0,0	0,0	0,0	0,0	0,0
77,2	5,3	2,6	1,8	103	0	0,0	0,0	0,0	0,0	0,0	
78,9	4,4	4,4	4,4	123	0	0,0	0,0	0,0	0,0	0,0	
993	52,8	25,8	9,3	4,4	0	1036	0,0	0,0	0,0	0,0	100,0
121	47,9	27,3	6,6	9,1	0	157	0,0	25,9	0,0	0,0	74,1
606	61,9	20,8	3,8	5,4	0	538	0,0	0,0	0,0	0,0	100,0
2019	48,2	32,0	3,3	8,9	0	1602	49,9	0,0	0,0	0,0	50,1
1360	60,6	23,4	3,5	5,7	0	1187	0,0	0,0	0,0	0,0	100,0
4046	49,7	24,1	7,7	4,0	0	3930	27,6	15,1	0,0	0,0	57,3
5810	47,7	30,6	5,0	7,4	0	4842	34,2	26,9	0,0	0,0	38,9
68,8	13,0	6,5	7,3	0	251	0,0	0,0	0,0	0,0	100,0	
1709	49,8	31,0	4,0	7,1	0	1371	0,0	0,0	0,0	0,0	100,0
765	55,8	21,8	5,2	5,9	0	886	0,0	0,0	0,0	0,0	100,0
2206	61,4	23,4	2,8	5,0	0	2170	49,4	17,6	0,0	0,0	33,0
366	53,8	20,8	5,5	12,0	293	0	0,0	0,0	0,0	0,0	0,0
729	60,6	19,2	5,8	5,8	0	724	0,0	0,0	0,0	0,0	100,0
145	57,2	11,0	4,8	9,7	125	0	0,0	0,0	0,0	0,0	0,0
841	59,3	23,5	4,9	6,4	0	834	0,0	0,0	0,0	0,0	100,0
649	71,3	11,1	3,4	3,5	515	0	0,0	0,0	0,0	0,0	0,0
646	67,8	12,8	3,6	6,7	509	0	0,0	0,0	0,0	0,0	0,0
221	69,2	17,2	4,1	4,1	0	237	0,0	0,0	0,0	0,0	100,0
850	55,3	28,7	3,5	5,8	0	885	38,2	12,5	0,0	0,0	49,3
581	61,1	24,4	2,8	4,8	0	572	0,0	0,0	0,0	0,0	100,0
167	64,7	15,6	3,6	5,4	143	0	0,0	0,0	0,0	0,0	0,0
839	43,1	37,7	4,6	5,8	0	895	0,0	41,0	0,0	0,0	59,0
3339	56,2	30,5	3,7	4,6	0	2996	50,3	27,9	0,0	0,0	17,5
578	64,2	21,5	3,6	7,8	0	556	0,0	0,0	0,0	0,0	100,0
298	54,7	26,2	2,7	4,4	0	315	0,0	0,0	0,0	0,0	100,0
1532	53,6	28,1	3,9	7,2	742	0	0,0	0,0	0,0	0,0	0,0
474	77,2	11,0	2,1	3,0	484	0	0,0	0,0	0,0	0,0	0,0
336	76,5	10,1	0,6	3,6	248	0	0,0	0,0	0,0	0,0	0,0
85,2	9,1	2,3	2,3	79	0	0,0	0,0	0,0	0,0	0,0	
547	45,3	31,4	5,3	6,6	0	518	0,0	23,7	0,0	0,0	76,3
1298	76,4	11,1	3,9	3,5	0	1220	0,0	0,0	0,0	0,0	100,0
887	55,7	25,9	4,2	6,3	0	754	0,0	0,0	0,0	0,0	100,0

Land (LD) Regierungsbezirk (RB) Regionalverband (RV) Stadtkreis (SKR) Landkreis (LKR)	Kataster-fläche am 1. 1. 1988 ha	Wohnbevölkerung am 1. 1. 1988 insgesamt Personen	darunter bis 18 Jahre alt %	darunter 65 u.m. Jahre alt %	Bevölkerungs-dichte 1. 1. 1988 Einwohner je qkm	Landw. Betriebe 1987	Versicherungspfl. Beschäftigte Juni 1987 insgesamt Personen	Versicherungspfl. Beschäftigte auf 1000 der Bev.	Steuer-kraft-summe 1987 DM je Einwohner	Schul-den-stand 1987 DM je Einwohner
LKR BIBERACH	**140979**	**154155**	**22,7**	**13,7**	**109**	**5158**	**49406**	**320**	**1074**	**1059**
ACHSTETTEN	2339	3102	27,1	10,7	133	134	596	192	1063	814
ALLESHAUSEN	1131	428	24,3	11,7	38	46	.	867	418	262
ALLMANNSWEILER	410	279	26,2	10,8	68	25	.	875	19	146
ALTHEIM	2373	1758	25,4	12,9	74	69	243	138	845	335
ATTENWEILER	2721	1476	25,1	12,6	54	147	104	70	881	929
BAD BUCHAU,STADT	2377	3674	18,2	21,2	155	56	1256	342	1011	1726
BAD SCHUSSENRIED,STADT	5501	7258	19,7	17,2	132	186	2816	388	976	2746
BERKHEIM	2498	2101	30,6	12,6	84	88	356	169	815	839
BETZENWEILER	970	640	25,2	11,9	66	60	78	122	827	222
BIBERACH A.D.RISZ,ST	7215	28018	18,7	15,9	388	219	17722	633	1510	920
BURGRIEDEN	2187	2594	22,4	10,4	119	86	157	61	915	1038
DETTINGEN AN DER ILLER	1114	1607	23,0	12,7	144	55	202	126	835	690
DUERMENTINGEN	2408	2143	24,3	14,4	89	101	875	408	1036	1202
DUERNAU	726	379	25,9	14,5	52	27	.	916	654	220
EBERHARDZELL	5973	3227	23,8	15,3	54	210	521	161	852	543
ERLENMOOS	2426	1365	26,1	9,2	56	92	97	71	855	573
EROLZHEIM	2630	2216	25,0	13,4	84	91	308	139	897	1140
ERTINGEN	3777	4119	24,4	13,6	109	178	1098	267	917	840
GUTENZELL-HUERBEL	3787	1425	25,1	12,6	38	87	96	67	877	133
HOCHDORF	2376	1794	25,6	11,4	76	60	201	112	898	490
INGOLDINGEN	4424	2443	26,4	12,6	55	140	155	63	841	337
KANZACH	1120	415	23,4	16,1	37	25	49	118	856	580
KIRCHBERG AN DER ILLER	1864	1641	26,0	11,5	88	54	422	257	758	343
KIRCHDORF AN DER ILLER	2287	2483	25,8	9,6	109	86	1329	535	1267	218
LANGENENSLINGEN	8842	3087	23,3	15,1	35	231	583	189	880	960
LAUPHEIM,STADT	6179	15095	22,1	13,6	244	247	5509	365	1135	1582
MASELHEIM	4704	3874	21,9	12,0	82	154	697	180	910	1019
MIETINGEN	2633	3237	29,2	8,2	123	131	439	136	914	485
MITTELBIBERACH	2368	2686	24,8	8,9	113	76	198	74	872	1302
MOOSBURG	186	177	25,4	16,9	95	15	11	62	986	678
OCHSENHAUSEN,STADT	5996	6892	23,6	12,9	115	233	3185	462	1123	1183
OGGELSHAUSEN	1312	823	20,4	12,6	63	36	52	63	846	535
RIEDLINGEN,STADT	6492	8445	20,7	16,8	130	248	3995	473	1028	1824
ROT AN DER ROT	6346	3807	24,2	13,3	60	239	598	157	883	833
SCHEMMERHOFEN	5017	6271	24,8	11,1	125	241	780	124	908	898
SCHWENDI	4924	5383	24,8	11,5	109	203	2174	404	1289	1174
SEEKIRCH	577	190	26,8	8,4	33	20	10	53	893	673
STEINHAUSEN A.D.ROTTUM	2988	1597	24,9	13,5	53	132	142	89	910	841
TANNHEIM	2769	1866	22,2	12,4	67	58	329	176	908	684
TIEFENBACH	695	407	27,3	13,3	59	36	30	74	840	460

Landtagswahl 1988					Gemeinderatswahl 1984						
Gültige Stimmen (ohne Briefwahl)	darunter in %				Gültige gleichwertige Stimmen		darunter in %				
	CDU	SPD	FDP/ DVP	GRÜNE	Mehrheitswahl	Verhältniswahl	CDU	SPD	FDP/ DVP	Gem. WV[1])	WV[2])
76980	**60,1**	**20,9**	**4,1**	**6,1**	**5525**	**59103**	**38,2**	**10,2**	**0,9**	**7,2**	**39,6**
1598	63,3	18,3	4,6	4,1	0	1323	0,0	0,0	0,0	0,0	100,0
82,1	6,9	2,3	5,7	204	0	0,0	0,0	0,0	0,0	0,0	
64,4	13,7	4,8	8,2	127	0	0,0	0,0	0,0	0,0	0,0	
915	62,5	16,9	4,0	5,8	0	913	0,0	0,0	0,0	0,0	100,0
774	70,3	13,8	4,4	5,0	638	0	0,0	0,0	0,0	0,0	0,0
1707	62,4	22,6	4,0	5,3	0	1843	36,8	0,0	0,0	0,0	63,2
3255	62,9	18,8	3,2	8,7	0	3113	48,6	6,3	0,0	0,0	45,1
822	67,2	18,1	3,5	5,4	0	844	56,1	0,0	0,0	0,0	43,9
329	69,3	8,2	2,4	4,6	249	0	0,0	0,0	0,0	0,0	0,0
13803	46,9	33,0	5,7	6,8	0	10899	52,2	21,8	3,5	0,0	12,2
1366	60,4	23,4	3,9	6,0	0	1145	0,0	0,0	0,0	0,0	100,0
726	61,3	17,6	1,9	10,1	0	753	0,0	0,0	0,0	0,0	100,0
1082	58,5	18,7	4,3	4,7	0	1028	0,0	0,0	0,0	0,0	100,0
65,0	14,5	3,2	10,0	183	0	0,0	0,0	0,0	0,0	0,0	
1653	71,3	12,7	2,6	5,0	0	1369	0,0	0,0	0,0	0,0	100,0
692	68,5	16,2	2,3	4,6	0	630	0,0	0,0	0,0	0,0	100,0
1108	68,1	14,4	4,3	7,2	0	1044	0,0	0,0	0,0	48,3	51,7
2077	67,1	12,9	3,5	4,4	0	1978	45,0	0,0	0,0	0,0	55,0
811	65,4	12,2	1,7	7,4	0	734	62,8	0,0	0,0	0,0	37,2
979	64,5	16,5	2,9	6,5	550	0	0,0	0,0	0,0	0,0	0,0
1302	68,4	14,9	3,8	5,6	0	1070	0,0	0,0	0,0	73,7	26,3
212	64,6	11,3	6,6	4,7	0	260	0,0	0,0	0,0	0,0	100,0
807	66,8	17,3	3,8	6,8	0	773	52,7	7,3	0,0	0,0	29,5
1129	62,9	21,1	1,8	4,8	714	0	0,0	0,0	0,0	0,0	0,0
1786	71,9	12,7	2,8	4,4	1224	0	0,0	0,0	0,0	0,0	0,0
7264	58,5	22,8	4,2	5,4	0	5620	50,6	13,3	0,0	0,0	30,0
1838	61,8	16,5	4,2	10,3	0	1506	0,0	0,0	0,0	73,6	26,4
1660	63,2	16,4	3,5	7,3	0	1244	0,0	0,0	0,0	0,0	100,0
1380	55,8	23,8	5,9	6,5	0	1138	36,3	0,0	0,0	0,0	58,1
112	69,6	9,8	5,4	10,7	109	0	0,0	0,0	0,0	0,0	0,0
3304	59,8	19,2	4,1	6,9	0	2816	52,7	12,9	0,0	0,0	34,4
489	75,5	10,0	3,7	4,1	0	475	0,0	0,0	0,0	0,0	100,0
4204	60,7	20,1	4,6	5,7	0	3745	39,6	14,8	0,0	0,0	40,7
1869	73,2	11,3	2,6	6,9	0	1700	0,0	0,0	0,0	48,1	51,9
3254	64,3	18,0	3,6	5,7	0	2242	24,8	0,0	0,0	0,0	75,2
2749	62,4	17,2	2,6	4,3	0	2143	58,6	0,0	0,0	0,0	41,4
115	67,0	15,7	3,5	2,6	82	0	0,0	0,0	0,0	0,0	0,0
838	70,4	12,1	2,6	5,1	0	749	73,8	0,0	0,0	0,0	26,2
808	63,2	16,7	4,8	5,8	0	956	31,4	0,0	0,0	0,0	68,6
235	65,1	15,3	3,4	3,4	213	0	0,0	0,0	0,0	0,0	0,0

Land (LD) Regierungsbezirk (RB) Regionalverband (RV) Stadtkreis (SKR) Landkreis (LKR)	Kataster-fläche am 1. 1. 1988 ha	Wohnbevölkerung am 1. 1. 1988 insgesamt Personen	darunter bis 18 Jahre alt %	darunter 65 u.m. Jahre alt %	Bevölke-rungs-dichte 1. 1. 1988 Einwohner je qkm	Landw. Betriebe 1987	Versicherungspfl. Beschäftigte Juni 1987 insgesamt Personen	auf 1000 der Bev.	Steuer-kraft-summe 1987 DM je Einwohner	Schul-den-stand 1987 DM je Einwohner
UMMENDORF	2065	3432	22,6	10,9	166	61	467	136	918	46
UNLINGEN	2689	2089	26,0	14,3	78	116	203	97	879	1060
UTTENWEILER	4974	2944	25,3	14,6	59	230	301	102	824	693
WAIN	2014	1346	27,3	14,7	67	55	503	374	784	528
WARTHAUSEN	2575	3922	21,0	10,8	152	74	500	127	935	782
RV BODENSEE-OBERSCHW	**350072**	**521819**	**21,4**	**14,2**	**149**	**12635**	**178024**	**341**	**1057**	**956**
LKR BODENSEEKREIS	**66466**	**173466**	**20,2**	**15,1**	**261**	**3151**	**61755**	**356**	**1126**	**780**
BERMATINGEN	1545	3115	23,2	9,1	202	84	447	143	992	1292
DAISENDORF	244	1121	20,3	14,4	459	8	69	62	908	625
DEGGENHAUSERTAL	6218	3227	22,5	12,6	52	281	409	127	820	1167
ERISKIRCH	1458	3723	20,6	12,5	255	46	667	179	962	478
FRICKINGEN	2648	2204	21,0	14,3	83	127	432	196	942	528
FRIEDRICHSHAFEN,STADT	6988	52045	19,2	15,7	745	340	26872	516	1298	440
HAGNAU AM BODENSEE	294	1305	18,2	18,2	444	60	171	131	970	1512
HEILIGENBERG	4077	2426	22,6	14,5	60	133	511	211	841	801
IMMENSTAAD AM BODENSEE	923	5311	20,8	12,6	575	69	4503	848	1321	516
KRESSBRONN AM BODENSEE	2042	6638	19,9	17,0	325	154	1655	249	1001	276
LANGENARGEN	1526	6114	18,1	17,1	401	65	1609	263	965	871
MARKDORF,STADT	4092	10603	22,0	12,8	259	181	2957	279	1075	1205
MECKENBEUREN	3190	10809	21,0	11,4	339	185	2325	215	987	1417
MEERSBURG,STADT	1203	4721	16,5	18,9	392	44	1381	293	1049	912
NEUKIRCH	2657	2176	26,1	12,5	82	136	437	201	944	662
OBERTEURINGEN	2007	3362	23,0	10,5	168	124	413	123	882	1306
OWINGEN	3673	3153	23,6	10,7	86	128	365	116	930	800
SALEM	6271	8549	26,6	12,2	136	248	1634	191	883	554
SIPPLINGEN	428	2030	17,0	18,9	474	33	299	147	846	564
STETTEN	430	930	18,2	18,6	216	32	26	28	968	672
TETTNANG,STADT	7122	15467	21,2	12,7	217	415	4624	299	1091	1090
UEBERLINGEN,STADT	5864	18828	17,0	21,5	321	211	8882	472	1336	941
UHLDINGEN-MUEHLHOFEN	1566	5609	20,2	14,7	358	47	1067	190	924	948
LKR RAVENSBURG	**163169**	**234477**	**21,8**	**14,2**	**144**	**5767**	**78978**	**337**	**1049**	**1144**
ACHBERG	1292	1060	21,4	16,2	82	54	82	77	900	382
AICHSTETTEN	3376	2145	25,5	11,0	64	97	367	171	914	1758
AITRACH	3020	2456	24,5	12,6	81	55	595	242	1035	1508
ALTSHAUSEN	2049	3896	22,5	16,1	190	50	1510	388	966	992
AMTZELL	3055	2728	24,6	14,0	89	148	342	125	910	769

Landtagswahl 1988					Gemeinderatswahl 1984						
Gültige Stimmen (ohne Briefwahl)	darunter in %				Gültige gleichwertige Stimmen		darunter in %				
	CDU	SPD	FDP/ DVP	GRÜNE	Mehrheitswahl	Verhältniswahl	CDU	SPD	FDP/ DVP	Gem. WV[1])	WV[2])
1756	57,6	25,9	3,9	6,4	0	1612	53,4	0,0	0,0	21,7	24,9
1185	62,9	13,3	2,6	3,7	0	938	67,8	0,0	0,0	0,0	32,2
1601	65,7	12,3	3,9	3,9	1234	0	0,0	0,0	0,0	0,0	0,0
601	53,4	26,0	6,8	6,3	0	698	0,0	0,0	0,0	0,0	100,0
2157	49,5	29,7	5,2	7,7	0	1806	0,0	27,4	0,0	72,6	0,0
243002	**57,8**	**22,3**	**4,9**	**6,8**	**2994**	**199039**	**46,3**	**15,1**	**1,8**	**0,8**	**31,7**
80513	**54,1**	**24,4**	**6,8**	**7,9**	**0**	**65626**	**43,6**	**18,6**	**2,9**	**0,4**	**29,4**
1442	51,5	26,9	6,6	9,4	0	1404	36,0	15,1	0,0	0,0	37,7
540	51,5	21,9	11,9	9,3	0	519	30,5	11,6	0,0	0,0	57,9
1515	62,7	19,5	5,0	7,6	0	1447	39,5	10,8	0,0	0,0	49,7
1868	56,3	23,6	4,4	7,4	0	1826	57,6	18,7	0,0	0,0	23,6
1094	60,8	16,8	7,4	8,6	0	936	60,0	0,0	0,0	0,0	40,0
23802	50,9	30,3	4,7	6,2	0	17187	40,7	25,2	2,5	0,0	22,9
692	62,9	15,0	8,8	9,4	0	674	47,0	0,0	0,0	0,0	53,0
1146	59,3	17,3	7,1	12,9	0	988	50,1	0,0	0,0	0,0	49,9
2534	53,0	23,8	8,2	9,7	0	2196	45,4	18,1	4,7	0,0	31,9
3137	56,8	22,7	6,6	7,7	0	2992	45,1	11,5	0,0	0,0	31,0
2920	58,7	22,5	5,0	6,9	0	2877	39,5	13,8	0,0	0,0	46,7
4828	53,7	26,1	6,8	8,6	0	3886	44,6	17,5	2,8	0,0	35,1
4852	59,2	22,0	3,5	6,3	0	3715	48,1	16,7	0,0	0,0	35,2
2269	55,4	22,6	8,6	8,6	0	2025	44,0	22,3	2,4	0,0	31,3
1074	68,3	11,0	2,7	7,5	0	1016	46,3	0,0	0,0	0,0	53,7
1600	59,9	20,4	4,8	6,9	0	1404	39,9	11,0	0,0	0,0	49,2
1485	50,3	19,5	10,5	11,5	0	1299	0,0	0,0	0,0	43,3	56,7
3878	52,6	19,9	12,8	9,5	0	2881	43,8	11,5	5,8	0,0	38,9
982	44,7	35,0	8,8	7,3	0	1061	63,2	36,8	0,0	0,0	0,0
530	57,5	20,0	7,5	9,4	0	470	50,2	14,2	0,0	0,0	35,7
6989	58,6	19,8	5,6	7,8	0	5681	48,6	8,5	0,0	0,0	42,9
8921	50,8	21,5	11,6	10,2	0	7218	49,6	16,2	10,9	0,0	15,7
2415	51,6	25,1	8,8	9,9	0	1926	40,3	6,8	0,0	0,0	52,9
106617	**57,9**	**21,7**	**3,7**	**6,4**	**939**	**88884**	**48,2**	**14,2**	**1,8**	**1,0**	**30,1**
488	68,0	12,9	4,1	7,0	0	543	0,0	0,0	0,0	0,0	100,0
1012	62,5	11,1	13,2	4,7	0	944	68,2	0,0	0,0	0,0	31,8
1060	62,2	21,0	5,1	6,2	0	995	54,8	15,3	0,0	0,0	30,0
1794	59,1	23,6	4,1	4,8	0	1783	47,7	11,0	0,0	0,0	41,3
1320	61,1	18,9	2,5	8,9	0	1401	42,9	12,6	0,0	0,0	44,4

Land (LD) Regierungsbezirk (RB) Regionalverband (RV) Stadtkreis (SKR) Landkreis (LKR)	Kataster- fläche am 1. 1. 1988 ha	Wohnbevölkerung am 1. 1. 1988 insgesamt Personen	darunter bis 18 Jahre alt %	65 u.m. %	Bevölke- rungs- dichte 1. 1. 1988 Einwohner je qkm	Landw. Betriebe 1987	Versicherungspfl. Beschäftigte Juni 1987 insgesamt Personen	auf 1000 der Bev.	Steuer- kraft- summe 1987 DM je Einwohner	Schul- den- stand 1987
ARGENBUEHL	7637	5191	26,3	12,8	68	368	542	104	913	621
AULENDORF,STADT	5234	7025	21,9	16,2	134	149	1756	250	921	3039
BAD WALDSEE,STADT	10848	15289	22,5	15,9	141	311	4730	309	1025	1226
BAD WURZACH,STADT	18226	12236	25,9	12,9	67	579	3037	248	757	1115
BAIENFURT	1602	6343	19,4	12,1	396	48	1483	234	1007	908
BAINDT	2307	4122	23,9	7,6	179	47	460	112	914	1484
BERG	2841	3669	24,2	10,0	129	111	1250	341	868	1311
BERGATREUTE	2316	2451	25,7	9,9	106	105	201	82	866	1542
BODNEGG	2457	2677	21,3	11,8	109	135	420	157	915	1266
BOMS	955	446	22,6	12,3	47	38	.	870	633	239
EBENWEILER	1013	764	26,7	12,2	75	37	47	62	864	1294
EBERSBACH-MUSBACH	2683	1192	26,2	13,2	44	99	68	57	835	1245
EICHSTEGEN	1424	399	24,6	12,8	28	53	14	35	797	15
FLEISCHWANGEN	580	431	29,9	8,6	74	31	82	190	887	47
FRONREUTE	4607	3548	25,3	9,2	77	154	216	61	843	1187
GRUENKRAUT	1715	2410	23,4	9,3	141	77	488	202	806	128
GUGGENHAUSEN	825	180	23,3	17,8	22	29	.	860	10	95
HORGENZELL	5615	3679	26,8	11,3	66	271	439	119	872	938
HOSZKIRCH	1581	563	22,7	13,0	36	36	19	34	860	727
ISNY IM ALLGAEU,STADT	8534	12850	19,9	14,9	151	204	5431	423	1056	1156
KISZLEGG	9240	7568	25,8	15,2	82	331	1926	254	1042	959
KOENIGSEGGWALD	686	494	24,1	12,1	72	13	125	253	1028	1433
LEUTKIRCH I.ALLGAEU,ST	17497	20204	23,0	14,4	115	615	6301	312	1148	550
RAVENSBURG,STADT	9203	44069	18,4	15,8	479	375	25053	568	1217	1159
RIEDHAUSEN	842	395	23,0	11,9	47	37	58	147	889	1319
SCHLIER	3258	3122	24,3	10,0	96	111	396	127	823	838
UNTERWALDHAUSEN	411	225	27,6	15,1	55	18	.	866	5	137
VOGT	2231	3801	24,1	11,6	170	100	794	209	1282	748
WALDBURG	2270	2164	23,8	11,3	95	106	231	107	919	1086
WANGEN I.ALLGAEU,STADT	10127	23577	21,3	16,1	233	443	10368	440	1144	1406
WEINGARTEN,STADT	1217	21096	17,6	14,5	1733	20	8123	385	1104	1032
WILHELMSDORF	3810	3583	25,9	11,4	94	121	916	256	906	1649
WOLFEGG	3949	2957	23,3	16,0	75	98	514	174	875	1587
WOLPERTSWENDE	2636	3472	24,6	10,8	132	93	578	166	1170	1082
LKR SIGMARINGEN	**120437**	**113876**	**22,3**	**13,1**	**95**	**3717**	**37291**	**327**	**968**	**838**
BEURON	3511	873	15,9	26,1	25	17	171	196	824	1163
BINGEN	3701	2557	22,3	12,2	69	64	301	118	860	1619
GAMMERTINGEN,STADT	5296	5951	23,2	11,1	112	144	2004	337	949	747
HERBERTINGEN	3864	3992	24,0	13,1	103	165	740	185	908	414

Gültige Stimmen (ohne Briefwahl)	Landtagswahl 1988 darunter in %				Gemeinderatswahl 1984 Gültige gleichwertige Stimmen		darunter in %				
	CDU	SPD	FDP/DVP	GRÜNE	Mehrheitswahl	Verhältniswahl	CDU	SPD	FDP/DVP	Gem. WV[1])	WV[2])
2646	72,0	11,0	2,7	6,4	0	2195	78,9	0,0	0,0	0,0	21,1
3404	61,7	22,8	2,9	6,1	0	3220	48,3	29,0	0,0	0,0	22,7
6542	63,9	18,8	4,2	6,3	0	5526	48,8	12,5	0,0	0,0	38,7
5684	67,8	14,7	2,9	5,4	0	4328	70,2	5,5	0,0	0,0	24,3
2951	53,7	27,1	3,7	5,3	0	2613	43,7	25,2	0,0	0,0	31,1
1873	54,4	21,4	3,5	5,6	0	1632	48,2	12,6	0,0	0,0	39,2
1784	61,9	19,2	4,2	5,4	0	1504	43,4	0,0	0,0	0,0	56,6
1227	68,4	15,2	1,5	4,6	0	1108	0,0	0,0	0,0	0,0	100,0
1164	58,9	15,6	5,7	6,8	0	1166	0,0	0,0	0,0	0,0	100,0
65,3	18,0	3,8	7,1	188	0	0,0	0,0	0,0	0,0	0,0	
369	65,9	19,2	2,7	4,9	0	392	0,0	0,0	0,0	0,0	100,0
611	56,8	18,8	3,6	9,3	0	673	0,0	0,0	0,0	0,0	100,0
211	67,8	10,4	2,4	8,1	168	0	0,0	0,0	0,0	0,0	0,0
216	68,1	11,6	1,9	7,4	156	0	0,0	0,0	0,0	0,0	0,0
1754	60,1	17,8	2,9	6,9	0	1346	0,0	0,0	0,0	0,0	100,0
1135	54,4	21,6	5,0	5,6	0	1105	32,6	13,2	0,0	0,0	54,2
75,8	8,4	3,2	7,4	96	0	0,0	0,0	0,0	0,0	0,0	
1778	66,8	11,0	2,8	7,0	0	1254	0,0	0,0	0,0	0,0	100,0
293	70,0	13,0	4,8	7,8	233	0	0,0	0,0	0,0	0,0	0,0
5148	54,9	25,3	3,6	7,4	0	4973	50,4	26,3	0,0	0,0	13,5
3643	64,1	15,3	3,2	5,5	0	3139	48,0	8,5	0,0	0,0	43,5
272	67,6	17,3	4,0	4,0	0	306	0,0	0,0	0,0	0,0	100,0
9049	59,1	17,1	3,2	5,4	0	6924	59,7	9,0	0,0	0,0	25,4
19541	51,4	27,7	4,3	6,1	0	15533	56,3	18,9	6,1	0,0	10,0
230	67,0	8,3	6,5	7,0	0	231	0,0	0,0	0,0	0,0	100,0
1543	56,2	19,2	3,6	9,8	0	1319	0,0	0,0	0,0	0,0	100,0
68,6	11,7	6,6	8,0	99	0	0,0	0,0	0,0	0,0	0,0	
1602	57,8	19,7	3,3	7,8	0	1556	30,3	0,0	0,0	0,0	69,7
1077	54,4	21,0	6,8	6,5	0	1097	0,0	0,0	0,0	0,0	100,0
10752	54,7	25,3	2,9	7,6	0	8837	46,9	16,5	0,0	0,0	26,2
9305	52,0	27,3	3,7	7,2	0	7205	37,8	17,4	4,0	10,8	30,0
1615	56,5	20,0	6,0	6,4	0	1375	0,0	0,0	0,0	0,0	100,0
1408	62,6	17,5	3,4	6,6	0	1288	53,3	0,0	0,0	0,0	46,7
1645	57,8	20,8	4,0	5,7	0	1372	34,2	0,0	0,0	0,0	65,8
55872	**62,7**	**20,7**	**4,5**	**5,8**	**2055**	**44529**	**46,6**	**10,8**	**0,0**	**0,9**	**39,6**
506	72,7	11,1	5,5	4,0	0	578	0,0	0,0	0,0	0,0	100,0
1344	63,8	20,9	3,4	4,5	0	1133	0,0	0,0	0,0	0,0	100,0
2724	60,8	23,1	3,4	6,2	0	2168	42,7	17,3	0,0	0,0	40,0
2128	68,5	16,0	3,4	4,2	0	1685	61,5	1,9	0,0	0,0	36,6

Land (LD) Regierungsbezirk (RB) Regionalverband (RV) Stadtkreis (SKR) Landkreis (LKR)	Kataster- fläche am 1. 1. 1988 ha	Wohnbevölkerung am 1. 1. 1988 insgesamt Personen	darunter bis 18 Jahre alt %	 65 u.m. %	Bevölke- rungs- dichte 1. 1. 1988 Einwohner je qkm	Landw. Betriebe 1987	Versicherungspfl. Beschäftigte Juni 1987 insgesamt Personen	 auf 1000 der Bev.	Steuer- kraft- summe 1987 DM je Einwohner	Schul- den- stand 1987
HERDWANGEN-SCHOENACH	3653	2266	23,6	11,4	62	145	262	116	841	1429
HETTINGEN,STADT	4605	1932	25,5	10,8	42	125	777	402	894	1963
HOHENTENGEN	3660	3820	23,6	10,9	104	185	684	179	871	796
ILLMENSEE	2493	1505	27,3	10,0	60	98	166	110	848	1507
INZIGKOFEN	2876	2203	21,7	11,1	77	90	422	192	968	815
KRAUCHENWIES	4466	4226	25,8	11,2	95	147	1211	287	881	502
LEIBERTINGEN	4720	1897	23,5	10,4	40	184	374	197	887	854
MENGEN,STADT	4978	8961	21,7	13,9	180	198	3106	347	1062	728
MESZKIRCH,STADT	7623	6910	22,7	13,9	91	241	2025	293	997	834
NEUFRA	2839	1815	21,7	13,2	64	61	606	334	871	1032
OSTRACH	10895	5188	24,1	13,6	48	275	1050	202	921	1027
PFULLENDORF,STADT	9056	10486	24,0	10,6	116	261	5317	507	1015	536
SAULDORF	4972	2112	18,9	13,0	42	224	342	162	844	1614
SAULGAU,STADT	9733	14915	21,6	15,9	153	389	5271	353	1037	941
SCHEER,STADT	1872	2359	22,3	13,9	126	63	763	323	1029	763
SCHWENNINGEN	1933	1587	23,4	11,4	82	98	368	232	952	883
SIGMARINGEN,STADT	9286	15177	18,8	14,5	163	120	7121	469	975	466
SIGMARINGENDORF	1247	3487	21,4	12,4	280	30	1977	567	1009	1313
STETTEN A.KALTEN MARKT	5647	5066	20,8	11,2	90	142	1581	312	1054	1487

Landtagswahl 1988					Gemeinderatswahl 1984						
Gültige Stimmen (ohne Briefwahl)	darunter in %				Gültige gleichwertige Stimmen		darunter in %				
	CDU	SPD	FDP/ DVP	GRÜNE	Mehrheitswahl	Verhältniswahl	CDU	SPD	FDP/ DVP	Gem. WV[1])	WV[2])
1029	56,9	15,8	7,6	11,2	0	754	64,5	0,0	0,0	0,0	35,5
1112	74,6	15,6	2,4	2,7	636	0	0,0	0,0	0,0	0,0	0,0
1930	66,3	13,9	5,9	4,0	0	1647	60,6	0,0	0,0	0,0	39,4
737	62,1	15,7	6,9	8,4	0	722	43,2	0,0	0,0	0,0	56,8
1198	64,1	17,7	4,3	4,6	0	920	48,5	0,0	0,0	0,0	51,5
2178	66,2	17,0	4,0	6,7	0	1672	61,5	0,0	0,0	10,7	27,7
1063	69,6	13,5	5,0	7,0	0	923	55,7	0,0	0,0	0,0	44,3
4377	64,3	19,6	4,9	5,4	0	4378	32,8	13,9	0,0	0,0	53,4
3223	63,3	21,7	4,3	5,6	0	2838	58,3	19,2	0,0	0,0	22,4
927	63,5	21,4	4,9	6,4	0	888	0,0	0,0	0,0	0,0	100,0
2758	65,0	17,4	5,4	4,6	0	2206	78,4	13,7	0,0	0,0	7,9
4516	59,8	20,7	5,3	7,2	0	3925	50,2	12,0	0,0	0,0	33,3
1211	68,5	13,3	5,5	5,9	0	1017	57,9	0,0	0,0	0,0	42,1
7395	59,6	24,0	4,0	5,2	0	6364	50,2	13,9	0,0	0,0	35,9
1166	61,9	22,5	3,4	6,1	0	1016	0,0	0,0	0,0	0,0	100,0
815	68,5	18,3	5,5	3,3	0	957	0,0	18,7	0,0	51,5	29,8
6934	57,1	26,2	4,7	6,8	0	4935	51,4	12,6	0,0	0,0	25,1
1782	57,5	26,2	3,9	6,6	0	1583	0,0	0,0	0,0	0,0	100,0
2545	64,6	23,9	3,4	4,9	0	2221	44,9	14,5	0,0	0,0	40,5

FRITZ ENDEMANN

Regierung und Verwaltung in Baden-Württemberg

– Ein Schaubild des Verwaltungsaufbaus –

Die Behörden der

Ministerien	StM	JuM	IM	MKS	MWK
Landes-oberbehörden	Landeszentrale für politische Bildung (nicht-rechtsf. Anstalt d. öff. Rechts)		Landesamt für Straßenwesen Landes-denkmalamt Landesver-messungsamt Landesamt für Verfassungs-schutz		Landes direk
Regierungs-präsidien			Regierungs-präsidien	Regierungs-präsidien	Regie präsi
Höhere Sonder-behörden		Landesamt für die Wiedergut-machung		Oberschul-ämter	
Untere Verwaltungs-behörden			Landratsämter Stadtkreise Große Kreis-städte Verwaltungs-gemein-schaften		
Untere Sonder-behörden			Vermessungs-ämter Straßenbau-ämter	Staatl. Schulämter Schulen (§ 23 Abs. 3 SchulG)	Staats

Abkürzungen Ministerien:

StM Staatsministerium
JuM Ministerium für Justiz, Bundes- und Europaangelegenheiten
IM Innenministerium
MKS Ministerium für Kultus und Sport
MWK Ministerium für Wissenschaft und Kunst
FM Finanzministerium
WM Ministerium für Wirtschaft, Mittelstand und Technologie

staatlichen Verwaltung

	FM	WM	MLR	SM	UM
archiv tion	Statistisches Landesamt Landesamt für Besoldung und Versorgung Staatsschuldenverwaltung	Landesgewerbeamt Geolog. Landesamt Landesbergamt	Landesamt für Flurbereinigung und Siedlung	Landesversorgungsamt Landesaufsichtsamt für die Sozialversicherung	
rungs- dien	Regierungspräsidien	Regierungspräsidien	Regierungspräsidien	Regierungspräsidien	Regierungspräsidien
	Oberfinanzdirektionen		Forstdirektionen*		
	Landratsämter Stadtkreise	Landratsämter Stadtkreise Große Kreisstädte Verwaltungsgemeinschaften	Landratsämter Stadtkreise Große Kreisstädte Verwaltungsgemeinschaften	Landratsämter Stadtkreise Große Kreisstädte Verwaltungsgemeinschaften	Landratsämter Stadtkreise Große Kreisstädte Verwaltungsgemeinschaften
archive	Finanzämter Hochbauämter Staatl. Liegenschaftsämter	Eichämter	Landwirtschaftsämter Veterinärämter Forstämter Flurbereinigungsämter Tierzuchtämter	Gewerbeaufsichtsämter**	
				Gesundheitsämter Versorgungsämter	Wasserwirtschaftsämter

MLR Ministerium für ländlichen Raum, Landwirtschaft und Forsten
SM Ministerium für Arbeit, Gesundheit, Familie und Sozialordnung
UM Ministerium für Umwelt

* zugleich Körperschaftsforstdirektionen
** oberste Fachaufsicht geteilt zwischen SM (Arbeitsschutz, Arbeitsmedizin u.a.) und UM

(Bekanntmachung der Landesregierung über die Abgrenzung der Geschäftsbereiche der Ministerien vom 25. 7. 1972/18. 4. 1978, zuletzt geändert am 30. 5. 1988)

Landesunmittelbare

Rechtsaufsicht	Kommunale Körperschaften	Sozialwesen (Auswahl)
Ministerien	Zweckverbände* (IM) Regionalverband Donau-Iller (IM mit Bayern) Raumordnungsverband Rhein-Neckar (IM mit Hessen und Rheinland-Pfalz)	Landesversicherungsanstalt Baden und Württemberg (SM) Landeswohlfahrtsverbände Baden und Württemberg-Hohenzollern (IM) Landesverbände der gesetzlichen Krankenkassen (SM) Kassenärztliche Vereinigungen (SM) Kommunaler Versorgungsverband (IM)
Landesaufsichtsamt für die Sozialversicherung		Orts-, Betriebs-, Innungskrankenkassen Berufsgenossenschaften Alterskassen
Regierungspräsidien	Landkreise Stadtkreise Große Kreisstädte Gemeindeverwaltungsverbände* Regionalverbände Nachbarschaftsverbände Zweckverbände*	
Landratsämter	Gemeinden Gemeindeverwaltungsverbände* Zweckverbände*	Ortskrankenkassen Betriebskrankenkassen Innungskrankenkassen

* vgl. § 28 GKZ
** Fusion am 31. 12. 1988 zur Südwestdeutschen Landesbank

Träger der Selbstverwaltung

Kultur/Medien	Sparkassen, Banken, Versicherungen (Auswahl)	Berufsständische Selbstverwaltung
Universitäten (MWK) Pädagogische Hochschulen (MWK) Kunsthochschulen (MWK) Fachhochschulen (MWK) Studentenwerke – A – (MWK) Landesbildstellen – A – (MKS) Süddeutscher Rundfunk – A – (MWK) Südwestfunk – A – (MWK im Wechsel mit Rheinland-Pfalz) Landesanstalt für Kommunikation – A – (Landesregierung durch MWK)	Landesgirokasse – A – (IM) Badische Kommunale Landesbank – A – (IM)** Württembergische Kommunale Landesbank – A – (IM)** Badischer Sparkassen- und Giroverband (IM) Württembergischer Sparkassen- und Giroverband (IM) Badische Landesbausparkasse – A – (IM) Öffentliche Bausparkasse Württemberg – A – (IM) Landeskreditbank – A – (FM/IM) Badische Gebäudeversicherungsanstalt – A (WM) Württembergische Gebäudebrandversicherungsanstalt – A – (WM)	Landesärztekammer (SM) Landeszahnärztekammer (SM) Landesapothekerkammer (SM) Landestierärztekammer (MLR) Rechtsanwaltskammern (JuM) Notarkammer (JuM) Steuerberaterkammern (FM) Industrie- und Handelskammern (WM) Handwerkskammern (WM) Architektenkammer (IM)
	Kreissparkassen – A – (vgl. § 48 SparkassenG)	
	Sparkassen – A – (vgl. § 48 SparkassenG)	

Soweit – A – beigefügt ist, handelt es sich um Anstalten, im übrigen um Körperschaften des öffentlichen Rechts

Aufbau der staatlichen Verwaltung
(nach dem Landesverwaltungsgesetz in der Fassung vom 2.1.1984)

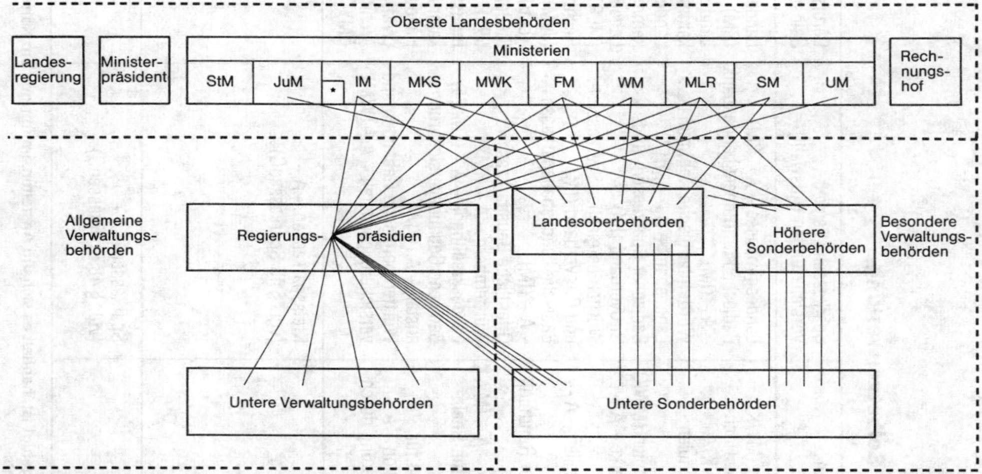

* Landesbeauftragter für den Datenschutz (beim Innenministerium)

Die dünnen Linien bezeichnen die Fachaufsicht

Ausgewählte Adressen

Landtag
Haus des Landtags
Konrad-Adenauer-Straße 3
7000 Stuttgart
Telefon (0711) 2063-0

Landesregierung und Ministerien

Staatsministerium
Richard-Wagner-Straße 15
7000 Stuttgart
Telefon (0711) 2153-0

Innenministerium
Dorotheenstraße 6
7000 Stuttgart 1
Telefon (0711) 2072-1

Ministerium für Wissenschaft und Kunst
Königstraße 46
7000 Stuttgart 1
Telefon (0711) 2003-1

Ministerium für Kultus und Sport
Schloßplatz 4
7000 Stuttgart 1
Telefon (0711) 2003-1

Ministerium für Justiz, Bundes- und Europaangelegenheiten
Schillerplatz 4
7000 Stuttgart 1
Telefon (0711) 2003-0

Finanzministerium
Schloßplatz 4
7000 Stuttgart 1
Telefon (0711) 2003-1

Ministerium für Wirtschaft, Mittelstand und Technologie
Theodor-Heuss-Straße 4
7000 Stuttgart 1
Telefon (0711) 123-1

Ministerium für ländlichen Raum, Ernährung, Landwirtschaft und Forsten
Kernerplatz 10
7000 Stuttgart 1
Telefon (0711) 126-0

Ministerium für Umwelt
Kernerplatz 9
7000 Stuttgart 1
Telefon (0711) 126-0

Ministerium für Arbeit, Gesundheit, Familie und Sozialordnung
Rotebühlplatz 30
7000 Stuttgart 1
Telefon (0711) 6673-0

Rechnungshof Baden-Württemberg
Stabelstraße 12
7500 Karlsruhe
Telefon (0721) 135-1
(Staatszentrale)

Regierungsbezirke

Regierungspräsidium Stuttgart
Breitscheidstraße 4
7000 Stuttgart 1
Telefon (0711) 2050-1

Bereich des Regierungsbezirks Stuttgart:

a) *Stadtkreise:* Stuttgart, Heilbronn
b) *Landkreise:* Böblingen, Esslingen, Göppingen, Heidenheim, Heilbronn, Hohenlohekreis in Künzelsau, Ludwigsburg, Main-Tauber-Kreis in Tauberbischofsheim, Ostalbkreis in Aalen, Rems-Murr-Kreis in Waiblingen, Schwäbisch Hall

Regierungspräsidium Karlsruhe
Schloßplatz 1–3
7500 Karlsruhe
Telefon (0721) 135-1
(Staatszentrale)

Bereich des Regierungsbezirks Karlsruhe:

a) *Stadtkreise:* Baden-Baden, Heidelberg, Karlsruhe, Mannheim, Pforzheim

b) *Landkreise:* Calw, Enzkreis in Pforzheim, Freudenstadt, Karlsruhe, Neckar-Odenwald-Kreis in Mosbach, Rastatt, Rhein-Neckar-Kreis in Heidelberg

Regierungspräsidium Freiburg
Kaiser-Joseph-Straße 167
7800 Freiburg i. Br.
Telefon (0761) 204-1

Bereich des Regierungsbezirks Freiburg:

a) *Stadtkreis:* Freiburg i. Br.

b) *Landkreise:* Breisgau-Hochschwarzwald in Freiburg i. Br., Emmendingen, Konstanz, Lörrach, Ortenaukreis in Offenburg, Rottweil, Schwarzwald-Baar-Kreis in Villingen-Schwenningen, Tuttlingen, Waldshut

Regierungspräsidium Tübingen
Nauklerstraße 47
7400 Tübingen
Telefon (07071) 28-1

Bereich des Regierungsbezirks Tübingen:

a) *Stadtkreis:* Ulm

b) *Landkreise:* Alb-Donau-Kreis in Ulm, Biberach, Bodenseekreis in Friedrichshafen, Ravensburg, Reutlingen, Sigmaringen, Tübingen, Zollernalbkreis in Balingen

KLAUS KULINAT

Verwaltungskarte Baden-Württemberg

Verwaltungskarte von Baden-Württemberg
(ohne Gemeinden)

Stand 1. 1. 1979

- Bundesgrenze
- Landesgrenze
- Regierungsbezirk
- Regionsgrenze
- Landkreisgrenze
- Stadtkreisgrenze

- Sitz des Regierungspräsidiums
- Sitz des Regionalverbandes
- Sitz des Landratsamtes
- Sitz der Stadtkreisverwaltung

Regierungsbezirke
Stuttgart Tübingen
Karlsruhe Freiburg

FRANKEN Regionsnamen
Bodenseekreis Kreisnamen

Die Region DONAU-ILLER ist grenzübergreifend nach Bayern.

STATISTISCHES LANDESAMT
– LANDESINFORMATIONSSYSTEM –

Das Land Baden-Württemberg in ausgewählten Regionalgrafiken

Zugehörigkeit der Wohnbevölkerung zur römisch-katholischen Kirche in den Gemeinden Baden-Württembergs am 25.05.1987

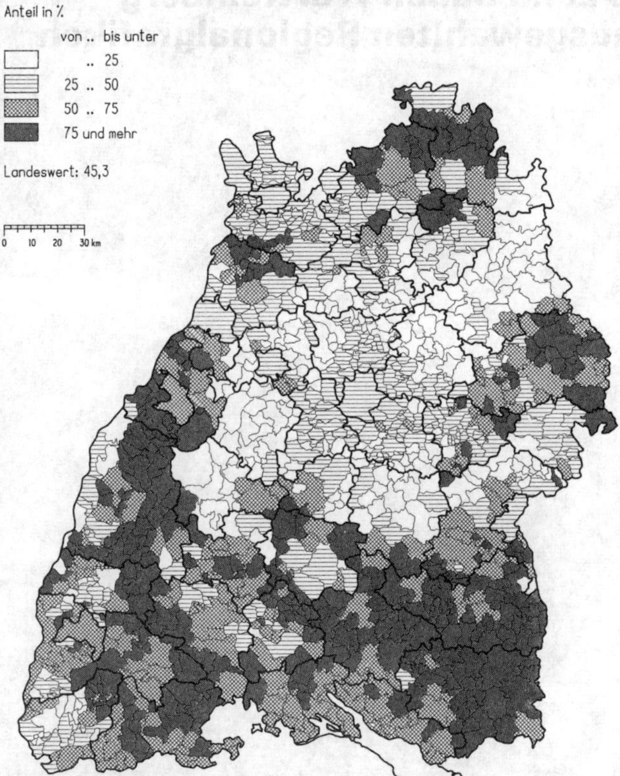

Statistisches Landesamt Baden-Württemberg
Landesinformationssystem

613/028/89

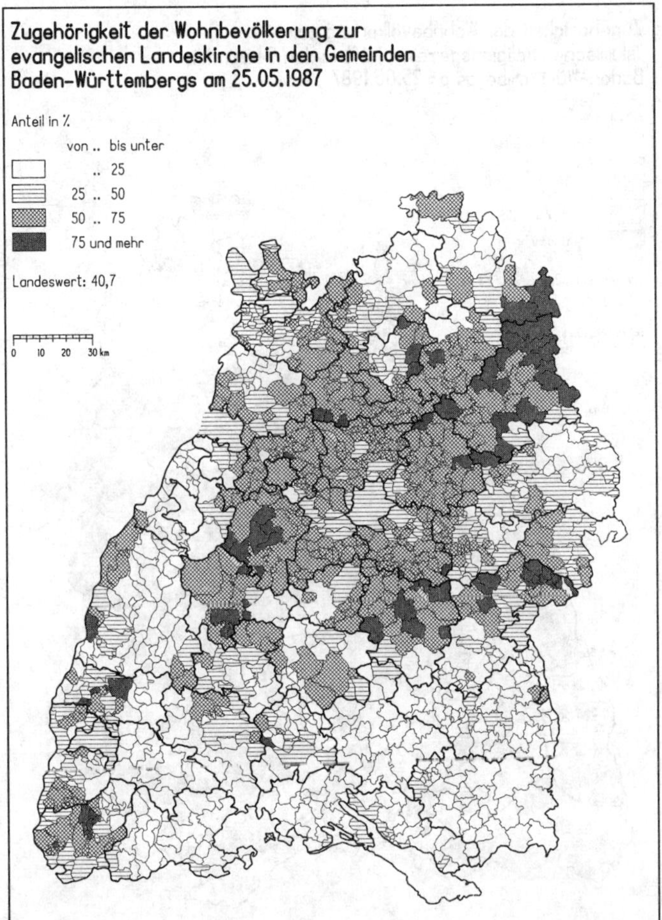
Zugehörigkeit der Wohnbevölkerung zur evangelischen Landeskirche in den Gemeinden Baden-Württembergs am 25.05.1987
Anteil in %
von .. bis unter
.. 25
25 .. 50
50 .. 75
75 und mehr
Landeswert: 40,7
0 10 20 30 km
Statistisches Landesamt Baden-Württemberg
Landesinformationssystem
613/027/89

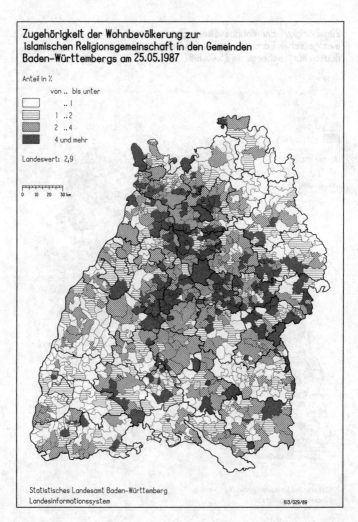

Zugehörigkeit der Wohnbevölkerung zur islamischen Religionsgemeinschaft in den Gemeinden Baden-Württembergs am 25.05.1987

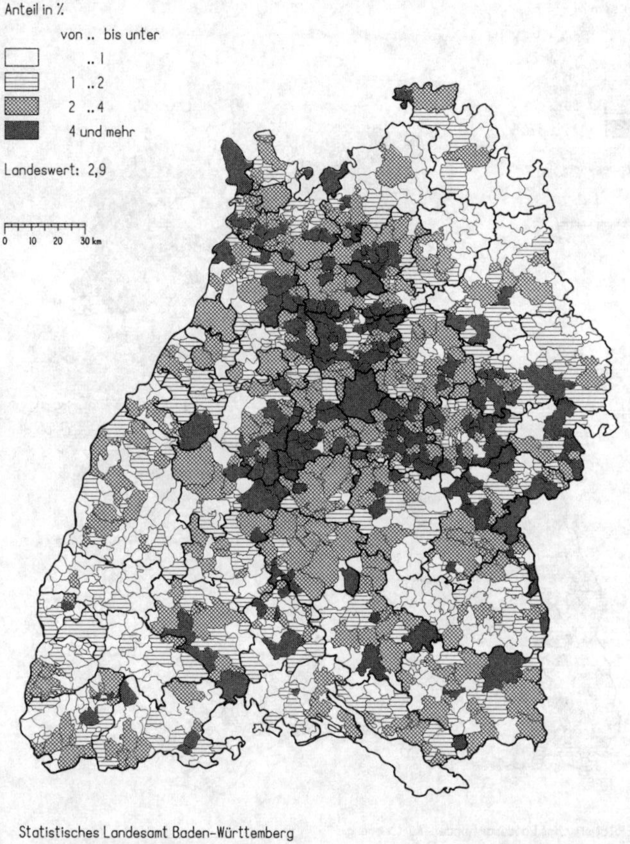

Statistisches Landesamt Baden-Württemberg
Landesinformationssystem

613/029/89

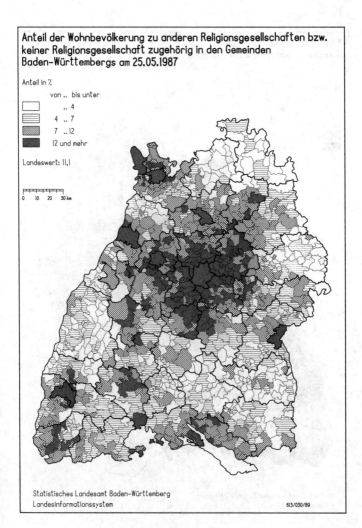

Anteil der Wohnbevölkerung zu anderen Religionsgesellschaften bzw. keiner Religionsgesellschaft zugehörig in den Gemeinden Baden-Württembergs am 25.05.1987

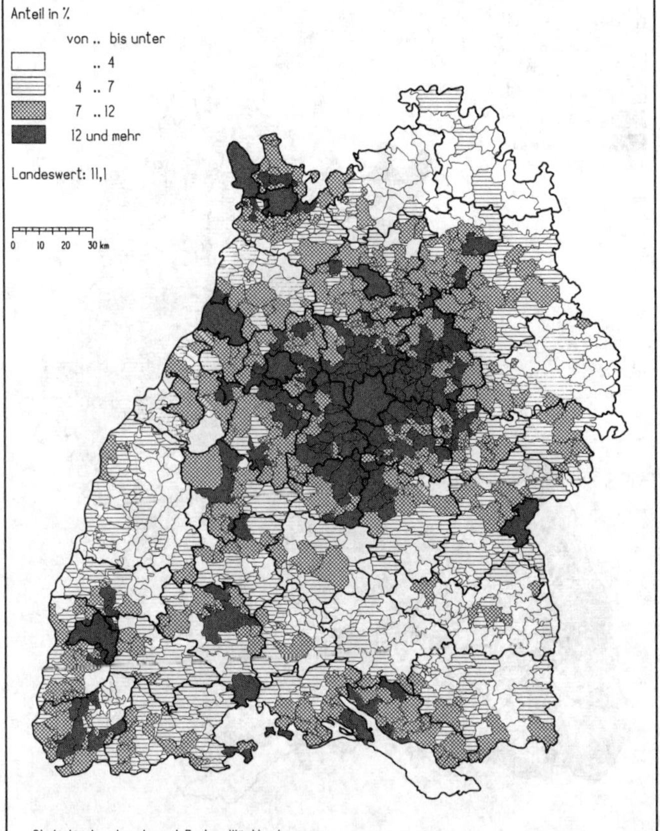

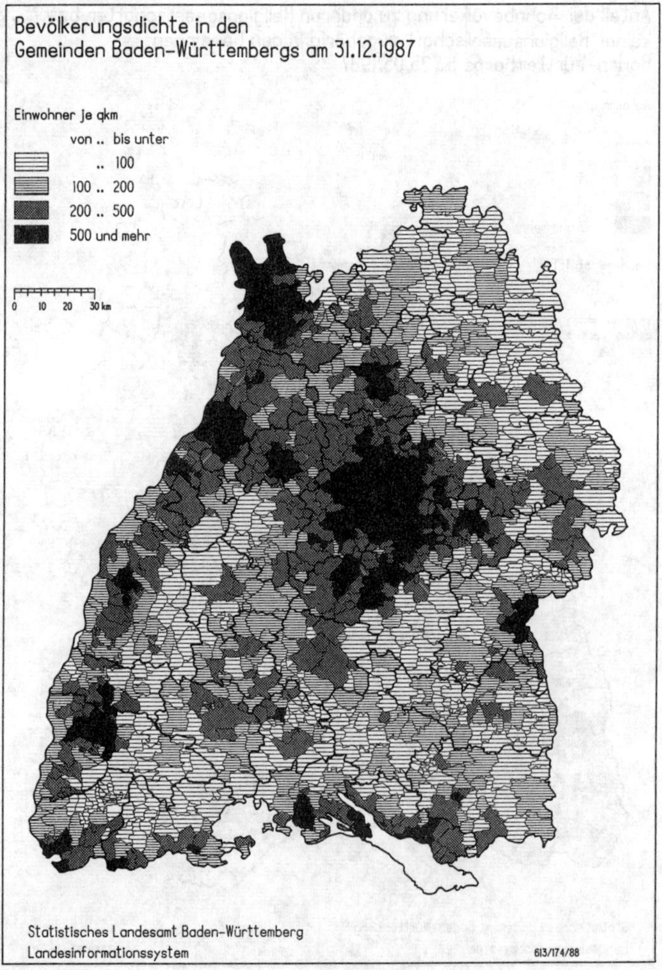

Bevölkerungsdichte in den Gemeinden Baden-Württembergs am 31.12.1987

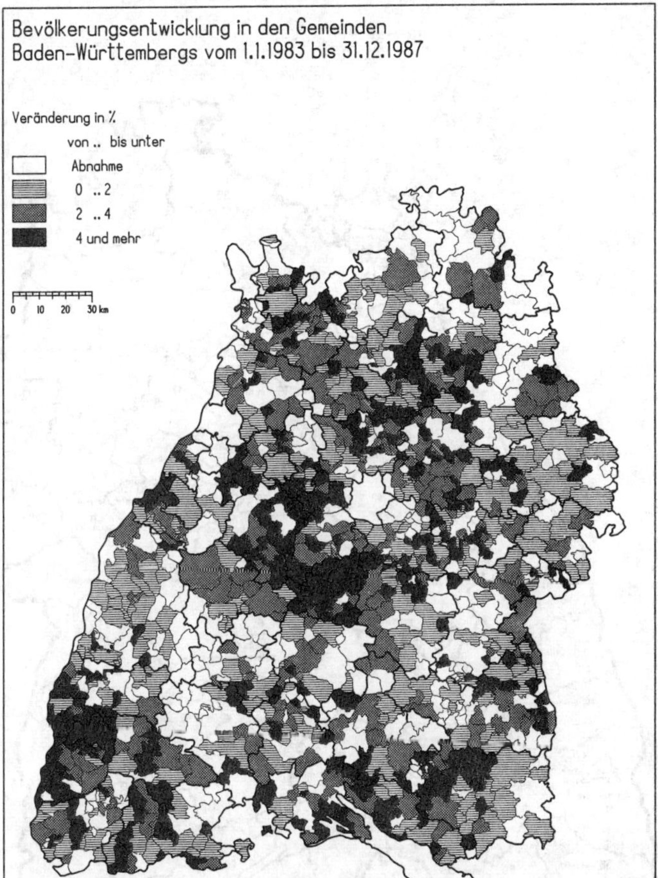
Bevölkerungsentwicklung in den Gemeinden
Baden-Württembergs vom 1.1.1983 bis 31.12.1987
Veränderung in %
von .. bis unter
Abnahme
0 .. 2
2 .. 4
4 und mehr
0 10 20 30 km
Statistisches Landesamt Baden Württemberg
Landesinformationssystem
613/175/88

Die Landtagswahlkreise in Baden-Württemberg

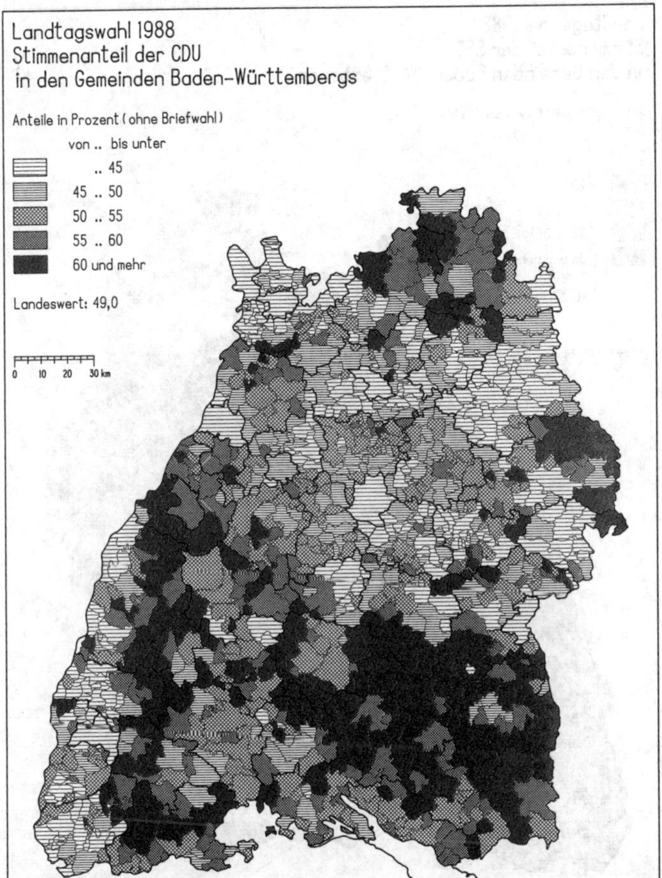
Landtagswahl 1988
Stimmenanteil der CDU
in den Gemeinden Baden-Württembergs
Anteile in Prozent (ohne Briefwahl)
von .. bis unter
.. 45
45 .. 50
50 .. 55
55 .. 60
60 und mehr
Landeswert: 49,0
0 10 20 30 km
Statistisches Landesamt Baden-Württemberg
Landesinformationssystem
613/100/88

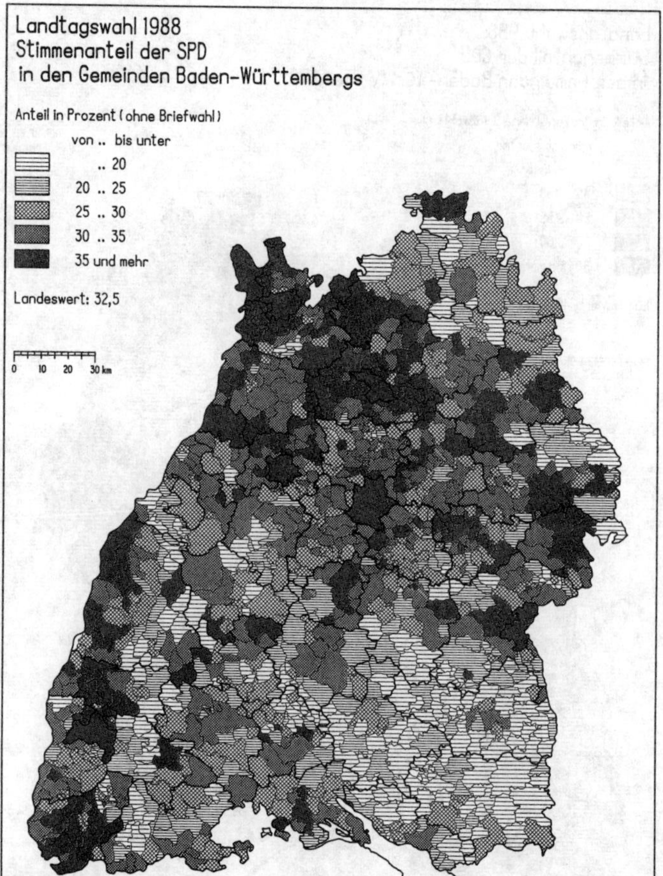
Landtagswahl 1988
Stimmenanteil der SPD
in den Gemeinden Baden-Württembergs
Anteil in Prozent (ohne Briefwahl)
von .. bis unter
.. 20
20 .. 25
25 .. 30
30 .. 35
35 und mehr
Landeswert: 32,5
0 10 20 30 km
Statistisches Landesamt Baden-Württemberg
Landesinformationssystem
613/101/88

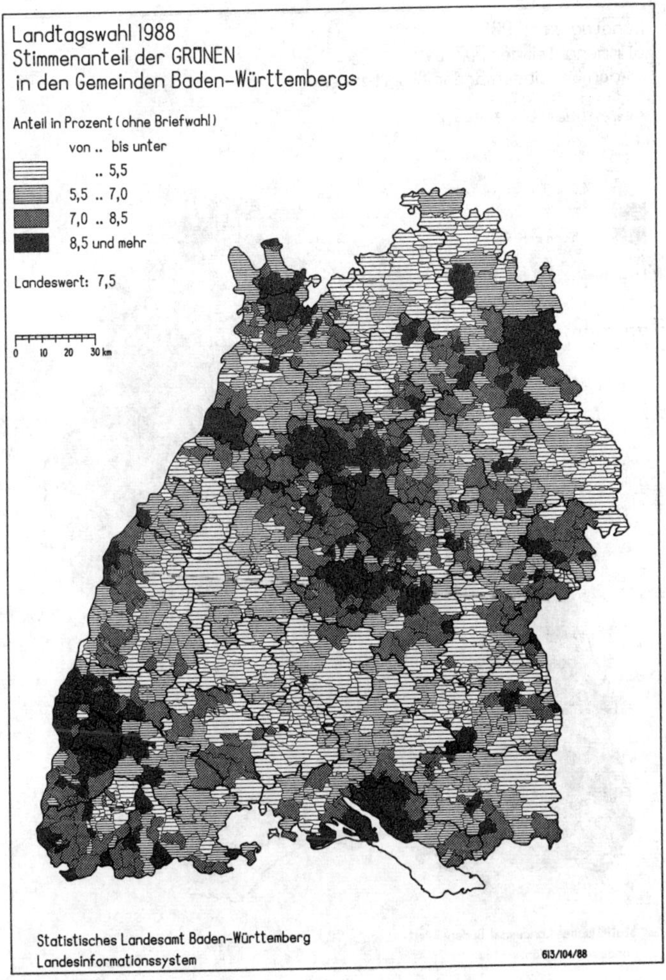

Landtagswahl 1988
Stimmenanteil der GRÜNEN
in den Gemeinden Baden-Württembergs
Anteil in Prozent (ohne Briefwahl)
von .. bis unter
.. 5,5
5,5 .. 7,0
7,0 .. 8,5
8,5 und mehr
Landeswert: 7,5
0 10 20 30 km
Statistisches Landesamt Baden-Württemberg
Landesinformationssystem
613/104/88

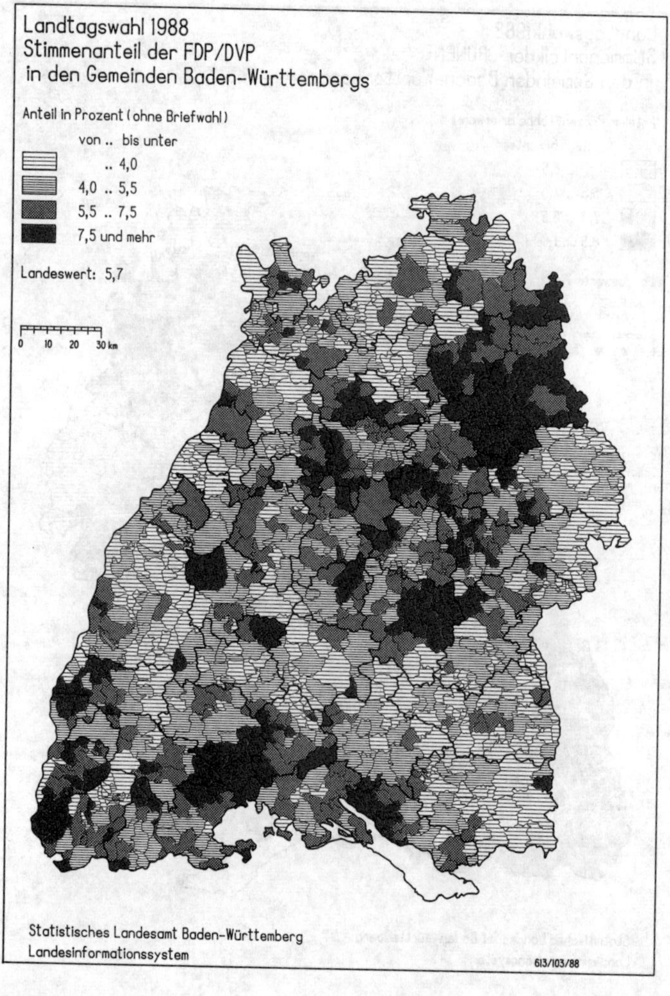
Landtagswahl 1988
Stimmenanteil der FDP/DVP
in den Gemeinden Baden-Württembergs
Anteil in Prozent (ohne Briefwahl)
von .. bis unter
.. 4,0
4,0 .. 5,5
5,5 .. 7,5
7,5 und mehr
Landeswert: 5,7
0 10 20 30 km
Statistisches Landesamt Baden-Württemberg
Landesinformationssystem
613/103/88

KONRAD PFLUG

Die personelle und politische Zusammensetzung der Regierungen Baden-Württembergs seit 1952

aus: Baden-Württemberg – Eine politische Landeskunde, Stuttgart [3]1985 (ergänzt)

1. Wahlperiode 1952–1956
Wahl zur Verfassunggebenden Landesversammlung in Württemberg-Baden, Baden und Württemberg-Hohenzollern am 9. 3. 1952

Regierung Maier
(1. Vorläufige Regierung)
25. 4. 1952–7. 10. 1953, Sitz: Stuttgart
FDP/DVP-SPD-GB/BHE-Koalition

Ministerpräsident	Dr. Reinhold Maier	FDP/DVP
Stv. Ministerpräsident und Wirtschaft	Dr. Hermann Veit	SPD
Inneres	Fritz Ulrich	SPD
Kultus	Dr. Gotthilf Schenkel	SPD
Justiz	Viktor Renner (Bis 15. 5. 1953)	SPD
	Dr. Reinhold Maier (15. 5.–11. 7. 1953)	FDP/DVP
	Staatssekretär[1]	
	Dr. Richard Schmid (ab 11. 7. 1953)	SPD
Finanzen	Dr. Karl Frank	FDP/DVP
Landwirtschaft und Ernährung[2]	Friedrich Herrmann	FDP/DVP
Arbeit	Ermin Hohlwegler	SPD
Heimatvertriebene und Kriegsbeschädigte[3]	Eduard Fiedler	GB/BHE
Parlamentarischer Staatssekretär für die Ausarbeitung und Vollziehung der Verfassung[4]	Dr. Edmund Kaufmann	FDP/DVP

[1] und Mitglied der vorläufigen Regierung.
[2] Ab 4. 5. 1953 „Ministerium für Ernährung, Landwirtschaft und Forsten".
[3] Ab 14. 9. 1953 „Ministerium für Vertriebene, Flüchtlinge und Kriegsgeschädigte".
[4] mit Sitz und Stimme im Kabinett.

1. Regierung Müller
(2. Vorläufige Regierung, ab 19. 11. 1953[1] verfassungsmäßige Landesregierung)
7. 10. 1953–9. 5. 1956, Sitz: Stuttgart
Allparteien-Regierung ohne KPD

Ministerpräsident	Dr. Gebhard Müller	CDU
Stv. Ministerpräsident und Wirtschaft	Dr. Hermann Veit	SPD
Inneres	Fritz Ulrich	SPD
Kultus	Wilhelm Simpfendörfer	CDU
Justiz	Dr. Wolfgang Haußmann	FDP/DVP
Finanzen	Dr. Karl Frank	FDP/DVP
Ernährung, Landwirtschaft und Forsten	Eugen Leibfried	CDU
Arbeit	Ermin Hohlwegler	SPD
Vertriebene, Flüchtlinge und Kriegsgeschädigte	Eduard Fiedler	GB/BHE
Bundesangelegenheiten	Oskar Farny	CDU
Staatsräte[2]	Anton Dichtel	CDU
	Dr. Friedrich Werber	CDU

1 Verkündung der Landesverfassung.
2 Ehrenamtliche, stimmberechtigte Mitglieder der Regierung gem. Art. 45,2 der Landesverfassung.

---

2. Wahlperiode 1956–1960
Landtagswahl am 4. 3. 1956
2. Regierung Müller
9. 5. 1956–17. 12. 1958[1]
Allparteien-Regierung

Ministerpräsident	Dr. Gebhard Müller	CDU
Stv. Ministerpräsident und Wirtschaft	Dr. Hermann Veit	SPD
Inneres	Viktor Renner	SPD
Kultus	Wilhelm Simpfendörfer (bis 21. 7. 1958)	CDU
	Dr. Gerhard Storz (ab 21. 7. 1958)	CDU
Justiz	Dr. Wolfgang Haußmann	FDP/DVP
Finanzen	Dr. Karl Frank	FDP/DVP

Ernährung, Landwirtschaft und Forsten	Eugen Leibfried	CDU
Arbeit	Ermin Hohlwegler	SPD
Vertriebene, Flüchtlinge und Kriegsgeschädigte	Eduard Fiedler	BHE
Vertretung beim Bund	Oskar Farny	CDU
Staatsräte[2]	Anton Dichtel (bis 6. 5. 1958)	CDU
	Dr. Hans Filbinger (ab 6. 5. 1958)	CDU
	Dr. Friedrich Werber	CDU

[1] Müller wurde Präsident des Bundesverfassungsgerichtes.
[2] Ehrenamtliche, stimmberechtigte Mitglieder der Regierung gem. Art. 45,2 der Landesverfassung.

1. Regierung Kiesinger
17. 12. 1958–23. 6. 1960
Allparteien-Regierung

Ministerpräsident	Dr. Kurt Georg Kiesinger	CDU
Stv. Ministerpräsident und Wirtschaft	Dr. Hermann Veit	SPD
Inneres	Viktor Renner	SPD
Kultus	Dr. Gerhard Storz	CDU
Justiz	Dr. Wolfgang Haußmann	FDP/DVP
Finanzen	Dr. Karl Frank	FDP/DVP
Ernährung, Landwirtschaft und Forsten	Eugen Leibfried	CDU
Arbeit	Ermin Hohlwegler	SPD
Vertriebene, Flüchtlinge und Kriegsgeschädigte	Eduard Fiedler	BHE
Vertretung beim Bund	Oskar Farny	CDU
Staatsräte[1]	Dr. Hans Filbinger	CDU
	Dr. Friedrich Werber	CDU

[1] Ehrenamtliche, stimmberechtigte Mitglieder der Regierung gem. Art. 45,2 der Landesverfassung.

3. Wahlperiode 1960–1964
Landtagswahl am 15. 5. 1960

2. Regierung Kiesinger
23. 6. 1960–11. 6. 1964
CDU-FDP/DVP-GB/BHE-Koalition bis 18. 1. 1964

Ministerpräsident	Dr. Kurt Georg Kiesinger	CDU
Stv. Ministerpräsident und Justiz	Dr. Wolfgang Haußmann	FDP/DVP
Inneres	Dr. Hans Filbinger	CDU
Kultus	Dr. Gerhard Storz	CDU
Finanzen	Dr. Hermann Müller	FDP/DVP
Wirtschaft	Dr. Eduard Leuze	FDP/DVP
Ernährung, Landwirtschaft und Forsten	Eugen Leibfried	CDU
Arbeit	Josef Schüttler	CDU
Staatssekretär[1] für Vertriebene, Flüchtlinge und Kriegsgeschädigte im Innenministerium	Josef Schwarz (ab 7. 7. 1960)	BHE ab 18. 1. 1964 CDU
Vertretung beim Bund (nicht Kabinettsmitglied)	Dr. Walter Hailer Staatssekretär[2]	CDU
	Dr. Adalbert Seifriz (ab 1. 9. 1963)	CDU

[1] gem. Art. 42,2 der Landesverfassung, mit Sitz und Stimme im Kabinett.
[2] beamteter Ministerialdirektor mit der Amtsbezeichnung Staatssekretär.

4. Wahlperiode 1964–1968
Landtagswahlen am 26. 4. 1964

3. Regierung Kiesinger
11. 6. 1964–16. 12. 1966[1]
CDU-FDP/DVP-Koalition

Ministerpräsident	Dr. Kurt Georg Kiesinger	CDU
Stv. Ministerpräsident und Justiz	Dr. Wolfgang Haußmann	FDP/DVP
Inneres	Dr. Hans Filbinger	CDU
Kultus	Dr. Wilhelm Hahn	CDU
Finanzen	Dr. Hermann Müller	FDP/DVP
Wirtschaft	Dr. Eduard Leuze	FDP/DVP
Ernährung, Landwirtschaft und Forsten	Eugen Leibfried	CDU
Arbeit	Josef Schüttler	CDU
Staatssekretär[2] für Vertriebene, Flüchtlinge und Kriegsgeschädigte im Innenministerium	Josef Schwarz	CDU
Vertretung beim Bund	Staatssekretär Dr. Adalbert Seifriz[3]	CDU

[1] Kurt Georg Kiesinger wurde am 1. 12. 1966 vom Bundestag zum Bundeskanzler gewählt.
[2] gem. Art. 42,2 der Landesverfassung mit Sitz und Stimme im Kabinett
[3] s.o.

1. Regierung Filbinger
16. 2. 1966–12. 6. 1968
Große Koalition von CDU und SPD

Ministerpräsident	Dr. Hans Filbinger	CDU
Stv. Ministerpräsident und Inneres	Walter Krause	SPD
Kultus	Dr. Wilhelm Hahn	CDU
Justiz	Dr. Rudolf Schieler	SPD
Finanzen	Kurt Angstmann	SPD
Wirtschaft	Dr. Hans-Otto Schwarz	SPD
Ernährung, Landwirtschaft, Weinbau und Forsten	Eugen Leibfried	CDU
Arbeit	Josef Schüttler	CDU
Bundesangelegenheiten	Dr. Adalbert Seifriz	CDU

5. Wahlperiode 1968–1972
Landtagswahlen am 28. 4. 1968

2. Regierung Filbinger
12. 6. 1968–8. 6. 1972
Große Koalition von CDU und SPD

Ministerpräsident	Dr. Hans Filbinger	CDU
Stv. Ministerpräsident und Inneres	Walter Krause	SPD
Kultus	Dr. Wilhelm Hahn	CDU
Justiz	Dr. Rudolf Schieler	SPD
Finanzen	Robert Gleichauf	CDU
Wirtschaft	Dr. Hans-Otto Schwarz	SPD
Ernährung, Landwirtschaft, Weinbau und Forsten	Dr. Friedrich Brünner	CDU
Arbeit und Soziales	Walter Hirrlinger	SPD
Bundesangelegenheiten	Dr. Adalbert Seifriz	CDU
Staatssekretär[1] für Vertriebene, Flüchtlinge und Kriegsgeschädigte im Innenministerium	Josef Schwarz	CDU
Staatssekretär[2] im Kultusministerium	Dr. Wolfgang Meckelein (1. 2. 1969–30. 6. 1972)	

[1] gem. Art. 45,2 der Landesverfassung, mit Sitz und Stimme im Kabinett.
[2] beamtet (Professor); als Beauftragter für Hochschulfragen mit der Amtsbezeichnung Staatssekretär; ohne Sitz und Stimme im Kabinett.

---

6. Wahlperiode 1972–1976
Landtagswahlen am 23. 4. 1972

3. Regierung Filbinger
8. 6. 1972–2. 6. 1976
CDU-Regierung

Ministerpräsident	Dr. Hans Filbinger	CDU
Stv. Ministerpräsident und Kultus	Dr. Wilhelm Hahn	CDU
Inneres	Karl Schiess	CDU

Justiz	Dr. Traugott Bender	CDU
Finanzen	Robert Gleichauf	CDU
Wirtschaft, Mittelstand und Verkehr	Dr. Rudolf Eberle	CDU
Ernährung, Landwirtschaft, Weinbau und Forsten[1]	Dr. Friedrich Brünner	CDU
Arbeit, Gesundheit und Sozialordnung	Annemarie Griesinger	CDU
Bundesangelegenheiten	Eduard Adorno	CDU
Staatssekretäre[2] im Staatsministerium	Dr. Gerhard Mahler	CDU
für Vertriebene, Flüchtlinge und Kriegsgeschädigte im Innenministerium	Dr. Karl Mocker	CDU
Politische Staatssekretäre[3]		
im Innenministerium ab 1. 9. 1974 im Landwirtschaftsministerium	Erwin Teufel	CDU
im Kultusministerium	Dr. Gerhard Weng	CDU
Staatssekretär im Finanzministerium[4]	Manfred Rommel (bis 21. 1. 1975)	CDU

[1] ab Oktober 1972 „Ministerium für Ernährung, Landwirtschaft und Umwelt".
[2] gem. Art. 45,2 der Landesverfassung, mit Sitz und Stimme im Kabinett.
[3] gem. Gesetz über die Rechtsverhältnisse der politischen Staatssekretäre vom 19. 7. 1972, ohne Sitz und Stimme im Kabinett.
[4] Beamteter Ministerialdirektor mit der Amtsbezeichnung Staatssekretär, ohne Sitz und Stimme im Kabinett. Rommel wurde OB von Stuttgart.

---

7. Wahlperiode 1976–1980
Landtagswahlen am 4. 4. 1976

4. Regierung Filbinger
2. 6. 1976–30. 8. 1978
CDU-Regierung

Ministerpräsident	Dr. Hans Filbinger	CDU
Stv. Ministerpräsident und Kultus	Dr. Wilhelm Hahn (bis 10. 5. 1978)	CDU
Stv. Ministerpräsident und Finanzen	Robert Gleichauf (ab 11. 5. 1978)	CDU

Inneres	Karl Schiess (bis 21. 2. 1978)	CDU
	Lothar Späth (ab 22. 2. 1978)	CDU
Wissenschaft und und Kunst[1]	Dr. Helmut Engler (ab 11. 5. 1978)	CDU
Kultus und Sport[1]	Dr. Roman Herzog (ab 11. 5. 1978)	CDU
Justiz	Dr. Traugott Bender (bis 2. 11. 1977)	CDU
	Guntram Palm (ab 2. 11. 1977)	CDU
Wirtschaft, Mittelstand und Verkehr	Dr. Rudolf Eberle	CDU
Ernährung, Landwirtschaft und Umwelt	Gerhard Weiser	CDU
Arbeit, Gesundheit und Sozialordnung	Annemarie Griesinger	CDU
Bundesangelegenheiten	Eduard Adorno	CDU
Staatssekretäre[2]		
im Ministerium für Ernährung, Landwirtschaft und Umwelt	Erwin Teufel (bis 21. 2. 1978)	CDU
im Staatsministerium	Gerhard Mayer-Vorfelder (ab 22. 2. 1978)	CDU
Politische Staatssekretäre[3]		
im Ministerium für Arbeit, Gesundheit und Sozialordnung	Kurt Härzschel	CDU
im Innenministerium	Dr. Guntram Palm (bis 2. 11. 1977)	CDU
im Staatsministerium	Gerhard Mayer-Vorfelder (bis 21. 2. 1978)	CDU
im Ministerium für Wirtschaft, Mittelstand und Verkehr	Ernst Ludwig (ab 22. 2. 1978)	CDU
im Ministerium für Ernährung, Landwirtschaft und Umwelt	Ventur Schöttle (ab 22. 2. 1978)	CDU
im Kultusministerium	Dr. Gerhard Weng (bis 10. 5. 1987)	CDU
im Ministerium für Kultus und Sport	Dr. Theo Balle (ab 11. 5. 1978)	CDU

im Ministerium für Wissenschaft und Kunst	Dr. Gerhard Weng (ab 11. 5. 1978)	CDU

---

[1] Am 15. 5. 1978 wurden aus dem Kultusministerium das „Ministerium für Wissenschaft und Kunst" und das „Ministerium für Kultus und Sport" gebildet.
[2] Gem. Art. 45,2 der Landesverfassung, mit Sitz und Stimme im Kabinett.
[3] Gem. Gesetz über die Rechtsverhältnisse der politischen Staatssekretäre vom 19. 7. 1972, ohne Sitz und Stimme im Kabinett.

---

1. Regierung Späth
30. 8. 1978–4. 6. 1980
CDU-Regierung

Ministerpräsident	Lothar Späth	CDU
Stv. Ministerpräsident und Finanzen	Robert Gleichauf	CDU
Inneres	Dr. Guntram Palm	CDU
Wissenschaft und Kunst	Dr. Helmut Engler	CDU
Kultus und Sport	Dr. Roman Herzog	CDU
Justiz	Dr. Heinz Eyrich	CDU
Wirtschaft, Mittelstand und Verkehr	Dr. Rudolf Eberle	CDU
Ernährung, Landwirtschaft und Umwelt	Gerhard Weiser	CDU
Arbeit, Gesundheit und Sozialordnung	Annemarie Griesinger	CDU
Bundesangelegenheiten	Eduard Adorno	CDU
Staatssekretär[1] im Finanzministerium	Gerhard Mayer-Vorfelder	CDU
Politische Staatssekretäre[2]		
im Staatsministerium	Norbert Schneider	CDU
im Innenministerium	Robert Ruder	CDU
im Ministerium für Wissenschaft und Kunst	Dr. Gerhard Weng	CDU
im Ministerium für Kultus und Sport	Dr. Theo Balle	CDU
im Justizministerium	Dr. Eugen Volz	CDU
im Ministerium für Wirtschaft, Mittelstand und Verkehr	Ernst Ludwig	CDU
im Ministerium für Ernährung, Landwirtschaft und Umwelt	Ventur Schöttle	CDU

im Ministerium für Arbeit, Gesundheit und Sozialordnung	Kurt Härzschel	CDU

[1] gem. Art. 45,2 der Landesverfassung, mit Sitz und Stimme im Kabinett.
[2] gem. Gesetz über die Rechtsverhältnisse der politischen Staatssekretäre vom 19. 7. 1972, ohne Sitz und Stimme im Kabinett.

---

8. Wahlperiode
Landtagswahlen am 16. 3. 1980
2. Regierung Späth
4. 6. 1980–6. 6. 1984
CDU-Regierung

Ministerpräsident	Lothar Späth	CDU
Stellv. Ministerpräsident, Ernährung, Landwirtschaft, Umwelt und Forsten	Gerhard Weiser	CDU
Inneres	Dr. Roman Herzog[1] (bis 4. 10. 1983)	CDU
	Dr. Heinz Eyrich[2] (ab 5. 10. 1983)	CDU
Kultus und Sport	Gerhard Mayer-Vorfelder	CDU
Wissenschaft und Kunst	Dr. Helmut Engler	CDU
Justiz	Dr. Heinz Eyrich	CDU
Finanzen	Dr. Guntram Palm	CDU
Wirtschaft, Mittelstand und Verkehr	Dr. Rudolf Eberle	CDU
Arbeit, Gesundheit und Sozialordnung	Dietmar Schlee	CDU
Bundesangelegenheiten	Annemarie Griesinger	CDU
Staatssekretäre[3]		
im Staatsministerium als Landesbeauftragter für Behinderte	Roland Gerstner	CDU
im Innenministerium	Robert Ruder	CDU
Politische Staatssekretäre[4]		
im Ministerium für Kultus und Sport	Dr. Theo Balle	CDU
im Ministerium für Wissenschaft und Kunst	Norbert Schneider	CDU
im Justizministerium	Dr. Eugen Volz	CDU

im Finanzministerium	Heinz Heckmann	CDU
im Ministerium für Wirtschaft, Mittelstand und Verkehr	Ernst Ludwig[5] (bis 15. 2. 1984)	CDU
im Ministerium für Ernährung, Landwirtschaft, Umwelt und Forsten	Ventur Schöttle	CDU
im Ministerium für Arbeit, Gesundheit und Sozialordnung	Kurt Härzschel	CDU

---

[1] Herzog wurde Vizepräsident des Bundesverfassungsgerichts.
[2] gleichzeitig Justizminister.
[3] gem. Art. 45,2 der Landesverfassung, mit Sitz und Stimme im Kabinett.
[4] gem. Gesetz über die Rechtsverhältnisse der politischen Staatssekretäre vom 19. 7. 1972, ohne Sitz und Stimme im Kabinett.
[5] Ludwig wurde OB von Ulm.

---

9. Wahlperiode
Landtagswahlen am 25. 3. 1984

3. Regierung Späth
6. 6. 1984–8. 6. 1988
CDU-Regierung

Ministerpräsident	Lothar Späth	CDU
Stellv. Ministerpräsident und Ernährung, Landwirtschaft, Umwelt und Forsten[1]	Gerhard Weiser	CDU
Inneres	Dietmar Schlee	CDU
Kultus und Sport	Gerhard Mayer-Vorfelder	CDU
Wissenschaft und Kunst	Dr. Helmut Engler	CDU
Justizminister und Bundesangelegenheiten[2]	Dr. Heinz Eyrich	CDU
Finanzen	Dr. Guntram Palm	CDU
Wirtschaft, Mittelstand und Technologie	Dr. Rudolf Eberle (gestorben 17. 11. 1984)	CDU
	Martin Herzog (ab 11. 12. 1984)	CDU
Arbeit, Gesundheit, Familie und Sozialordnung	Barbara Schäfer	CDU
Umwelt[3]	Dr. Erwin Vetter (ab 1. 7. 1987)	CDU

Staatssekretäre[4]		
im Innenministerium	Robert Ruder	CDU
im Ministerium für Ernährung, Landwirtschaft, Umwelt und Forsten	Roland Gerstner (bis 30. 6. 1987)	CDU
im Ministerium für Umwelt	Werner Baumhauer (ab 1. 7. 1987)	CDU
Politische Staatssekretäre[5]		
im Staatsministerium	Matthias Kleinert (bis 8. 1. 1988)	CDU
im Innenministerium	Alfons Maurer	CDU
im Ministerium für Kultus und Sport	Dr. Theo Balle	CDU
im Ministerium für Wissenschaft und Kunst	Norbert Schneider	CDU
im Justizministerium	Dr. Eugen Volz	CDU
im Finanzministerium	Heinz Heckmann	CDU
im Ministerium für Ernährung, Landwirtschaft, Umwelt und Forsten	Ventur Schöttle	CDU
im Ministerium für Arbeit, Gesundheit, Familie und Sozialordnung	Hermann Mühlbeyer	CDU
Staatssekretär[6] im Staatsministerium	Dr. Lorenz Menz (ab 1. 1. 1988)	

1 ab 1. 7. 1987 „Ministerium für ländlichen Raum, Landwirtschaft und Forsten"
2 gleichzeitig Europabeauftragter der Landesregierung bis 31. 12. 1986; ab 1. 1. 1987 „Ministerium für Justiz, Bundes- und Europaangelegenheiten".
3 errichtet am 1. 7. 1987.
4 gemäß Art. 45,2 der Landesverfassung, mit Sitz und Stimme im Kabinett.
5 gemäß Gesetz über die Rechtsverhältnisse der politischen Staatssekretäre vom 19. 7. 1972, ohne Sitz und Stimme im Kabinett.
6 Beamtoter Ministerialdirektor mit der Amtsbezeichnung Staatssekretär, ohne Sitz und Stimme im Kabinett.

---

10. Wahlperiode
Landtagswahlen am 20. März 1988

4. Regierung Späth
8. 6. 1988–
CDU-Regierung

Ministerpräsident	Dr. h.c. Lothar Späth	CDU

Stv. Ministerpräsident und Ländlicher Raum, Ernährung, Landwirtschaft und Forsten	Dr. h.c. Gerhard Weiser	CDU
Inneres	Dietmar Schlee	CDU
Kultus und Sport	Gerhard Mayer-Vorfelder	CDU
Wissenschaft und Kunst	Dr. Helmut Engler	CDU
Justiz-, Bundes- und Europaangelegenheiten	Dr. Heinz Eyrich	CDU
Finanzen	Dr. Guntram Palm	CDU
Wirtschaft, Mittelstand und Technologie	Martin Herzog	CDU
Arbeit, Gesundheit, Familie und Sozialordnung	Barbara Schäfer	CDU
Umwelt	Dr. Erwin Vetter	CDU
Staatssekretäre[1] im		
Innenministerium	Robert Ruder	CDU
Ministerium für Justiz, Bundes- und Europaangelegenheiten und Bevollmächtigter des Landes beim Bund[2]	Gustav Wabro	CDU
Ministerium für Umwelt	Werner Baumhauer	CDU
Staatsrat für Kunst[3]	Wolfgang Gönnenwein	
Politische Staatssekretäre[4] im		
Staatsministerium	Gundolf Fleischer	CDU
Ministerium für ländlichen Raum, Ernährung, Landwirtschaft und Forsten	Ventur Schöttle	CDU
Innenministerium	Alfons Maurer	CDU
Ministerium für Kultus und Sport	Dr. Marianne Schultz-Hector	CDU
Ministerium für Wissenschaft und Kunst	Norbert Schneider	CDU
Ministerium für Justiz, Bundes- und Europaangelegenheiten	Dr. Eugen Volz	CDU
Finanzministerium	Heinz Heckmann	CDU
Ministerium für Wirtschaft, Mittelstand und Technologie	Hermann Schaufler	CDU

Ministerium für Arbeit, Gesundheit, Familie und Sozialordnung	Hermann Mühlbeyer	CDU
Staatssekretär[5] im Staatsministerium	Dr. Lorenz Menz	

---

1 gem. Art. 45,2 der Landesverfassung, mit Sitz und Stimme im Kabinett.

2 gleichzeitig Landesbeauftragter für Vertriebene, Flüchtlinge, Aussiedler und Kriegsgeschädigte im Staatsministerium.

3 Ehrenamtliches, stimmberechtigtes Mitglied der Regierung gem. Art. 45,2 der Landesverfassung.

4 gem. Gesetz über die Rechtsverhältnisse der politischen Staatssekretäre vom 19. 7. 1972, ohne Sitz und Stimme im Kabinett.

5 Beamteter Ministerialdirektor mit der Amtsbezeichnung Staatssekretär, ohne Sitz und Stimme im Kabinett.

Für weitere Personalia und Übersichten sei der Leser auf folgende Veröffentlichungen verwiesen:

– Josef Weik, „Der Landtag von Baden-Württemberg und seine Abgeordneten 1952–88", hrsg. vom Landtag von Baden-Württemberg, 4., ergänzte Aufl. 1988.

– „Der Landtag von Baden-Württemberg – Aufgaben, Geschichte, Daten. Ein aktueller Leitfaden", hrsg. vom Landtag von Baden-Württemberg, 7. Aufl., Stuttgart 1988.

– Parteienbände der „Schriftenreihe zur politischen Landeskunde", hrsg. von der Landeszentrale für politische Bildung Baden-Württemberg.

Literaturhinweise

Zur Landespolitik und politischen Landeskunde Baden-Württembergs sind bislang folgende Schriften erschienen, die die Landeszentrale für politische Bildung herausgegeben hat.

In der Reihe:
„Schriften zur politischen Landeskunde Baden-Württembergs", die von der Landeszentrale in Zusammenarbeit mit dem W. Kohlhammer Verlag Stuttgart herausgegeben wird:

Hermann Bausinger/Theodor Eschenburg u.a., Baden-Württemberg. Eine politische Landeskunde

Paul-Ludwig Weinacht (Hrsg.), Die CDU in Baden-Württemberg und ihre Geschichte

Jörg Schadt/Wolfgang Schmierer (Hrsg.), Die SPD in Baden-Württemberg und ihre Geschichte

Paul Rothmund/Erhard R. Wiehn (Hrsg.), Die F.D.P./DVP in Baden-Württemberg und ihre Geschichte

Hans Fenske, Der liberale Südwesten

Thomas Schnabel (Hrsg.), Die Machtergreifung in Südwestdeutschland

Alfred E. Ott (Hrsg.), Die Wirtschaft des Landes Baden-Württemberg

Christoph Borcherdt (Hrsg.), Geographische Landeskunde von Baden-Württemberg

Heinz Sproll/Jörg Thierfelder (Hrsg.), Die Religionsgemeinschaften in Baden-Württemberg

Theodor Pfizer/Hans-Georg Wehling (Hrsg.), Kommunalpolitik in Baden-Württemberg

Christoph Borcherdt u.a., Die Landwirtschaft in Baden und Württemberg

Thomas Schnabel, Württemberg zwischen Weimar und Bonn 1928–1945/46

Herbert Schneider (Hrsg)., Verbände in Baden-Württemberg

Hartmut Klatt (Hrsg.), Baden-Württemberg und der Bund

Willi A. Boelcke, Sozialgeschichte Badens und Württembergs 1800–1988

In Zusammenarbeit mit dem Konrad Theiss Verlag Stuttgart sind erschienen:

Badische Geschichte. Vom Großherzogtum bis zur Gegenwart. Red.: Gerd Hepp.

Von der Ständeversammlung zum demokratischen Parlament. Red.: Günther Bradler/Franz Quarthal

Die Autoren dieses Bandes

Fritz Endemann
ist Vorsitzender Richter am Verwaltungsgericht Stuttgart

Dr. Eberhard Gawatz
ist Leiter der Abteilung „Bevölkerung und Kultur" im Statistischen Landesamt Baden-Württemberg

Hans-Joachim Mann
ist Leiter der Außenstelle Stuttgart der Landeszentrale für politische Bildung. Er ist Gemeinderat in Wannweil und Mitglied des Kreistages von Reutlingen

Karl Heinz Neser
ist Konrektor der Realschule Neckargemünd. Er ist Gemeinderat in Obrigheim und Mitglied des Kreistages vom Neckar-Odenwald-Kreis

Roland Petri
ist Referent im Statistischen Landesamt Baden-Württemberg

Konrad Pflug
ist Parlamentarischer Berater bei der CDU-Fraktion im Landtag von Baden-Württemberg

Siegfried Schiele
ist Direktor der Landeszentrale für politische Bildung Baden-Württemberg

Prof. Dr. Dr. Herbert Schneider
lehrt Politikwissenschaft an der Pädagogischen Hochschule und an der Universität Heidelberg. Er ist Autor des Buches „Länderparlamentarismus in der Bundesrepublik“ (Opladen 1979) und Herausgeber des Sammelbandes „Verbände in Baden-Württemberg“ (Stuttgart 1987)

Prof. Dr. Hans-Georg Wehling
ist Fachreferent für Publikationen der Landeszentrale für politische Bildung und lehrt Politikwissenschaften an der Universität Tübingen (Schwerpunkt Kommunalpolitik)

Herbert A. Weinacht, MCL (University of Chigaco Law School)
ist Regierungsdirektor bei der Oberfinanzdirektion Freiburg. Er ist Gemeinderat in Denzlingen